Karl Friedrich von Klöden, Ernst Friedel

Die Quitzows und ihre Zeit

Oder, Die Mark Brandenburg unter Kaiser Karl IV. bis zu ihrem ersten

Hohensollernschen Regenten

Karl Friedrich von Klöden, Ernst Friedel

Die Quitzows und ihre Zeit
Oder, Die Mark Brandenburg unter Kaiser Karl IV. bis zu ihrem ersten Hohensollernschen Regenten

ISBN/EAN: 9783744615754

Hergestellt in Europa, USA, Kanada, Australien, Japan

Cover: Foto ©ninafisch / pixelio.de

Weitere Bücher finden Sie auf **www.hansebooks.com**

Die Onitzows und ihre Zeit

oder

die Mark Brandenburg

unter Kaiser Karl IV.

bis zu ihrem

ersten Hohenzollernschen Regenten

von

Friedrich von Klöden.

Dritte Ausgabe,

bearbeitet und herausgegeben

von

Ernst Friedel.

- - -

Erster Band.

Berlin.

Weidmannsche Buchhandlung.

1889.

Der Quitzows Werden.

Einleitung des Herausgebers.

„Was du erforscheft, hast du mit erlebt."

Karl Friedrich von Klöden, von seinem Enkel*) nicht ohne
Grund „der Altmeister brandenburgischer Natur= und Geschichtskunde"
genannt, ist ein selbstgemachter Mann in des Wortes edelstem Sinne.
Aus einer altmärkischen Familie entsprossen, die wegen Verarmung im
18. Jahrhundert den Adel niederlegte, hat er sich durch eisernen Fleiß
und durch einen Wissensdrang, welcher ihn unserm Heinrich Schliemann
würdig an die Seite stellt, eine hochgeachtete gesellschaftliche Stellung er=
rungen und unsterbliche Verdienste als vaterländischer Gelehrter erworben.
Dieser wissenschaftliche und litterarische Ruhm kann ihm dadurch nicht
verkürzt werden, daß seine geschichtlichen Forschungen infolge Erschließung
neuer Quellen teilweise veraltet und seine naturkundlichen Beschreibungen
infolge des gewaltigen Aufschwungs aller Erfahrungswissenschaften in
vielen Punkten überholt worden sind. Die Nachwelt wird bei ihren
Untersuchungen immer auf die Wege zurückgehen müssen, welche Klöden
zuerst gewiesen hat.

Unter den geschichtlichen Werken Klödens hat keins solchen Erfolg
gehabt, wie das vorliegende, in den Jahren 1836 und 1837 erschienene.

Was mit dem Buch beabsichtigt war, hat Klöden in dem bei un=
serer dritten Ausgabe an Stelle eines Vorworts nachstehend abgedruckten
„Schlußwort" deutlich gesagt. Dennoch ist die Absicht des Buchs in
Gelehrten= und Schriftsteller=Kreisen bis zum heutigen Tage vielfach miß=
verstanden worden. Den Einen ist der „Roman" Klödens zu sehr Ge=
schichte, den Andern die Geschichte zu sehr Roman. Ich kann nur sagen,

---

*) Max Jähns: Jugenderinnerungen Karl Friedrichs v. Klöden. Lpz. 1874.
S. V. — Vergl. auch Béringuier: Namhafte Berliner, Text zu Tafel 4, S. 2.
Folio-Schriften des Vereins für die Geschichte Berlins.

wenn man Klödens Quitzows als einen Roman bezeichnet, dann sind Thucydides' Peloponnesischer Krieg, die Dekaden des Livius, die Jahrbücher und Geschichten des Tacitus ebenfalls Romane, und das mag unser Klöden sich schon gefallen lassen.

Die außerordentliche Anteilnahme des Volks an dem Buch über die Quitzows erklärt sich ebensowohl durch die meisterhafte Darstellung und ruhige Beherrschung des Stoffs, wie aus dem hochwichtigen und hochpoetischen Inhalt desselben. Klöden schildert einen der wichtigsten Wendepunkte unserer brandenburgischen Geschichte und unsers Volkslebens, den Verfall der bestehenden Staatsmacht, die Auflehnung der Vasallen gegen das neue Regiment, den ohnmächtigen Kampf gegen dasselbe und den endlichen Triumph des erlauchten Hauses unserer Hohenzollern und des wieder zu Ehren gebrachten Rechts und Gesetzes. Hiermit begnügt sich Klöden nicht: unvermerkt und geschickt weiß er die Schicksale des ärmlichen Landes, der verachteten Streusandbüchse des heiligen römischen Reichs deutscher Nation, mit den hauptsächlichsten geschichtlichen Vorgängen der Zeit zu verknüpfen, ja selbst in den Vordergrund zu stellen. Nicht minder vortrefflich ist die Schilderung der kulturgeschichtlichen Vorgänge. Gleichsam plastisch treten unsere Altvordern mit ihren Licht= und Schattenseiten, mit ihrem Denken und Empfinden, ihrem starken Hassen und Lieben, mit ihrem Glauben und Aberglauben hervor. Die Sitten und Gebräuche bei allen Vorkommnissen im Leben von der Wiege bis zur Bahre werden mit einer Anschaulichkeit und Lebendigkeit geschildert, welche zu den besonderen Vorzügen des Buches gehören.

Ein bisher noch keineswegs genugsam betontes Verdienst Klödens ist es, daß er im geschichtlichen Zusammenhang und als eine gewisse Naturnotwendigkeit das Erstarken unseres Herrschergeschlechts und die erhabene Sendung, welche ihm durch Übernahme der Herrschaft über Brandenburg für alle Zeiten geworden ist, sowie die Bedeutung der Mark Brandenburg für den Ausbau der innern und äußern Macht Deutschlands überall durchblicken läßt. Wenn jetzt jemand „die Quitzows" schriebe, so würde er wahrscheinlich nicht unterlassen, auch den neuesten Aufschwung Preußens und Deutschlands, die Aufrichtung des Deutschen Reichs durch die Hohenzollern, als zielbewußt schon in der Politik des ersten brandenburgischen Hohenzollern vorgesehen, zu entwickeln. Nach rückwärts prophezeien ist eben kein großes Kunststück, es erfordert nur Dialektik.

Aber man vergegenwärtige sich, daß, als Klöden ahnungsvoll die große Mission unsers Fürstengeschlechts und die dereinstige gewaltige Entwickelung unseres engern Vaterlandes in den Quitzows aussprach, dies um die Mitte der dreißiger Jahre des 19. Jahrhunderts geschah, zu einer Zeit als Berlin, Brandenburg, Preußen, das Haus

Hohenzollern keineswegs von den Politikern und Geschichtsschreibern als im ersten Vordergrunde stehend geschätzt wurden*).

Ein fernerer, ungemein wichtiger Zug in der Darstellung Klödens ist die ruhige Würdigung der geschichtlichen Persönlichkeiten und der geschichtlichen Thatsachen. Keineswegs gleichgültig gegen dieselben hat er es dennoch vermocht, mit einer Objektivität zu schreiben, zu schildern und zu folgern, die nicht übertroffen werden kann. Daß er damit das dem einen oder andern mehr Zusagende nicht getroffen hat, daß er insonderheit manchen nicht polemisch genug gewesen ist, versteht sich von selbst.

Riedel (1851) sieht in den Quitzows arge Räuber, welche Klöden viel zu glimpflich behandelt habe, Georg Wilhelm von Raumer, in seinem brandenburgischen diplomatischen Koder, weist dies entschieden zurück, klärt den Unterschied zwischen Räuberei und Fehderecht auf und hält dafür, daß die Quitzows im guten Glauben an das letztere befangen waren.

Theodor Fontane**) sagt: „Wer hat recht? — Riedel hat recht von Räubereien und Felonie zu sprechen, aber Raumer hat, meinem Ermessen nach, noch ein viel größeres Recht, beides zu bestreiten. Riedel ist der gelehrtere, gründlichere Forscher, aber Raumer ist der weitaus bedeutendere Historiker. Er hat das Auge des Geschichtschreibers, er begreift große Vorgänge, während es mir bei Riedel, dessen Standpunkt nicht hoch genug ist, um einen freien Blick zu gestatten, zweifelhaft erscheint, ob man ihn überhaupt zu den Historikern zählen kann. Forscher sein, heißt noch nicht Historiker sein. Raumer beurteilt alles aus der zu schildernden Zeit, Riedel aus seiner eigenen Zeit heraus. Er wirft Raumer Tendenzen und Vorurteile vor, während er selber in Vorurteilen steckt und derselben Parteilichkeit Ausdruck giebt, die sich schon in Wusterwitz' Aufzeichnungen findet. Unsers Volkes Fühlen stellt sich freilich ganz auf die Seite Riedels und wird, wenn nicht für immer, so doch noch auf lange hin in dieser Stellung beharren. Zu der Aberacht, die Kaiser und Reich über die märkische Fronde verhängten, kommt die schlimmere, die durch vier Jahrhunderte hin auch die Nachgebornen über die Quitzows ausgesprochen haben. Aber diese Verurteilung ist ungerecht, und alles, was ich zugestehen kann, ist das, daß ich diese Verurteilung trotz ihrer Ungerechtigkeit begreiflich finde. Sie hat ihren Grund in einer falschen Fragestellung, in einer rühmlichen,

---

*) Die zweite Auflage der Quitzows. 1846 erschienen. ist mit Inhaltsverzeichnis und Register vermehrt, im übrigen ein unveränderter Textabdruck.

**) In der meisterhaft geschriebenen Abhandlung: „Quitzow!. Die Quitzows in Geschichte, Lied und Sage", zuerst erschienen im I. Jahrgang von Emil Dominits illustrierter Zeitschrift „Zur guten Stunde" Berlin 1888. S. 754.

aber deplazierten Loyalität und vor allem in einem unausrottbaren Adels=
Antagonismus des märkischen bürgerlichen Gefühls." —

Fontane ist einer der feinsten Beobachter und Kenner der Volks=
seele unsrer Märker und Brandenburger. Im Ganzen kann ich nicht
anders als ihm beipflichten, und ich will noch ein bedeutsames Wort
meines hochverehrten Freundes und Lehrers, des Gymnasial=Direktors
Dr. Wilhelm Schwartz, des hervorragenden Kenners märkischer Eigen=
art und brandenburgischer Geschichte, ein treffendes Urteil aus der un=
mittelbaren Gegenwart, hinzufügen. Wilhelm Schwartz erklärte mir,
nach seiner Meinung wäre Klöden, wenn er die Quitzows jetzt, also unter
den religiösen, sozialen und politischen Wirren der neuesten Zeit verfaßt
hätte*), sicherlich nicht im stande gewesen, das Buch so objektiv zu
schreiben, als er es 1836 gethan. Ich kann auch diesen Ausspruch nur
als einen besonderen Vorzug des Werks selbst und als ein hohes Lob
für die geschichtliche Auffassung, welche Klöden in demselben bekundet
hat, ansehen.

„Die Quitzows und ihre Zeit", welche zeitgenössische Balladen im
Volkstone mehrfach gezeitigt haben, eignen sich zu einer breiteren epischen
Darstellung, welche jene Volkslieder mitaufnehmen kann, also zu einem
Volks=Epos, vortrefflich. Der Künstler, welcher diese Dichtung aus dem
Volksgeiste schöpft, wird auch noch erstehen. Der Dramatiker dagegen
kann den weit ausgesponnenen, ungefügigen geschichtlichen Stoff, dem Ein=
heit der Zeit, des Orts und der Handlung durchaus fehlen, nur schwer
bearbeiten, er wird ihn daher, nach Schillers Vorgängen, wahrscheinlich
stets mit einer großen dichterischen Freiheit, besonders aber mit einer
kaum vermeidlichen Hintenansetzung der geschichtlichen Thatsachen in An=
griff nehmen und dichterisch ausgeschmückt verwerten**).

In allen Hauptsachen mußte das klassische Werk unseres Klöden
selbstredend unangetastet bleiben. Nur einige Kürzungen zumal in den
mitunter ermüdenden Gesprächen glaubte der Herausgeber nicht unter=
lassen zu sollen. Die am Schluß der einzelnen Teile hinzugefügten
Anmerkungen des Unterzeichneten sind, wie wir hoffen, manchem Leser
willkommen.

Ob ein Bedürfnis für eine neue Ausgabe dieses seit vielen Jahren
völlig vergriffenen Werkes vorlag? Die geschichtliche Entwickelung unseres
Vaterlandes ist mit der Neubegründung des deutschen Reiches und der
Erhebung des Hohenzollerngeschlechtes auf den Thron Karls des Großen
zu einem vorläufigen Abschluß gelangt, und es ist natürlich, daß gerade

---

*) Klöden verstarb am 9. Januar 1856, also lange vor der mit 1864 begin=
nenden neuen Aera.

**) Wie dies Ernst von Wildenbruch mit kühnem Griff in seinem Trauer=
spiel „Die Quitzows. Vaterländisches Drama in 4 Akten" Berlin, 1888, gethan.

darum sich in unserer Zeit ein lebendiger geschichtlicher Sinn regt, der mit Interesse den Blick in die Vergangenheit zurück lenkt, in welcher die Keime zu des Vaterlandes jetziger Macht und Herrlichkeit gelegt wurden. Der Tag, an dem der erste Hohenzollernfürst den Fuß auf märkische Erde setzte, bedeutet für uns den Anfangspunkt derjenigen geschichtlichen Entwickelung, welche in ihrem Fortgange zur Begründung des neuen deutschen Reiches geführt hat, und niemand hat jene wildbewegte Zeit, in welcher die heute den Mittelpunkt eines der mächtigsten Staatswesen bildende Mark Brandenburg gänzlichem Verfall anheimgegeben zu sein schien, aus dem sie aber die feste Hand eines starken und guten Fürsten zu neuem Leben und ungeahnter Blüte herausführte, mit gleicher Lebendigkeit und geschichtlicher Treue geschildert wie Klöden. Herausgeber und Verleger glaubten daher vielen einen Dienst zu erweisen, wenn ihnen „die Quitzows" wieder zugängig gemacht würden.

So möge denn das Werk Klödens auch in seiner neuen Gestalt freundlich aufgenommen werden und Alt und Jung erbauen zur eigenen Befriedigung und zu des Vaterlandes Bestem.

Berlin, am Geburtstage Kaiser Wilhelm I.

Ernst Friedel,
Stadtrat von Berlin und Dirigent des Märk. Provinzial-Museums; Geschäftsleiter des Gesamtvereins der deutschen Geschichts- und Altertums-Vereine, I. Vors. des Vereins für die Geschichte Berlins.

Schlußwort des Verfassers
zur ersten Auflage.

Der Verfasser des gegenwärtigen Werkes hat demselben keine Vorrede mitgegeben, weil er der Meinung war, der aufmerksame Leser — und andere wünscht sich kein Autor — werde sich leicht in den Gesichtspunkt, aus welchem er es zu betrachten hat, versetzen können. Die Erfahrung aber zeigt, daß es dennoch vielfach mißverstanden und hier und da sogar für einen Roman gehalten wird. Hiergegen glaubte der Verfasser gerade am wenigsten nötig zu haben, sich zu verteidigen, da es doch ein seltsames Beginnen gewesen sein würde, die Geschichte eines ganzen Landes während eines Menschenlebens und ein vollständiges Gemälde der Zeit während einer so langen Epoche als Roman behandeln zu wollen und außerdem hätten wohl die für einen Roman ganz ungehörigen litterarischen Zitate im Buche eine solche Meinung zurückweisen sollen. Allein es zeigt dies doch, daß es nicht allen Lesern möglich ist, den richtigen Standpunkt für die Beurteilung des Buches zu finden, und dies veranlaßt den Verfasser, hier die versäumte Vorrede in einer Nachrede beizubringen.

Alle Darstellungen der Geschichte gleichen Gemälden, die mehr oder weniger treu das Leben einer Zeit schildern, aber in deren jedem sich die Schule und die Manier des Malers geltend macht. Viele von ihnen, namentlich die Berichte der Chronikenschreiber, gleichen bloßen Skizzen, leicht, in Unschuld, Naivität und Einfalt hingeworfen, zumteil aber in Zügen, die für uns noch schwer in ihrer wahren Bedeutung erkennbar sind. Andere, wie die Urkunden, sind meistens nichts, als Genreskizzen und unvollständige Porträtfiguren, aber nicht minder ausgeblaßt und unscheinbar selbst für den größten Teil aller derer, die für die Geschichte Sinn haben und sich gern an derselben erfreuen wollen. Und dennoch gewähren sie für die Darstellung einer mittelalterlichen Zeit das Hauptmaterial und die hervorstechendsten, bestimmtesten Züge. Alles übrige sind Farben ohne Zeichnung.

Es läßt sich mit geschickter Hand ein Gemälde einzig und allein aus jenen altertümlichen Bildern und Figuren zusammensetzen, indem man das überflüssige abschneidet, das Wesentliche ordnet und am rechten Orte erscheinen läßt, ohne jedoch die leeren Stellen auszufüllen, die verblichenen Linien herzustellen oder irgend eine Färbung anzubringen. Ein solches historisches Bild geben z. B. die vortrefflichen brandenburgischen Regesten G. v. Raumers, von welchen leider bisher nur ein Teil erschienen ist. Für den strengen Geschichtsforscher — oder, um in unserm Gleichnisse zu bleiben — für den tüchtigen Zeichner, sind diese halb verwischten Linien, diese ausgeblaßten Farben, kein Hindernis, sich an der Zeichnung des Bildes innig zu erfreuen. In seinen Augen erhält das Bild Leben, Farbe und Bewegung, das Skelett gewinnt Fleisch, der dürre Baum grüne Blätter, die leere Stelle wird zur duftigen Ferne — der Geschichtsforscher weiß zwischen den Zeilen zu lesen.

Wenigen nur wird und kann diese Art der Auffassung zuteil werden, wenige nur tragen Verlangen, ihr Zimmer mit einem Gemälde zu schmücken, das nur hier und da deutliche Linien, sowie einige erkennbare Farbenflecke zeigt und an welchem die Zeit auf weite Strecken ihr Recht geltend gemacht hat. Tritt nun ein Maler davor und folgt mit behutsamem Pinsel jeder angedeuteten Linie und Farbe und stellt diese wieder her in ursprünglicher Frische, obgleich mit seiner Art der Pinselführung, so hat er gethan, was der Historiker thun soll und muß, um das verblichene Bild vergangener Jahrhunderte seinen Zeitgenossen zur Anschauung zu bringen. In dieser Art der strengen Darstellung sind z. B. für die märkische Geschichte die Wohlbrückschen Arbeiten unübertroffene Muster. Allein in den meisten Fällen ist es nicht genug, nur wiederzugeben, was zufällig stehen gebliebene Linien und Farbenmassen andeuten. Es giebt alsdann noch an jeder Figur alles das zu ergänzen, was notwendig nicht fehlen darf und vorhanden gewesen sein muß, auch wenn keine Linie oder Farbe etwas davon angäbe und hier muß der Maler schon dem eigenen Genius vertrauen und vermag nicht zu verbürgen, daß er vollkommen treu diese Stellen so ergänzt habe, wie sie ursprünglich gewesen sind. Auch Verbindungslinien muß er wohl ziehen, die kaum angedeutet sind, um Einheit in die getrennten Teile zu bringen und es ist möglich, daß diese unter seiner Hand einen anderen Schwung erhalten haben. Solchen Ergänzungen vermag sich auch der strenge Historiker nicht zu entziehen, wenn sein Gemälde nicht lückenhaft und unvollständig sein und in bloße Fragmente zerfallen soll. Selbst wenn er nicht so weit geht, als Livius, und seinen Helden lange Reden in den Mund legt, die sie gehalten haben könnten, kann er sich jener halb willkürlichen Zeichnungen nicht entheben. Kombinationsgabe, Scharfsinn, lebhafte Vergegenwärtigung der Umstände und Personen, mit einem

Wort, poetische Kraft muß seine Hand leiten und darum darf kein Geschichtsdarsteller, auch wenn er sich streng an das Gegebene hält, dieses poetischen Vermögens entbehren. Seine Darstellung hört darum nicht auf Geschichte zu sein, sie wird vielmehr erst dadurch Geschichte, weil sie Fluß und Zusammenhang erhält.

Wenn aber so der Geschichtsforscher genau nur soviel von dem Seinigen hinzuthut, als der Zusammenhang notwendig fordert, so hat er nicht mehr gethan, als der Maler, der nur eben diejenigen Figuren vervollständigt, welche noch durch zufällig erhaltene Linien angedeutet sind. Das alte Gemälde ist damit noch nicht restauriert, wenn nur diese wieder lebendig hervorspringen, aber die Draperie, der ganze Hintergrund, Bäume, Luft und Himmel, als Nebensache unausgeführt bleiben, weil hier die Andeutungen zu mangelhaft sind oder auch wohl ganz fehlen. Soll hier der Wiederhersteller des Bildes große leere Stellen lassen, ungeachtet er überzeugt ist, das Alles sei im Geiste des Malers und seiner Zeit bemalt gewesen — ungeachtet er aus der Beschaffenheit des Vorhandenen mit einiger Sicherheit auf die Beschaffenheit des Fehlenden schließen kann? Wer wird es tadeln, wer nicht billigen, wenn er jenes Beiwerk im Geiste des alten Bildes zu ergänzen sucht, dazu jede von dem Bilde gegebene Linie als Anhaltspunkt benutzt, aber da, wo diese ihn verlassen, nach eigenem schöpferischen Vermögen den Pinsel frei walten läßt, einzig gebunden durch die Rücksicht auf den Inhalt und die Malerei des Gegebenen?

Das ist es, was ich gethan habe und was von der Weise des historischen Romans noch überaus verschieden ist. Ich habe mich bemüht, vor allem die Linien des alten Bildes erst in ursprünglicher Reinheit aufzufinden und zu dem Ende die sämtlichen bis jetzt bekannten dahin einschlagenden Urkunden und die Berichte der Chronikenschreiber, welche jene Linien gaben, mit Fleiß verglichen. Ich mußte aus den späteren Darstellungen dieser Periode große übermalte Stellen herunterwaschen, auf welche ungeschickte Hände dicke Farbenmassen aufgetragen hatten, die nichts von dem ursprünglichen Bilde der Zeit erkennen ließen und die sich dennoch als streng historische Darstellungen gaben und dafür genommen wurden, trotz ihres karrifierten Aufputzes. Es gelang mir, weit mehr ursprüngliche Linien jenes historischen Bildes aufzufinden, als bisher gekannt waren, und mit sorgfältigem Fleiß bin ich ihnen nachgegangen, um zunächst in den Geist des Bildes einzudringen. Nun machte ich mich daran, das Bild zu restaurieren und bestrebte mich besser als meine Vorgänger mit höchster Treue keine der gegebenen Linien zu verwischen, denn jede hatte und verlangte ihr Recht, und demgemäß die Zeichnung und den Farbenauftrag im Sinne des alten Bildes wieder herzustellen. Wo alle Linien fehlten, suchte ich innerhalb des gegebenen Raumes mittels Kombination, und ich darf allenfalls sagen, in vielen Fällen durch glückliche — das Fehlende zu ergänzen, wobei ich gewissenhaft jeden Punkt und die leiseste Andeutung ohne Veränderung an ihrer Stelle benutzt habe. Das Beiwerk aber habe ich dem Geiste des Bildes gemäß zu gestalten gesucht, wobei mich ein Gesichtspunkt leitete, der weiter unten zur Sprache kommen wird — ob glücklich? — darüber mag die Stimme des Publikums entscheiden. So ängstlich bin ich bemüht gewesen, die Phantasie nur in den engsten Schranken, im kleinsten Raume, frei walten zu lassen, daß ich für das Meiste noch weit mehr Zitate hätte anführen können, als geschehen, hätte ich nicht fürchten müssen, das Buch zu überladen, daß sehr Vieles, was auf den ersten Blick als willkürlich ersonnen erscheint, durch später beigebrachte Urkunden bestätigt wird, ja daß in dem Buche nicht einmal ein Sturmwind oder Mondschein vorkommt, der nicht für den angegebenen Tag historisch begründet wäre. So pedantisch ein solches Verfahren in einem Roman gewesen sein würde, so wenig war es bei meinem Zwecke an unrechter Stelle. Selbst die Gespräche, so leicht einem Buche den Anstrich des Romanhaften verleihend, sind zum großen Teile von der Art, daß sie notwendig aus der Situation hervorgehen und nur im Dialoge wiedergeben, was sonst weniger belebend und individualisierend als Erzählung hätte hingestellt werden müssen, oder es sind, wie an vielen Stellen, sogar wörtliche Äußerungen der Personen, welche uns die Geschichte aufbewahrt hat, wozu dann das Vorangehende nur die notwendige Einleitung bildet. Durch die unter dem Texte angebrachten Nachweisungen und durch den Zusammenhang der Begebenheiten mit ihnen ist überall das der eigentlichen Geschichte Angehörige leicht von dem zu unterscheiden, was nur Produkt der Phantasie, angeknüpft an damalige Zustände, ist.

Wie ganz anders verfährt der Romandichter, selbst der des historischen Romans! Er zeichnet sich ein paar Hauptfiguren aus einem alten Bilde mehr oder weniger treu ab, benutzt dieses Croqui als Motiv einer eigenen freien Komposition, in welcher er Stellung und Draperie der Figuren, Vordergrund, Mittelgrund und Hintergrund zwar dem Charakter der Figuren und der Zeit gemäß, aber allein geleitet von den poetischen Forderungen nach eigenem Belieben gestaltet und oft nicht einmal die Porträtähnlichkeit beibehält. Ja, zuweilen ist sogar nichts als das Beiwerk aus alten Bildern genommen, und dies mag da, wo es auf ein freies Walten des poetischen Genius ankommt, nicht einmal getadelt werden; allein es ist sehr verschieden von der Weise, in welcher ich gearbeitet habe. Bestände der Unterschied zwischen einem Roman und der Geschichte einzig und allein in der größeren oder der geringeren Abweichung von der Wahrheit, so dürfte ich sogar keck behaupten, daß das meiste, was bisher über die in meinem Werke geschilderten Personen selbst in den ernstesten historischen Werken als wahre Geschichte verkauft wird, in ungemessenem Maße mehr Roman ist, als was ich bringe. Ich nehme hiervon die schöne Abhandlung G. v. Raumers über diese Periode, in dessen Codex diplomaticus Brandenburgensis continuatus T. I. p. 35 seqq. aus, die ungeachtet ihrer Kürze mehr Geist und Wahrheit enthält, als in den ausführlichsten bisherigen Darstellungen gefunden wurde.

Allein die Geschichte hat es nicht bloß mit Personen und Begebenheiten zu thun, sondern auch mit Zuständen; auch diese soll sie darstellen, und Schilderungen solcher Art lassen sich mit jenen sehr wohl vereinigen. Von je an haben es sich Geschichtsforscher nicht nehmen lassen, sie an geeigneter Stelle anzubringen; sie lassen sich so komponieren, daß sie ein anziehendes und lehrreiches Bild gewähren, ohne daß das Buch dadurch den Charakter eines Romans gewönne. Wer kennt nicht Barthelemys meisterhafte Reisen des jüngeren Anacharsis nach Griechenland, wer ist nicht von der geistreichen Weise entzückt, durch welche er in die hellenischen Zustände einführt? — Wer wird dies Buch einen Roman nennen, ungeachtet Anacharsis diese Reisen nicht gemacht hat? — Wenn es erlaubt ist, das kleinere mit dem größeren zu vergleichen, so darf ich wohl sagen, es habe mir etwas ähnliches vorgeschwebt inbezug auf die mittelalterlichen Zustände meines Vaterlandes während der in meinem Buche geschilderten Epoche. Sie waren bisher dem Einheimischen wenig bekannt, noch weniger dem Fremden. Ich habe dabei überall aus den Quellen, großenteils sogar aus sehr seltenen und nur handschriftlich vorhandenen, geschöpft; ich habe die Schilderungen der Gebräuche und Sitten nach ihnen, die der Gegenden aber nach spezieller Lokalkenntnis, welche ich mir behufs anderer wissenschaftlicher Studien erworben hatte, ja selbst nach bis jetzt nicht bekannten Aufnahmen und Plänen gegeben. Meine Absicht war, bei meinen Landsleuten Liebe für den vaterländischen Boden anzuregen, die nie erblüht, wenn dem Menschen unbekannt ist, wie sich das Leben auf ihm gestaltete, was sich auf ihm ereignete, — wenn er überhaupt das Bewußtsein der Vergangenheit mit dem der flüchtigen Gegenwart nicht zu verbinden weiß, oder nur im letzteren lebt. Darum habe ich selbst die Sagen nicht verschmäht und sie wiedergegeben, wo ich solche fand, mehr aber noch alles Historische hervorgehoben, insofern es in dem geschilderten Zeitraum schon der Geschichte angehörte. Die Beschreibungen der damaligen Städte sind nach sicheren Quellen wiedergegeben und bisher noch nirgend in gleicher Weise dargestellt worden, sodaß ich behaupten darf, mein Buch sei zugleich ein Kompendium des damaligen Zustandes des Landes und enthalte in seinen Schilderungen, die die verschiedensten Gegenden betreffen, das Bemerkenswerteste, was bis zum fünfzehnten Jahrhundert diesem Boden entblühte.

Auch hier war überall Treue für mich eine Hauptrücksicht; sie wäre wiederum bei bloß romanhafter Darstellung eine höchst überflüssige gewesen, aber außerdem auch eine höchst unbequeme, da sie den freien Flug der Phantasie überall hemmt. Ob nun die Phantasie ihre Spinnfäden so eng wie hier, von Zweig zu Zweig schlagen, oder ob sie sich frei, wie der fliegende Sommer, in den Äther erheben soll, ob zu dem ersteren poetische Kraft gehört oder nur zu dem letzteren, — das sind Fragen, die mir ziemlich mit der zusammen zu fallen scheinen: ob die Natur schöpferischer erscheint bei ihren Organisationen im kleinsten Raum oder bei denen im größten? Ich habe mich mit beiden beschäftigt, aber ich vermag sie nicht zu beantworten.

Mein Buch kann unter solchen Umständen für gewöhnliche Leser und für solche, bei welchen nicht zugleich die vorhin angegebenen Gesichtspunkte geltend gemacht werden können, nicht so unterhaltend sein als ein Roman; schon die Mitteilung des Inhaltes ganzer Urkunden, so interessant sie auch für den aufmerksamen Forscher und Betrachter der Zeitereignisse sein mag, muß gewöhnliche Leser zurückscheuchen. Dagegen wird es denen, welche Interesse für das Land und seine Geschichte mitbringen, nicht bloß Unterhaltung, sondern auch Belehrung, vielleicht auch Genuß gewähren, wüßten sie auch nicht, zu welcher der herkömmlichen Gattungen von Schriften sie es zu rechnen hätten. Vielleicht würden Liebhaber des Klassifizierens das Ziel nicht gar weit verfehlen, wenn sie es zur kolorierten Geschichte rechneten. Ich selber mache nur Anspruch auf eine belebte, historisch wahre, in den Geist jener Zeit eingedrungene, und wenn es sein kann, nicht ohne Geist wiedergegebene Darstellung innerhalb etwas weiter gesteckter Grenzen, als sie die strenge Muse der Geschichte ohne Beihülfe ihrer freundlichen Schwestern zu gestatten pflegt.

K. F. Klöden,
Direktor der Berlinischen Gewerbeschule.

Inhalt.

Klöden, Die Quitzows I.   B

B*

Erstes Kapitel.

Der letzte Regent der Kurmark Brandenburg aus dem bayrischen Hause, Kurfürst Otto, hatte im Jahre 1373 an Kaiser Karl IV. im Lager zu Fürstenwalde auf seine Herrschaft Verzicht geleistet, die Stände der Mark des ihm geleisteten Eides der Treue entbunden, und entblößt von allen Hülfsmitteln, um welche ihn sein Leichtsinn und seine Unklugheit gebracht hatten, war er zufrieden, nur noch die Würde eines Kurfürsten und Erzkämmerers des heiligen römischen Reichs, einige Güter in Bayern und ein ansehnliches Jahrgehalt gerettet zu haben*), mit welchem er sich, entfernt von den Sorgen der Regierung, in die Stille des Privatlebens zurückziehen wollte. Die übrigen Mitglieder des Hauses Bayern hatten in diese Veränderung gewilligt, und durch besondere Verzichtsurkunden ihre Ansprüche auf die Mark Brandenburg aufgegeben**). Nur eine unangenehme Bedingung hatte er noch zu erfüllen, den Kaiser und seinen zwölfjährigen Sohn Wenzel durch das Land zu begleiten, um Zeuge der Huldigung und der Besitzergreifung des Landes zu sein. Wie konnte er es sich verhehlen, daß er durch seine Anwesenheit mit dem drückenden Gefühle, von denen als halber Gefangener scheiden zu müssen, welche er bis dahin beherrscht hatte, nur zur Verherrlichung des Siegeszuges bestimmt sei, den der mächtige Karl mit seinem Sohne durch das neu gewonnene Land hielt? Allein auch diese Pein war endlich im September des genannten Jahres überstanden; Otto ging nach Prag, und von da nach Schloß Wolfstein an der Isar in der Nähe von Landshut, wo er sich seinem Hange zu Vergnügungen überließ, und sich in den Armen der schönen Grete, einer Müller- oder Bäckersfrau, der er die nach ihr benannte Gretelmühle bei Wolfstein geschenkt hatte, dar-

---

*) Lünig. Cod. germ. diplom. I. S. 1355.
**) Ebendas. S. 1355. 1361. 1363. 1365.

über tröstete, daß Neigung, Talent und äußerer Beruf nicht überall auf Erden im Einklange sind.

So hatte die Regierung des bayrischen Regentenhauses in der Mark ihr Ende gefunden. Die letzten Jahre insonderheit hatten nicht dazu gedient, das Land auf eine höhere Stufe menschlicher und geselliger Entwickelung zu heben. Vieles war der Mark durch unruhige Nachbarn entrissen, Anderes aus Geldnot der Regenten veräußert und verpfändet worden. Die Kirche, der Adel, die Städte, — alle hatten es versucht, ihre Gerechtsame möglichst zu erweitern und gegen Geld Privilegien von den Regenten zu gewinnen, in welchen nur die Wohlfahrt der einzelnen Korporationen, nie des Ganzen bedacht war, und allen war es gelungen. Am meisten hatte dabei das landesherrliche Ansehen gelitten, denn vorzugsweise auf seine Kosten hatten die Stände ihre Gerechtsame erweitert, Reichtümer und Güter erworben, und sich beinahe unabhängig gemacht. Eine natürliche Folge davon waren Streitigkeiten und Unruhen, welche jeder, wenn Güte nicht mehr ausreichen wollte, nach dem in jener Zeit ihm beiwohnenden Rechte, gewaltsam zu schlichten suchte, da die landesherrliche Gewalt nicht ausreichte, bloß das Recht walten zu lassen.

Es war nun die Dynastie des Lützelburgischen Hauses, auf welche die Regierung des Landes übergegangen war. Kaiser Karl IV. konnte als solcher nicht zugleich ein Kurfürst des römischen Reiches sein, und hatte deshalb die Mark für seinen ältesten zwölfjährigen Sohn, den König Wenzlav von Böhmen in Besitz genommen, dem auch das Land huldigte, und der infolgedessen den Ständen ihre Rechte und Güter bestätigte.

Indessen fand Kaiser Karl ohne Zweifel, daß der Arm eines Knaben nicht stark genug sei, die Zügel der Regierung in einem Lande zu führen, wo man nur widerstrebend gehorchte. Außerdem gefiel ihm das Land, und er verweilte gern in demselben. Er nahm sich daher desselben kräftig an, und führte die Regierung in der That, wenn auch sein Sohn dem Namen nach Regent war, als dessen natürlichen Vormund er sich mit Recht betrachten konnte. Lange hatte das Land keinen so kräftigen Arm gefühlt; was den letzten Regenten besonders gefehlt hatte, das landesherrliche Ansehen, war dem ersten Fürsten der Christenheit nicht abzusprechen. Die Verhältnisse gewannen eine neue und bessere Gestalt, und nach längerer Zeit war wieder die Rede von allgemeinen Maßregeln, bei welchen das Wohl des Landes, nicht bloß das eines Einzelnen, beabsichtigt war.

Vor allem fand Kaiser Karl Geschmack an der Stadt Tangermünde, in der Altmark am Ufer der Elbe belegen. Hier beschloß er zu wohnen, wenn ihn die Verhältnisse nicht nötigten, seinen Aufenthalt auf eine Zeitlang anderwärts nehmen zu müssen, und neben der vorhandenen Burg ein kaiserliches Schloß für sich und seine Familie zu erbauen, wozu sofort die nötigen Veranstaltungen getroffen wurden. Den Wohlstand der Stadt zu heben, und diese dadurch blühender und mächtiger zu machen, glaubte er kein geeigneteres Mittel, als den vorbeifließenden Fluß, auffinden zu können, mittels dessen die Schätze Böhmens und Sachsens Nieder-Deutschland, insonderheit aber den mächtigen Handelsstädten Hamburg und Lübeck zugeführt wurden. Tangermünde sollte der Stapelplatz und die Hauptniederlage aller dieser Waren, und so zum Range einer bedeutenden Handelsstadt erhoben werden; von ihr aus sollte sich Wohlsein und Regsamkeit durch das ganze Land ergießen, das hoffnungsvoll und gespannt die Dinge erwartete, welche hier in großartiger Weise vorbereitet wurden.

Der einbrechende Winter gestattete nicht, schon in diesem Jahre den Bau des neuen Schlosses beginnen zu lassen. Auch forderte die Regierung des Reiches Karls Anwesenheit in Böhmen; er reiste deshalb nach Prag und beschloß dort das Jahr. Aber schon im Februar kehrte er mit seiner Gemahlin, seinen Prinzen und seinem ganzen Hofe wieder, und nun wurde, sobald die Witterung es gestattete, der Bau des neuen Schlosses und einer Kapelle rüstig begonnen, bei welchem er einen großen Teil derjenigen Krieger als Arbeiter benutzte, welche im vorigen Jahre unter seinem Befehle gegen Kurfürst Otto gedient hatten. Jeder Arbeiter erhielt täglich ein Brot und einen Weißpfennig (etwa 40 Pf.) in damaliger Zeit für das nötigste Bedürfnis ausreichend. Ungeachtet von Karls Sparsamkeit viel gesprochen wurde, wandte er doch alles an, den Bau stattlich und wie es sich für einen Kaiser geziemt auszuführen, denn Tangermünde war sein Schoßkind geworden, und nächst Prag hielt er sich nirgend lieber auf. Die Freuden des Hausvaters, für welche er viel Sinn hatte, genoß er nirgend anders so behaglich als hier; aus den Fenstern seines Schlosses trug sein Blick weit in die Ferne, und um die Aussicht noch mehr zu erweitern, ließ er jenseit der Elbe den Wald durchhauen. Er freute sich des unter seinen Fenstern dahin wogenden Flusses und seiner Schiffe, deren Zahl und Gewimmel er im Geiste bereits auf das Höchste gesteigert sah. Als andächtiger Christ besuchte er fleißig das jenseit der Elbe gelegene Prämonstratenser-Mönchskloster Jerichow[1]), um in der dortigen Klosterkirche zu beten, und hier scheint vorzüglich sein Plan gereift zu sein, seine neue Schloßkapelle eben so fürstlich auszuzieren, als die in der Metropolitankirche zu Prag. Gern ritt er dabei über die in der Nähe von Jerichow liegende treffliche Wiesenflur, um sich im Frühling und Sommer an dem frischen Dufte der Kräuter zu erlaben*).

---

*) Pöhlmann und Stöpel, Geschichte der Stadt Tangermünde S. 167. 168.

Indem der Kaiser sich mit seiner neuen Erwerbung immer mehr befreundete, und sich derselben erfreute, ging er rüstig ans Werk, die Mark mit Böhmen in Handelsverbindung zu bringen, zu welchem Ende er die Moldau in Böhmen bis zur Elbe hin schiffbar zu machen befahl. Aber es wurde ihm zugleich immer deutlicher, daß die Mark für sich nicht mächtig genug war, feindlichen Anfällen von Außen und Innen zu widerstehen. Wahrscheinlich hatte er sich den Zustand derselben kaum so zerrüttet gedacht, als er ihn jetzt durch eigene Anschauung fand. Die Herzöge von Pommern hatten sich eines großen Teils der Uckermark bemächtigt, und wollten wegen dieses Landes die Lehnsherrlichkeit Brandenburgs nicht anerkennen. Lüchow und Dannenberg befand sich in den Händen der Herzöge von Braunschweig und Lüneburg und waren der Mark entrissen. Die Erzbischöfe von Magdeburg hatten Wollmirstedt und andere bedeutende Stücke der Mark nach und nach an sich gebracht, ja sie verlangten sogar, die Kurfürsten sollten die Altmark von ihnen zu Lehn nehmen. Die Herzöge von Mecklenburg hatten sich das Land Sternberg und andere große Stücke unterworfen, und auch die Herzöge von Sachsen hatten der Mark manches entrissen. Jenseit der Oder suchte der deutsche Orden immer mehr und mehr sein Gebiet gegen Westen zu erweitern, und auch Polen war nicht selten bedacht, sich auf Kosten der Mark zu vergrößern. Alle diese zum Teil höchst gefährlichen Nachbarn werden wir weiter hin noch kennen lernen. Sie alle hatten vielfach das Land kriegerisch durchstreift, ja die Herzöge von Mecklenburg und die Fürsten zu Wenden hatten sogar ohne alle Absage oder Kriegserklärung, was als schimpflich galt, das Land erst kürzlich, und selbst während der Anwesenheit des Kaisers, überfallen, und Städte, Schlösser und Dörfer niedergebrannt. Dazu kamen noch die unaufhörlichen Adelsfehden, und eine große Schuldenlast, indem die bayrischen Regenten ganze Länder, Städte, Schlösser, Herrschaften, Dörfer, Zölle und Steuern für so große Summen Geldes verpfändet hatten, daß man keine Möglichkeit sah, sie wieder einzulösen.

Nur ein so mächtiger Fürst als der Kaiser war allen diesen Übeln gewachsen, und es darf darum nicht verwundern, wenn die Stände des Landes sehnlichst wünschten, mit ihm und seinem Hause in der innigsten Verbindung zu bleiben. Glücklicher Weise begegneten sich die Wünsche beider Beteiligten, und es bedurfte dazu kaum der Anregung von seiten des Kaisers. Mehrere der mächtigsten märkischen Vasallen ließen durch den Bischof Dieterich von Brandenburg dem Kaiser zu Tangermünde den Vorschlag machen, die Mark Brandenburg auf immer mit dem Königreiche Böhmen zu vereinigen. Man hatte hier nur aus der Seele des Kaisers gesprochen, und mit entschiedener Vorliebe ging er auf den Vorschlag ein. Die Stände des Landes, Geistlichkeit, Adel und Städte wurden schriftlich zu einer Erklärung über diesen Vorschlag aufgefordert, und äußerten sich sämtlich damit einverstanden. Es kam also jetzt nur darauf an, die Vereinigung auf die feierlichste und bindenste Weise auszusprechen, und Karl war bemüht, dies in einer Form zu thun, welche jede künftige Aufhebung des Verhältnisses möglichst im Voraus beseitigte.

Zum Königreiche Böhmen gehörte in jener Zeit nicht allein das noch jetzt sogenannte Böhmen, sondern außerdem auch die ganze Markgrafschaft Ober- und Niederlausitz, mit den Herrschaften Cottbus, Beeskow und Storkow, Teupitz und dem Lande Zossen, sowie auch die Herzogtümer Breslau, Schweidnitz und Jauer mit dem Fürstentum Crossen. Trat zu diesem wohlzusammenhängenden Länderbesitz die Mark Brandenburg auch nur in den damals bestehenden Grenzen hinzu, so erhielt das Königreich eine Achtung gebietende Größe, und jeder Teil desselben fand in den übrigen Hülfsmittel und Hülfsquellen, welche die Wohlfahrt des Ganzen und damit jedes einzelnen Teiles wesentlich fördern mußten. Schon der Gewinn zweier mächtiger Ströme, der Oder und Elbe, welche zwar nicht ganz, aber doch in bedeutender Ausdehnung dem Lande angehörten, mußte für den Handel von unberechenbaren Folgen sein, und bereits sah das Auge der Vaterlandsfreunde im Geiste und in sehnsüchtiger Hoffnung die bedeutendsten Waren-Niederlagen in Tangermünde und Frankfurt an der Oder aufgestapelt und ein reges Handelsleben sich entfalten, das mit der Betriebsamkeit der mächtigen Hansestädte Hamburg und Lübeck wetteiferte.

Auch Karl scheint sich mit diesem schönen Traume begeistert zu haben. Vor allen Dingen wurden die Stände der Mark zu einem großen Landtage nach Guben in der Niederlausitz eingeladen, um die beabsichtigte Vereinigung der Länder unauflöslich, mit Vorbehalt der kaiserlichen Genehmigung, festzusetzen. Voll froher Hoffnung schönerer Zeiten fanden sich die Abgeordneten der Städte, der Adel und die Geistlichkeit dort ein, und bald war das Geschäft, bei der Einmütigkeit Aller abgethan. Es war am Trinitatis-Sonntage des Jahres 1374 (21. Mai), an welchem Wenzeslaus die Vereinigung beider Länder feierlich durch eine Urkunde feststellte, welche mit ihm zugleich auch seine Brüder Siegismund und Johann ausstellten, da diese bei der Übertragung der Mark an Wenzlav mitbelehnt waren. Die Urkunde ist in mehr als einer Beziehung merkwürdig, und wir dürfen bei ihrem Inhalte schon etwas länger verweilen.

Wenzlav, König von Böhmen, Markgraf in Brandenburg und Herzog in Schlesien, Siegismund und Johann, Gebrüder, Markgrafen zu Brandenburg, — denn als solche waren sie anerkannt, da ihnen im Falle von Wenzlavs Abgang die Nachfolge in der Mark gesichert war,

— bekennen und thun kund, daß ihnen alle Fürsten, geistliche und welt=
liche, Grafen, Freie, Dienstleute, Ritter, Knechte und Städte der Mark=
grafschaft und Mark zu Brandenburg als ihren Markgrafen und Erb=
herren bereits früher gehuldigt und geschworen, jetzt aber in Erwägung
gezogen haben, daß die Mark, seit langer Zeit durch verderbliche Kriege
verheeret, nicht anders zu Friede und Wohlstand kommen könne, als
durch kräftigen Schirm, Schutz, Hülfe und Rat des Königs und des
Königreichs von Böhmen. Deshalb haben sie sich mit der Mark
Brandenburg und allen ihren Ländern, Schlössern, Städten, Leuten und
Gütern, mit Bewilligung des Kaisers, zu dem Königreiche Böhmen, der
Markgrafschaft Lausitz, den Herzogtümern Breslau, Schweidnitz und
Jauer, welche zum Königreich Böhmen gehören, in ewiger Einigung
und Satzung gesetzt, und für sich und ihre Nachkommen darin gewilligt,
gelobt, gehuldigt und geschworen, daß sie ewiglich bei dem Königreiche
Böhmen und den dazu gehörigen Landen bleiben sollen und wollen,
auch sich niemals und um keiner Ursache jemals davon trennen wollen
lassen. Es versprechen denn nun Wenzlav und seine Brüder zugleich
Namens ihrer Erben und Nachkommen, daß sie nie eine solche Trennung
vornehmen wollen, noch gestatten, daß es geschehe. Wer von ihnen
oder ihren Nachkommen auf ewige Zeiten es jemals versuchen möchte,
die Mark Brandenburg oder auch nur ein Teil derselben von dem
Königreiche Böhmen und dazu gehörigen Ländern zu scheiden, zu
vergeben, zu verkaufen, zu versetzen, zu vertauschen oder zu entfremden,
dem sollten die Unterthanen in nichts pflichtig und verbunden sein,
in Bezug auf die geleistete Huldigung, und sie sollten sich so lange,
bis von einer solchen Entfremdung abgestanden würde, allein an den
jedesmaligen König von Böhmen halten, auch soll ihnen diese Hand=
lungsweise nicht als Ungehorsam angerechnet, sondern als vollkommen
im Rechte begründet, angesehen werden. Zugleich werden den oben=
genannten Ständen alle ihre Rechte und Freiheiten nochmals bestätigt.
Stürben die drei zuvorgedachten Markgrafen und ihre Erben, so sollte
Markgraf Johann von Mähren König von Böhmen und Markgraf von
Brandenburg werden. Sollte aber auch dieser sterben und seine Linie
ausgehen, so sollte alsdann die Kurmark denjenigen zum Markgrafen
haben, der König von Böhmen sein würde, welcher sie aber bei allen
ihren Rechten und Freiheiten lassen müßte*).

Der Landtag zu Guben hatte sein Ziel erreicht, und es fehlte nun
nichts weiter, als die kaiserliche Bestätigung, an welcher nicht zu zweifeln
war, weil man wußte, wie sehr der Kaiser diesen Schritt selbst gewünscht

*) Gerken, Fragmenta march. II. 77. (Urkunde), desgl. Buchholz, Bran-
denb. Gesch. V. S. 136. (Urk.) Küsteri Antiqq. Tangermund. S. 142.

hatte, und für das Wohl seines geliebten Böhmens wie der Mark zu=
träglich hielt. Der Kaiser beschloß seine Genehmigung auf die feier=
lichste Weise auszusprechen, und damit zugleich noch einige andere Hand=
lungen zu verbinden, welche nicht minder heilsam erschienen. Rings
umher wurden Boten ausgesandt, um Fürsten, Herren, Adel und Städte
zu einem großen Landtage nach Tangermünde einzuladen, und zum Em=
pfange derselben wurden bedeutende Anstalten getroffen. Das alte
Schloß konnte die Zahl der Gäste nicht fassen, das neue war noch im
Bau begriffen, der größte Teil mußte deshalb in der Stadt ein Unter=
kommen suchen. Nie hatte sie eine so glänzende Versammlung in ihren
Mauern beherbergt, nie nachher wieder gesehen. Nach und nach fanden
sich ein der Erzbischof Ludwig von Mainz, des heil. römischen Reiches
Erzkanzler, der Herzog Wenzlav von Sachsen und Lüneburg, des heil.
römischen Reiches Erzmarschall, beides Kurfürsten und des Kaisers Oheime,
der päpstliche Legat und Erzbischof Johann von Prag, der Erzbischof
Peter von Magdeburg, die Bischöfe Johann von Olmütz, kaiserlicher
Kanzler Albrecht von Leutomischl, Gerhard von Hildesheim, Friedrich
von Merseburg, Albrecht von Halberstadt, Peter von Lebus und Dietrich
von Brandenburg. Herzog Albrecht von Sachsen und Lüneburg, Mark=
graf Friedrich von Meißen, Herzog Albrecht von Mecklenburg, Herzog
Ruprecht von Liegnitz, Oheim des Kaisers, Herzog Primislaus von
Teschen, Herzog Boguslav von Stettin, Herzog Heinrich von Brieg, Herzog
Heinrich von Sagan, und Herzog Heinrich von Littowin, Schwäger des
Kaisers. Der Burggraf von Magdeburg und Graf zu Hardek, Graf
Heinrich von Holstein, Graf Albrecht von Ruppin, Graf Conrad von
Regenstein, Graf Burchard von Schraplau, Graf Otto von Hadmers=
leben, Kraft und Gerlach von Hohenlohe, Wodeke, Vogt von Berge,
Peter Gast, Benechs und Wenzlav von Wartenberg, Thieme von Coldiz,
Borße von Riesenburg, Johann von Rosenberg, Boguslav von Schwanberg,
Jeśko von Kossowahora, Pato von Czastalowiz, Johann von Kottbus,
Reinhard von Streele, Johann und Ulrich von Bieberstein. Die hier
genannten können als die vornehmsten der hohen Versammlung gelten,
und die letzt erwähnten sind edle Böhmen und Lausitzer*). Daß jeder
dieser Herren mit einem Gefolge ankam, wie es seinem Range gebührte,
läßt sich erwarten, und daß die Zahl der Anwesenden durch die hier
nicht genannten Abgesandten des Adels und der Städte einen sehr an=
sehnlichen Zuwachs erhalten, leicht ermessen.

Nicht alle diese Herren waren nur als Zeugen der Handlungen des
Kaisers eingeladen; mit manchen gab es noch besondere Verhandlungen,
zum Teil von sehr ernster Natur. Die Geschichte hat uns nicht alles

---

*) Gerken, Cod. diplom. III. S. 128.

dahin Gehörige, und Manches nur sehr bruchstückweise aufbewahrt. Das Nachstehende ist für unseren Zweck nicht zu übergehen.

Das Geschlecht der mecklenburgischen Herzöge hatte sich damals in drei Linien geteilt, deren jede einen Teil des Landes beherrschte und selbständig regierte. Den größeren westlichen Teil besaß Herzog Albrecht von Mecklenburg-Schwerin, zu Schwerin residierend, dessen Sohn Albrecht König von Schweden war. Den östlicheren Teil besaßen die Herzöge von Mecklenburg Stargard, Johann und Ulrich, welche zu Stargard residierten. Den dritten östlichen Teil hatten die Herren von Wenden oder Werle, Balthasar und Christoph, der erstere zu Güstrow, der andere (dessen Vetter) zu Waren residierend.

Kaiser Karl IV. hatte bei seinen Bestrebungen, seinem Hause den Besitz der Mark Brandenburg zuzuwenden, sich von je an bemüht, mit den mecklenburgischen Herren in eine nahe Verbindung zu treten, um sich ihrer gegen die Brandenburgischen Markgrafen aus dem bayrischen Hause zu bedienen. Die mecklenburgischen Länder gingen von der Mark zu Lehn. Schon im Jahre 1347 hob Karl diesen Lehns= nexus gänzlich auf, und erklärte das Land Stargard und alle übrigen märkischen Lehnstücke für unmittelbare Reichslehne*). Ein Jahr später erteilte er den mecklenburgischen Fürsten die herzogliche Würde. Auf die Lehnsabhängigkeit des Landes Schwerin von der Mark hatte Markgraf Otto von Brandenburg zu Prenzlau im Jahre 1371 ebenfalls gänzlich Verzicht leisten müssen**).

Als Kaiser Karl sich endlich genötigt sah, den Besitz der Mark mit den Waffen in der Hand von Markgraf Otto und seinen Verwandten zu erringen, konnte er auf bedeutenden Widerstand rechnen, da mehrere Städte und ein Teil des Adels, besonders in der Priegnitz, gut bayrisch gesinnt war und von den bisherigen Landesherren nicht lassen wollte. Karl suchte daher emsig ein Bündnis mit Mecklenburg, damit dieses ihm in diesem Kriege beistehe, und Truppen in die Mark sende. Ein Ver= trag deshalb kam zu Fürstenberg an der Oder am Montag nach Pfingsten (27. Mai) 1373 zustande, in welchem Herzog Albrecht von Mecklenburg gelobt, dem König Wenzlav von Böhmen und dem Kaiser beizustehen gegen Otto von Brandenburg und seine Verwandten, wofür ihn Wenzlav mit Lenzen, Wittenberge und der ganzen Priegnitz belehnt, mit Ausnahme alles dessen, was zum Bistum Havelberg gehört***). Zugleich ver= pfändete Wenzlav an Albrecht die Stadt Havelberg für 6000 Mark Brandenb. Silbers und Gewichts†). Auch mit Herzog Johann von

---

*) Lanclzolle, Geschichte d. Bild. des Preuß. Staats Tl. I. S. 615.
**) A. a. D. S. 616.
***) Gerken, Cod. diplom. II. S. 593—602.
†) A. a. D. I. S. 72.

Mecklenburg Stargard wurde ein Bündnis geschlossen wegen seines Bei-
standes, wogegen er mit seinem ganzen Lande und allem, was ihm von
den vorigen Markgrafen von Brandenburg verpfändet worden, belehnt
wurde, ausgenommen mit Stadt und Schloß Liebenwalde, der großen
Heide Werbellin und allen Zubehörungen, die ihm nur pfandesweise
überlassen wurden*). Stadt und Schloß Putlitz hatte schon seit längerer Zeit zu Mecklenburg gehört, und so war durch diese Abtretung die
Mark um ein sehr Bedeutendes verkleinert worden.

Es scheint, daß Karl bald bereute, so weit gegangen zu sein; nach
seinem eigennützigen Charakter, der gern blendende Versprechungen als
Lockspeise verbrauchte, ist dies wenigstens nicht unwahrscheinlich. Gegen
Herzog Johann war er gerade nicht zu weit gegangen, aber die Abtretung der Priegnitz an Herzog Albrecht scheint ihm leid gewesen zu
sein. Es kam darauf an, mit diesem letzteren zu unterhandeln, und zu
versuchen, ob man sich in anderer Weise einigen könne. Nicht umsonst
war er zu diesem Landtage eingeladen. Nach mancherlei wichtigen Vorbereitungen war endlich der Peter- und Pauls-Tag, der 29. Juni 1374
erschienen. Im vollen Glanze seiner Majestät eröffnete Kaiser Karl, umgeben von seinen hohen Gästen und Vasallen im Schlosse zu Tangermünde
den Landtag. Er bestätigte die Einverleibung der Kurmark Brandenburg und des Königreichs Böhmen völlig in der Weise, wie sie zu
Guben festgesetzt war, verpflichtete nochmals durch Gelübde und Schwur
zu den Heiligen die Stände der Mark, daß sie nie und zu keiner Zeit
irgend Jemanden anders, als den jedesmaligen König von Böhmen als
Markgrafen von Brandenburg anerkennen wollten, um so mehr, als der
König von Böhmen die Mark mit böhmischem Gelde erkauft habe und
nur hierdurch die Mark bei dem deutschen Reiche bleiben könnte, ohne
welches sie eine Beute Dänemarks oder Polens sein würde. Die Be-
stätigungsurkunde wurde in Gegenwart aller vorgenannten hohen Herren
ausgefertigt und ausgehändigt, und zeigt durch ihre ängstliche Ver-
klausierung, wie sehr der Kaiser wünschte, diesen Schritt für die Ewigkeit gethan zu haben**).

Das dem Kaiser Wichtigste war geschehen; es blieb nun noch die
Angelegenheit mit Mecklenburg zu erledigen, welchem die Priegnitz noch
nicht übergeben war, und ohne Zweifel drang Herzog Albrecht auf die
Übergabe. Da trat einer von den Landständen der Priegnitz auf, und
sprach: Herr Kaiser, die Priegnitz ist euch ein gutes Schloß und Thor
vor eurem Lande. Bekommen es die von Mecklenburg, so würde es das
Erste sein, in die Mark zu fallen, wie es wohl schon früher geschehen.

*) Gerken. Cod. diplom. I. S. 77.
**) Gerken, Cod. diplom. III. S. 122.

Wir wollen ungetrennt bei der Mark bleiben. Die letzte Erklärung war im Namen der Provinz gegeben und ließ Herzog Albrecht nicht auf ein williges Entgegenkommen des Adels und der Städte rechnen. Schwerlich wäre ohne Waffengewalt der Besitz zu erhalten gewesen. Der Kaiser antwortete: Du sprichst wahr. Wir geben ihm Gold und Silber, das wir noch haben, und behalten das Land selber*). Die obigen Betrachtungen würden indessen Albrecht noch nicht vermocht haben, von seinem Rechte abzustehen, wenn er nicht ganz vor Kurzem und erst in diesem Jahre feindlich in die Mark gefallen, und den Landfrieden gebrochen hätte. Er wurde gefragt, wie er sich dies habe unterfangen können, da er doch gewußt, daß die Mark bereits König Wenzlav von Böhmen Kurfürsten von Brandenburg gehöre, und es sei um so sträflicher, da die kaiserliche Majestät die Vormundschaft während der Minderjährigkeit Wenzlavs führe. Es blieb dem Herzoge Albrecht nichts übrig als sein Unrecht anzuerkennen, und um Gnade zu bitten**). Der Kaiser hatte nun die Bedingungen in Händen, unter welchen er sie gewähren wollte. Albrecht mußte sich mit einer Abfindungssumme statt der Priegnitz begnügen; aber es war damit noch nicht genug; auch seine Länder mußte er dem König von Böhmen oder seinen Nachfolgern zu Lehn auftragen, und die Lehnsherrlichkeit von Böhmen anerkennen, worauf der Kaiser die aufgetragene Lehnsherrlichkeit kraft kaiserlicher Macht und Gewalt bestätigte***).

Darauf erteilte Wenzlav den anwesenden Fürsten von Mecklenburg-Stargard, Johann und seinen Brüdern als König von Böhmen die Lehn über ihre Länder, die damit zu böhmischen Lehnen gemacht waren†). Mit ihnen stand der Kaiser von nun an gut, und Johann blieb fast immer in seinem Gefolge. Es kam jetzt noch darauf an, bekannt zu machen, welche Maßregeln der Kaiser getroffen, die Mark gegen Überfälle ihrer Nachbaren zu schützen, und Kaiser Karl hatte es verstanden, durch hoffnungsreiche Aussichten die Fürsten für sich zu gewinnen. Mit dem Herzog Boguslav von Pommern-Stettin hatte er auf immer einen Frieden und Vertrag zu gegenseitiger Hülfe geschlossen††). Auch der Erzbischof von Magdeburg hatte versprochen, für sich, sein Stift und seine Lehnsleute, dem Kaiser stets beiständig zu sein, wie dieser wiederum ihm.

*) Detmar Chronik I. S. 298. 299. Die Nachricht ist hier bei dem Jahre 1373 gegeben.

**) Nicolaus de Poznana apud Winecckium. Vergl. Küsteri Antiquitt. Tangermund. S. 147. Gerken, Cod. diplom. IV. S. 619. Anmerk. Buchholz, V. Urk. S. 144.

***) A. a. D. S. 147.

†) A. a. D. S. 147. Gerken, Cod. diplom. IV. S. 617. Geschah zu Prenzlow, Mittwoch vor Pfingsten.

††) Urk. Gerken, Cod. diplom. IV. S. 615. Prenzlow, Mittw. vor Pfingsten.

Peter war ein Böhme und sein Geschöpf*). Die Grafen im Harz, von Stolberg, Regenstein, Hadmersleben und andere waren öfter in die Altmark gefallen. Auch sie hatten bei ihrer Ehre schriftlich versprochen, binnen drei Jahren den Landfrieden zu halten. Dasselbe hatten auch Wenzeslaus von Sachsen, so wie die Markgrafen von Meißen, und die Fürsten von Anhalt in Bezug auf die Niederlausitz gethan, mit welcher sie grenzten**).

Höchst zufrieden mit den Resultaten dieses Landtages hatte der Kaiser neben allen ernsten Verhandlungen nicht versäumt, für die Erheiterung und das Vergnügen seiner hohen Gäste zu sorgen. Er mußte wohl die Zeit zu benutzen, wo das Herz der Freude geöffnet ist, und Erfahrung hatte ihm gezeigt, daß in solchen Momenten manches durchzusetzen ist, das zu jeder andern Zeit an unüberwindlichen Schwierigkeiten scheitert. Zugleich lag ihm daran, den märkischen Großen und ihren fürstlichen Nachbaren einen Begriff von schöneren Festen beizubringen, als sie sie bis dahin kannten. Roheit der Sitten, Trunkliebe und geschmacklose Prasserei fand er hier einheimisch, und sein gebildeter Geschmack, wie sein Gefühl, fanden sich dadurch nicht selten hart verletzt. Einen milderen, gefälligeren Sinn wünschte er dem von ihm wegen so mancher Tugenden hochgeachteten Volke, und ganz besonders schien jene Roheit und Ungeschmeidigkeit der Formen aus der strengen Absonderung hervorzugehen, in welcher das weibliche Geschlecht von dem männlichen in diesen Gegenden gehalten wurde. Jene edle Galantrie des Rittertums, welche Karl, in Frankreich geboren, kennen gelernt hatte, war hier noch nicht heimisch geworden, daß ein Frauenkreis die Männergesellschaft auf gesittete Weise verschönern könne, hatten nur wenige begriffen. Was aus einer altherkömmlichen Gewohnheit stammte, schrieb Karl der Eifersucht zu, einer Leidenschaft, die ihm ungemein zuwider war. Selber in seiner Jugend unter Anleitung seines Hofmeisters Peter de Rosières, nachmaligem Papstes Clemens VI., galanten Andenkens, ein feuriger Verehrer des schönen Geschlechts, hatte er sich bald in die gesetzlich erlaubten Schranken zurückzuziehen gewußt; ergötzte sich aber noch gern an dem Umgange mit Frauen in Zucht und Sitte. Um so widerwilliger sah er den Druck und die Zurücksetzung mit an, unter welchem in der Mark das schöne Geschlecht, wie er meinte, aus Eifersucht der Männer, seufzte; um so eifriger war er bemüht, sie in die Gesellschaft zu ziehen, und dadurch die Sitten der Männer zu mildern, sie von ihrer Eifersucht zu heilen, und seinen Festen einen schöneren Glanz zu verleihen. Er hatte Abendgesellschaften eingeführt, an welchen beide Geschlechter Teil

*) Urkunde in Gerken, Cod. diplom. IV. S. 529. Mittw. n. Peter u. Paul. 5. Juli.
**) A. a. O. S. 147.

nahmen und in bunter Reihe saßen, es war erlaubt, seine Nachbarin zu
küssen, auch wenn sie die Frau eines Freundes war, ja man durfte sie
sogar ohne Verdacht und Beschuldigung der Untreue in allen Ehren
mit nach Hause nehmen. Darin war der gute Kaiser wohl unstreitig
zu weit gegangen; auf einer so hohen Stufe der Sittlichkeit standen die
Märker nicht, und sie verstanden jene Festsetzung bald so unrecht, daß
nach dem Tode des Kaisers die Magisträte diese Gesellschaften verbieten
mußten *).

Kaiser Karls Gesellschaften hatten großes Aufsehen erregt, aber man
fügte sich, und er war froh, ein ihm selber so sehr zusagendes Mittel
gefunden zu haben, seine Vasallen von der Eifersucht zu heilen und ihre
Sitten zu mildern. Um so eifriger ließ er es sich angelegen sein, seine hohen
Gäste in gleicher Weise zu ergötzen, zu unterhalten und zu bilden.
Was von schönen Frauen aufzutreiben war, wurde eingeladen; und den
Gästen gefiel das, nachdem sich ihre Verwunderung gelegt hatte, nicht
übel. Der Kaiser überschaute die glänzenden Tafeln, an welchen paar=
weise in bunter Reihe mächtige Fürsten, Prälaten und Herren neben den
schönsten Frauen saßen. Er erhob sich vergnügt und winkte, um zu
sprechen. Das Gespräch verstummte, und er hob an:

Ihr Herren, geistlichen und weltlichen Standes, nach Rang und
Gebühr. Wir haben euch einladen lassen zu einem Gastmahle, wie es
diesen Gegenden bis auf unsere Ankunft ungewöhnlich war, und dem
wir den Namen eines Rehhahns beigelegt haben. Was ist eine Gesell=
schaft ohne Frauen? Wenig mehr als eine Trinkgesellschaft. Uns ist
nicht unbekannt, daß die meisten Männer sich gern in der Gesellschaft
von Frauen befinden, welche nur durch eine unvernünftige, nicht zu billi=
gende Eifersucht in hiesigen Gegenden von den Gesellschaften ausge=
schlossen werden. Dadurch leidet das gesellige Vergnügen, und wir
wollen nicht bergen, daß wir das anders wünschen. Wie wir auf der
Jagd neben dem kräftigen, tüchtigen Auerhahn nichts lieber sehen, als
das schlanke, zierliche Reh, so sehen wir in der Gesellschaft neben dem
tapferen klugen Manne nichts lieber, als die liebliche, holdselige Frau.
Von je an haben wir gern die Frauen mit den so unschuldig und fromm
blickenden Rehen verglichen, ja einer unserer hohen Verwandten, welcher
einen Kreuzzug im heiligen Lande gethan, hat uns versichert, daß das
gescheute Volk der Sarazenen gar gern seine Geliebten mit den Namen
der arabischen Rehe belegt, und in seinen Gedichten die Augen beider in
Vergleich stellt. Darum, weil wir hier immer in dieser Gesellschaft ein
Reh mit einem Hahne gepaart haben, wobei nichts Ungebührliches zu

---

*) Helmreich in Annal. Tangermund. Lib. II. Cap. X. §. 1. S. 34. Edit.
Küst.

denken ist, haben wir diese Gesellschaften Rehhahne genannt. Trachte nun jeder Hahn — und der Lateiner nennt einen jeden Mann meines Jugendlandes einen Hahn³), — trachte nun, sage ich, ein jeder Hahn danach, sein Reh auf das Beste zu unterhalten, und in aller Ehrbarkeit zu vergnügen, ja, sei jeder bemüht, dem andern in der Unterhaltung die Rehe abwendig zu machen, und ihre Aufmerksamkeit an sich zu fesseln. Jemehr er das vermag, ein um so besserer Rehhahn soll er uns sein, um so mehr wollen wir und die Gesellschaft ihn loben, und durch den Namen eines guten Rehhahns ehren. Thue jeder das Seinige.

Mächtiger Kaiser, sprach der Erzbischof Ludwig von Mainz, dann wird es einige unter uns geben, denen die Frauen, oder in euerer sinnigen Sprachweise zu reden, die Rehe, zur Linken und Rechten abwendig gemacht worden sind, und die alsdann nichts thun können, als stumm auf den Tisch zu sehen. Was wird mit diesen?

Ein schallendes Gelächter erhob sich. Der Kaiser winkte. Suche jeder ein solches Schicksal zu vermeiden, sprach er. Aber wer es nicht vermag, verdient einigen Spott, und hat ihn sich selber zuzuschreiben.

Welch einen Namen führt ein solch umgekehrter Rehhahn? rief Erzbischof Ludwig von Mainz. Richtig, sprach Karl, ein umgekehrter Rehhahn. Darum soll er Hahnreh heißen, denn er hat seine Rolle vertauscht, und sitzt da, wie ein Reh, das seinen Hahn noch erwartet. Wohlan ihr Herren, ihr seid unterrichtet. Werde mir keiner zum Hahnreh! —

Das Fest ging seinen Gang. Die Herren quälten sich ab, unendlich interessant zu sein, was einem großen Teile, dem diese Idee zum erstenmal aufgegangen war, entsetzlich sauer wurde. Einige darunter wußten sich nicht anders zu helfen, als daß sie recht viel küßten, was ihnen noch die geringste Anstrengung kostete. Einige andere glaubten kein interessanteres Gespräch auf die Bahn bringen zu können, als derbe Zweideutigkeiten, die sie Liebesgeschichten nannten. Wieder andere erzählten mit großem Feuer von ihren Jagden, von ihren Hunden, und andern Dingen, die ihnen für Frauen interessant schienen. Eine nicht kleine Zahl half sich mit stetem Gesundheittrinken. Aber eben so ungewohnt war den meisten Frauen die neue Lage. Sie wußten nicht recht, wie man es anzufangen habe, sich unterhalten zu lassen, ja sie waren in vielen Fällen zweifelhaft darüber, ob sie anziehend unterhalten würden, oder nicht. Im Ganzen bewahrte sie jedoch ihr natürlicher Schicklichkeittakt dagegen, sich von ihren Nachbaren ganz abzuwenden, und mit voller Entschiedenheit wurde an diesem ersten Abende keiner Hahnreh. Wohl aber ereignete sich dies an andern Abenden öfter, besonders da sehr viele ihren Unterhaltungsstoff erschöpft hatten, und zu wiederholen anfingen. Kein Wunder, wenn ein großer Teil der älteren Männer

diese Unterhaltungen zu beschwerlich fand, und sich in seine Trinkgesell=
schaften zurück sehnte. Indessen war doch die Anregung zu etwas an=
derm gegeben, und man konnte nicht verkennen, daß es seine bildende
Macht wenigstens auf die jüngere Welt übte, womit der Kaiser für jetzt
schon zufrieden war.

Der Aufenthalt so vieler hohen Personen mit ihrem zahlreichen
Gefolge hatte außerdem ein nicht unbedeutendes Geld in die Mark ge=
bracht, und insonderheit den Altmärkern viel zu thun und zu verdienen
gegeben. Karl freute sich dessen innig, denn das Wohl seiner Unter=
thanen lag ihm aufrichtig am Herzen. Zufrieden mit dem, was seine
gewandte Staatskunst auf diesem Landtage erreicht und eingeleitet hatte,
entließ er seine hohen Gäste zu Anfange des Monats Juli.

Zweites Kapitel.

Es war ein schöner Sommermorgen, als früh ein Trupp Reiter sich aus dem Thore der kaiserlichen Burg Tangermünde durch die Vorstadt Hünerdorf den Weg nach Arneburg entlang bewegte. Vorauf ritten drei Reiter, deren kriegerische Haltung und glänzende Rüstung ohne Mühe erraten ließ, daß sie Männer von Bedeutung und die Befehlshaber des Zuges waren. Der mittlere war unstreitig der vornehmste von ihnen, aber er schien eben nicht der heiterste zu sein. Den leichten schwarzen Harnisch bedeckte ein weiter Mantel, statt des Helmes, den einer der nachfolgenden Knappen vor sich auf dem Sattel befestigt hatte, schmückte ein Barett sein stark lockiges Haupt, und er schaute finster vor sich hin, schweigsam in sich gekehrt, ohne zu beachten, was um ihn vorging. Ähnlich gekleidet, nur stärker bewaffnet, waren seine Begleiter zur Seite, deren Häupter der Helm schützte. In einiger Entfernung folgte der Zug der Knechte und Dienstleute. Der ganze Zug trug die mecklenburgischen Farben.

Schon hatte man sich von der Stadt weit entfernt, und ihre Türme hüllten sich in den Duft der Ferne; die Thautropfen, welche an den Spitzen der Gräser in unendlicher Menge gefunkelt hatten, waren bereits von der höher gestiegenen Sonne aufgesogen, und noch immer verharrten die drei Reiter im Schweigen. Einige hingeworfene Worte des einen fanden keinen Anklang, und blieben unbeantwortet. Nur das Stampfen der Rosse und das Gemurmel des Gefolges unterbrach die düstere Stille.

Da hielt der Reiter rechts sein Roß ein wenig zurück, und so wie es der Reiter links gewahrte, that er desgleichen. Beide schlossen sich dem voraufreitenden Herren an, jedoch so, daß sie hinter ihm einige Schritte zurückblieben.

Der Reiter rechts, ein Mann von etwa 43 Jahren, aus dessen Helm ein festes kräftiges Gesicht hervor sah, brach endlich das Schweigen und sprach zu seinem Gefährten: Wir hätten auch wohl statt der schweren Rüstung eine leichtere Kleidung anlegen können, welche die Julisonne weniger stark erhitzt. Ist doch jetzt Friede im Lande ringsum auf lange Zeit, und nirgend eine Wehre von nöten. Wir werden heute manchen Schweißtropfen zu vergießen haben.

Da wandte sich sein Nachbar, um dessen Mund ein leises Lächeln spielte, zu ihm, und erwiderte: Edler Herr, was ihr von dem saget, das da kommen werde, ist viel gewisser, als das, was nach eurer Ansicht ist.

Der Erste. — Wie meint ihr das? Ist der Friede nicht verbrieft und versiegelt auf lange Zeit?

Der Andere. — Scherzet nicht, Herr Busso. Brauche ich euch zu sagen, in welcher Täuschung der Kaiser befangen, wenn er wähnt, ein Brief könne das Schwert in der Scheide zurückhalten? Das ist freilich die Grille aller, welche sich den Pfaffen hingeben, und es mit den Städten halten; sie meinen, man brauche nur zu schreiben, dann werde etwas gethan, oder auch wohl das Thun zurückgehalten. Thörichter Wahn! Ich werde all dieses Geschreibes ungeachtet mein Schwert nicht einrosten oder meine Waffen bestäuben lassen, denn es wird bald genug die Zeit kommen, wo wir sie brauchen werden.

Busso. — Ich gestehe euch, Herr Cuno, daß auch ich kein rechtes Vertrauen zu dem Geschreibe hege, obgleich das eure doch geringer zu sein scheint, als das meinige, und manches ist mir sehr bedenklich. Sprecht Herr Ritter, seht ihr vielleicht schon einen Friedensbruch durch das Pergament schimmern?

Cuno. — Wenn mein Vertrauen ein geringeres als das eure ist, so geziemt sich das für euren Lehnsmann nicht anders. Aber, edler Herr, darf ich denn frei sprechen zu euch, der ihr wegen eurer Herrschaft Putlitz zu Mecklenburg, und wegen Wittenberge zur Mark gehört? Was ich zu sagen habe, trifft euren Herrn.

Busso. — Ihr seid ein Schalk, Herr Ritter. Ja, wenn es noch meinem lieben lustigen leichtsinnigen Markgrafen Otto gälte, der bei allen seinen Fehlern doch wußte, was er dem Adel schuldig war, und ihn gewähren ließ, dann wäre es ein anders. Aber dieser kaum den Windeln entlaufene Markgraf Wenzel, den der Kaiser auf seinen Finger setzt wie eine Drahtpuppe und glauben machen will, wenn er gesprochen, habe dieser geredet, — nein, ich habe kein Herz für ihn.

Cuno. — Und doch glaubt ihr, daß Verträge mit diesem Knaben abgeschlossen, unauflöslich sind?

Busso. — Ihr vergeßt, daß sie auch zugleich stets mit dem Kaiser abgeschlossen werden, und es ist denn doch ein anderes, wenn ein Kaiser sie mit seinem Worte besiegelt, als wenn es ein bloßer Ritter thut.

Cuno. — Mit Gunst edler Herr, ein Kaiserwort wiegt nicht um ein Haar schwerer, als ein Ritterwort. Ein Ritter soll und muß sein Versprechen halten, mehr kann auch im besten Falle der Kaiser nicht thun. Fast aber möchte es scheinen, als ob kaiserliche Majestät mehr habe thun wollen, denn sie hat versprochen, was sie nicht halten kann, und dann findet ein Vertrag gar bald ein Ende.

Busso. — Wie das Herr Ritter?

Cuno. — Habt ihr vergessen, daß ein Fürst nach den Reichs= gesetzen nie mehr als eine Kur besitzen kann, weil ihm sonst bei der Kaiserwahl zwei Stimmen statt einer gebühren? Wie kann denn nun der König von Böhmen als Inhaber der böhmischen Kur zugleich die von Brandenburg besitzen?

Busso. — Aber ihr vergesset, daß auf dem Landtage darüber bereits verhandelt und festgesetzt worden ist, daß Wenzlav König von Böhmen bleiben, die Kurmark Brandenburg aber auf seinen jüngeren Bruder Siegismund übergehen soll.

Cuno. — Richtig. Aber ist alsdann Brandenburg noch bei dem Könige von Böhmen? Ist dann nicht der so eben feierlich mit der Mark eingegangene Vertrag als aufgelöset zu betrachten? Wie man sich auch herauswickeln mag, in jedem Falle wird gegen feierliche Festsetzungen verstoßen, und ohne Zweifel wird die neue Festsetzung des Kaisers dem alten Reichsgesetze weichen müssen. Gehört aber die Mark Brandenburg nicht zu Böhmen, was wollen dann alle Verträge, welche man mit der Krone Böhmen geschlossen, in Bezug auf Brandenburg bedeuten? So lange der Kaiser lebt, geht es vielleicht; aber auch Kaiser müssen sterben, und dann —

Man stand vor dem Thore von Arneburg, welches damals der Witwensitz der verwitweten Markgräfin von Brandenburg Ingeburg, Gemahlin Ludwigs des Römers, jetzigen Gräfin zu Holstein und Stormarn war, und wie die Stadt Werben zu ihrem Leibgedinge gehörte*). Ein Knappe sprengte vor und stieß ins Horn. Der Thorwärter auf dem Turme fragte nach dem Begehr, und der Knappe erwiderte: des hochgebornen Herzogs und Fürsten Albrecht von Mecklenburg Gnaden begehre mit seinen Mannen friedlichen Ein= und Durchritt durch die Stadt. Bald darauf öffnete sich das Thor, und der Zug ritt hinein. In einer Herberge wurde Halt gemacht, und man beschloß, während der größten Hitze hier zu rasten, und erst, wenn der Tag etwas kühler geworden, weiter zu reiten. Bald war ein reges Leben im Hause, und kaum vermochte der Wirt alle Anforderungen seiner durstigen Gäste rasch genug zu befriedigen, die sich das weit und breit berühmte und viel= besungene Gardelegensche Bier, Garlei genannt, vortrefflich schmecken ließen. Die drei Herren waren vom Wirte in ein besonderes Zimmer gebracht; die Knappen und reisigen Knechte trieben ihr Wesen in der

*) v. Ledebur, Archiv Tl. I. S. 41. 42.

Wirtsstube und saßen lärmend auf Bänken hinter den langen Tischen, die Krüge mit zinnernen Deckeln vor sich hingepflanzt, oder trieben sich umher in dem Zimmer und schäkerten mit den aufwartenden Mägden. Unter den Knechten befand sich der sechsundzwanzigjährige Dietrich Schwalbe, früher im Dienste des Bischofs von Havelberg, seit drei Jahren in dem des Ritters Cuno von Quitzow auf Quitzhövel.

Um 11 Uhr wurde den Herren das Mittagsessen auf das Zimmer getragen, und auch für die Knechte, mit welchem Namen damals auch die adeligen Knappen belegt wurden, richtete man den Tisch an. Nach dem Essen streckte sich ein Teil der Gesellschaft auf Tische und Bänke, um bis zum Aufbruche zu schlafen, während ein anderer Teil der Knechte in den Ställen bei den Pferden beschäftigt war.

Die Zeit des Aufbruchs war da, und bald war alles gerüstet und reisefertig. Einige schnell geschlossene Bekanntschaften mit den Mägden des Hauses wurden mittels weniger traulicher Abschiedsworte in den Ecken des Hausflurs und hinter der Treppe bis auf gelegenere Zeit vertagt und dann rasch abgebrochen. Was die Reiter versäumt hatten, holten die Pferde wieder ein, und schon dicht vor dem Thore nach Werben war der ganze Trupp beisammen.

Man ritt ein wenig scharf zu, denn man hatte bis zum Nachtquartier noch mehr als drei Meilen zu machen. Diese Schnelle der Bewegung gab dem Zuge ein noch kriegerischeres Ansehen, als er ohnedies schon hatte, und sie wunderten sich deshalb nicht, als mehrere Wächter auf den hier und da an schicklichen Stellen erbauten steinernen Warten ins Horn stießen, den Hirten damit ein Zeichen gebend, sich mit ihren Herden zu flüchten. Die Hunde jagten eilfertig bellend das Vieh zusammen, und in ängstlicher Hast floh die Herde dem nächsten Walde oder Dorfe zu. Es war damals nur zu gewöhnlich, daß ähnliche Reiterhaufen die Herden überfielen und davon trieben, denn nicht überall, wie es das Gesetz der Ehre verlangte, wurde darauf gehalten, den Frieden abzusagen, und die Feindseligkeit war oft da, ehe man sich ihrer gewärtigte. Niemand vermochte einem Reiterhaufen anzusehen, was er im Schilde führte, wenn man auch das Wappen erkannte.

Die Sonne war ihrem Untergange nahe, als sich vor ihnen die Stadt Werben mit ihrer doppelten Mauer, besetzt mit einem reichen Kranze dicker runder Türme erhob. Zu mitten dieser Umgebung ragte hoch die Kirche zu St. Johann über die Dächer der Stadt hinweg. Man erreichte endlich das Thor, und erhielt den Einlaß. Nur ein Trunk vor der Herberge wurde gestattet und dann sofort weiter geritten. Der dicke gewaltige Turm des Elbthores, in seinem unteren Teile der Sage nach ein römisches Mauerwerk mit zwölf Fuß dicken Mauern*),

*) Bekmann, Beschreibung d. Mark. V. I. Kap. VIII. S. 5.

aus dessen oberstem Stockwerke der Thorwärter gemütlich auf unsere Reiter herabschaute, wurde von Dietrich Schwalbe und mehreren seiner Genossen als ein Heidenwerk mit einer Art von Schauer betrachtet, und man unterließ nicht, beim Hindurchreiten ein Kreuz zu schlagen. Unmittelbar darauf lag die Elbe in ihrer ganzen Breite vor ihnen, aus deren Gewässer der leuchtende Abendhimmel lieblich wiedergespiegelt wurde. Die hier vorhandene Fähre, welche die Verpflichtung hatte, die Bewohner von Quitzhövel unentgeltlich überzusetzen*), führte nach und nach die Reiter an das jenseitige Ufer des Stromes hinüber und legte auf Quitzhövelschem Gebiete an. Nur noch eine Viertelmeile mußte zurückgelegt werden, um Dorf und Schloß Quitzhövel zu erreichen, das Ziel der heutigen Reise.

Schon von fern waren unsere Reisigen von der Burg aus bemerkt und erkannt worden, und mit freudigem Ungestüm tummelten sich die Knechte und Burgleute auf der Schloßbrücke, ihren Herrn und seine hohen Gäste zu empfangen. Mit gewaltiger Eile drängten sich die Hunde hindurch und stürzten freudig bellend dem Trupp entgegen. Die Burgleute zogen mit freundlichem Nicken ihre Kappen, mehrere Edelknechte traten an ihren Herrn hinan, denen er mild die Hand reichte, und bei welchen er in kurzen Worten sich nach dem Stande der Dinge erkundigte.

Da kamen ein paar Knaben athemlos gesprungen, der eine etwa acht, der andere vierjährig, denen mühsam die kleine Schwester folgte, welche doch der stattlichen Mutter vorausgeeilt war. Ohne weitere Rücksicht auf die begleitenden Fremden drängten sich die Kinder an das Pferd des Vaters, der kaum durch das Burgthor eingeritten war; jeder der Knaben packte eines seiner Beine, und beide im Vereine mit ihrer Schwester schrieen dem Vater so hastig die Ausbrüche ihrer kindlichen Freude, vergesellschaftet mit dem Gekläffe der Hunde zu, daß kein Wort zu verstehen war. Beide Knaben wollten den Vater vom Pferde haben, aber keiner ließ los, und um ihnen nicht wehe zu thun, mußte er sitzen bleiben, bis die Mutter heran kam, welche sittig ihren Herrn und seine Gäste begrüßte und diese einlud, ihr zu folgen. Die Herrschaft begab sich in das Schloß, die Knechte führten ihre Pferde zu Stalle, und bis spät in die Nacht ertönten auf dem Hofe noch Erzählungen von der Herrlichkeit zu Tangermünde.

Oben im Schlosse fanden die Herren durch die Sorgfalt der Frau von Quitzow einen stattlichen Nachtimbiß bereitet. Herzog Albrecht fand bei dieser Beschäftigung und der liebenswürdigen Hausfrau zur Seite seine gute Laune wieder, versicherte, daß es ihm selten besser geschmeckt habe und begab sich dann wie alle übrigen zur Ruhe.

---

*) A. a. O. S. 35. 40.

Am andern Morgen früh nach eingenommenem Morgenimbiß verließ der Herzog mit Buffo Gans von Putlitz Quitzhövel, um nach Putlitz zu reisen, von wo der Herzog dann allein mit seinem Gefolge sich nach seiner Hofburg begeben wollte. Beide waren so artig, die fernere Begleitung des Ritter Cuno zu verbitten. Auch ohne diese war der Zug immer noch stattlich zu nennen.

Wir sind nun in Quitzhövel, und haben uns mit dem Orte, wie mit der Familie, in welche wir eingeführt sind, näher bekannt zu machen.

Das Dorf und die Burg Quitzhövel lag anderthalb Viertelmeilen vom Einflusse der Havel in die Elbe, und eine Viertelmeile vom nördlichen Ufer der letzteren entfernt in der Priegnitz, oder wie die Provinz in jener Zeit auch wohl genannt wird, in der Vormark. Nur das Dorf ist noch vorhanden, die Burg aber längst verschwunden. Ehemals war die Entfernung [von der Elbe geringer als jetzt, da der Fluß an der nördlichen Seite Land angespült, und hierdurch seinen Lauf geändert hat.

Auf dieser Burg hauste der Ritter Cuno von Quitzow, der in der Gegend begütert war und namentlich Anteil an dem Schlosse und Dorfe Rühstädt, nahe der Elbe, hatte, das dem größeren Teile nach seinem Vetter Wedego von Quitzow gehörte*), aber das Erbbegräbniß der ganzen Familie war, und davon den Namen erhalten hat. Sein Bruder Johann, auch wohl nach slavischer Sitte Iwan genannt, lebte auf seinen Gütern in der Nachbarschaft. Alle waren Lehnsleute der Edlen Gänse von Putlitz, welche zu der Zeit zu Mecklenburg gehörten.

Die Quitzows waren ein altes Geschlecht, das seinen Ursprung von den Grafen von Lindow und Herren zu Ruppin ableitete**). Seit alten Zeiten waren sie hier bereits angesessen aber keiner hatte sich einen so ausgebreiteten Ruf der Tapferkeit erworben, als unser Ritter Cuno oder wie er gewöhnlich genannt wurde, Köhne. Eine Menge siegreich beendigter Fehden hatte ihn weithin berühmt gemacht, und ungeachtet der großen Kampflust des damaligen Adels und der Städte ließ man ihn jetzt gern in Ruhe, wenn er nur Frieden hielt, was eben freilich nicht seine Liebhaberei war. Er war einer der ersten Ritter dieser Gegend, nicht bloß dem Range sondern auch der Zeit nach. Das eigentliche Ritterwesen hatte sich erst während der Kreuzzüge vollständig ausgebildet, und war daher in diesen Gegenden noch neu. Es war erst jetzt eine wirkliche Institution, ein Orden geworden, zu welchem nicht

---

*) Preuß. Brandenb. Miscellen II. II. S. 68.
**) Munsterus ap. Garcaeum, edit. Kraus. S. 146. Indessen ist kaum zu zweifeln, daß es von den Wendenhäuptlingen abstammt.

allein edle Geburt genügte, sondern der persönlich erworben sein wollte, welcher seinen Mitgliedern bestimmte Verpflichtungen auferlegte, und der mehr als ein bloßer Ehrentitel ihnen auch auszeichnende Rechte gewährte. Jeder, der zum Schilde, d. h. edel geboren, war, selbst wenn seine Geburt eine höhere als eine adlige, dennoch in Bezug auf diesen Stand nichts als ein Knappe, Knecht, Schildträger, Edelknabe oder Edelknecht, welche Ausdrücke alle gleich viel bedeuteten. Sein Ehrenname war: kräftiger Knappe. Nur besonders tapfere Thaten und Gesinnungen der Ehre machten ihn würdig, zum Ritter aufgenommen zu werden; allein nur der Kaiser vermochte ihm in Deutschland durch den Ritterschlag diese Würde zu erteilen. Späterhin erteilten jedoch die Landesherrn als Stellvertreter des Kaisers und zuletzt kraft eigener Machtvollkommenheit die Ritterwürde durch den Ritterschlag. Der Ritter übernahm damit zugleich die Verpflichtung, den Gesetzen des Rechts und der Ehre gemäß zu handeln. Als Auszeichnung erhielt er den Rittergürtel und goldene Sporen, welche niemand anders tragen durfte. Sie erhielten im Heere einen ansehnlichen Rang, unterschrieben sich in den Urkunden zuerst und setzten sich dem hohen Adel vor; auch erhielten sie den Namen Ritter als Ehrentitel (milites, equites), nach welchem selbst Fürsten geizten, und hießen ausschließlich veste und strenge Herrn (strenui milites, strenui viri). Selbst auf ihre Frauen wurde der Titel Ritterin (Militessa, Equitessa) nicht selten ausgedehnt*).

Ritter Cuno war sich des vollen Gewichtes seiner Würde bewußt, die er schon lange erhalten und bestrebte sich, wie das Ansehen derselben zu behaupten, so alle ihm damit auferlegten Pflichten zu erfüllen und das Ideal eines Ritters, so weit sein Geist sich dasselbe gestalten konnte, in seiner Person darzustellen. Freilich war Tapferkeit und unbeugsames Festhalten des als Recht erkannten die Haupttugend. Die Begriffe der Ehre und auch des Rechts waren jedoch sehr unbestimmt und verworren nicht bloß in seinem Kopfe, sondern in allen seinen Zeitgenossen dieser Erdengegend. Daher denn der unaufhörliche Streit darüber, der nur selten anders als durch Gewalt zum Schweigen gebracht werden konnte. Der Verfolg unserer Geschichte wird uns mannigfache Gelegenheit geben, darauf hinzuweisen, wie verschieden die Ansichten über Ehre und Recht von den unsrigen waren, und unsere denkenden Leser werden nur dann sich manche anscheinende Wunderlichkeiten dieses Zeitalters erklären können, wenn sie sich den damals geltenden Maßstab für jene einflußreichen Begriffe mit Hülfe unserer Darstellung verschafft haben werden.

---

*) v. d. Hagen, hist. geneal. Beschr. d. Geschlechts derer von Uchtenhagen S. 9. 10. Wohlbrück, Nachrichten von dem Geschlechte von Alvensleben Tl. I. S. 45 f.

Es war nicht die Schuld unseres Ritters, wenn er in dieser Hinsicht sich nicht über seine Umgebung erhob. Wie hätte man in einer Zeit, in der es an aller Wissenschaftlichkeit in dieser Erdengegend mangelte, wo das Leben nur auf die eigene Erfahrung, auf Tradition und Herkommen basiert war, über so schwierige Begriffe und die daraus abzuleitenden Folgerungen ins Klare kommen können? Reicher und schöner hatte sich das Leben bereits in Italien und Frankreich sowie in Ober-Deutschland entfaltet, und es äußerte sich in fester begründeten Staatseinrichtungen, in gefälligeren Lebensformen und in dem Hervortreten der Kunst in großartigen Werken wie nicht minder in den Ansichten über Staat und Kirche und ihr gegenseitiges Verhältnis. Von alle dem war in jener Zeit im nordöstlichen Deutschland nichts zu finden als Anfänge, die eine bessere Zeit hoffen ließen. Gläubig nahm man die Satzungen der Kirche an, ohne darüber viel zu grübeln, und man gefiel sich in einem eifrigen bigotten Befolgen derselben. Deshalb hat die Mark keinen namhaften Ketzer hervorgebracht. Durch die Übertragung hatte sich still und unmerklich gar vieles aus den Ansichten und Meinungen der früheren slavischen Bevölkerung des Landes erhalten, und mit den Satzungen der Kirche amalgamiert, was diese zwar nicht anerkannte, aber stillschweigend duldete, indem sich selbst die Geistlichen solcher Ansichten nicht erwehren konnten. Dies und der natürliche praktische Verstand des Volks ließ hier die Übungen der Religion nicht in der finstern Gestalt auftreten, welche sie an vielen Orten angenommen hatten, und selbst das Klosterwesen gestaltete sich weniger streng, als anderwärts; kein Wunder, wenn die Geistlichkeit in ihren praktischen Ansichten und Lebensmaximen sich oft freier äußerte, als die Kirche es gestatten durfte. Darum hat man in der Mark keinen Ketzer verbrannt, aber eben darum hat auch die Mark keinen namhaften Heiligen hervorgebracht. Wohl aber ließ dieser Sinn in späterer Zeit den Samen der Reformation kräftig gedeihen.

Der Geist der Ritterlichkeit hatte in der Mark ebensowenig die gefälligen Formen angenommen, welche ihn anderwärts auszeichneten, insonderheit fehlte das eigenartig romantische Wesen des französischen Ritters der damaligen Zeit hier noch gänzlich. Die dort vorgeschriebenen Pflichten gegen die Frauen scheinen hier unbekannt, oder doch als Nebensache behandelt worden zu sein, obgleich zartere Gefühle der Liebe dem Herzen nicht fremd waren, wie die Minnelieder des früheren Markgrafen Otto mit dem Pfeile beweisen. Überhaupt regte sich der Sinn für Poesie im Volke, und es ging selten eine bemerkenswerte Begebenheit vorüber, ohne daß ein Lied darauf gemacht wurde, welches im Munde des Volkes umlief und, fleißig gesungen, noch den Nachkommen das Andenken an die That bewahrte. Noch jetzt besitzen wir manches

dieser Lieder, und es sollen deren einige im Verfolge der Geschichte mit=
geteilt werden. Nicht sowohl eine dichterische Auffassung zeichnete sie aus,
als vielmehr eine humoristische, die Sache gern in das Scherzhafte,
Launige und Spöttische wendende. Mehr oder weniger wird man dies
in keinem vermissen.

Rechne man es daher unserm Ritter nicht zu hoch an, wenn er
kein französischer Ritter war. Niemand vermag seiner Zeit um mehr
als einige Schritte vorauszukommen, und selbst dies ist die Sache we=
niger. Er fühlte dabei wohl, daß ihm noch manches fehle; umsomehr
war er bemüht, seine Kinder, für welche er die herzlichste Liebe fühlte,
ihrem Stande und ihrer Bestimmung gemäß zu erziehen.

Von der Tochter war dabei freilich nicht viel die Rede, denn da=
mals forderte man von dem Weibe wenig mehr, als daß es die Ordnerin
des Haushalts und die Pflegerin des Mannes sei. Diese Erziehung ge=
währte die Mutter der Tochter. Die Erziehung der Söhne besorgte sie
ausschließlich nur in den frühesten Jahren, dann ging sie in die Hände
der Männer über. Freilich aber war von einem regelmäßigen Plane und
der Durchführung desselben nicht die Rede. Es kam nur darauf an,
jede vorkommende Gelegenheit möglichst zu benutzen, um die Söhne zu
ritterlichen Tugenden und Grundsätzen zu gewöhnen, sie darin zu üben und
bis auf das Höchste zu vervollkommnen. Nichts auf sich sitzen zu lassen
und kein Unrecht zu dulden, das der eigenen Person widerfuhr, war ein
Hauptgrundsatz unseres Ritters. Sich den Satzungen der Kirche ohne
Grübeln zu fügen und in der Abwartung ihrer Gebräuche den Unter=
thanen mit gutem Beispiele vorangehen und dadurch die eigene Selig=
keit zu gewinnen, ein zweiter. Übrigens lag ihm die Kirche nicht so
sehr am Herzen, daß er ihr und ihren Dienern mehr als das Gebräuch=
liche geopfert hätte. Mönche waren ihm wegen ihres Mangels an allem
ritterlichen Sinn nicht zusagend, und hätte er ihren Beruf und Stand
nicht als einen heiligen angesehen, er hätte sie verachtet. Mehr galten
ihm die Weltgeistlichen und Priester, besonders wenn sie von guter Ge=
burt waren und sich durch Kenntnisse auszeichneten, welches letztere selten
genug war. Man wolle jedoch daraus nicht etwa schließen, daß er ein
besonderer Verehrer wissenschaftlicher Kenntnisse gewesen wäre. Er hielt
sie nur bei dem Geistlichen als etwas zu ihm Gehörigem in Ehren; bei
dem Ritter fiel es ihm nicht ein, sie zu vermissen oder zu schätzen, wie
denn auch ihm selber alles dahin zu Rechnende gänzlich abging. Außer
den Meßbüchern auf den Altären und den Brevieren in den Händen
der Geistlichen hatte er wohl kaum ein Buch in seinem Leben gesehen,
gelesen aber gewiß nicht, denn er konnte weder lesen noch schreiben, ob=
gleich er beide Fertigkeiten ihres Nutzens wegen schätzte. Seiner Ansicht
nach waren sie aber zu schwer, als daß ein Mensch, der anderes zu

thun habe, sie erlernen könne. Gab es doch selbst Geistliche, die nur sehr mühsam lasen.

Natürlich war die Erziehung, welche unser Ritter seinen Söhnen gab, nicht dahin gerichtet, ihnen wissenschaftliche Kenntnisse beizubringen. Wie wäre das auch anzufangen gewesen, da es in der Burg Quitzhövel kein Buch und überhaupt nichts Geschriebenes gab, als die auf sein Besitztum bezüglichen Urkunden?

Was der Mensch nicht kennt, begehrt er nicht. Die Erziehung unseres Ritters war nur darauf gerichtet, seine Söhne zu wackern Rittern zu bilden, frühzeitig das Gefühl für Ehre in ihnen zu entwickeln, das Gefühl für das eigene Recht und die eigene Unabhängigkeit in ihnen rege zu machen, und sie zu gewöhnen, sich klug in den Verhältnissen des Lebens zu benehmen. Der Gesichtskreis unseres Ritters reichte nicht so weit, in seinen Söhnen die Begriffe des Rechts und der Freiheit im allgemeinen auszubilden. Er beschränkte dies bloß auf die eigene Person, ohne zu gewahren, daß seine Kinder dadurch notwendig Egoisten werden mußten. Seiner Meinung nach hatte ein jeder mit sich selbst genug zu thun, um sich durch das Leben zu schlagen, und dies war auch nach ihm hinreichend zum Wohle des Ganzen. Denn, sagte er, wenn Unrecht gethan wird, so thut einer dem andern Unrecht. Wenn nun Jeder dafür sorgt, daß ihm kein Unrecht gethan werde, so könne überhaupt keines gethan werden, und jeder müsse recht handeln. Gefährdet einer die Unabhängigkeit und Ehre des andern, so brauche wiederum nur jeder dafür zu sorgen, daß die seinige nicht gekränkt werde, so müsse dies notwendig unterbleiben. Wer es aber dulde, verdiene nichts Besseres. Höchstens habe man auf seine Freunde dabei einige Rücksicht zu nehmen. Für das Wohl, das Recht oder das Heil anderer zu sorgen, gehe über die Kräfte des Menschen, und nur die Heiligen hätten in dieser Beziehung ein Übriges gethan; auch vermöchten es wohl die Geistlichen durch Gebet und Kasteiungen, was jedoch einem gewöhnlichen Christenmenschen nicht anzumuten sei. Wie weit diese Grundsätze bei seinen Kindern anschlugen, wird sich weiter hin zeigen.

Vor allem aber lag es unserm Ritter am Herzen, die Körperkräfte seiner Söhne auszubilden, sie in allen ritterlichen Fertigkeiten bis zur Meisterschaft zu üben, und ihnen Mut und Unerschrockenheit, Geistesgegenwart und Entschiedenheit zur andern Natur zu machen. Nach der Meinung unseres Ritters waren diese Eigenschaften dem Menschen nicht angeboren, sondern Sache der Übung und Gewohnheit, die man sich erwerben müsse, und eben deshalb sei es ein Verdienst, sie zu besitzen, wozu vor allen der Adel berufen sei. Zum Schilde werde man geboren, und das sei etwas; zum Ritter mache man sich selbst, ob auch der Ritterschlag fehle, und das sei mehr.

Diesen Grundsätzen gemäß verstand denn der achtjährige Dietrich bereits sein kleines Roß zu satteln, zu zäumen und gehörig zu tummeln, und selbst der vierjährige Hans saß bereits nicht schlecht zu Pferde. Die Armbrust vermochten sie noch nicht zu spannen, aber dem Pfeile mußte der Älteste bereits mit ziemlicher Sicherheit seine Bahn anzuweisen. Übungen mit Lanze und Schwert wurden, soweit die Kräfte es gestatteten, täglich vorgenommen, und die Jagd bot das schönste Mittel dar, alle Kräfte in Thätigkeit zu setzen und zu vervollkommnen.

Gern erzählte der Vater seinen Söhnen von den Thaten der Vorfahren. So viel es ihm möglich gewesen war, hatte er ihre Bildnisse sich zu verschaffen gewußt und sie im Ahnensaale aufgehängt. Wo diese fehlten, — und das war bei vielen der Fall, — hingen ihre Waffen an der Stelle, und über den Waffen waren Wappen und Name befindlich, welcher letztere freilich allen unleserlich war. Von seinen eigenen Thaten sprach er nur, insofern andere dabei beteiligt waren. Alles Übrige erfuhren die Knaben von den Edelknechten. In diesem Wissen bestand ihre Weltgeschichte.

Gern gesehen war der Oheim, Herr Johannes, denn er war redselig, und wenn er zum Besuche kam, spielte er gern mit den Knaben und wußte ihnen viel zu erzählen. Ein zweiter Oheim, ebenfalls ein Bruder des Herrn Cuno, lebte auf dem Schloß Stavenow und hieß Claus, kam aber seltener nach Quitzhövel.

Ein lieber Spielgefährte war ihnen der zehnjährige Caspar, Sohn des Lehnsherrn Busso Gans Edlen von Putlitz, der jährlich ein paar= mal auf mehrere Wochen zum Besuch kam. Da er der einzige Sohn war, fehlten ihm die Spielgefährten, und der Vater sah es daher gern, wenn er nach Quitzhövel verlangte, wie er wiederum auch den Besuch der Quitzows bei sich gern sah. Diese Freundschaft war für das ganze Leben von Wichtigkeit.

Auch die Umgebung von Quitzhövel war wohl geeignet in den Knaben den Sinn für Ritterlichkeit zu wecken. Die Nähe der von ihnen viel besuchten alten Bischofsstadt Havelberg und ihr städtischer Verkehr erweiterten ihre Anschauungen. Ohnehin war die Herrschaft Putlitz ein Unterlehn des Bistums Havelberg, und Mecklenburg seit 1319 Oberlehnsherr[*]).

Nahe am Zusammenfluß der Havel und Elbe, auf den sogenannten Seegebergen, hatte vor mehr als dreihundert Jahren die alte wendische Burg Prizlava oder Prinzlowe[**]) gestanden, und noch jetzt heißt eine hier vorhandene, wahrscheinlich dazu gehörige Wiese die Prenzlow[***]).

[*]) v. Ledebur, Archiv XI. II. S. 172.
[**]) Caspar Abels sächs. Altertümer, S. 402.
[***]) Bekmann, Beschreibung der Mark. XI. V. B. I. Kap. VIII. S. 31. 33.

Mancherlei jetzt verschollene Sagen wußten die Quitzhöveschen Burgleute davon zu erzählen, welche das Gemüt der Knaben, die die nahe
gelegene Stelle oft besuchten, lebendig aufregten. Aber die Seeberge
waren noch in anderer Beziehung eine wichtige Stelle*). Im Jahre
1056 war hier auf diesen, jetzt mit Eichen bewachsenen Bergen eine
große Schlacht zwischen den Wenden und Sachsen, welche letzteren der
Markgraf der Nordmark, Wilhelm, befehligte, bei der obgedachten Burg
geliefert. Markgraf Wilhelm wurde dabei erschlagen mit vielen der
Seinigen, und die übrigen nach verzweifelter Gegenwehr in den Strom
gejagt. Kaiser Heinrich III. nahm den Verlust dieser Schlacht so sehr
zu Herzen, daß er aus Betrübnis darüber starb. Aber schon im nächsten
Jahre rückte ein großes Heer der Sachsen an, und es kam auf der
nämlichen Stelle zu einer Schlacht, in welcher die Wenden gänzlich geschlagen wurden**). Von diesem Siege haben die Berge den Namen
Siegberge, aus welchem in der niederdeutschen Mundart Seeberge geworden ist. Die gewöhnliche Volksmeinung schreibt diesen Sieg über
die Wenden irriger Weise Heinrich dem Vogelsteller zu. Daß es auch
über diese Begebenheit nicht an allerlei Sagen gefehlt hat, läßt sich
wohl denken, namentlich über Markgraf Wilhelms Tod, dessen Körper
nicht auf dem Schlachtfelde gefunden wurde. Eine Menge nach und
nach ausgepflügter Schwerter, Spieße, Panzerstücke, Pferde- und Menschen-
knochen lieferten den Beweis für die Schlacht***).

Auch in Rühstädt, nicht weit von Wilsnack, verweilten die Quitzows
oft. Das hiesige Schloß war sehr fest, und aus der Mitte desselben
ragte ein hoher runder starker Turm empor, auf dessen Zinne man
mittels 96 Stufen gelangte†). An den Grabmälern und Särgen der
Ahnen erwachte lebendiger das Andenken an ihre Thaten, und die Vor-
zeit erschien im rosigen Lichte lebendiger Gegenwart.

Oft sprach auch Besuch von der Umgegend ein; besonders gern
wurden Busso Gans v. Putlitz und dessen Bruder Achim gesehen. Beide
liebten die Familie und besonders die Knaben. Die Edlen v. Putlitz
gehörten zu den begütertsten und mächtigsten Familien des Landes.
Erst im vorigen Jahre im Frühling war ihr alter Vater Otto zu seinen
Vätern heimgegangen, nachdem er und seine beiden Söhne von Markgraf Otto von Brandenburg zu gesamter Hand (gemeinschaftlich) mit
dem Lande zu Wittenberge belehnt worden waren††). Nur durch diese

---

*) A. a. O. B. II. Kap. V. S. 213.
**) Caspar Abels sächs. Altertümer, S. 402. 403.
***) Entzelt, Chronica Edd. Sagittar. S. 67.
†) Bekmann. Beschreib. d. Mark. Tl. V. B. II. Kap. V. S. 214.
††) 1373 wird er zum letzten Male genannt. Gerken Cod. diplom. II. S.
652. 653. Bekmann, Beschreib. der Mark. Tl. V. B. II. Kap. VIII. LII. S. 333.

Besitzung hingen sie mit der Mark Brandenburg zusammen. Doch war Achim schon seit mehreren Jahren markgräflich brandenburgischer Erb= Marschall, eine Würde, welche vor ihm Gebhard v. Alvensleben bekleidet hatte. Außerdem waren die Putlitzer bischöflich Havelbergisch und Meck= lenburgisch. Beide gehörten zum höheren Adel, wie dies der Titel „Edele", welchen die von niederem Adel nicht führten, andeutete.

Drittes Kapitel.

Während des Jahres 1375 war der Kaiser Karl fast beständig in Tangermünde. Die Nähe des Hofhaltes gab reichen Stoff zu Gesprächen für Alt und Jung, und auf unsere Knaben machten die Erzählungen von seiner Macht und Größe und der sich immer mehr entwickelnden Pracht seines Schloßbaues einen mächtigen Eindruck. Beide Knaben spielten fast kein anderes Spiel als Kaiser, welche Rolle sich namentlich Dietrich, als der Älteste, nicht nehmen ließ, während Hans König von Böhmen war. So kindisch diese Spiele waren, so riefen sie doch Ideen von Macht und Größe hervor, welche in der Kinderseele Wurzel schlugen und üppig fortwuchsen.

Dem Kaiser lag vor allem daran, die Mark genau kennen zu lernen. Er gab deshalb den Auftrag, ein Verzeichnis aller Ortschaften anzufertigen und bei jedem Orte zu bemerken, wie viel Hufen dazu gehörten, welche ritterfrei oder abgabepflichtig seien, wie viel ungebaut lägen, wie viel jede Hufe an Pacht, Zins, Zehend oder Bede und an wen gäbe, wie lange sie jeder besitze, was für Kossäten wären, und wie viel die gäben, was für Mühlen, Krüge, Schäfereien 2c. und was und an wen sie entrichteten, wem die Gerichte gehörten u. s. f. Diese wichtige Arbeit wurde in diesem Jahre angefangen, und während der nächsten Jahre fortgeführt, doch scheint sie nicht ganz beendigt zu sein. Wir besitzen sie noch, und ist sie unter dem Namen des „Landbuchs der Mark Brandenburg" bekannt.[3])

Der große Wunsch des Kaisers, Tangermünde zu einer bedeutenden Handelsstadt zu machen, und den Handel bis zum Meere hin möglichst zu sichern, machte es ihm wünschenswert, mit Lübeck, als dem Haupte des mächtigen Hansebundes, deshalb in unmittelbare Verbindung zu treten und die nötigen Verabredungen zu treffen. Er entschloß sich darum zu einer Reise dahin, und zwar in Begleitung seiner Familie. Die Nachricht davon verbreitete sich rasch ringsum, und weil bis dahin nur einmal ein Kaiser (Friedrich I.) nach Lübeck, seit jener Zeit aber nie wieder gekommen war, so sah man großen Festlichkeiten in der reichen

Stadt mit Zuversicht entgegen. Auch wurden viele Fürsten und Herren dazu eingeladen, namentlich auch die Herzöge von Mecklenburg.

Eine solche Gelegenheit, etwas Schönes zu sehen, beschloß Ritter Cuno v. Quitzow ebenfalls zu benutzen, da er ohnehin nicht füglich in der Begleitung der Herren v. Putlitz fehlen konnte und anderweitig nichts zu thun war. Aber er nahm sich vor, seinen ältesten Knaben mitzunehmen, um dessen Anschauungskreis zu erweitern. Er ritt gut genug, um ihm eine solche Reise anzumuthen. Wie sehr verwünschte der jüngste seine große Jugend, wie gern hätte er sich um ein halbes Dutzend Jahre älter gemacht, wäre nur ein Mittel zu finden gewesen.

Mit dem 18. Oktober war der ersehnte Tag gekommen, wo sich der Zug in Bewegung setzte. Die Mutter hatte Dietrich zweien Knappen auf die Seele gebunden, und diese nahmen ihn in ihre Mitte. Seine kindliche Fröhlichkeit und seine klugen Bemerkungen über alle Vorkommnisse machten dem ganzen Zuge Freude. Man ging von Quitzhövel nach Kleetzke, wo der Oheim Johann wohnte, der, bereits reisefertig, sich dem Zuge nach kurzem Verweilen anschloß. Schon am Nachmittage hatte man Stadt und Schloß Putlitz erreicht, wo der Zug gastfreundlich empfangen wurde, um hier zu übernachten.

Dietrich fand hier seinen jungen Freund Caspar, der ebenfalls ersehen war, die Reise mitzumachen. Es gab viel zu erzählen, und die Herzen schlugen voll freudiger Hoffnung. Obgleich Dietrich schon öfter hier gewesen war, so hatte ihn doch nie so sehr verlangt, den hohen Burgturm zu besteigen, als eben heute, und sein Wunsch fand bei Caspar bereitwilligen Eingang. Es war ein runder dicker Turm, dessen mitunter sehr dunkle Treppe die Knaben hinauf eilten. Auf der Zinne angelangt, welche eine Fahne mit dem freiherrlich Putlitzschen Wappen trug, dehnte sich vor ihnen eine weite Landschaft aus, in deren Ferne ihr Blick sehnsüchtig hinausschweifte. Sie hatten sich die Richtung von Lübeck bezeichnen lassen und mühten sich, es am Horizonte aufzufinden, denn es war ihnen schwer, die Welt für so groß zu halten, daß man eine Stadt mit so hohen Türmen von einem so hohen Standpunkte aus nicht einmal sehen sollte. Als alles nichts half, begnügte man sich mit dem, was sich den Blicken darbot. Unter ihnen lagen die beiden herrschaftlichen Wohnhäuser der schon unter Albrecht dem Bären erbauten Burg, an deren einem sich der runde Turm, ihr Standort, erhob, umgeben von den niedrigern Gebäuden der Dienerschaft und der Ställe, und umgürtet mit Mauer, Wällen und Gräben*). Unmittelbar daran schlossen sich die beiden Straßen des Städtleins in gerader Linie, umgeben von einer Mauer aus Feldsteinen; Wall und Graben fehlte auch hier nicht. Rings-

---

*) Bekmann, Beschreib. d. Mark. Tl. V. B. II. K. VIII. S. 319.

um erhoben sich aus Feldern und Wäldern die Strohdächer der Dörfer und ihre Kirchtürme, im Süden, dort wo das Silberband der Stepenitz sich hinzog, anderthalb Meilen von hier entfernt, lag in grauem Dufte das Putlitzische Schloß Wolfshagen, welches Dietrich bereits auf der Herreise berührt hatte. Dort also jenseits des Horizonts, den ein Kiefernwald blau begrenzte, hatte er sein väterliches Schloß zu suchen, und ein wehmütiger Blick mit einem Gedanken an seine Mutter, seinen Bruder und die Schwester flog in die Ferne.

Die Sonne neigte sich ihrem Untergange; indessen war dies kein Schauspiel, das unsere Knaben eben gefesselt hätte. Sie hatten sie so oft untergehen sehen und nie gefunden, daß daran mehr zu sehen sei, als daß sie endlich verschwände. Deshalb warteten sie die Sache nicht ab, sondern stiegen hinab, ohne sich darum weiter zu kümmern. Der Tag war bald geendigt, denn in jener Zeit legte man sich zeitig zu Bett.

Am anderen Tage früh begab sich ein stattlicher Zug auf die Reise, denn Achim und Busso Gans v. Putlitz sowie Kaspar und das dazu gehörige Gefolge vermehrten ihn. Die Menge wehrhafter Leute gewährte dem Zuge um so größere Sicherheit, und von herumziehenden Wegelagerern hatte er nichts zu fürchten.

Man zog über Parchim nach Schwerin, das man abends erreichte. Des andern Tages rastete man, da Herzog Albrecht noch nicht reisefertig war. Am folgenden Morgen wurde früh aufgebrochen, indem sich unsere Ritter in das Gefolge des Herzogs begaben, und abends spät kam der Zug in Lübeck an. Es war der Tag der elftausend Jungfrauen, das Fest der heiligen Ursula (21. Oktober), und teils dieserhalb, teils der großen Zahl von Fremden wegen, gewährte die Stadt einen überaus belebten Anblick. Wohin man sah, strömten Menschen durcheinander, und wurden mancherlei Anstalten getroffen, denn morgen sollte der Kaiser kommen. In der Herberge war der Raum beengt, und man mußte sich sehr einrichten und beschränken.

Der folgende Tag erschien, und fand alles in der lebendigsten Thätigkeit. Gegen Mittag sollte der Kaiser eintreffen, und man rüstete sich, ihn feierlich einzuholen. Unsere Ritter warfen sich zu Pferde, und ließen sich bald hier bald dorthin von dem Menschengewühle treiben, bis sie endlich wieder zur Herberge zurückkehren mußten, um sich dem Herzoge von Mecklenburg anzuschließen, welcher dem Kaiser entgegen reiten wollte.

Pferde und Reiter waren stattlich geschmückt und im erlesensten Glanze. Kaum vermochte der Zug sich durch das Gedränge hindurch zu winden, die Straßen waren dicht voll Menschen gedrückt, alle Fenster, Giebel und Erker besetzt, und selbst die Dächer von Schaulustigen bedeckt.

Man war endlich zum Thore hinaus im Freien, aber auch hier fehlte ein frohes Gewimmel nicht, so weit das Auge den Weg verfolgen konnte. Eine gute halbe Stunde vor der Stadt erreichte unser Zug den Kaiser mit seinem Gefolge, und nach ehrfurchtsvoller Begrüßung und einigen gewechselten Worten schloß er sich dem Zuge des Kaisers an.

Der Kaiser näherte sich der Stadt. Sämtliche Glocken begannen ihr Geläute und verkündigten seine Ankunft. Vor der Kapelle St. Gertrudis, welche außerhalb der Stadt vor dem Burgthore lag, empfingen ihn und seine Gemahlin die Ratsherren von Lübeck und der zur Kapelle gehörige Geistliche. Der Kaiser trat mit seiner Gemahlin in das Gebäude, und nach einem kurzen Gebete legten beide hier den kaiserlichen Ornat (die kaiserliche Wede) an. Beim Heraustreten aus der Kapelle kam aus dem Burgthore daher gezogen die Prozession der Pfaffen, Mönche und geistlichen Brüderschaften männlichen und weiblichen Geschlechts unter Vortragung des Heiligtums, welches als Begrüßung der hohen Herrschaft dargereicht, und vom Kaiser und der Kaiserin andächtig geküßt wurde. Die Prozession mit ihren Kirchenfahnen und Lichtern kehrte hierauf um, dem Zuge voranzuschreiten; der Kaiser bestieg ein prächtig geschmücktes Roß, welches von zwei Bürgermeistern geführt wurde, und vier Junker trugen die Stangen eines Baldachins. Ein eben so prächtig geschmücktes Roß bestieg die Kaiserin, welches zwei Ratsmänner führten. Auch ihres Baldachins Stangen wurden von vier Junkern getragen. Vor dem Kaiser ritt ein Ratmann der Stadt und trug vor sich auf einem Kissen die Stadtschlüssel. Hinter dem Kaiser ritt der Herzog Albert von Lüneburg mit seinen Wappenpanieren. Darauf folgte vor der Kaiserin der Kurfürst und Erzbischof von Köln mit dem goldenen Reichsapfel. Als der Zug durch das erste Thor der Stadt kam, standen zwischen diesem und dem zweiten Thore die Frauen der Stadt festlich geschmückt und begrüßten den Kaiser. Hier wurde der ganze Zug gehörig geordnet. Im Innern der Stadt standen die Gilden und Gewerke mit ihren Insignien aufgereiht, deren Fahnenschwenker sich tüchtig abmühten. Nach der Kaiserin folgten: der König Wenzlav von Böhmen und Kurfürst von Brandenburg, der Markgraf von Mähren, der Herzog von Lothringen, der Herzog von Mecklenburg, der Markgraf von Meißen, der Graf von Holstein, sämtlich mit großem Gefolge von Bannerherren, Rittern und Knappen. Die Prozession zog sich durch die Stadt bis zum Dom, von dessen beiden Türmen die kaiserlichen Fahnen wehten, in welchen eingetreten, und wo mit allem Gepränge der Kirche das Ecce advenit Deus judicium tuum angestimmt wurde. Nachdem dies beendigt war, bewegte sich der Zug durch die Beckergrube längs der Königsstraße in St. Johannisstraße hinein, wo der Kaiser bei St. Johann in dem Orthause, dem Junker Darzow zugehörig, seine Herberge nahm. Er wurde hier mit Trompeten und Pauken empfangen. Nach ihm suchten die übrigen Herrschaften ihre Herberge und statteten sodann dem Kaiser und sich unter einander ihre Besuche ab. Abends und nachts brannten in allen Häusern die Lichter an den Fenstern, und, sagt eine alte Nachricht, was so licht in der Nacht als in deme Dage*).

Ritter Cuno war mit seinem Sohne des großen Gedränges wegen zu Fuß ausgegangen, um die Beleuchtung der Stadt sich anzusehen. Nur ein Diener sollte sie begleiten, da vorauszusehen war, daß eine größere Zahl nichts helfen würde', indem es nicht möglich war, beisammen zu bleiben. Kaum konnte man sich durch die Menschenmenge hindurch bewegen, denn eine unermeßliche Menge Landvolk aus der Umgegend hatte sich an den Zug des Kaisers angeschlossen, und wogte jetzt die Straßen auf und ab. Am stärksten war das Gedränge in der Nähe von des Kaisers Wohnung. Hier beim Jungfrauenkloster wurde Ritter Cuno von einem Menschenstrome gefaßt und in die Fleischhauerstraße gedrängt. Wohl bemerkte er, daß Dietrich ihm zu folgen suchte. Dennoch kamen beide auseinander, und bald hatte er den Knaben verloren. Am Schlachthause fand er zwar seinen Diener wieder, aber nicht den Sohn. Beide fingen nun auf dem Rückwege an zu suchen, doch war alle Mühe vergeblich, und ungern mußte man sich entschließen, nach der Herberge zu wandern, wo er vielleicht unterdessen angelangt war.

Allein auch hier war er nicht zu finden, und obgleich die Hoffnung blieb, daß er, vielleicht in der fremden Stadt verirrt, doch noch kommen werde, so sandte Ritter Cuno dennoch sofort die wenigen Leute, deren er habhaft werden konnte, aus, um den Knaben zu suchen, während er ihn in der Herberge erwarten wollte. Sie blieben lange fort. Die Mitternacht war vorüber, und allmählich leerten sich die Straßen; er aber kam nicht, eben so wenig die ausgesandten Diener. Auch die nach und nach vom Schauen heimkehrenden wurden wieder ausgesandt. Die Nacht war endlich durchwacht, doch Dietrich nicht gefunden.

Ritter Cuno war ein eisenfester Mann, dem selten bange wurde; dennoch konnte er diesmal seiner Angst kaum Herr werden, und er blieb unentschlossen, was zu thun sei. Wem er den Vorfall erzählte, der machte ein bedenkliches Gesicht; er konnte in dem Gedränge sein Leben verloren haben, er konnte vielleicht geraubt sein, denn Kinderraub kam bisweilen vor, und er befand sich vielleicht auf irgend einem schon abgefahrenen Schiffe. Endlich entschloß sich Cuno, unter Trommelschlag in der Stadt eine Beschreibung des Knaben verlesen und eine ansehnliche Belohnung dem versprechen zu lassen, der ihn wieder herbei bringen, oder Nachricht geben könne, wo er geblieben.

---

*) Detmars Chronik. Tl. I. S. 300. 301. Wendische Chronik bei Grotuff Tl. I. S. 447.

Der Tag verging, ohne ein Ergebnis zu liefern. Mit Angst und Hoffnung sah Cuno jeden Fremden an, der der Herberge nahte, weil er von ihm schlimme oder gute Botschaft hoffen konnte. Aber keiner hatte ihm etwas zu sagen.

Als der Ritter zu Tische saß, trat einer von den Knechten des Herbergswirtes herein und überreichte ihm einen beschriebenen Streifen Pergament. Auf Befragen erklärte er, daß er ihn von einem ihm nicht bekannten Weibe so eben erhalten habe mit dem Ersuchen, ihn dem Ritter Cuno von Quitzow zu übergeben. Er habe dies übernommen, und das Weib habe sich sodann entfernt. Ritter Cuno starrte den Zettel an, und es schoß ihm durch die Seele, daß er wohl mit seines Sohnes Schicksal in Verbindung stehen könne. Aber seine Ungeduld vermochte nicht zu enträtseln, was der Zettel ihm sagte. Zum erstenmal verwünschte er mit Ingrimm, nicht lesen zu können. Schon wollte er sich aufmachen, einen Geistlichen aufzusuchen, da erfuhr er auf Befragen, daß im Hause ein junger Mensch, ein Verwandter des Herbergswirtes anwesend sei, der sich dem geistlichen Stande widme und in diesen Tagen, wo die Kerbhölzer bei dem großen Verkehre nicht ausreichten, dem Wirte mit seiner Kunst beistehe. Man schaffte ihn schnell herbei. Nach einiger Mühe ergab sich der Inhalt des sehr schlecht geschriebenen Zettels in folgender Weise:

Ritter Cuno von Quitzow. Du sollst wissen, wenn du dein lieben Sohn willst wieder haben, sollt du heut Abend beim Angelus hinter dem Herrgottsbilde vor dem Mühlen=Thore hinlegen 100 Schock böhmische Groschen ohne allen Fehl, und nicht lassen aufsehen, ob Einer kommt. Solches unser Wille, ohne alle Einrede.

Daß er sich in den Händen von Räubern befand, war hiernach unzweifelhaft. An Banden dieser Art fehlte es zu jener Zeit keinem Lande, und es war bekannt, daß sich in der Umgegend von Lübeck mehrere umhertrieben. Überlassen wir es dem Vater, seine Anstalten zu treffen, und sehen, wie es dem Sohne ergangen.

Als er vor dem Jungfrauenkloster von seinem Vater getrennt wurde und ihn aus den Augen verlor, setzte er die eingeschlagene Richtung fort in der Hoffnung ihn wieder zu finden. Er kam bald in eine Gegend, wo das Gedränge nachließ, weil die Beleuchtung schwach war. Nach längerem Umherlaufen überzeugte er sich, auf diese Art seinen Vater nicht finden zu können, und fragte deshalb einen Mann in der Tracht eines Schiffers, welchen Weg er einzuschlagen habe, um nach der Herberge zum schwarzen Ochsen zu gelangen.

Der Schiffer antwortete nicht gleich, sondern betrachtete den Knaben von oben bis unten und sprach dann: bis dahin ist's weit, und schwer zu finden. Könnt ihr mir den Weg bezahlen, so will ich euch geleiten.

Der Knabe versicherte, sein Vater werde das gern thun. Der Schiffer fragte, wer sein Vater sei, und der Knabe erzählte redselig, was er darauf zu sagen hatte.

Unterdessen hatte sich ein zweiter, dem ersten ähnlich gekleideter Mann zu jenem gesellt, und hörte stillschweigend zu. Aus dem Hände= druck ergab sich jedoch, daß sie Bekannte seien, und zuletzt erbot sich der zweite mitzugehen.

Unter der Äußerung, eine Gasse einzuschlagen, welche weit näher und schneller zum Ziele führte als die gedrängt vollen und beleuchteten Straßen, wandte man sich von diesen ab und befand sich unmittelbar darauf in einer ganz finstern menschenleeren Gegend. Der Knabe sah vor sich ein Wasser, und wollte eben den Vorschlag machen, diesen Weg nicht zu wählen, als er sich zur Seite in einen Winkel eines Zaunes hineingedrängt fühlte. Im nächsten Augenblick war er niedergeworfen, und der Mund ihm mit einem Tuche fest zugebunden. Sein Sträuben half ihm nichts, da jeder der beiden Kerle ihm an Kräften weit über= legen war. Anfangs band man ihm Hände und Füße. Darauf be= sprachen sich die beiden mit einander, doch vermochte er nur einzelne Worte zu verstehen. Endlich löste man die ihn fast erstickende Binde um den Mund, bedrohte ihn mit dem Tode, wenn er einen Laut von sich gäbe und befestigte ihm einen Knebel im Munde, hierauf nahm man ihm die Bande seiner Beine ab und stellte ihn auf die Füße. Der eine Kerl hockte sich vor ihm hin, steckte seinen Kopf durch die dem Knaben vorn zugebundenen Hände, packte seine Schenkel, und erhob sich, ihn Huckepack tragend. Der andere befestigte an jedem Fuße des Knaben einen Strick, und band ihn vor dem Leibe des Trägers zu. Darauf bedeckte er dem Träger den Kopf mit einer Mütze, und dieser setzte sich in Gang, wäh= rend der andere zurückblieb. Fast alles war so rasch vor sich gegangen, daß der schon ohnehin ermüdete Knabe beinahe betäubt war.

Nur schwach waren die Gegenstände am Wege zu erkennen. Es war eine Art von Damm, auf welchen der Kerl einlenkte. Zu beiden Seiten war Wasser. Einige Landleute gingen desselben Weges zum Thore hinaus, doch fiel es nicht auf, einen Knaben auf diese Weise tragen zu sehen, seine Bande verbarg die Dunkelheit. Kaum war der Kerl jedoch zum Thore hinaus, so schlug er einen Fußpfad ein. Aus dem immer leiser verhallenden Getöse der Stadt nahm Dietrich an, daß man sich von ihr entferne. Zu beiden Seiten des Pfades, aber in be= deutender Entfernung, hörte er die Stimmen der aus der Stadt zurück= kehrenden Landleute, und manches jauchzende Halloh schnitt ihm in die Seele, wenn er sich daneben die Unruhe seines Vaters dachte. Nach links hin glaubte er Wasser rauschen zu hören. Mehrmals strengte er sich an, zu rufen; allein er fand bald, daß dies unmöglich sei, und sein

Träger, der etwas der Art bemerkt hatte, drohte, ihn bei einem neuen Versuche, zu ermorden. Nicht einmal den Wunsch, seine Hände loser zu binden, die ihn heftig zu schmerzen anfingen, konnte er äußern.

Die Menschenstimmen verklangen in immer größerer Ferne, man befand sich wieder auf einer Landstraße auf flachem Felde, doch bald wurde abermals seitwärts auf einen Fußpfad eingelenkt. Sein Träger lief übrigens einen guten Schritt und schien seine Last nicht besonders zu fühlen.

Der Fußpfad führte endlich in ein Kieferngebüsch, hoch genug, um ringsum alles zu verdecken. Nach einer Weile kam man in einen Wald hoher Kiefern. Daß der Weg nach Süden ging, hatte Dietrich am Siebengestirn bemerkt, doch blieb es auch hier im Walde nur ein Fuß= steig, ja mitunter wollte es Dietrich bedünken, als sei gar kein Weg vorhanden.

Gute zwei Stunden waren vergangen, Dietrich eine Ewigkeit, da schlug ein Hund ein paarmal kurz und hell an. Vor ihnen lag ein einzelnes Haus, vorn mit einem hohen Zaun umgeben, übrigens völlig finster. Der Träger stand vor der fest verschlossenen Thür des Zaunes.

Man hörte von innen die Thüre des Hauses sich öffnen und Schritte nahen. Eine weibliche Stimme rief: Wer ist da?

Donnerhans, war die Antwort. Die Thüre wurde aufgeschlossen, und sie traten ein. Über den Vorhof kamen sie in das Haus und von da in ein Zimmer, das schwach durch ein halb erloschenes Kamin= feuer beleuchtet wurde. Niemand war darin als das Mädchen, welches so eben geöffnet hatte.

Was ist denn das? rief sie. Einen Menschen? Wie kommst du dazu, einen Menschen zu bringen. He?

Donnerhans gab keine Antwort. „Binde mal dem Jungen den Strick von den Beinen", sprach er. Es geschah, er hockte sich nieder, und zog den Kopf durch Dietrichs Arme. Dieser stand wieder auf seinen Beinen.

Das Mädchen. Den Menschen hast du gestohlen. Weißt du nicht, daß der Vater keinen Menschenraub will? das ist gegen die Ver= abredung. Wie kommst du dazu?

Donnerhans. Uf. (Er wischt sich den Schweiß von der Stirne.) Donnerwetter! Heißt das gelaufen!

Das Mädchen. Du mußt den jungen Menschen wieder laufen lassen. Der Vater leidets nicht.

Donnerhans. Suse, rede nicht so dumm. Wie würd' ich ihn denn hergetragen haben, wenn ich ihn wollte laufen lassen.

Suse. Der Vater will aber keinen Menschenraub. Gieb acht, es giebt Lärm, und er sagt euch die Herberge auf.

3*

Donnerhans. Das wird er schon bleiben lassen.

Suse. Ist er nicht Herr hier im Hause? Wenn er euch nun gehen heißt, und nichts mehr mit euch zu thun haben will, he?

Donnerhans. Man sieht, daß du nicht in die Welt gekommen bist. Das kannst du dir doch wohl einbilden, daß er die längste Zeit Lüneburgischer Förster gewesen ist, wenn er mit uns bricht. Er soll sich nicht zu mausig machen.

Suse. Wo kommst du her, armer Knabe?

Dietrich versucht zu sprechen, doch geht es nicht.

Suse. Ja so, du hast ihm die Zunge geknebelt. (Sie befreit ihm davon).

Donnerhans. Was soll das, Suse? — Junge, daß du aber nicht schreist, oder du wirst abgemuckt.

Dietrich. Löset die Stricke von meinen Händen, denn sie schmerzen mich sehr.

Donnerhans. Halt, Jungfer. Das werd' ich selber thun. Nur ein wenig lüften, aber nicht aufbinden. So, damit der Patron keinen Unfug treibt.

Dietrich. So ein großer Mensch sollte sich schämen, sich vor mir zu fürchten, wenn ich die Hände frei habe.

Donnerhans. Fürchten? Dummer Schnack. Du wärst mir auch der, vor dem ich mich fürchtete. Das Weglaufen aber wollen wir dem jungen Herrn verwehren.

Suse. Ihr könntet ihm immer die Hände losbinden. Wohin soll er denn laufen? Ist doch alles zu, ist es doch finster, und er hier unbekannt. Mit den Händen läuft er ja ohnehin nicht sondern mit den Beinen.

Donnerhans. Recht, daß du mich daran erinnerst. Wollen ihm die Beine wieder binden.

Indem wurde draußen gerufen, und Suse ging hinaus. Sie trat gleich nachher mit einem großen Kerl herein, der einen großen Packen unter dem Arme trug. Er warf ihn auf die Ofenbank, und rief: Wollt ich doch, daß alle Tage ein Kaiser nach Lübeck käme. Ein solcher Herr sorgt doch für uns arme Schnapphähne, und schafft uns Gelegenheit, hier und da ein Körnchen aufzupicken. Da schaut mal meinen Magen auf der Ofenbank, Jungfer Suse, wie er gefüllt ist.

Suse. Ja, nur nehmt euch in acht, daß ihr dem Kaiser nicht zu nahe kommt. Sonst möchte er euch die Kehle so enge zuschnüren, daß eurem Magen nach nichts mehr gelüsten möchte.

Draußen erhob sich Hundegebell, und Suse ging abermals hinaus. Sie kam mit einem Manne zurück, der in Begleitung zweier Hunde erschien und durch seine Kleidung leicht als der Förster zu erkennen war.

Guten Abend, oder vielmehr guten Morgen, sprach er, und legte seine Waffen ab. Ist noch niemand weiter zurück?

Suse. Nein, nur Donnerhans und Schlumper.

Förster. Wer ist der Knabe?

Suse erzählte was sie wußte, und Donnerhans half ein. Dem Förster schwollen die Adern vor der Stirn, und er brach endlich los.

Donner und Wetter! Hab' ich nicht gesagt, keinen Menschenraub! He? Und nun doch? Es soll sich um kein Menschenleben handeln, das hab' ich ein für allemal erklärt, sonst bin ich nicht dabei und dulde euch Schufte nicht unter meinem Dache. Ihr habt euer Wort gebrochen, und ich bin nicht an das meinige gebunden. Hinaus mit euch, und nicht wieder über die Schwelle. Der Knabe bleibt hier, ich werde ihn zurückschicken.

Donnerhans. Was? — Ich dächte was mich bisse. Den Knaben hier lassen? Ohne ihn davon gehen? Ohne Geld? Ei so krieg du die Pestilenz, lieber spalt ich ihm auf dem Fleck den Schädel. Der Junge ist mein, ich hab' ihn mir als ein ehrlicher Kerl gestohlen, und ein anderer wird's nicht so leicht nachmachen. Es soll ihn mir keiner anders lebendig kriegen, als wenn er ihn mir abkauft, darauf könnt ihr euch verlassen. Gotts Pipelpapel und kein Ende. Macht mir den Kopf nicht warm, ich sag' euch, macht nicht, daß es bei mir zu donnern an= fängt, oder es thut kein gut.

Suse. Vater bedenkt, ihr habt erst vor einem halben Jahre den Heiligen feierlich gelobt, euch mit keinem Menschenblute mehr zu befassen, als ihr den Strohmeier erschossen.

Der Förster. So ist's. Nie wieder einen Handel um Menschen= blut. Ich halte mein Gelübde, verlaßt euch darauf.

Donnerhans. Aber Vater Günther, wer will denn Menschenblut? Keiner! — Geld will ich, das soll der Vater hergeben, dann mag er sich seinen Jungen wieder nehmen und ihn meinethalben in den Rauch hängen.

Der Förster. So, und wenn nun der Vater kein Geld giebt, was dann? He?

Donnerhans. Dann? — Nun dann freilich, — — dann ist's seine Schuld.

Der Förster. Nein, nicht seine sondern meine, der solche Vögel beherbergt. Ich sag' euch, laßt die Hand davon. Gut, — das kann man einem nehmen, und es mag unrecht sein, aber man kann es end= lich büßen, und Absolution erlangen; aber Blut, das ist mehr, und ich hab's nun einmal gelobt, ich lasse mich nicht darauf ein. Stiehlt und raubt, so viel ihr wollt und schleppt die Beute her und teilt sie, wie es recht ist. Aber Mördern will ich die Thür nicht öffnen.

Donnerhans. Ihr seid jetzt verdammt empfindlich, Vater Günther, und habt besondere Grillen. Waret sonst nicht so. Da sieht man, wie wunderlich das Alter die Leute macht. In des Herrgotts Geboten soll ja das Stehlen eben so gut verboten sein als das Morden, weiß aber der Teufel, ob die Pfaffen diese Gebote nicht gemacht haben.

Suse. Donnerhans, ihr frevelt.

Donnerhans. Na, da mögen mir's die lieben Heiligen vergeben. Aber verlaßt euch darauf, es kostet kein Blut und der Vater läßt sein Kind nicht sitzen. Ein Vater, der seinen Jungen so schmuck kleidet, hält was auf ihn und hat was in die Suppe zu brocken. Da, seht mal, wie nett die Range angezogen ist. Warte, mein Jüngchen, die hübschen Kleider müssen wir dir noch abziehn. Der Vater ist ein Ritter, und gewiß kein armer, denn man hört's dem Jungen an der Sprache an, daß er fremd ist, und wer in diesen Tagen nach Lübeck reiste, ist nicht arm. Der Vater zahlt, das ist gewiß, und so ein Biergeld ist nicht wegzuwerfen, an welchem ihr ja auch euer Teil habt. Laßt mich nur machen.

Der Förster. Und wenn er nicht zahlt?

Donnerhans. Da wollen wir morgen darüber sprechen, wenn die andern dabei sind, heute ist's Zeit, sich aufs Ohr zu legen. Komm Jung, mit mir, wir beide schlafen zusammen.

Diese Aufforderung tönte Dietrichen so widerwärtig, daß er bitterlich zu weinen anfing, was er bis dahin noch nicht gethan hatte. Er haßte die Thränen, weil sie seiner Meinung nach ein verzagtes Gemüt anzeigten. Aber die Natur war stärker als sein Vorsatz.

Suse trat ins Mittel. Laßt mir den Knaben, sprach sie, ich kann doch nicht zu Bette gehen, weil die andern noch nicht hier sind, und ich öffnen muß. Er kann sich in mein Bette legen.

Donnerhans. Nichts da, du läßt ihn mir entlaufen, er bleibt bei mir.

Suse. O über die Albernheit! Du weißt, meine Kammer hat kein Fenster, und nur eine Thüre. Verschließ die Thüre, und nimm den Schlüssel mit dir.

Donnerhans. Als ob es keine Nachschlüssel gäbe! — Aber ein Herz von Stahl und Eisen habe ich auch nicht, und im Grunde bin ich ein guter Kerl. Mag sich das Püppchen im Bette pflegen, wie es's gewohnt ist; ich lege mich quer vor die Thüre.

Und so geschah's. Dietrich wurde von Susen in die Kammer gebracht, die Hände wurden ihm gelöst, er zog sich aus und legte sich ins Bett, um den noch kurzen Rest der Nacht zu verschlafen. Donnerhans schleppte sich Stroh vor die Thüre, und Schlumper leistete ihm Gesellschaft.

Der Schlaf des Knaben war unruhig, und wurde oft durch das
Gelärme der Heimkehrenden unterbrochen. Erst gegen Morgen war
er fester eingeschlafen, da ihn in seinem finstern Winkel die Sonne nicht
weckte.

Endlich erwachte er, und sah Donnerhans vor seinem Lager stehen,
der soeben seine Kleider für gute Prise erklärte. Glücklicher Weise hatte
Dietrich die Unterkleider anbehalten, sonst hätte er völlig nackt nicht
einmal aufstehen können. Man trug in jenen Zeiten noch keine Hemden
und Strümpfe.

Donnerhans brachte ihm Jacke und Beinkleider eines Bauernknaben
aus dem schlechtesten Stoffe, die er anlegen mußte. Auch seine Mütze
wurde vertauscht. Jene Kleider eines Bauernknaben reichten nicht wie
die seinigen bis unter die Fußsohle, sondern nur bis unter die Kniee,
da auf das Barfußgehen gerechnet war. Er mußte deshalb mit bloßen
Beinen in seine kurzen Stiefeln fahren. Darauf führte er ihn in das
gestrige Zimmer.

Hier lagen die Tische voll gestohlener Kleidungsstücke und anderer
Sachen, welche die Gauner in Lübeck sich angeeignet hatten. Fünf bis
sechs Kerle besahen sie und unterhielten sich über ihren Wert. Der Förster
saß in einem Großvaterstuhl, und Suse ging ab und zu.

Sie brachte ihm eine Morgensuppe und ein Stück hartes Brot,
und nötigte ihn zu essen. Es schmeckte dem Knaben besser als zu erwarten war.

Donnerhans zog den Hackmichel herbei, und band ihm den Knaben
auf die Seele, weil er jetzt gehen wolle, um den Zettel zu besorgen.
Hackmichel setzte sich zu Dietrich und versuchte zu ihm freundlich zu sein.
Dietrich glaubte an der Stimme den Gefährten des Donnerhans zu erkennen, der ihn binden half. Seine Freundlichkeit machte daher auf
ihn keinen besonderen Eindruck.

Dietrich hatte durch die körperliche Erholung wieder mehr Mut
bekommen. Was über ihn beschlossen war, wußte er nicht. Aber soviel
war ihm klar geworden, daß das Weglaufen das Gescheiteste sein würde,
was er thun könnte. Vor allem kam es darauf an, sich draußen umzusehen, und da sein Wächter sich so freundlich stellte, forderte er ihn
unter einem Vorwande, den dieser nicht zurückweisen konnte, auf, mit
ihm hinauszugehen.

Es geschah, aber nur bis dicht vor die Thüre führte ihn sein
Wächter. So lange er sich auch zu verweilen suchte, so bemerkte er
doch nichts weiter, als einen hohen Zaun, der das ganze Gebäude umgab und dicht verschlossen war. Ringsum herrschte die tiefste Ruhe.
Zuweilen rasselte die Kette des Hofhundes in der Hütte. Die Bäume
des Waldes flüsterten leise und in der Ferne girrte eine Waldtaube.

Nur in einer Ecke lag ein Haufen Reisig, der jedoch nicht zu besteigen schien. Wie es hinter dem Hause aussah, war nicht zu erspähen, und Dietrich hielt es nicht für geraten, seinen Wächter argwöhnisch zu machen.

Sie kehrten wieder in das Haus zurück. Nachdem Donnerhans eine gute Stunde abwesend gewesen, kam er wieder, und hatte einen Zettel in der Hand. Da bin ich, rief er, und hier ist der Zettel, darauf steht's geschrieben. Die alte Müllersche wird gleich hier sein, und soll ihn nach Lübeck tragen. Hundert Schock böhmische Groschen. Aber wie gesagt, den dritten Teil kriege ich, die Hälfte von einem dritten Teile der Hackmichel, und das Übrige teilen sich die andern, dabei bleibt's. Ihr, Vater Günther, seid Zeuge.

Der Förster. Schlecht genug von euch, daß ihr mich in einer solchen Sache zum Zeugen aufruft, da ihr nicht Wort gehalten habt. Mags nun gehn, wie es will, wenn wir auch verraten werden.

Donnerhans. Alle Wetter! Wie meint ihr das?

Der Förster. Wenn der Knabe zurückgegeben ist, meint ihr denn, daß man nicht nachsuchen wird, in welchem Garne sich der Vogel gefangen?

Donnerhans. Nachsuchen? Hm! — Weiß denn der Bursche, wo er jetzt ist?

Suse. Wie sollt er das wissen. Ist er doch fremd im Lande.

Der Förster. Blutgeld schreit gen Himmel, und der Verräter schläft nicht. Mit gestohlnem Gut ists eine andere Sache. Das schreit nicht; ich will an eurem Gelde keinen Teil haben.

Donnerhans. Meinetwegen. Macht euch jedoch keine Sorge. Sie haben jetzt in Lübeck mehr zu thun, als wegen eines kleinen Jungen viele Umstände zu machen. Was ist's denn nun mehr? Wer weiß, wie oft sein Vater es schon auf dieselbe Weise gemacht hat.

Der Förster. Ja, in einer ehrlichen Fehde einen fangen und dann schätzen, das ist eine andere Sache.

Donnerhans. Wer keine Gewalt anwenden kann, braucht List, das ist der ganze Unterschied. Doch wozu die vielen Worte. Ich geh' in der Nacht und hole mein Geld, und morgen führe ich den Jungen bis gegen Lübeck, und laß ihn laufen.

Der Förster. Nimm dich in acht, daß man dich dabei nicht kappt.

Donnerhans. Ho ho! Das wird man bleiben lassen. Man weiß, daß das nichts hilft. Denn kein Geld, keinen Jungen.

Ein altes Weib meldete sich. Donnerhans ging hinaus, händigte ihr den Zettel ein und kehrte dann zurück.

Es kamen ab und zu fremde Kerle, und hatten ihren Verkehr mit dem Förster oder den übrigen uns schon bekannten Personen.

Man schritt endlich zum Mittagsessen, das dürftig genug war, und ohne alle Umstände von jedem eingenommen wurde, wo er sich gerade befand. Auch Dietrich erhielt durch Suse sein Teil, und der Hunger würzte die Kost. Dafür war das Bier um so besser.

Bald nach Tische zogen die Männer fast alle ab, auch der Förster. Nur Donnerhans, Hackmichel und Suse blieben zurück. Nach einigen Stunden hatte Donnerhans keine Ruhe mehr. Ich muß nach Lübeck, sprach er, und vorläufig sehen, welche Anstalten gemacht werden. Geht alles gut, so bin ich ein paar Stunden nach Mitternacht wieder hier, und dann klimperts. Man kann indessen doch nicht wissen, wie der Teufel sein Spiel treibt. Sollte ich morgen um diese Zeit nicht hier sein, dann ist's nicht richtig. Dann, Hackmichel, dann nimm den Jungen mit dir in den Wald, und — (mit der Pantomime des Halsabschneidens hinter Susen) — und laß ihn laufen. Dietrich hatte den Sinn der Worte wohl begriffen.

Er ging. Dietrich stieg auf einen Schemel und legte den Kopf an das kleine Fenster, welches innerhalb des größeren geöffnet war, dessen runde gegossene Scheiben keine Durchsicht gestatteten, wenn sie auch dem Lichte den Durchgang nicht verwehrten. Deshalb war ein Guckfenster angebracht, das sich leicht öffnen ließ und im Sommer stets offen stand. Hackmichel saß nicht weit davon hinter dem Tische und einer Kanne Bier in tiefem Sinnen, die Augen fest auf Dietrich geheftet. Suse griff auf der Ofenbank nach der Spindel, und fing an, sie zu drehen. Sie schien einen höchst langweiligen Nachmittag abzuspinnen zu wollen, und bald zeigte ihre wankende und nickende Bewegung, daß sie vor dem Eingange in das Land der Träume stand. Nur die um Dietrichs Kopf summenden Fliegen unterbrachen die tiefe Stille.

Plötzlich schlug der Hofhund stark an und wollte sich nicht wieder zufrieden geben. Gleich darauf wurde mehrmals gegen die Hofthür gepocht. Suse ermunterte sich und ging hinaus zu öffnen. Nachdem sie zur Pforte hinausgesehen, machte sie Anstalt, den Thorweg zu entriegeln. Dietrich lauschte aufmerksam, denn es schien ihm, als ob etwas zu Benutzendes sich vorbereite.

Der Thorweg war geöffnet. Ein terminierender Bettelmönch mit Quersack und einem Esel, zu dessen beiden Seiten Körbe hingen, und der deshalb durch die gewöhnliche schmale Thüre nicht einpassieren konnte, zeigte sich, und mühte sich ab, seinen Esel auf den Hof zu treiben, wozu dieser aber nicht die mindeste Lust zu haben schien. Er stemmte sich, so sehr er es vermochte und schlug hinten aus, wahrscheinlich des

Hundegebelles wegen. Endlich erschien noch eine Bauersfrau mit einem Jungen, beide mit Kiepen auf dem Rücken und ihren vereinigten Anstrengungen gelang es, den Esel auf den Hof vor dem Hause zu bringen. Man ließ ihn vor der Hausthür stehen, und Dietrich bemerkte mit freudiger Bestürzung, daß der Thorweg offen blieb.

Der Mönch trat in die Stube mit Susen. Gelobt sei Jesus Christ, sprach er, und ohne den Gegengruß: in Ewigkeit, zu beachten, fuhr er fort: Gute Tochter, hast du einen Krug Bier für einen alten Diener Gottes und einige Lebensmittel für sein Kloster, so wird's dir der heilige Franciscus zeitlich und ewiglich gesegnen. Er setzte sich sodann ohne weiteres zu Hackmichel, ohne Dietrich zu beachten, und fing mit diesem an, über den Empfang des Kaisers in Lübeck zu sprechen, indem er ihn mit großer Neugier fragte, wie es dabei hergegangen. Er war sehr redselig und sprach sehr lebhaft. Die Bauersfrau war mit ihrem Knaben ebenfalls in die Stube getreten, und beide stellten ihre Kiepen auf die Erde. Sie trugen Speck, Käse, Butter, Würste und andere Lebensmittel auf dem Lande umher, an welchen es in kleinen Wirtschaften leicht gebricht, und Suse war beschäftigt, mit der Frau einen Handel zu machen. Der Knabe, von der Größe Dietrichs, stand daneben, und horchte teilnehmend zu. Es war offenbar Mutter und Sohn. Er hatte nur eine Unterjacke an; seine Oberjacke hatte er der Wärme wegen ausgezogen und über seine Kiepe gedeckt.

Der Handel war endlich geschlossen, und Suse verlangte, daß die Frau die Kiepe nach dem Hinterzimmer bringen und die gekauften Sachen hier auspacken sollte. Mutter und Sohn faßten gemeinschaftlich an, und trugen sie hinaus. Suse begleitete sie.

In diesem Augenblick rief Dietrich am Fenster: der Esel ist ausgerissen. Der Mönch sprang auf und zum Fenster, er drängte Dietrich zurück, blickte hinaus und sprach ängstlich zu Hackmichel: O lieber Sohn, du bist nicht so müde als ich, erwirb dir einen Gotteslohn und hol mir den Esel wieder. Dem Thier verlangts mehr nach dem Kloster wie mich. Lauf schnell, der heilige Franciscus stehe dir bei.

Hackmichel hatte sich schnell erhoben und war schon hinaus, als der Pater, ihm folgend, ihm die letzten Worte vor der Thür nachrief. Dietrich benutzte den Moment. Rasch zog er seine graue Jacke aus, und die blaue des Knaben an, indem er seine an die Stelle legte. Dann drückte er die Mütze auf den Kopf und sprang hinaus.

Er warf einen schnellen Blick rechts, wo der Esel hingelaufen war, und sah Hackmichel in der Ferne, dessen Kopf soeben hinter einer Erhöhung des Weges verschwand. Schnell bog er links ein und suchte das dickste Gebüsch auf, das er finden konnte, indem er möglichst bemüht war, die eingeschlagene Richtung beizubehalten. Was seine Kräfte und die Unebenheit des Bodens nur zuließen, leistete er, bis er endlich, von Schweiß triefend und ohne Atem genötigt war, etwas langsamer zu gehen. Er lief, ohne irgend einen Weg, einzig und allein zunächst sich von dem gefürchteten Hause so weit als möglich zu entfernen. Zwar hatte er einmal einen Fußsteig durchkreuzt, allein er fürchtete, auf ihm einem der Bande zu begegnen, und folgte ihm nicht.

Schon mochte er in dieser Richtung eine halbe Stunde fortgerannt sein, als der Wald sich zu lichten begann. Bald nachher stand er am Saume eines breiten Moors, das sich vor ihm ausdehnte. Über dasselbe zu gehen, schien in zwiefacher Hinsicht gefährlich. Er wollte es deshalb umgehen, und schritt am Rande hin. Aber es zog sich weit fort, und endlich gelangte er an einen ziemlich breiten Fluß, über welchen nicht hinüber zu kommen war. Nachdem er eine Zeit lang an ihm entlang gegangen war, überzeugte er sich, auf diesem Wege nicht weiter kommen zu können und entfernte sich von ihm, indem er sich links in den Wald zog. Endlich lichtete sich der Wald wiederum etwas, und in der Entfernung von einigen hundert Schritten lag ein Haus.

Aber wer beschreibt sein Entsetzen, als er gewahr wurde, daß es eben das Haus sei, dem er vor etwa drei Viertelstunden entsprungen war. In diesem Augenblicke öffnete sich der Thorweg, und der Pater trieb seinen Esel heraus. Dietrich gewahrte, daß der Pfad, den er einschlug, nahe an seinem Standorte vorüberführte.

Rasch sprang Dietrich zwischen die Gebüsche und in der Richtung des Weges vorwärts. Nachdem er sich weit genug entfernt hatte, um das Haus nicht mehr zu sehen, überlegte er, was zu thun sei und beschloß endlich das Wagnis, sich dem Mönche anzuschließen. Kaum durfte er fürchten von ihm verraten zu werden, auch war es nicht wahrscheinlich, daß man ihn von des Mönches Seite reißen würde. Er bog daher in den Weg ein, und ging so langsam, daß der Mönch ihn einholen mußte. Nach einer Viertelstunde waren beide beisammen. Wohin des Weges, mein Sohn? rief der Pater.

Dietrich. Nach Lübeck, guter Vater.

Der Mönch. Auf diesem Wege nach Lübeck? Woher kommst du denn?

Dietrich. Von Quitzhövel.

Mönch. Hab ich doch den Namen niemals gehört. Das ist wohl nicht in der Nähe?

Dietrich. Nein, und ich weiß daher nicht, ob ich auf dem rechten Wege bin.

Mönch. Ja, das wissen die Menschen, wenn sie nicht im Kloster leben, selten. Aber die Klosterleute sind bestimmt, andern den Weg zu zeigen. Drum komm nur mit, mein Sohn, wir kommen auf einen

Weg, der gerade nach Lübeck führt. Aber du gehst so allein nach Lübeck?

Dietrich. Warum nicht. Wer wird mir was thun?

Mönch. Nun höre mein Sohn, allzu sicher ist es in dieser Gegend nicht. Da in dem Hause, wo ich gewesen bin, und an dem du wohl vorbei gekommen bist, schien auch nicht alles richtig zu sein. Ich habe nur nicht recht dahinter kommen können. Aber es war einer weggelaufen, der auch wohl nicht dahin gehörte.

Dietrich. Wer war es denn?

Mönch. Ja, wenn ich das wüßte! — Ich konnte aus dem Menschen nichts herauskriegen. Er fluchte nur, sah ganz verstört aus, und sprang dann fort.

Dietrich. Der Weggelaufene?

Mönch. Nein, der andere, der ihn wohl verwahren sollte. Vielleicht begegnen wir ihm noch, dann will ich ihn dir zeigen.

Diese letzte Nachricht war Dietrich sehr unangenehm, so lieb es ihm auch war, von dem Mönche nicht erkannt zu werden. Er konnte es nicht lassen sich oftmals umzuschauen.

Mönch. Wonach siehst du dich so viel um?

Dietrich. Ihr habt mich bange gemacht, guter Vater. Wenn nun wir hier aufgefangen würden?

Mönch. O nein, wir sind sicher. Die Diener der Kirche sind nicht anzutasten, ohnehin ein Bruder von einem so armen Orden, als der unserige. Und doch ist er der beste, denn das Terminieren ist eine angenehme Sache, besonders im Sommer.

Der Mönch hörte sobald noch nicht auf, seinen Orden zu loben, und wenn auch seine Neugier oft Dietrichen in Verlegenheit setzte, so baute sie sich immer durch seine Redseligkeit sofort ihren eigenen Damm. Dietrichs aufmerksames Zuhören hatte zuletzt sein ganzes Herz gewonnen. Da ertönte in der Ferne ein eigenes Geklingel von Peitschenknallen unterbrochen, und geradeaus des Weges sah man einen Frachtwagen vorüberfahren, dem ein zweiter, dritter und so fort folgten.

Das trifft sich gut, sprach der Mönch, und schlug seinen Esel. Spute dich, mein Jüngchen, daß wir hinkommen, da fährt eben ein Zug Frachtwagen nach Lübeck. Man schritt zu, und bald befand man sich auf der Landstraße und beeilte sich nun, den Zug einzuholen. Nach kurzer Zeit hatte man die den letzten Wagen begleitende Mannschaft erreicht.

In jenen Zeiten fuhren die Frachtwagen fast niemals einzeln sondern stets in ansehnlicher Zahl. Die Frachtfuhrleute teilten sich in zwei Teile, deren einer beim ersten, der andere beim letzten Wagen blieb, um gegen Angriffe einigermaßen gerüstet zu sein, weshalb auch der erste und letzte Wagen die nötigen Waffen enthielten.

Der Pater bat die Fuhrleute, seinen jungen Schützling mit nach Lübeck zu nehmen, und ihn sich empfohlen sein zu lassen. Sie fanden sich willig und er erteilte ihnen seinen Segen und lenkte seitwärts vom Wege ab, indem er Dietrichen noch besonders segnete.

Tief schnitten die schweren Wagen in den Sand ein, und nur im langsamen Schritte bewegte sich der Zug vorwärts. Bald trat man aus dem Walde, und die Türme von Lübeck lagen vor ihnen, die Sonne ging eben unter.

Dietrichen klopfte das Herz bei diesem Anblick, und seine Sehnsucht hätte gern die riesigen Wagen beflügelt. Sein Herz eilte weit den langsam schreitenden Beinen voraus.

Schon glänzte eine ziemliche Zahl von Sternen am Himmel, als man die einzeln gelegenen Häuser des nahe vor Lübeck liegenden Dorfes Kahlhorst erreichte. Die Feuer in den Kaminen hatten bereits seit längerer Zeit traulich durch die Fenster in die Ferne geleuchtet.

Plötzlich fühlte sich Dietrich ergriffen, und die Augen wurden ihm zugehalten. Er schrie laut auf, doch im nämlichen Augenblicke kreischte er vor Freude, denn Dietrich Schwalbe, seines Vaters Knecht, hielt ihn in seinen Armen und gebärdete sich ganz närrisch vor Vergnügen. Dietrich dankte den Fuhrleuten und ging mit dem Knechte auf die Seite, um ihm kurz zu erzählen, wie es ihm ergangen. Nur erst hier ins Haus, rief Dietrich Schwalbe, wir dürfen uns hier draußen nicht lange zeigen. Er zog ihn hinein, und in der Stube fand er noch zwei Knechte seines Vaters, die mit freudigem Schreck ihm entgegen sprangen. Wir sind auf der Jagd, sprach Schwalbe, euer Herr Vater ist auch hier, aber wir werden jetzt nicht zu ihm kommen können.

Da erscholl der Ton eines Hornes. Nun ist's Zeit, rief Schwalbe, Junker nun kommt, aber ganz still und immer dicht neben mir, wir wollen eure Räuber fangen. Nun soll es noch einmal so gut gehen.

Die Knechte schritten sacht zur Thür hinaus und so leicht wie möglich durch das finstere Dorf bis zum Ende desselben gegen Lübeck hin. Zwischen hier und Lübeck, dessen Mühlenthor etwa 500 Schritte entfernt war, erhob sich auf niedrigem Hügel ein Crucifix. Rechts lagen noch mehrere vereinzelte Häuser. Die Knechte schlichen sich in die nächsten Gehöfte, und schauten behutsam über die Zäune nach dem Crucifix hin.

Es war sternhell, und obgleich man niemanden erkennen konnte, so war es doch möglich, sobald die Augen sich an die Dunkelheit gewöhnt hatten, zu bemerken, ob jemand auf dem freien Felde ging oder stand. Niemand sprach ein Wort. Von Zeit zu Zeit kamen

Leute aus der Stadt des Weges daher und begrüßten vorübergehend das Crucifix, einige knieten auch davor nieder und gingen nach kurzem Gebete weiter.

Es wurde immer dunkler, und Dietrich hatte nur so viel begriffen, daß man das Crucifix genau bewachte. Er ließ es, durch eine Lücke im Zaune beobachtend, ebenfalls nicht aus den Augen. Doch schien sich die Sache lange hinzuziehen; denn schon hörte man die Wächter in der Stadt die zehnte Stunde abrufen. Ringsum trat immer größere Stille ein, und in den Bauerhütten war das Feuer längst erloschen. Man hörte ein fallendes Blatt.

Diese ängstliche gespannte Stille mochte wieder eine halbe Stunde gedauert haben, da schien es, als ob eine menschliche Gestalt quer über das Stoppelfeld dem Crucifix zuwankte. Sie stand von Zeit zu Zeit horchend still. Mitunter war es, als ob sie verschwände. Endlich gewahrte man sie, wie sie gebückt das Crucifix umschlich und umher tappte. Da erscholl wieder ein Ton des Hornes, und augenblicklich sprangen die Knechte über den Zaun. Von allen Seiten stürzten sie auf das Crucifix zu. Indessen war der Kerl in demselben Moment, wo er das Horn hörte, aufgesprungen und pfeilschnell davon gerannt. So sehr sich die Knechte mühten, behielt er doch seinen Vorsprung, indem er den Weg seitwärts über das Feld zurücknahm, den er gekommen war. Aber er fiel, und ehe er sich aufgerafft hatte, ward er festgehalten und gleich darauf umringt. An Entkommen war nicht mehr zu denken. Man band ihm die Hände auf den Rücken, und die Beine in der Weise, daß er nur kurze Schritte machen konnte. Dietrich, der nicht so schnell hatte folgen können, erreichte jetzt den Haufen.

Ein Knecht hatte eine mitgebrachte Fackel angezündet, und Ritter Cuno trat auf den Räuber zu.

Cuno. Wo hast du, Kerl, den Knaben, den du geraubt hast?

Donnerhans. Wer sagt euch, daß ich einen Knaben geraubt habe? Warum überfallet ihr mich? Was wollt ihr von mir?

Cuno. Ohne viel Umstände; hast du nicht das Geld am Crucifixe dort geholt?

Donnerhans. Was weiß ich von euerem Gelde. Ich habe kein Geld. Zeigt mir doch, wo ich's habe?

Er hatte in der That nichts. Cuno ließ es suchen, und der Beutel wurde nicht weit vom Crucifixe gefunden, wo es der Räuber offenbar hingeworfen hatte, um leichter zu entkommen. Er wollte nun das Geld dort zufällig entdeckt haben, von dem Zettel und dem Knabenraub aber nichts wissen.

Cuno. Nun denn, so muß man dir in der Stadt die Künste abfragen. Führt ihn zum Thore.

Donnerhans. Was wird euch das helfen. Habt ihr einen Knaben verloren, werdet ihr ihn dadurch nicht wieder bekommen, daß ihr einen armen unschuldigen Kerl quält.

Cuno. Morgen wird sich das Übrige finden; führt ihn fort.

Donnerhans. Halt! Ich will's nur gestehen; ich weiß, wo der Knabe ist; daraus folgt aber nicht, daß ich ihn gestohlen habe. Soviel aber ist gewiß, daß, wenn ihr mich nicht laufen laßt, und ich nicht noch heute zu Hause komme, der Knabe morgen nicht mehr lebt. Darum haltet mich nicht auf, wenn ihr es mit dem Knaben gut meint. Jeder versäumte Augenblick kann ihm den Tod bringen, und er wird nicht wieder lebendig, wenn ihr mich auch martert und hängen lasset.

Cuno wurde schwankend und verlegen. Wo ist der Knabe, rief er.

Donnerhans. Gut verwahrt und bewacht an einer Stelle, wo ihr ihn nimmer finden werdet, am wenigsten, wenn ihm die Kehle abge=schnitten und er eingebuddelt ist. Aber keine Marter wird mich dahin bringen, die Stelle zu verraten. Hofft nicht ihn anders wieder zu kriegen, als wenn ihr mich mit dem Gelde laufen lasset. Seht, der Mond geht schon unter, und es ist keine Zeit zu verlieren. Ich sage euch, ich muß noch in dieser Nacht sein Gefängnis erreichen, sonst lebt er morgen nicht mehr. Habt doch ein menschliches Herz, wenn auch nicht gegen mich, obgleich ich euch nichts zu Leide gethan, so doch gegen euer Kind.

Dietrich wollte sich zu seinem Vater drängen, aber Schwalbe hielt ihn zurück und flüsterte: Noch nicht!

Cuno. Und welche Gewißheit giebst du mir, daß ich mein Kind zurückerhalte, wenn ich dich laufen lasse?

Donnerhans. Wenn ihr mich mit dem Gelde laufen lasset, bringe ich euch morgen selber den Knaben, dafern ihr mir euer ritter=liches Wort gebet, daß ich es sonder Gefährde thun kann.

Cuno. Das sollst du erhalten, und ich verspreche dir, es soll dir nichts geschehen, wenn ich mein Kind wieder bekomme. Das Geld aber erhältst du erst, wenn du mir den Knaben wieder bringst. Wann ge=denkst du hier zu sein?

Donnerhans. Morgen um Sonnenuntergang hier auf der näm=lichen Stelle.

Cuno. Zugestanden. Bindet ihn los und laßt ihn laufen.

Halt, schrie Dietrich Schwalbe, übereilt euch nicht, Herr Ritter, der Spitzbube kann seine Beine schonen. Da, hier habt ihr, wonach euer Herz sich sehnt.

Dietrich flog an seines Vaters Brust, der anfangs in seiner Klei=dung ihn nicht wieder erkannte, und ihn dann sprachlos ans Herz drückte. Verwundert standen die Knechte, und staunten ihn an, wie eine

Geistererscheinung, kaum wissend, ob sie ihren Sinnen trauen sollten. Vielleicht hätte der Gauner die allgemeine Überraschung benützt, wäre er selber nicht so erschrocken gewesen, daß er an allen Gliedern zitterte. Vergebens würden wir es versuchen, die Freude des Vaters zu malen, vergebens die des Sohnes zu schildern. Endlich machte sich das Gefühl in Worten Luft, und bald war Ritter Cuno von der Hauptsache unterrichtet.

Donnerhans hatte endlich auch wieder Worte erhalten und brach in einen Strom gräßlicher Verwünschungen aus.

Cuno wandte sich endlich zu ihm, mit den Worten: Wie nun, Schuft? — Du bist also doch der Räuber meines Kindes? Was meinst du wohl, daß mit dir nun geschehen werde?

Donnerhans. Verfluchte Geschichte. Herr ihr müßtet Mitleiden haben mit einem armen Teufel, der erst Pardon erhält, und dem gleich darauf der Galgen gezeigt wird, und wenn ihr ein steinern Herz im Leibe hättet.

Cuno. Kann ein Mensch wie du von Mitleiden sprechen? In Lübeck werden sie dir sagen, was du verdient hast. Führt ihn fort.

Donnerhans. Verflucht, daß ich nicht that, wie der alte Günther sagte. Aber halt, Herr Ritter, — wie ist mir denn? Ihr brecht euer Wort.

Cuno. Wie das?

Donnerhans. Ihr habt gesagt: es soll mir nichts geschehen, wenn ihr euer Kind wieder bekommt. Jetzt habt ihr es ja.

Cuno. Habe ich die Worte gesagt?

Die Knechte. Ja, Herr Ritter.

Donnerhans. Ein ehrlicher Ritter hält sein Wort.

Cuno. Daran sollst du mich nicht zweimal mahnen, und ein klügeres Wort ist noch nicht aus deinem Munde gekommen. Es rettet dir den Hals. Bindet ihn los und laßt ihn laufen; aber komm mir nicht zum zweiten Male unter die Klinge.

Ritter Cuno wandte sich mit Dietrich unter Voraustritt des Fackelträgers der Stadt zu. Die Knechte banden Donnerhans Beine und Hände los, zogen ihm einige Hiebe über den Rücken, und dieser lief, was seine Beine laufen konnten.

In der Herberge und bei Cunos Freunden erregte das Wiedererscheinen Dietrichs eine große Freude. Cuno beschenkte seine und die Putlitzischen Knechte, die dabei geholfen, sehr ansehnlich, und gab am nächsten Abend seinen Freunden ein stattliches Bankett in der Herberge.

Viertes Kapitel.

In Lübeck hatten sich unterdeß Festlichkeiten an Festlichkeiten ge= reiht, Ritter Cuno aber hatte in beiden verflossenen Tagen sich ihnen beinahe ganz entzogen. Jetzt nahm er um so lebendiger Teil. Der Kaiser hatte den Herzog Albert von Lüneburg hier belehnt *), und dieser gab an dem Tage ein großes Fest. Aber der Kaiser versäumte darüber nicht den Zweck seiner Reise, und suchte sich die Lübecker auf alle Art zu befreunden. Beiden Teilen lag daran, sich gegenseitig Zugeständnisse zu machen, und wie die Hände am schnellsten rein werden, wenn eine die andere wäscht, so gingen die Verhandlungen ungemein glatt. Der Kaiser titulierte in den Verhandlungen mit dem Rate die Ratsmitglieder Herren. Sie sprachen demütig, der Kaiser habe ihnen zwar bereits vor Jahren in Nürnberg diesen Titel, wie jetzt in Lübeck, gegeben, allein sie müßten bemerklich machen, daß sie keine Herren wären. Der Kaiser aber erwiderte: „Ihr seid Herren. Die alten Register der Kaiser weisen aus, daß Lübeck eine von den fünf Städten ist, denen von den Kaisern und ihrem Rate der Name der Herrschaft gegeben wird, und wo sich der Kaiser befindet, können sie in des Kaisers Rat gehen." Diese fünf Städte waren Rom, Venedig, Pisa, Florenz und Lübeck **).

Nicht so günstig wurden die Hamburger behandelt. Der Graf von Holstein verklagte Hamburg vor dem Kaiser, daß es ihm, als seinem geborenen Herrn, den gebührenden Gehorsam verweigere. Die Hamburger Abgeordneten entgegneten, daß ihre Stadt von den Kaisern mit vielen Privilegien begnadigt sei, besonders durch Friedrich I., weshalb sie sich als Reichsunmittelbare bisher, wie Lübeck, betrachtet hätten. Wollte aber des Kaisers Majestät darüber etwas anderes bestimmen, so würden sie wissen, sich willig darin zu schicken. Nach mehrfachen Diskussionen gebot der Kaiser denen von Hamburg, daß sie fortan dem Grafen von Holstein als ihrem geborenen Herrn unterthan sein sollten, jedoch mit

*) Dettmar, Chronik, I. S. 300.
**) Ebendas. S. 301.

der Maßgabe, daß sie im Besitze und Genusse ihrer Freiheiten und
Privilegien, mit welchen sie durch die Kaiser begnadigt worden wären,
verblieben, und ihrer durch den Grafen von Holstein nicht beraubt
würden. Die Hamburger waren mit diesem Rechtsspruch sehr unzufrieden. Als die Abgeordneten nach Hause kamen und ihn bekannt gemacht hatten, warfen die Hamburger die Rolandsstatue ab, welche als
ein Zeichen der Freiheit an der Brücke stand, die noch lange nachher die Rolandsbrücke genannt wurde*). — Bei der bekannten Eifersucht
zwischen Hamburg und Lübeck muß das Benehmen des Kaisers den
Lübeckern ungemein geschmeichelt haben.

Zehn Tage waren hingegangen in einer Freude und Herrlichkeit,
wie sie Lübeck bis dahin noch nicht gesehen hatte. Der Kaiser dankte
der Stadt für alle ihm erwiesene Ehre, und hatte sie mit mannigfachen
Gerechtigkeiten und Privilegien begnadigt. Er zog mit großen Ehrenbezeugungen wieder zum Burgthore hinaus, und äußerte draußen den
Wunsch, daß man das Thor, zu welchem er hinausgeritten, zumauern
möchte, wozu der Rat sofort den Befehl erteilte, obgleich das Dom-
Kapitel dies sehr ungern sah, da es dadurch von neuem in Hader mit
dem Rate zu Lübeck wegen des Zolles und Dammes verwickelt werden
mußte, der schon vor Zeiten bestanden hatte**).

Auch unsere Ritter verließen nun Lübeck, und kehrten heim. Doch
verweilen wir nicht bei ihrer Reise weil dabei nichts Bemerkenswertes vorfiel.

Das Jahr verging unseren jungen Leuten in Quitzhövel in den
gewöhnlichen Beschäftigungen. Ritter Cuno hatte einige Sträuße aus-
zufechten und erwarb sich in ihnen neuen Ruhm und neue Ehre.
Den Winter hindurch beschäftigte vorzugsweise die Jagd. Besuche und
kirchliche Feste brachten in das eintönige Leben einige Abwechselung.

Im Frühjahre von 1376 kam Busso v. Putlitz mit seinem Sohne
Caspar auf einige Wochen nach Quitzhövel zum Besuch. Der Pfarrer
des Ortes, der sich schon lange mit dem Gedanken herumgetragen hatte,
die Glocken seiner Kirche zu taufen, kam auf den Gedanken, seine Anwesenheit zu benutzen und jetzt mit der Sache vorzuschreiten. Diese
Glockentaufe war damals sehr in Schwung gekommen und fand bei
den Geistlichen großen Beifall, weil sie eine schöne Gelegenheit darbot,
sich eine Einnahme zu verschaffen. Vor sechs Jahren, 1370, als Dietrich
Mann zum Bischof von Havelberg gewählt wurde, hatte er sofort am

*) Chronik des Reimar Kock bei Grotuff, Tl. I. S. 485. Diese bis jetzt
kaum beachtete Stelle ist für die noch immer streitige Bedeutung der Rolands-
säulen von Wichtigkeit.
**) Ebendas. S. 485. 486. Diese Stelle ist wegen der streitigen Ansicht über
die in vielen Städten zugemauerten Thore ebenfalls von Wichtigkeit.

Tage Mariä Himmelfahrt alle Glocken der Havelbergischen Domkirche geweiht*), wobei die Herren v. Putlitz und v. Quitzow ebenfalls zu Gevatter gebeten und ein Ansehnliches an Pathengeld gegeben hatten. Es war daher nicht zu verwundern, wenn die ihm untergeordneten Orts=pfarrer seinem Beispiele folgten.

Man befand sich im Maimonat, und der Pfarrer kündigte das Fest für den nächsten Sonntag am ersten Pfingstfeiertage (1. Juni) an. Als Taufzeugen wurden von ihm persönlich der Herr v. Putlitz und dessen Sohn, sowie die ganze Quitzowsche Familie eingeladen. Nächst=dem aber versäumte er nicht, Einladungsschreiben an alle Besitzer von Gütern in der ganzen Umgegend sowie an den Bischof und das Dom=kapitel zu Havelberg ergehen zu lassen. Man konnte auf dem Quitzow=schen Schlosse sich eines großen Besuchs gewärtigen, denn die meisten der Geladenen sprachen ohne Zweifel dort ein, und die gastfreundschaftlichen Verhältnisse geboten, dabei nicht zu knausern. Auf die Geistlichkeit in Havelberg durfte man jedoch nicht rechnen, da diese am Feste selber be=schäftigt war.

Der Heiligabend, damals die Vigilie genannt, war gekommen. Von allen Seiten schleppten die jungen Burschen, wie es das Pfingstfest verlangte, Maien, nämlich Birkenzweige, herbei, ja ganze Birkengebüsche. Die Mädchen waren nach den Gewässern geeilt und schnitten Kalmus und ruhten nicht, bis sie mit vollen Schürzen heimkehren konnten. Alle Backöfen im Dorfe rauchten, denn überall wurde Pfingstkuchen ge=backen, vor allen strengte sich die Köchin des Pfarrers an, den etwa sich einfindenden, auf der Pfarre vorsprechenden Gästen etwas Gutes vorsetzen zu können. Auf allen Höfen schrieen Hammel, Schweine, Enten, Hühner, welche die Männer und Weiber schlachteten, denn überall ist ein Festtag der Menschen ein Trauertag für die Tiere, und die Tier=welt muß durch große Opfer die Freude des Menschen erkaufen. Die Kirche und alle Wohnungen wurden festlich mit Maien ausgeputzt, daß sie sämtlich einem Lustgebüsche glichen, der Fußboden wurde sorgfältig gekehrt und mit weißem Sande und zerschnittenem Kalmus zierlich be=streut. Die schönsten Blumen des Feldes wurden zu Kränzen geflochten, welche die Wände der Kirche und der Wohnungen schmückten, oder in Gefäße mit Wasser gestellt und auf den Altar wie auf die Fenster gesetzt. Dieselben Vorkehrungen hatte man auf der Burg getroffen, nur daß die Maien auch von der äußeren Umkränzungsmauer und von der Zinne herabwehten. Mit Sonnenuntergang wurde das Fest eingeläutet, und hierauf fingen die Kirchenglocken an zu beiern, d. h. man schlug mit dem Klöppel abwechselnd die eine und dann die

---

*) Küsteri Opusc. hist. marchic. Tom. II. XIII. S. 71. S. XVIII. S. 72.

andere Glocke in rhytmischer Folge und mit allen möglichen Abwechse=
lungen, wie sie die Phantasie der Dorfjungen nur zu erfinden ver=
mochte; ihnen war es überlassen, das Beiern zu besorgen, womit sie sich
denn die ganze Nacht vergnügten. Durch die Stille der warmen Juni=
nacht tönte dann das Gebeiere von allen umliegenden Dörfern herüber
und forderte zu neuem Wetteifer auf.

Schön geschmückt, mit Sträußen von wohlriechenden Kräutern ver=
sehen, versammelte sich die Gemeinde in der Kirche, um die Messe an=
zuhören, und durch die grünen Maien zog der Weihrauchdampf wie eine
Wolke, aus welcher die Herrlichkeit des Herrn vom festlich geschmückten
und reich mit Lichtern besetzten Altare hernieder leuchten wollte. Diesmal
war die Gemeinde besonders festlich; denn die eingeladenen Gäste be=
fanden sich stattlich geputzt ebenfalls in der Kirche. Der Geruch des
Kalmus, der Maien und des Weihrauchs gab vereinigt einen so durch=
dringenden Duft, daß nur starke Nerven ihn auf so lange Zeit ertragen
konnten. Aber er war von so eigentümlicher Art, daß sich der kirchliche
Geruch des Pfingstfestes von dem eines jeden andern spezifisch unterschied.
Mit dem Gedächtnisse steht kein Sinn in so nahem Zusammenhange,
als der des Geruchs, und die Kirche verschmähte es nicht, durch ihn auf
das erstere zu wirken.

Nach geendigtem Gottesdienste fing das Fest der Glockentaufe an.
Der Pfarrer bestieg die Kanzel und setzte auseinander, wie es ein gott=
gefällig Werk sei, die Glocken zu taufen, welche die Gläubigen zum
Tempel des Herrn riefen. Das Geläute solcher Glocken, welche das
Kind zur Taufe, das Brautpaar zum Ehebunde, den Toten zum Grabe
zu leiten habe, sei kräftiger, als das der ungeweihten. Solche Glocken
entzündeten in den Gemütern der Menschen weit innigere Andacht, ver=
trieben weit kräftiger durch ihr Läuten das Gewitter, thäten sogar der
Feuersbrunst Einhalt und vertrieben Teufel, Gespenster und was damit
zusammenhinge, wie denn sehr viele aus demselben Grunde auch die
Schlangen vertrieben und keine gefunden würden, so weit man den Schall
der Glocken hören könne. Dies sei von vielen Gegenden bekannt; z. B.
vom Dorfe Stremmen nicht weit von Beeskow, sowie auch vom Dorfe
Trebatsch in derselben Gegend wisse man gewiß, daß man keine Schlangen
finde, so weit der Ton der großen Glocke reiche. Daßelbe sei mit
Wrietzen und Bernau der Fall, desgleichen mit Prenzlau in der Ucker=
mark, und mit Stargard in Pommern*), genug so oft, daß man nicht
daran zweifeln könne. Solchen Segen auch der Quitzhövelschen Gegend
zuzuwenden, wolle er nun die Glocken der Dorfkirche weihen.

Die Gemeinde und alle eingeladenen Gäste bildeten nun eine Pro=

---

*) Beckmann, Beschreib. d. Mark, Tl. III. Kap. III. S. 833. 834.

zession mit Lichtern und Fahnen, und zogen dreimal auf dem Kirchhofe um die Kirche. Dann wurde Halt gemacht und der Pfarrer ließ einen Weihkessel mit Weihwasser vor sich hinsetzen und davor das Crucifix. Hierauf überreichte ihm der Sakristan Salz, und der Geistliche weihte dasselbe zum heiligen Gebrauche in folgender Art, wobei wir das Kreuz= schlagen durch † andeuten, und die lateinisch gesprochenen Worte deutsch hersetzen wollen. Er hielt seine Hände über das Salz und sprach: Ich beschwöre dich, du Geschöpf des Salzes, im Namen Gottes des Vaters des Allmächtigen (†) und in der Liebe Jesu Christi (†), und in der Kraft des heiligen Geistes (†). Ich beschwöre dich durch den lebendigen Gott (†), durch Gott (†), der dich zum Schutz des menschlichen Ge= schlechts erschaffen, und dem zu dem Glauben gekommenen Volke durch seine Diener zu heiligen geboten hat, daß du im Namen der Heiligkeit gemacht werdest zu einem heilsamen Sakrament, um den Feind zu ver= treiben. Darum bitten wir dich, Herr unser Gott, daß du dieses Ge= schöpf des Salzes heiligest (†) und segnest (†), damit es allen, die es empfahen, werde eine heilsame Arzenei, die in ihrem Eingeweide bleibe, in eben dieses Herrn Jesu Christi Namen, welcher wird kommen zu richten die Lebendigen und Toten und die Welt durch's Feuer. Amen*).

Es war dies der Segen, durch welchen das Salz zu jedem heiligen Gebrauche geweiht wurde, weshalb einige Worte unpassend waren. Die Zuhörer verstanden sie jedoch nicht, und betrachteten das Ganze mehr als eine Zauberformel.

Hierauf nahm er das Salz, sprengte es kreuzweise in das Weih= wasser, und sprach: Diese Vermischung des Salzes und Wassers werde ein heilsam Sakrament im Namen des Vaters (†) und des Sohnes (†) und des heiligen Geistes (†)**).

Hierauf stieg der Pfarrer mit dem Salzwasser auf den Turm, in welchem so viel wie möglich alles, was sonst die Glocken von außen verdeckte, weggenommen war. Die eingeladenen Paten aber wurden durch den Sakristan ersucht, sämtlich den Glockenstrang anzufassen und sich daran aufzureihen. Nachdem dies geschehen, stieg auch er auf den Turm.

Der Pfarrer tauchte ein Tuch in das Salzwasser und wusch damit eine Glocke nach der andern, oder badete sie, nach dem Kunstausdrucke. Darauf wurde jede mit einem reinen Leinen sorgfältig abgetrocknet. Hierauf ließ er sich eine Flasche mit geweihtem Öle geben, und machte inwendig in jede Glocke damit vier Kreuze. Das geweihte Öl einer

---

*) Hartmanns Greuel des Segensprechens, P. I. c. 2. §. 8. Schauplatz un= gereimter Meinungen, T. H. S. 359.

**) Küsteri Opuscul. hist. march. illustr. T. II. XVIII. S. 73.

zweiten Flasche diente dazu, um jede Glocke auswendig mit sieben Kreuzen zu bezeichnen, wobei der Glocke ihr Name gegeben wurde. Alsdann ward jede Glocke mit Weihrauch, Thymian und anderen wohlriechenden Sachen beräuchert, worauf er wieder herabstieg und die Ceremonie mit einem Gebete endigte*). Ein hingestelltes Becken empfing die Patengelder und sonstigen Opfer der christlichen Gemeinde für den Pfarrer, welche bei so außerordentlichen Anstrengungen nicht klein waren.

Auf dem Quitzowschen Schlosse hatte sich eine ansehnliche Zahl von Gästen eingefunden, und beim Mittagsmahle war die Glockentaufe der vorzüglichste Gegenstand der Unterhaltung. Nicht alle Gäste waren mit dieser, von keiner Kirchenversammlung gebilligten Ceremonie einverstanden und wollten sie als keinen kirchlichen Gebrauch, sondern nur als eine Geldschneiderei der Pfaffen betrachten. Die Geistlichkeit stand zu dieser Zeit in der ganzen Mark in keinem guten Ruf, und wenn man auch das Amt achtete, so waren die Personen, welche es bekleideten, zum großen Teile wirklich verachtet. So sehr auch alle Anwesende von der Kraft des Segensprechens überzeugt waren und an Zaubermittel glaubten, so bezweifelten doch einige die gerühmte Kraft der geweihten Glocken, besonders als ein anwesender uckermärkischer Gast versicherte, daß ihm zwar die Sage von der Prenzlauer Glocke bekannt sei, daß aber nichts destoweniger bei Prenzlau die Schlangen nicht fehlten. Auch wußte ein märkischer Ritter, daß die Glocke in Bernau ihre Kraft nicht der Taufe, sondern einem anderen Mittel verdanke. Seine Geschichte lautete so**).

Als in Bernau vor alten Zeiten jene große Glocke gegossen werden sollte, wurde bekannt gemacht, daß alle, welche sich als Paten um sie verdient machen wollten, ihr Metall bringen und in den Ofen werfen möchten, je mehr je besser. Da kamen viele Reiche und ließen vor sich hertragen silberne Geräte und sie vor ihren Augen in den Ofen werfen, andere brachten messingene Becken und Leuchter, und jeder wollte sich einen Gotteslohn erwerben, so daß selbst Arme und Unbemittelte einen zinnernen Teller und anderes geringes Gut brachten und in den Ofen schütteten. Es lebte zu der Zeit in Bernau ein altes, armes Weib, die hatte niemanden der sich ihrer annahm, und ging von Thür zu Thür, um die Milde guter Leute anzusprechen. Aber sie wußte Rat in allen Leibesgebrechen und sammelte im Sommer heilsame Kräuter und Wurzeln, und hatte gar manchem in schwerer Leibesnot geholfen, das ihr denn der eine dankbar gedachte, der andere aber gern vergessen wollte, weil er sie fürchtete; denn sie konnte mancherlei Segen sprechen und wußte

---

*) Küsteri Opuscul. hist. march. illustr. T. II. XVIII. S. 73.
**) Vgl. Bekmann, Beschreib. d. Mark, Tl. III. Kap. III. S. 833.

vielerlei geheime Mittel, daß viele ihr nichts Gutes zutrauten und ihr nur Almosen gaben, um sie nicht zu erzürnen.

Aber die Alte hätte gern ihr Schärflein auch hingetragen zum Glockenguß, doch besaß sie gar kein Metall. Sie ging zu einem reichen Manne, dem sie das Fieber besprochen, doch der meinte, er habe schon das Seinige geopfert, sie solle ihr Gut nehmen und das opfern, nicht aber das Gut anderer Leute, denn so könne es ihr doch keinen Segen bringen.

Da ging die Alte traurig weg und sann nach, wo denn ihr Gut sei, von dem sie opfern könnte, und sie fand nichts, denn sie war gar arm. Aber als sie zum Thore der Stadt hinausging, da huschte eine Natter über den Weg, und sie wollte mit ihrem Stabe danach schlagen. Und plötzlich wurden ihre Augen geöffnet und sie rief: Siehe, habe ich denn nicht ein großes Gut? Sind denn nicht alle Vögel des Waldes und alle Tiere des Feldes, so viel ich ihrer fangen mag, mein? Bietet die Erde mir nicht Wurzeln und Kräuter, so viel ich ihrer nur mag? So komm denn her, du mein Gut, du sollst mein Opfer sein. Und sie schlich der Natter nach, fing sie, verbarg sie unter ihrer Schürze und ging damit zum Gußofen.

Schon war die Masse im Fluß, und die Knechte schürten den flüssigen Brei. Da stand der reiche Mann, und sah zu, und als er die Alte ersah, und daß sie etwas unter der Schürze trug, und wie sie sich dem Ofen näherte, sprach er: Nun, Alte, bringst du was von deinem Gut? Warum bist du damit so geheim? Was ich gebracht, ist vor mir offen hergetragen.

Da sprach die Alte: womit man prangt, damit wird nichts geschafft, denn eitler Schein. Wo aber Leben und Kraft erwachen soll, wird im Geheimen gewirkt, und in meinem Gute ist nichts offenbar. Siehe, ich gebe von meinem Gute, was du verachtest, und dennoch wird es mehr nützen der ganzen Gemeinde, als was du geopfert. Sie ließ die Schlange in den Ofen gleiten, und der reiche Mann schüttelte über die unverständlichen Worte den Kopf. Aber als die Glocke vom Thurme tönte, verschwanden alle Schlangen ringsum, so weit sie zu hören war.

Übrigens soll man auch in Stargard beim Guß der Glocke von St. Marien Schlangenfett zugesetzt haben, um das Metall flüssiger zu machen*).

Es ergab sich, daß der größte Teil der Gäste diesen Mitteln mehr vertraute, als der Glockentaufe. Nach geendigtem Mahle reisten die Gäste wieder ab, nur Hans v. Putlitz blieb noch länger, und selbst bis nach dem Feste.

*) Bekmann, a. a. O. S. 834.

Unterdessen erscholl die Nachricht, Kaiser Karl habe zu Pfingsten die Kurfürsten des Reichs zu Rense zusammen kommen lassen. Hier habe er ihnen seinen ältesten fünfzehnjährigen Sohn Wenzlav als König von Böhmen vorgestellt, seinen zweiten, kaum neunjährigen Sohn Siegismund aber als Kurfürsten und Markgrafen von Brandenburg. Diese Nachricht, welche sich bald als richtig bestätigte, erregte große Verwunderung, doch wurde sie sehr bald begreiflich. Denn Kaiser Karl hatte es zu veranstalten gewußt, daß sein Sohn Wenzlav bereits am 10. Juni zu Frankfurt a. M. von den Kurfürsten zum römischen Könige und seinem Nachfolger im Reiche gewählt worden war. Wenzlav konnte als Kurfürst von Brandenburg sich nicht selber eine Stimme geben, deshalb wurde vorher Siegismund mit dieser Würde bekleidet, und in der That wählte der neunjährige Siegismund mit, auf daß die volle Zahl der Stimmen nicht mangelte, wenn auch jeder von einer solchen Wahl dachte, was ihm beliebte*).

Indessen war diese Veränderung für die Mark wenigstens für jetzt von geringer Bedeutung, denn Kaiser Karl regierte eben so gut im Namen seines Sohnes Siegismund, wie vorher im Namen Wenzlavs, ja er legte sich sogar selber den Titel Markgraf von Brandenburg bei. Sein Schloß und die dazu gehörige Kapelle zu Tangermünde war unterdessen fertig geworden und wurde als das schönste in Deutschland anerkannt. Die Kapelle ließ er im Innern auf das prächtigste mit Edelsteinen schmücken, und mit kostbaren Gefäßen und Schnitzwerk versehen⁴).

So war das Jahr 1377 herbei gekommen. Karl hatte seiner Familie den Kaiserthron gesichert und ließ es sich angelegen sein, auch im Innern des Reiches Frieden und Ordnung herzustellen. Insonderheit schien es ihm nötig, dem gesunkenen Kredit der Geistlichkeit aufzuhelfen; durch ganz Deutschland war dieser durch die eigene Schuld derselben so herunter, daß in mehreren Ländern die weltlichen Obrigkeiten den Geistlichen nicht die Rechte selbständiger Personen zugestanden, sondern sie als Unmündige behandelten. Man verbot, weltliche Güter zu geistlichen Gütern werden zu lassen, weil man fürchtete, daß zuletzt die Kirche sich im Besitze alles weltlichen Gutes befinden möcht. Aber damit war es zugleich verboten, der Kirche etwas zu schenken oder zu verkaufen. Deshalb wurde bestimmt, welche Abgaben und Opfer den Geistlichen gebührten, und was man an die Kirche zu zahlen habe, ja man legte sogar auf die Einkünfte der Geistlichkeit Taxen und Zölle. Sprach man damit faktisch die Ansicht jener Zeit über die Habsucht der Geistlichkeit aus, so ergab sich die Meinung über den moralischen Wert derselben aus folgenden Bestimmungen: es sollte kein Geistlicher in

---

*) Urkunde Buchholz, Brandenb. Geschichte Tl. V. S. 148.

irgend einer Sache vor Gericht als Zeuge zugelassen werden, während man dem Zeugnisse selbst eines unter dem Banne befindlichen Laien gerichtliche Gültigkeit beigelegt hatte. Kontrakte zwischen Geistlichen und Laien sollten als außergerichtlich betrachtet, und nicht registriert werden. Dagegen sollten geistliche Güter mit Arrest belegt werden können, auch verletzte man das Freiheitsrecht der heiligen Orte, indem man Verbrecher aus Kirchen und Kapellen holte. Dies alles war nicht sowohl durch geschriebene Festsetzungen anbefohlen, als vielmehr nach und nach Handlungsmarine geworden. Kein Wunder, wenn die Geistlichkeit dagegen klagbar werden mußte. Kaiser Karl konnte nach Lage der Sache nicht anders, als diese Eingriffe der weltlichen Macht in die Rechte der Geistlichkeit durch einen Befehl vom 1. Juni von Tangermünde aus zu verbieten*), und wenn auch dadurch die Ansicht der Laien über die Geistlichkeit nicht geändert werden konnte, so gewann er doch dadurch die Meinung der Geistlichkeit für sich. Unmittelbar nach diesem Mandat war er von Tangermünde nach Böhmen gereist.

Unterdessen brach ein anderer Streit gewaltsam los, der schon seit langem im stillen fortgedauert hatte. Zwischen der Elbe und dem untersten Teile der Havel, südlich begrenzt durch den jetzigen Plauerkanal, oder vielmehr den im Süden davon sich erhebenden Höhenzug bildet das Land eine niedrige Fläche, welche das Land Klietz genannt wurde. Dieses Land gehörte nach den ältesten Urkunden dem Stifte Havelberg. Indessen hatte sich nach und nach Magdeburg den Besitz desselben angemaßt, und so wirklich in Besitz genommen. Obgleich nun der Bischof von Havelberg unter dem Erzbischof von Magdeburg stand, durfte er doch einen solchen Eingriff in seine Rechte nicht gestatten, und es kam zum Prozeß zwischen beiden Teilen, der in Rom geführt wurde. Es scheint, daß Havelberg ihn gewonnen hatte; allein der Erzbischof behielt das Land nach wie vor, und schien keine Lust zu haben, es zurück zu geben.

Da entschloß sich der Bischof Dietrich Mann von Havelberg zum Kriege gegen den Erzbischof Peter de Bruma von Magdeburg, forderte seine Vasallen auf, sich zu rüsten, und ließ dem Erzbischofe absagen. Auch auf Quitzhövel langten die Befehle an, sich mit der festgestellten Anzahl von Leuten bereit zu halten, um sich an die Edlen Gänse von Putlitz anzuschließen.

Dietrich und Hans brannten vor Begierde, den Krieg mitzumachen, allein für jetzt waren sie noch zu jung, und sie mußten sich diesmal damit begnügen, ihres Vaters Waffen zu putzen. In der Mitte des Monats Juni, am 13. kamen Herr Johannes von Quitzow von Kleetzke,

---

*) Buchholz, Gesch. d. Mark Brandenburg Tl. II. S. 532.

so wie die übrigen Dienstleute von Rühstädt und den andern Quitzow=
schen Besitzungen, man hielt Musterung auf dem Schloßhofe, und war
erfreut über die Ordnung und Tüchtigkeit der Leute. Am andern Tage
kam Herr von Putlitz mit seinen Leuten, dessen Banner (denn als Lehns=
herr mehrerer Vasallen war er Bannerherr, und sein Zug trug deshalb
eine viereckige Fahne, welche das Banner genannt wurde) sich die zwei=
zipfligen Fähnlein der Quitzows und anderer Vasallen anschlossen. So
bewegte sich der Zug nach Havelberg und stellte sich auf dem Platze vor
dem Dome auf. Bis hierher hatte die Quitzowsche Familie den Zug
begleitet.

Nach und nach kamen auch die übrigen Banner und Fähnlein des
Havelbergschen Stiftssprengels gezogen, und bald war es auf dem Platze
um die Domkirche und vor dem Kloster sehr lebendig. Der Dom und
die dazu gehörigen Kloster=Gebäude liegen hoch auf einem Berge, und
gestatten eine weite Aussicht, sowohl in die Altmark als in das Land
Klietz, welches gleich jenseit der Havel begann. Die Stadt Sandau, auf
welche es, wie man wußte, zuerst abgesehen sei, war in der Ferne deut=
lich zu erschauen, und das Kriegsvolk warf neugierige Blicke dahin, als
wollten sie sich schon im voraus ihrer Leute versichern. Selbst die
Ritter stiegen hinauf bis in die Mönchsstube des Domturms und be=
trachteten den Schauplatz ihrer neuen Thätigkeit.

Auch das Fußvolk fand sich nun ein, und das bereits geordnete
Heergeräte und Belagerungswerkzeug wurde auf Wagen gepackt. Viele
Hände, rüstig arbeitend, fördern ein Werk. Bis zum Abend war alles
in Ordnung, und der Aufbruch wurde für den folgenden Morgen früh
bei Sonnenaufgang festgesetzt.

In geregelter und genau bestimmter Ordnung fand er statt und
gewährte vom Dome übersehen, auf welchem sich die Quitzowsche Familie
befand, einen schönen Anblick. Man sah den ansehnlichen Zug sich durch
die am Fuße des Bischofsberges malerisch gelegene Stadt über die
Havelbrücke dahin bewegen, durch die Straßen und über die zweite
Havelbrücke ziehen, und konnte ihn noch weit hin über die Ebene ver=
folgen. Die Sonnenblitze von den Harnischen und Helmen der Reiter
verrieten ihn noch, als selbst keine einzelne Gestalt mehr zu unterschei=
den war.

Man zog vor Sandau*) und umlegte die gut bewehrte Stadt.
In den Gärten rings um den Stadtgraben setzte man sich fest und schlug
das Lager auf. Die vor dem Steinthore befindliche Kapelle sowie das
vor dem Havelbergischen Thore belegene Hospital wurden ohne Schwert=
streich genommen, da sie vom Feinde nicht verteidigt wurden. Gegen

---

*) Buchholz, Gesch. d. Mark Brandenburg II. II. S. 532.

Abend warf man mit Schleudermaschinen brennende Pechkränze in die Stadt, und es gelang, sie in Brand zu stecken. Man konnte von Havel= berg aus das Feuer deutlich sehen, indessen wurde es von den Belager= ten bald wieder gelöscht.

Die Stadt verteidigte sich gut, und erst am dritten Tage gelang es, sie durch Sturm zu nehmen. Nach Kriegsgebrauch wurde sie ge= plündert, besetzt, und die Bewohner mußten dem Bischofe von Havelberg huldigen. Am folgenden Tage zog das Heer weiter.

Da, wo die Havel ihren westlich gerichteten Lauf in den nördlichen umändert, bildet sie infolge der plötzlichen Stauung einen ansehnlichen See, der durch hineintretende Höhen mannigfach zerschnitten wird. Der überwiegend größere östliche Teil heißt der Breitlings=See. Er steht nach Süden mit dem Möserschen See, nach Norden mit dem Plauer See in Verbindung, welcher letztere westlich mit dem Wendsee verbunden ist. Durch den Breitlings= und Wendsee fließt die Havel, und tritt aus dem letztgenannten See nördlichen Laufs hervor. Unmittelbar im Norden von diesem See und westlich von der Havel liegt das Städtchen Plaue, welches durch ein starkes Schloß verteidigt wurde.

Von jeher wurde Plaue als der Schlüssel zum Havellande betrachtet, das heißt, zu demjenigen Lande, welches die Havel bei ihrem erst nach Süd dann nach West und endlich gegen Nord gerichteten sonderbaren Laufe begrenzt. Im Norden war dies Land von dem übrigen Lande durch das breite, unwegsame und wilde havelländische Luch getrennt, welches von der Havel im Westen bis zur Havel im Osten reichte, und eine sumpfige Wildnis war, in welcher Bären, Wölfe und anderes Wild in Menge hausten. Hierdurch wurde das Land zu einer natürlichen Veste, und wenn ihm dies schon einen Wert gab, so wurde er noch dadurch er= höht, daß das Havelland zu den fruchtbarsten Gegenden der Mark gehörte.

Schon lange hatte deshalb der Erzbischof von Magdeburg getrachtet, in den Besitz von Plauen zu kommen, und im Jahre 1354 war es mit Sandau, dem Lande zu Kameren, der Stadt und dem Schlosse Jerichow, dem Lande Klietz und der Burg Schollene an der Havel förmlich ab= getreten worden. Der Kurfürst von Brandenburg wurde mit diesen Ortschaften von Magdeburg belehnt. Zu dieser Zeit war jedoch Sandau wie Plauen von Magdeburg besetzt, und der Bischof von Havelberg glaubte auch hier, Magdeburg angreifen zu müssen.

Das Heer zog deshalb von Sandau nach Plauen, und belagerte den Ort. Man scheint hier keines Überfalles gewärtig gewesen zu sein, denn nach kurzer Gegenwehr wurde die Stadt niedergebrannt, das Schloß genommen, die Magdeburger zu Gefangenen gemacht, und der Ort durch Havelbergisches Kriegsvolk besetzt*).

---

*) Angelus S. 165.

Jetzt zog das Heer in die Nähe der Stadt Magdeburg, und ver=
wüstete unterwegs die Dörfer, durch welche es kam, und schleppte mit,
was sich fortbringen ließ. Das Heer lagerte sich bei den Dörfern Bie=
deritz, Gerwisch und Körbelitz und brannte sie, nachdem man sie aus=
geplündert hatte, nieder. Peter von Bruma verhielt sich dabei so un=
thätig, daß er in Verdacht kam, er sähe es nicht einmal gern, wie sein
Hauptmann, Ritter Meinicke von Schierstädt, den Feinden Sandau nach
wenigen Tagen des Besitzes wieder abnahm. Gegen die Stadt Magde=
burg konnte man wegen ihrer Festigkeit und Größe nichts unternehmen;
aber nach Jerichow wollte man ziehen, und dann Wolmirstedt nehmen,
doch mußte dieser Vorsatz aufgegeben werden*).

Der Kaiser hatte auf seiner Rückreise von Böhmen Kunde von dem
Ausbruche des Krieges erhalten, und, ein Feind aller Fehden, eilte er
möglichst schnell herbei, weiteren Greueln zuvorzukommen. Er traf in
Magdeburg ein und ließ sofort den Bischof von Havelberg unter Ver=
sicherung freien Geleites dahin entbieten, indem vorläufig die Feindselig=
keiten eingestellt wurden. Hier verglich er beide Parteien dahin, daß sie
am 19. Juni übereinkamen, den Prozeß über das streitige Land von
Johannis an fünf Jahre zu Rom ruhen zu lassen, während welcher Zeit
kein Teil gegen den andern etwas unternehmen sollte, unbeschadet der
Rechte eines jeden, nach dieser Zeit den Prozeß fortzusetzen**). Fisch=
bek und Schönhausen im Lande Klietz wurden aber sofort dem Bischof
von Havelberg wieder zurückgegeben, und dem Magdeburgischen Haupt=
mann zu Jerichow ward untersagt, sich darüber im Namen des Erzstiftes
Rechte anzumaßen***). Darauf zog das Heer wieder heim, und mancher
hatte dabei nicht unbedeutende Beute gemacht.

---

*) Walter. Singular. Magdeburg II. S. 58.
**) Urkunde in v. Raumer, Cod. diplom. cont. T. L. S. 8.
***) Buchholz, Gesch. d. Mark Brandenburg Tl. II. S. 532. Urkunde in
v. Raumer, Cod. diplom. cont. T. I. S. 7.

Fünftes Kapitel.

Kaiser Karl begab sich nach Tangermünde, und betrieb eine andere Angelegenheit, die ihm sehr am Herzen lag. Er hatte seinem Erstgebornen, Wenzel, die Nachfolge im Reiche gesichert, für den zweiten Sohn Siegismund, durch Verleihung der Markgrafschaft Brandenburg gesorgt. War nun auch der dritte jetzt siebenjährige Sohn Johann, wie die beiden ersten, Markgraf zu Brandenburg vermöge der Huldigung, welche die Mark 1373 allen drei Söhnen des Kaisers geleistet hatte, so würde er doch erst dann zur Regierung der Mark gekommen sein, wenn Siegismund und Wenzel mit Tode abgegangen wären, oder ihm die Mark abgetreten hätten. Um nun für diesen auch zu sorgen, hatte er schon im vorigen Jahre einige Städte der Niederlausitz mit dem Görlitzer Kreise der Oberlausitz verbunden, daraus ein eigenes Herzogtum Görlitz errichtet, und es ihm sofort eingeräumt. Im Januar 1377 hatte Rat und Bürgerschaft von Görlitz dem neuen Herzoge zu Prag bereits die Huldigung geleistet*), und Freitag vor dem Palmsonntage desselben Jahres wurde die Vereinigung der Städte Guben, Sommerfeld, Peitz und Fürstenberg mit dem Herzogtum Görlitz öffentlich ausgesprochen.

Kaiser Karl aber fühlte, daß er alt geworden sei, und nicht mehr lange zu leben haben würde. Er glaubte für den jungen Herzog Johann noch ferner sorgen zu müssen, und beschloß daher, ihm zu seinem Herzogtum noch die ganze Ober- und Niederlausitz, sowie die Mark über der Oder (die jetzige Neumark) und das Herzogtum Luxemburg zu vermachen, die jener jedoch erst nach seinem Tode und wenn er mündig wäre, in Besitz nehmen sollte, und dies durch ein förmliches Testament zu bekräftigen**). Während seiner Unmündigkeit sollte, im Falle des Ablebens des Kaisers, König Wenzel Obervormund und Oberlehnsherr des Herzogs Johann sein. Wie sehr durch diese Anordnung das erst kürzlich zu

---

*) v. Ledebur, Archiv f. d. Geschichtskunde d. preußischen Staats. Bd. IV. S. 172.
**) v. Ledebur VI. S. 175.

einem Königreiche verbundene Land zersplittert wurde, scheint der Kaiser in seiner väterlichen Liebe übersehen zu haben.

Am 13. Juli, St. Margarethen Tag lag der Kaiser zu Felde vor Königsberg.*) Weshalb? ist unbekannt. Am 11. Oktober war er in Tangermünde, und schloß mit Bischof Albrecht von Halberstadt ein Bündnis wegen der Mark Brandenburg zu gemeinschaftlicher Verteidigung.**)

Die Schlösser Dannenberg und Lüchow im Lüneburgischen, nahe an den Grenzen der Altmark, hatten schon seit längerer Zeit durch das ungeregelte Benehmen ihrer Besitzer und deren gewaltsame Thaten sich den Ruf als Raubschlösser erworben, insonderheit war die Altmark oft kriegerisch überfallen worden. Die Aufforderungen des Kaisers zu einem gesetzmäßigen Verhalten hatten nichts gefruchtet, und so entschloß er sich, sie zu bekriegen. Es scheint, daß besonders der Handel dabei beteiligt war, indem wahrscheinlich die Landstraßen von jenen Schlössern aus unsicher gemacht, und Kaufmannsgüter aufgefangen waren, denn der Kaiser forderte nicht allein den Herzog Albert von Sachsen-Lüneburg, sondern auch die Stadt Lübeck auf, ihm dazu beizustehen. Die Stadt Lübeck sandte ihm zwei Ratsherren, Simon Swarting, Bürgermeister, und Gerdt von Atteldorn, Ratmann, mit 60 Mannen (d. h. Gewappneten, deren jeder noch 3 bis 4 leichter bewaffnete Schützen und Lanzenknechte mit sich führte), sowie zwei Bliden mit allem erforderlichen Geräte. Es kam auf diese Weise ein ansehnliches Heer zusammen, und so wurden die Schlösser belagert. In diesen fürchtete man besonders die Kriegsmaschinen der Lübecker, gegen welche man sich nicht genugsam zu verteidigen wußte. Die Besatzungen kapitulierten deshalb, und übergaben die Schlösser.***) Nach einer andern alten Nachricht verbrannte sie der Kaiser, und trat sie sodann an die Herzoge Wenzlav und Albert von Sachsen-Lüneburg, des Reiches Marschall, ab. Dannenberg, welches Conrad von Saldern für seinen Vetter Gebhard von Saldern inne hatte, wurde am 5. Mai übergeben. Conrad von Saldern erhielt seine Pfandsumme von 600 Mark Silber zurück, mußte alle auf Dannenberg bezüglichen Schriften ausliefern und das Schloß verlassen.†)

Beide Herzöge, sowie der Herzog Erich von Sachsen-Lauenburg begleiteten den Kaiser nach Tangermünde, und wurden hier von ihm zu gesamter Hand mit großer Feierlichkeit mit ihrem Lande und der Kur beliehen, in der Art, daß stets der älteste von ihnen die Kur inne haben, und als Vorstand der übrigen und ihrer Länder Wittenberge,

*) Gerken, Cod. diplom. T IV. S. 502.
**) Gerken Cod. diplom. T. V. S. 109.
***) Dettmar, bei Grotuff Tl. I. S. 307. Rufus Chronik, das.
†) Urkunde in Gerken, Diplom. vet. march. T. II. S. 615.

Lüneburg und Lauenburg betrachtet werden sollte. Bei dieser Feierlich=
keit waren fünfhundert Banner aufgestellt.*)

Der Kaiser hatte sich zu einer bedeutenden Reise entschlossen, welche
die Umstände nötig machten. Er begleitete den Herzog Albert nach Lüne=
burg und kam dort am St. Martinsabend, den 10. November, an,
früh genug, um sich bei der Martinsgans gütlich zu thun. Er blieb
bis zum 12., und ritt morgens weiter nach Celle. Am folgenden Tage,
den 13., war ein fürchterlicher Sturm, der selbst schwere Körper weit
durch die Luft führte, und kein Weiterkommen gestattete.**) Er blieb
daher diesen Tag in Celle, und setzte am nächsten Tage seine Reise fort,
auf welcher wir ihn nicht begleiten, sondern nur erwähnen wollen, daß
er über Hannover nach Herford und Dortmund in Westfalen und so
weiter durch die Rheinlande nach Paris ging***). Herzog Albert von
Sachsen=Lüneburg, die Herzöge von Braunschweig, Sachsen, Pommern,
Brieg, Liegnitz, Öls, die Bischöfe von Worms und Bamberg nebst
vielen böhmischen Herren begleiteten ihn auf dieser Reise, und unter=
stützten ihn bei seinen Verhandlungen in Frankreich.

Es ist nicht genau bekannt, wie lange Kaiser Karl in Frankreich
blieb. Schwerlich aber ist er früher, als gegen den Anfang des Früh=
lings wieder in die Mark zurückgekehrt, unterdessen hier ziemliche Ruhe
herrschte. Gleich darauf ging er mit seiner Familie nach Prag, wohl
nicht mit der Aussicht, auf immer geschieden zu sein. Und dennoch
kehrte er niemals wieder, denn er starb den 27. März 1378 zu Prag,
von den Märkern innig betrauert. †)

Markgraf Siegismund, damals kaum 11 Jahr alt, war nun regie=
render Herr. Ein Vormund war ihm nicht gesetzt. Im Jahre 1374
war er als kaum achtjähriger Knabe mit seinem fünfjährigen Bruder
Johann dem Bischof Peter von Lebus zur Erziehung übergeben worden,
der zum Oberhofmeister der beiden Prinzen und zugleich zum obersten
Kanzler der ganzen Mark Brandenburg ernannt war††). Allein der Bischof,
der sich dieserhalb zu Tangermünde aufhielt, bekleidete sein Amt nicht
lange, denn er starb bereits 1375 oder 1376. Ob und wem sein Amt
übertragen worden, ist unbekannt.

Bald nach dem Hintritte des Kaisers hatte König Wenzel am 11. Juni

*) Detmar bei Grotuff Tl. I. S. 307. 308.
**) Wendische Chronik bei Grotuff Tl. I. S. 447.
***) Rufus bei Grotuff Tl. I. S. 307. Detmar, ebendaselbst.
†) Diesen Tag giebt Dubravius an. Spangenberg, den 24. Febr. P. Barre
den 29. Novbr., desgl. Detmar, Angelus den 29. Oktbr. In der Regel wird jetzt
immer der 29. Novbr. angenommen, was jedoch in Bezug auf Siegismunds Er=
lasse gewiß unrichtig ist.
††) Wohlbrück, Lebus II. S. 3 (nicht Joh. v. Kittlitz).

von Prag aus die Marken der ihm geleisteten Huldigung entlassen, und sie an seinen Bruder Siegismund gewiesen*). Im Falle dieser ohne männliche Erben stürbe, sollten die Marken an seinen Bruder Johann fallen, wogegen denn das Herzogtum Görlitz und die Lausitz an Wenzel, als König von Böhmen zurückfallen sollte. Im Falle auch dieser ohne männliche Leibeserben abginge, behielt er sich die Nachfolge vor. Dies alles war Karls Willen gemäß.

Siegismund erließ von Prag aus, am 14. Juni, Schreiben an die Marken, in welchen er ihnen versprach, sobald er in die Mark kommen würde, die erneute Huldigung anzunehmen, und allen Städten und Ständen ihre Privilegien zu bestätigen**). Zwei Monate später kam er, und war am 16. August zu Neustadt, am 20. Aug. zu Frankfurt, durchreiste das Land, nahm die Huldigung an, und bestätigte die Privilegien***). Nach der Altmark kam er jedoch erst im Jahre 1379, wo er am 17. März zu Salzwedel der Stadt ihre Privilegien bestätigte†). Am 27. März war er zu Tangermünde. Hier stellten die Städte der Altmark einen Revers aus, in welchem sie sich gegen den König Wenzel vorbehielten, daß, wenn seine Brüder Siegismund und Johann ohne männliche Erben verstürben, sie bei ihm und der Krone Böhmen bleiben wollten††). Offenbar hielt man es für nötig, die Einwilligung der Landstände in Bezug auf die Erbfolge ausdrücklich einzuholen.

An den Grenzen der Mark wütete unterdessen ein Krieg, der auch im Innern des Landes manche Unruhe erregte. Polen und Pommern waren mit einander handgemein, und es wurde dabei manche Streiferei über die Grenze gemacht. Die Nachbarn umher, welche bis dahin durch die Macht des Kaisers im Zaum gehalten waren, konnten vor der Macht eines Knaben keine Furcht haben, und man durfte mit Sicherheit voraussehen, daß das Gewitter bald rings umher losbrechen würde. Nur die Natur schien die aufgeregten Gemüter beruhigen zu wollen. Ein überaus schöner Sommer versprach eine gesegnete und frühe Ernte. Selbst in Preußen war der Roggen am Johannistage bereits reif und in vielen Gegenden des Landes sogar schon gemäht. Doch die Gemüter wurden dadurch nicht beruhigt†††). Ja selbst im eigenen Lande fingen unruhige Köpfe an, sich frei zu äußern. Die Städte der Altmark baten daher

---

*) Pauli, Preuß. Staatsgesch. Tl. I. S. 553. Lenz Brandenb. Urkunden S. 439. Gerken, Cod. dipl. brand. T. V. S. 294. Buchholz, Brandenb. Geschichte Tl. V. Urk. S. 152. Gerken, Stiftshistorie von Brandenb. S. 185.

**) Gerken, Cod. dipl. Tom. III. S. 399.

***) Gerken, Cod. diplom. Tom. IV. S. 503. Buchholz, Brandenb. Gesch. Tl. V. Urk. S. 153.

†) Gerken, Cod. diplom. T. IV. S. 631.

††) Urkunde bei Gerken, Diplom. vet. march. T. II. S. 619.

†††) Dettmar bei Grotuff Tl. I. S. 311.

den Markgrafen, ihnen zu erlauben, sich mit Magdeburg zu ihrer Sicher=
heit zu verbinden, und es lieferte dies schon den Beweis, wie wenig
Vertrauen man in seine Macht setzte. Unterm 10. Aug. 1379 erteilte
er dazu die Erlaubnis*). Darauf schlossen Stendal, Gardelegen,
Osterburg und Tangermünde am Michaelistage, den 29. Septbr., zu
Wolmirstedt mit den Grafen Günther von Barby, Vorsteher, und Bosse
Duze, Hauptmann des Erzstiftes von Magdeburg, und mit den Städten
Magdeburg, Calbe, Haldensleben, Burg, Jüterbock, Groß Salze und
Staßfurt ein solches Schutz= und Trutzbündnis zu gegenseitiger Vertei=
digung und Hülfe, die nur zu bald nötig werden mußte**).

In Mecklenburg war am Freitage vor Fastelabend der Herzog
Albrecht gestorben. (Es regierten jetzt seine Söhne, die Herzöge Heinrich
und Magnus***).

Das Jahr 1380 ging hin, ohne bedeutende, auf das Schicksal des
ganzen Landes Bezug habende Ereignisse. Manches schien sich vorzu=
bereiten, aber war noch nicht reif, zu erscheinen. Ja fast hätte man
meinen sollen, selbst der Himmel habe nach dem Glauben jener Zeit
die kommenden Dinge ankündigen wollen. Denn es erschien am west=
nordwestlichen Himmel ein Komet†), und leuchtete zwischen unser zween
Frauentagen (zwischen Mariä Himmelfahrt und Mariä Geburt vom
15. August bis zum 8. September)††) unausgesetzt. Nach der Meinung
der damaligen Astronomen bezeichnete er Mord, Streit und Krieg in
Flandern und in anderen Ländern. Wäre der Komet nicht zu spät ge=
kommen, so würde man ohne Zweifel in der Mark ein anderes Ereig=
nis mit ihm in Verbindung gebracht haben. An den beiden Tagen des
heil. Laurentius und Tiburtius, den 10. und 11. August, brannte näm=
lich die Stadt Berlin beinahe gänzlich ab. Das Rathaus, die Nikolai=
und Marienkirche mit allen dazwischen und herumliegenden Häusern, die
freilich nur mit Stroh und Schindeln gedeckt waren, gingen in Flammen
auf, ein Verlust, der noch jetzt in der Geschichte Berlins fühlbar ist, weil
viele Urkunden dabei in Asche verwandelt wurden. Man fertigte zur
Erinnerung daran ein Steostichon an, in welchem die Jahreszahl enthalten:

TIbVrtI festo BerLIn perIt Igne MoLesto,
Et sIc In CIneres soLVItVr Vrbis honos†††).

Am Tiburtiusfest verheeret Berlin wilde Flamme,
Und in Asche versenkt trauert der Städte Zier[5]).

*) Gerken, Cod. diplom. T. IV. S. 653.
**) Urkunde in Gerken, Diplom. vet. march. T. II. S. 622.
***) Detmar bei Grotuff Th. I. S. 310.
†) Detmar bei Grotuff Th. I. S. 321.
††) Waser, Histor. diplom. Jahrzeitbuch, unter: Unser Frauentag der Erste
und der große Frauentag.
†††) Angelus S. 165. 166.

Übrigens raffte dies Jahr eine große Menge Menschen dahin, denn die Pest hielt ihren verheerenden Zug durch das Land, und forderte über= all ihre Opfer*).

In der Priegnitz war es unterdessen sehr unruhig geworden. Die mecklenburgischen Herzöge beunruhigten sie mannigfach und scheinen willens gewesen zu sein, ihr von Kaiser Karl vielleicht etwas willkür= lich verkanntes Recht auf dieselbe geltend zu machen. Er hatte Herzog Albrecht mit Geld abgefunden, und dieser scheint dabei nur gute Miene zum bösen Spiele gemacht zu haben. Jetzt war Albrecht tod wie Karl, und die jetzigen Herzöge von Mecklenburg hofften wohl, daß die Zeit gekommen sei, ihre Rechte wahrzunehmen, zunächst sich in den Besitz des Landes zu setzen und alsdann zu unterhandeln, da sie sich wohl nicht durch das Abkommen mit dem verstorbenen Herzog Albrecht ge= bunden glaubten. Feindliche Rotten durchzogen das Land und ängstigten Schlösser und Städte**).

Eine dieser Streifparteien unter Anführung eines mecklenburgischen Vasallen von Vassewitz kam 1381, anfangs März vor Kyritz und be= lagerte dasselbe. Am Montage nach Invocavit, den 4. März, wurde die Stadt gestürmt; die Bürger wehrten sich verzweifelt, so heftig ihnen auch die Feinde zusetzten. Der Kampf zog sich lange hin, und die Bürger, von der harten Blutarbeit ermüdet, vermochten das An= dringen der Feinde nur noch schwach zurückzuhalten. Endlich waren die Mauern erstiegen, schon ertönte das Siegesgeschrei der Feinde; da faßte ein ingrimmiger Mut die Bürger und die letzten Kräfte daran setzend drangen sie vor gegen die Mecklenburger, und schlugen darauf mit wilder Wut. Überrascht und verwundert über diese nicht mehr ver= mutete Tapferkeit mochten die Feinde wohl glauben, mit frischen Trup= pen zu kämpfen. Ihr Siegesgeschrei verwandelte sich in einen Bestür= zungsruf, und ein panischer Schrecken, wie er in den Momenten der höchsten Aufregung leicht sich der Seele bemächtigt, fuhr unter sie. Sie wurden zurückgeschlagen und waren nach hartem Verluste genötigt, die Belagerung aufzuheben. Den Feinden schien ihre Flucht fast schimpf= lich und unerklärlich. Sie fanden eine Beruhigung darin, sich glauben zu machen, daß ein Engel auf den Mauern erschienen sei und für Kyritz gekämpft habe. Die Stadt war stolz auf den Mut ihrer Söhne, und beschloß zum Gedächtnis dieses ruhmwürdigen Tages alljährlich am Mon= tage nach Invocavit ein Lobfest zu feiern mit zwei Predigten in der Kirche und Austeilung von Almosen an Dürftige. Dies Fest wird noch jetzt jährlich gefeiert, aber eine spätere Begebenheit, auf welche wir

---

*) Angelus S. 165. 166.
**) Angelus S. 165. 166.

weiterhin kommen werden, ist damit in Verbindung gesetzt und daraus eine Verwirrung entstanden. Daß es zum Andenken dieser Begebenheit eingesetzt worden, beweist der Tag, an welchem es gefeiert wird, denn die zweite Begebenheit fällt nach der von Mathias Petransius aufbewahrten Nachricht auf einen andern Tag. Das Fest heißt jetzt gewöhnlich das Passewitzfest*).

Diese Unruhen fanden in den oftmaligen Abwesenheiten des Markgrafen neue Nahrung. Er fand es daher für notwendig, einen Landeshauptmann zu ernennen, der während seiner Abwesenheit seine Stelle verträte. Eine solche Stelle war nichts ungewöhnliches, und unstreitig war die Maßregel zweckmäßig. Siegismund wählte Reinhardt von Streele, Herrn zu Beeskow, und bekleidete ihn mit dieser bedeutenden Würde**). Es war die höchste Ehrenstelle des Landes, und nächst dem Fürsten war der Landeshauptmann die erste Person im Staate. Er führte die Oberaufsicht über alle Obrigkeiten und Gerichtshöfe, war das Haupt der Ritterschaft, ging bei Hoffeierlichkeiten, z. B. bei Huldigungen in der ihm vom Hofe gegebenen Amtskleidung voran, zog als Anführer derselben in den Krieg, schloß Friedensverträge, und stellte im Namen des Markgrafen öffentliche Urkunden aus. Selbst von anderen Gerichten eximierte Familien mußten doch in gerichtlichen Angelegenheiten vor ihm erscheinen. Alle Lehnssachen, alle landesherrlichen Gerechtsame, das Zoll- und Abgabenwesen, das Jagdwesen so wie alle Grenzberichtigungen standen unter des Landeshauptmanns Aufsicht. Dreimal im Jahre saß er mit den ihm zugeordneten Landrichtern öffentlich zu Gericht, in außerordentlichen Fällen entschied er auch allein. Wenn er starb, so wurde in den Städten um ihn geläutet, und ihm sonst alle seiner hohen Würde angemessene Ehrenbezeugungen erwiesen. Bloß Edelleute waren im Besitz dieser Stellen. Der Aufenthalt der Landeshauptleute war nicht gerade an einen bestimmten Ort gebunden. Einige wohnten in den Städten, andere in ihren Schlössern auf ihren Gütern***). Schon früher hatte es Landeshauptleute gegeben, namentlich für die Altmark, denn in der Regel wurde für jede der drei Marken, die Altmark, die Vormark oder Priegnitz und die neue Mark oder spätere Mittelmark ein besonderer Landeshauptmann bestellt. Übrigens war Siegismund im Spätsommer dieses Jahres in der Mark anwesend. Wenden wir indessen unsern Blick nach Magdeburg, um die dort eintretende Veränderung zu beachten.

Der Erzbischof Peter von Bruna war, wie früher erwähnt, ein Ge=

---

*) Bekmann, Beschreib. d. Mark Brandenb. Tl. V. Bd. II. Kap. IV. S. 181. 182. Kap. I. S. 12. Büschings Reise nach Kyritz S. 295. 296.

**) Angelus S. 116. Haftiz ap. h. ann.

***) Preuß, Brandenb. Miscellen Bd. I. S. 109. 110.

schöpf Kaiser Karls IV. Seit dem Jahre 1372 saß er auf dem erzbischöflichen Stuhl und hatte ihn, so lange sein Gönner lebte, ganz bequem gefunden. Früher war er, ein geborner Böhme, Bischof zu Leutomischl gewesen, und seine Erhebung auf den erzbischöflichen Stuhl zu Magdeburg war in folgender Art bewirkt worden. Im Jahre 1368 war der erzbischöfliche Sitz zu Magdeburg erledigt, und Kaiser Karl wünschte, daß Albert Graf von Sternberg ihn erhielte. Das Kapitel aber wählte den Bischof von Merseburg, und Graf Albert sah sich getäuscht. Er begab sich zu dem Kaiser; dieser versah ihn mit Empfehlungsbriefen an den Papst, mit welchen er nach Rom zog und hier von dem Papste das Erzbistum erhielt. Er kam nun mit der päpstlichen Bestätigung zurück, wurde aber in Magdeburg nicht besonders aufgenommen, da er ein Böhme war, kein Deutsch verstand, und man ihn als einen Aufdringling betrachtete. Seine Bemühungen, das Kapitel für sich zu gewinnen, schlugen fehl. Er hatte die Domherren gegen sich und sah wohl, daß das Verhältnis auf die Dauer ein sehr lästiges werden würde. Endlich dachte er nur daran, für sein eigenes Bestes zu sorgen. Er versetzte und verkaufte von den Gütern des Erzbistums, wo sich die Gelegenheit dazu ergab, und nachdem er die Sache vier Jahre so getrieben, nahm er seine Schätze, eignete sich einen Teil der Reliquien des Domes zu, ging nach Leutomischl und tauschte mit Peter von Bruma, indem er Bischof von Leutomischl wurde, dieser aber 1372 in seine Stelle rückte.

Jetzt aber, im Jahre 1381, glaubte Peter von Bruma nach neunjähriger Regierung seines Erzstiftes genug gethan zu haben. Er legte deshalb seine Würde nieder und ging nach Rom, dort seine Tage zu beschließen. An seiner Stelle wurde Ludwig, Landgraf von Thüringen, ein geborner Markgraf von Meißen, zum Erzbischof gewählt. Fast thut man nicht zu viel, wenn man ihn einen geistlichen Abenteurer nennt. Er war zuerst Bischof zu Halberstadt, als es ihm hier nicht besonders glücken wollte, gab er nach acht Jahren, während welchen er schon einmal nahe daran war, Erzbischof von Magdeburg zu werden, sein Amt auf, und wurde Bischof zu Bamberg; auch hier gefiel er sich nicht und suchte darauf gegen den Willen des Kapitels sich zum Erzbischof von Mainz wählen zu lassen. Da er damit kein Glück machte, kaufte er im geheimen dem Erzbischof Peter von Magdeburg seine Stelle ab, und es wurde so eingefädelt, daß er gewählt und am Tage des heil. Laurenzius, den 10. August, installiert wurde. Er scheint ein lustiges Leben geführt zu haben; die Herrlichkeit aber dauerte nicht lange, doch müssen wir die Sache etwas ausführlicher erzählen, da sie die Zeit besonders charakterisiert.

Aus der Art, wie Ludwig seine Stellen wechselte und wie er zu seiner jetzigen gelangt war, ergiebt sich schon, wie wenig er von der

Würde und Heiligkeit seines Berufes durchdrungen war. Nicht das Amt nur die Pfründe beachtete er, um mittels ihrer das Leben so angenehm und heiter als möglich hinzubringen, und die Leere seines Innern durch glänzende Vergnügungen sich und andern weniger fühlbar zu machen.

Das Jahr 1382 war angebrochen, und mit dem heil. Dreikönigsfeste hatte der Fasching begonnen. Jener Glanz leichtsinniger Freude und üppigen Lebensgenusses, welcher in südlichen Gegenden die Tage des Karnevals auszeichnet, hat von je an dem Norden gefehlt, wenn auch einzelne allerdings geneigt genug dazu waren. Die Mehrheit der Gemüter ist dazu zu ernst und kann es sich nicht versagen, über den Sinneneindruck zu reflektieren, wodurch ein leichtsinniges Hingeben an das Vergnügen notwendig gehemmt werden muß. Mehr aber, als es jetzt geschieht, waren auch hier diese Tage dem Vergnügen gewidmet, besonders diejenigen, welche dem Beginn der Fasten unmittelbar vorausgingen. Die Geistlichkeit hielt es nicht unter ihrer Würde, an diesen Vergnügungen teil zu nehmen, und sich im voraus für die nachfolgenden mehr scheinbaren als wirklichen Entbehrungen zu entschädigen. Auch der Erzbischof machte sich die Zeit zu nutze nach seiner Weise und war, wie es scheint, der vergnügteste seines ganzen Domkapitels.

Er hatte die Kunst des Vergnügens studiert und wußte recht gut, daß es, hintereinander gekostet, die Empfänglichkeit abstumpft, wenn man nicht mit der Dauer die Reizungen steigert. Daher hatte er das Beste für die letzten Tage des Karnevals aufgespart, und in diesen beschloß er, alles zu vereinigen, was ein Fest reizend und vergnüglich machen kann.

So wenig er auch Gefühl für die Würde seines Amtes zeigte, so mochte es ihm doch wohl einfallen, daß er nicht ganz angemessen handeln würde, sein Fest unmittelbar neben seiner Metropolitankirche zu feiern. Er scheint es gefühlt zu haben, daß er hier dem Dekorum manchen Wunsch würde zum Opfer bringen müssen, wozu er doch wenig geneigt war. Deshalb beschloß er, das Fest zu Calbe an der Saale zu feiern.

Für die letzten Tage des Karnevals wurden dorthin alle seine Freunde eingeladen. Darunter befanden sich viele Fürsten, unter andern die Markgrafen von Meißen, wie sehr viele Frauen. Auch die Alt=Stadt Magdeburg hatte er in ihren Ratmännern eingeladen, welche jedoch ausblieben. Dessen ungeachtet hatte sich eine große, sehr ansehnliche Gesellschaft zusammen gefunden, und der Erzbischof ließ es nicht an Aufmerksamkeit für seine Gäste fehlen. Ritterspiele und Kurzweil mancherlei Art verkürzten die Zeit auf die angenehmste Weise. Für den Fastnachtsabend war ein großer Tanz auf dem Rathause angesagt. Da=

mals, wo große Wohnungen selten waren, hatte jedes Rathaus einen
großen Saal und die nötigen Zimmer, um auf demselben die vor-
fallenden Festlichkeiten, Hochzeiten ꝛc. feiern zu können. Trompeten
schmetterten zu den Melodieen der Zinken, und die Pauken wirbelten
darein; in künstlichen Verschlingungen drehte sich die glänzende Gesellschaft auf dem Saale des Rathauses durcheinander, und Erzbischof
Ludwig, selig wie die verkörperte Lust, tanzte mit jeder Muskel. Die
Schönste der Schönen drehte er im Wirbel, und ihr feuriges Auge blickte
freundlich auf ihn und schien Beifall zu lächeln seinen schmeichelnden
Worten. Mit reizender Koketterie löste sie sich, wie der Tanz es wollte,
aus seinen Armen und tanzte die Reihe entlang, während er auf der
andern Seite folgte und sie mit glühenden Blicken fast verschlang. Von
neuem nahm er sie in die Arme, dringender und kühner wollte er ihr
sagen, was er fühlte; er durfte von ihrer eigenen Glut erwarten, daß
sie seiner Kühnheit nicht zürnen werde, da erscholl plötzlich der Schreckens-
ruf „Feuer!" durch den Saal, und die grenzenloseste Bestürzung ergriff
alle Anwesende. Im furchtbarsten Gedränge stürzte alles zur Thür und
die Treppe hinab. Augenblicklich war die Treppe von unten bis oben
mit Hinuntereilenden dicht bedeckt. Eine so große ungewöhnliche Last
vermochte sie nicht zu tragen, sie stürzte zusammen und mit ihr alle,
welche sich darauf befanden. In diesem Augenblick kam oben der Erzbischof mit seiner schönen Tänzerin im Arme eilenden Laufes daher;
einmal im Schusse, vermochte er nicht, den heftigen Lauf plötzlich zu
hemmen, er kam an den Rand des Flurganges, an welchen so eben
noch die Treppe angeschlossen hatte, und stürzte mit seiner schönen Last
hinunter. Beide brachen das Genick, ebenso ein unmittelbar hinterher
kommender Gast. Andere, welche hinunter gesprungen waren, hatten,
wie die auf der Treppe Befindlichen, teils Arme oder Beine gebrochen,
teils waren sie mit gelinderem Schaden, teils ganz unverletzt weggekommen. Jene drei Personen waren die einzigen, welche das Leben verloren. Unstreitig hätte man gar nichts gewagt, wenn man oben geblieben wäre, denn das Feuer war im Hause des Stadtschreibers neben
dem Rathause ausgebrochen, war in einem leer stehenden Bette entstanden und wurde schnell gelöscht; denn nicht einmal das Bettgestell
verbrannte ganz. Das Volk aber behauptete, der Teufel habe das Feuer
angelegt, um dem ärgerlichen Leben des Erzbischofs ein Ende zu machen.
Man hielt damals den Geistlichen viel zu gut; allein dies war mehr,
als man gut heißen durfte. Ludwig war einer von den unglücklichen
Menschen, deren äußerer Beruf mit ihrer Sinnesart in ewigem Zwie-
spalte liegt: er hatte nicht als ein Geistlicher gelebt, er war noch weniger
als ein Geistlicher gestorben, sondern ohne Beichte und Absolution in
seinen Sünden dahin gefahren. Man führte seinen Leichnam nach

Magdeburg und ſetzte ihn im Dome in aller Stille und ohne alles
Gepränge in der Kaldaunenkapelle bei. Nicht einmal Seelenmeſſen
wurden für ihn geleſen*).

Siegismund hatte unterdeſſen in der Mark wenig gethan, auch war
er großenteils nicht im Lande anweſend. Seine Lebensart war ziemlich
ungeregelt, da er viel zu früh ſelbſtändig geworden war. Am Hofe
ſeines Bruders Wenzel ſah er nicht viel Gutes, und nur zu ſchnell fand
er an Ausſchweifungen roher Sinnlichkeit Behagen. Schon im erſten
Jahre ſeines Lebens hatte ihn ſein kaiſerlicher Vater mit Katharina,
einer Tochter des Burggrafen Friedrich von Nürnberg, verlobt**). Dies
konnte für ihn kein Zügel ſein, um ſo weniger, als dieſer Verlobung
keine Folge gegeben wurde. Schon der Kaiſer hatte noch bei ſeinen
Lebzeiten eine vorteilhaftere Partie für ſeinen Sohn gefunden, und obgleich damals die Sache nicht zu ſtande kam, ſo hatte Siegismund ſie doch
nicht aufgegeben und betrieb ſie jetzt ſehr eifrig. Es war dies eine
Heirat mit Maria, der älteſten Prinzeſſin des Königs von Polen und
Ungarn, der künftigen Erbin beider Königreiche. Seine Bemühungen
waren nicht erfolglos geblieben; die Verlobung kam zu ſtande und wurde
im Juni 1382 zu Brandenburg gefeiert***). Siegismund war 14 Jahre
alt. Ihm war dabei zugleich die Erbfolge in beiden Reichen zugeſichert
worden, und König Ludwig hielt es für nötig, daß er ſofort nach Polen
käme, um ſich in bezug auf die Vermählung huldigen zu laſſen, was
denn auch am Jakobitage, den 25. Juli, geſchah. Indeſſen war es in
Polen unruhig; König Ludwig ſchickte Siegismund daher an der Spitze
ungariſcher Kriegsvölker nach Polen, um die Unruhen zu dämpfen.
Mitten in dieſer Unternehmung erhielt er die Nachricht, daß König
Ludwig am 14. September geſtorben ſei. Die Sachen konnten nunmehr für ihn eine ſehr unangenehme Wendung nehmen. Er verließ
daher ſein Kriegsvolk und eilte nach Poſen, wo ſich ein großer Teil des
polniſchen Adels eingefunden hatte. Hier verſprach man ihm, ihn anzuerkennen, dafern er im Königreich Polen ſeinen Wohnſitz aufſchlagen,
und den von Ludwig ernannten Statthalter entlaſſen wollte. Letzteres
ſchlug Siegismund ab, und erbitterte dadurch die Polen. Er reiſte ab,
um am Hofe der Königin die Sache weiter zu betreiben. Die polniſchen
Großen hielten eine zweite Zuſammenkunft und beſchloſſen, einen voll-
jährigen Fürſten auf den Thron zu erheben, der eine Prinzeſſin des
vorigen Königs heiraten ſollte. Da die älteſte ſchon mit Siegismund

---

*) Niederſächſiſche Chronik bei Abel. S. 229, 346. Pauli, Preuß. Staats-
geſchichte, Tl. V. S. 448. Detmar, Chronik, I. S. 448. Lenz, Diplomat. Stifts-
und Landes-Hiſtorie von Magdeburg, S. 340 ff.

**) v. Lancizolle, Bildungsgeschichte d. Preuß. Staats, Tl. I. S. 240.

***) Angelus, S. 166.

verlobt war, konnte hierbei nur an die zweite, Hedwig, gedacht werden. Die Erinnerung, daß man Siegismund bereits Treue geschworen, fruchtete nichts. Die verwitwete Königin ersuchte die polnischen Großen, mit der Wiederbesetzung des Thrones so lange zu warten, bis auch ihre zweite Tochter, Hedwig, vermählt sei. Siegismund kam dadurch um alles Ansehen, man fand seine Liebe für Ausländer sehr verwerflich und zwang seine Anhänger, seine Partei zu verlassen. Ihm selbst aber verweigerte man den Einlaß in Krakau und zwang ihn, nach Ungarn zu reisen. Hier waren seine Hoffnungen noch nicht gescheitert, allein seine An= wesenheit überzeugte ihn, daß es dennoch auch hier mißlich aussähe. Die Ungarn hatten die Maria gekrönt, ihr aber nicht den Titel einer Königin, sondern eines Königs beigelegt. Die Königin Mutter unter= stützte sie in der Regierung mit ihrem Rate; diese aber war unserem Siegismund wenig gewogen.

Ehe Siegismund nach Polen reiste, hatte er mit den mecklenburgischen und pommerschen Herzögen und Fürsten einen Frieden auf sechs Jahre abgeschlossen*). Dadurch wurden die früher erwähnten mecklenburgischen Streifzüge beendigt, und wenigstens nach diesen Seiten hin einige Zeit Ruhe geschaffen.

In Magdeburg hatte unterdessen eine neue Wahl stattgefunden. Sie war auf den Bischof von Merseburg, Friedrich von Hoym, gefallen. Auch er hatte schon viel früher Aussicht zu dieser Stelle gehabt, die sich jedoch zerschlagen, und jetzt war er ein ziemlich alter Mann. Als er am ersten Sonntage in der Fasten seine letzte Abschiedsmesse mit großer Feierlichkeit hielt, hatte er das eigene Unglück, vor dem Altare alles fleißigen Suchens im Meßbuche ungeachtet die Messe nicht finden zu können. Er erschrak darüber im höchsten Maße, wendete sich zu den Schutzheiligen der Domkirche, dem heiligen Laurentius und Johann, und bat sie um Verzeihung, allein er konnte die Messe nicht halten, und zog sich diesen Unfall so zu Sinne, daß er krank wurde**). Natür= lich war die Sache seiner Ansicht nach nicht zugegangen. Eine feindliche dämonische Gewalt hatte Macht über ihn gewonnen, allein wodurch er es verschuldet, daß die Schutzheiligen sich seiner nicht angenommen und ins Mittel getreten waren, blieb ihm unbegreiflich. Nur eine ihm un= bekannte Sünde konnte sie so sehr erzürnt haben, aber wie emsig er auch suchen mochte, er fand keine, die für diese Strafe groß genug gewesen wäre. Und dennoch mußte er sich als einen mit schwerer Sünde be= ladenen Menschen betrachten, der unwürdig zu einem so hohen Amte berufen sei, wie er es jetzt übernommen hatte. Dieser Kummer nagte

---

*) Gerken. Cod. diplom. T. IV. S. 400.
**) Pauli, Preuß. Staatsgeschichte. Th. V. S. 449.

fortwährend an seinem Herzen und seiner Gesundheit. Welch einen wunderbaren Gegensatz bildete das Innere des jetzigen Erzbischofs zu dem des vorigen! Ist es doch als ob der zu große Leichtsinn des ersten durch eine zu ängstliche Gewissenhaftigkeit des letzteren hätte ausgeglichen werden sollen. Seine Regierung war sehr zufriedenstellend. Mit Wenzel und Siegismund von Brandenburg schloß er ein Schutzbündnis. Allein seine Kränklichkeit und die tiefe Aufregung seines Innern dauerte fort. Im Herbste verließ er wenig mehr sein Zimmer.

Brütend und finster saß er an einem Novemberabend in seinem Lehnstuhle im bischöflichen Palaste zu Merseburg. Krank und ermattet hingen seine Arme herab, und in seinem finstern Sinnen und Schweigen offenbarte sich kein Lebenszeichen, als von Zeit zu Zeit ein leises Kopf= schütteln und ein schmerzlicher Aufblick zur Höhe. Er hatte heute ge= beichtet, und das tröstende Wort der Gnade und Versöhnung von den Lippen seines Beichtigers begierig aufgesogen. Aber dennoch quälten Zweifel sein Herz, und er fühlte sich nicht beruhigt. Ja, rief er end= lich, wenn mir der Herr ein Zeichen seiner Gnade sendete als Siegel der Versöhnung, dann würde ich glauben, und den schon so lange schmerzlich vermißten Frieden wiederfinden. Und warum sollte es seiner Allmacht nicht möglich sein, mir ein solches Zeichen zu senden? Dient doch seinen Händen auch das Geringfügigste, wenn er es bedeutend machen will, und in dem Gewöhnlichsten vermag er wunderbar zu wirken. O Herr, laß deine Gnade walten über deinen unwürdigen Knecht, erhöre mein Gebet und sende mir ein Zeichen deiner Vergebung. Er war auf= gestanden und hatte sich dem Fenster genähert, die Augen gen Himmel erhoben, der mit seinen Sternen hernieder sah auf die dunkle Erde. Da gewahrte er über der Domkirche einen großen hell leuchtenden Ko= meten, nach dem Vorurteile seiner Zeit das unfehlbare Zeichen des gött= lichen Zorns. Entsetzt starrte er ihn an, und mit einem lauten Schrei sank er zur Erde*). Der herbeieilende Diener fand ihn sprachlos, und auf seine Fragen deutete er nur mit Grausen auf das furchtbare Schreckensbild am Himmel. Seine schon zu sehr geschwächte Natur vermochte einem solchen Stoße nicht zu widerstehen. Er starb am andern Tage, den 9. November 1382, und ward, nach neunmonatlicher Regierung, im Dome zu Merseburg begraben. Der Komet leuchtete vierzehn Tage lang am Himmel**). Bemerkenswert ist es noch, daß in diesem ganzen Jahre kein Wind wehte. Indessen war das Wetter schön, und die Ernte gut. Eine darauf folgende Pest, welche viele Menschen

---

*) Niedersächsische Chronik, bei Abel, S. 230.
**) Angelus, S. 166.

dahin raffte, setzte man auf Rechnung der so ungewöhnlich lang an=
haltenden Windstille*).

In Magdeburg wurde Graf Albrecht von Querfurt als Erzbischof
gewählt und bestätigt. Er war ein geiziger Herr; was ihn uns in=
dessen besonders bemerkenswert macht, war sein Haß gegen die Märker,
der ihn in viele Händel verwickelte, und schon im ersten Jahre machte
sich derselbe geltend.

An der Havel zwischen Plauen und Rathenow, da wo die Havel
die Stremme aufnimmt, liegt ein Dorf, damals ein Städtchen mit
einem festen Schlosse, Milow genannt. Das Schloß befand sich in den
Händen der Treskows, brandenburgischer Vasallen, welche von hier aus
Einfälle in das Erzstift Magdeburg gemacht hatten. Albrecht rückte
mit Kriegsvolk davor, und brannte Stadt und Schloß nieder, was man
in der Sprache der damaligen Zeit auspochen nannte. Allein die Lage
des Ortes eignete ihn gar sehr, von hier aus die Mark zu befehden
und sich den Übergang über die Havel zu sichern. Es war in dieser
Beziehung fast so wichtig, als Plaue. Albrecht behielt daher den Platz,
ließ Stadt und Schloß wieder herstellen, und beides durch Gräben,
Wälle, Mauern und Türme so stark als möglich befestigen. Mit Be=
sorgnis sahen die Märker diese Zwingburg erstehen, allein sie vermochten
es nicht zu verhindern. Des Schlosses Plauen hatten sie sich vor einiger
Zeit bemächtigt. Der verstorbene Erzbischof hatte mit den Magdeburgern
versucht, es den Märkern zu entreißen; aber bei der Belagerung kam
Feuer im Lager aus und verzehrte dasselbe mit allem Heergeräte, so
daß die Magdeburger unverrichteter Sache wieder abziehen mußten.
Siegismund hatte mit dem verstorbenen Erzbischof wegen der Zurückgabe
des Schlosses Plauen unterhandelt, nachdem dies geschehen war. Es
handelte sich um 800 Mark, welche der Erzbischof an Siegismund be=
zahlen sollte. Da die Sache streitig war, so berief er sich endlich auf
die Entscheidung des Königs Wenzel, und beide Teile versprachen, sich
dem zu fügen, was dieser wegen der 800 Mark bestimmen würde.
Alsdann sollte auch dem Erzbischof die Veste Plauen wieder geschafft
werden. Sollte dies Siegismund nicht ohne Gefahr bewirken können, so
wurde dem Erzbischofe gestattet, die gedachte Veste zu belagern, und
Siegismund versprach, ihm dabei keine Hindernisse und keinen Widerstand
entgegen zu setzen, so wie dies auch nicht von denen geschehen sollte, die
unter seinem Befehle standen. — Der Erzbischof erlebte die Beendigung
und Entscheidung der Sache nicht. Die Veste aber wurde, so scheint es,
seinem Nachfolger ausgeliefert**).

---

*) Angelus, S. 166.
**) Sächsische Chronik von Dresser, S. 375. Gerken, Cod. diplom. T. IV.
S. 533.

Siegismund befand sich nicht im Lande, aber für seine Zwecke im Auslande brauchte er viel Geld, und was sich davon in der Mark nur aufbringen ließ, mußte ihm zugeschickt werden. In Polen war es zwischen seinen Anhängern und ihrer Gegenpartei zum blutigen Kriege gekommen. Siegismund unterstützte seine Anhänger durch Geld und Truppen. Um dem Bürgerkriege Einhalt zu thun, wurde die verwitwete Königin ersucht, eine ihrer Prinzessinnen nach Polen zu senden. Dieser lag es am Herzen, ihre jüngste Tochter nicht leer ausgehen zu lassen. Die älteste war bereits als König von Ungarn gekrönt, sie schickte des= halb Hedwig nach Polen, und um den Polen die Gewährung ihres Wunsches zu erleichtern, sprach sie dieselben von dem Eide, den sie der Maria und Siegismund geleistet hatten, los. Dies vermehrte die Un= einigkeit. Siegismund rückte an der Spitze von 12 000 Mann ungarischer Truppen in Polen ein, an welche sich ein Teil seiner dortigen Anhänger anschloß*). Aber auch aus Brandenburg mußte Arnold von Waldow ihm Hülfsvölker zusenden, und der Krieg brach nun in voller Furie los. Die Länder des einen polnischen, sehr mächtigen Parteihauptes wurden so furchtbar verwüstet, daß dieser einen Waffenstillstand eingehen mußte. Mit schwerer Beute beladen zogen die ungarischen und brandenburgischen Kriegsvölker wieder nach Hause.

Daß Siegismund unter diesen Umständen sich wenig um die Mark kümmern konnte, ist natürlich. Es fehlte auch hier nicht an Unruhen, allein es fehlte an Mitteln, um mit Gewalt einzuschreiten. Alles was da geschehen konnte, war, daß Wenzel einen allgemeinen Landfrieden verkünden ließ, den jeder hielt, in wiefern er es für gut fand. Räu= bereien der mannigfachsten Art, eine wahre Geißel dieser Zeit, waren an der Tagesordnung**).

In der zweiten Woche nach Ostern dieses Jahres (1383) war zu Schwerin Herzog Heinrich von Mecklenburg gestorben. Er wurde sehr betrauert, da er ein großer Verfolger der Räuber und Diebe gewesen war, der he, — sagt der Chronist Detmar***), — menigen dicke sulven hengede, up dat he se brachte van den Dagen. God vergeld et siner Sele.

---

*) Pauli, Preuß. Staatsgeschichte, Tl. I. S. 556.
**) Buchholz, Geschichte d. Mark Brandenburg, Tl. II. S. 536.
***) bei Grotuff, Tl. I. S. 323.

Sechstes Kapitel.

Allein wir müssen unsern Blick endlich einmal wieder nach der Priegnitz richten, wo sich eine bemerkenswerte Begebenheit vorbereitet. Der Bischof von Havelberg hatte sich mit einem priegnitzischen Edelmann, Heinrich von Bülow zu Kerödorf, einem nicht mehr vorhandenen Orte, veruneinigt. Vergleichsvorschläge fruchteten nichts, und der Ausbruch der Feindseligkeiten war vorauszusehen. Die havelbergischen Vasallen, unter ihnen die Putlitz und die Quitzows, erhielten die Aufforderung, sich wehrhaft zu machen. Kaum war dies geschehen, so schickte Heinrich von Bülow den Absagebrief, und drei Tage nachher begannen die Feindseligkeiten. Durch Scheinvorkehrungen hatte von Bülow die havelbergische Kriegsmacht nach einer ganz andern Seite zu locken gewußt, als von welcher er jetzt einfiel. Es war am 16. August 1383[*]), wo er die westlichen Dörfer des havelbergischen Sprengels überfiel, das Vieh aus den Dörfern zusammentreiben und elf Dörfer anzünden und niederbrennen ließ. Die havelbergischen Krieger fanden sich erst ein, nachdem er seine Beute in Sicherheit hatte, und der Schade geschehen war. Auch einige Quitzowsche Dörfer waren in Asche gelegt. Da die Dörfer sämtlich aus Holz mit Stroh gedeckt bestanden, so blieb meistens von ihnen nichts, als das Gemäuer der Kirche stehen, kaum einmal die Schornsteine, denn die wenigsten Häuser hatten dergleichen, weil der Rauch sich unter dem Dache hindurcharbeiten mußte.

Eines dieser niedergebrannten Dörfer war Wilsnack, nur eine Meile von Quitzhövel entlegen. Die armen Einwohner des Dorfes hatten sich an jenem Schreckenstage mit Zurücklassung all des Ihrigen nach Quitzhövel geflüchtet, dessen festes Schloß ihnen einige Sicherheit vor den plündernden, mordenden und sengenden Scharen versprach, unter ihnen auch der Priester der dem heiligen Nicolas gewidmeten Dorfkirche namens Johann.

In den ersten Tagen hielt er sich mit seiner verscheuchten Herde

---

[*]) Detmar bei Grotuff, Tl. I. S. 325. Angelus, Annales, S. 167.

still zusammen, und niemand wagte die Rückkehr aus Furcht, den Feinden in die Hände zu fallen. Was hätte man auch auf den noch rauchenden heißen Feuerstellen gesollt, die noch nicht einmal das Nachsuchen nach
unverbrannten Dingen gestatteten? Erst als am fünften Tage Ritter Cuno
von Quitzow mit seinen Leuten heimkehrte, wagten sich einzelne nach
den Brandstätten, und verkündigten bei ihrer Rückkehr, was man schon
im voraus wußte, daß nämlich das ganze Dorf niedergebrannt sei, und
das Feuer unterm Schutte noch fortschwele. Indessen fingen nun doch
schon mehrere an, auf ihren Brandstätten Nachsuchungen zu halten, und
am achten Tage, an St. Bartholomäus, den 24. August, machte sich
auch der Priester Johann auf, die verheerte Stätte seines Dienstes näher
zu untersuchen.

Da lag sein Kirchlein, dampfend in Ruinen, rings umgeben von
rauchenden Schutthaufen, deren branstiger Geruch sich weithin zu er-
erkennen gab und hier in der Mitte der Brandstätten fast brustbeengend
wirkte. Da stand das dachlose Gemäuer mit ausgebrannten Fenstern,
vorn die Ruine des Turms, kaum noch ein Stockwerk hoch, mit thür-
losem Eingange. Die Morgensonne leuchtete durch die gewölbten Fenster-
löcher, und ihr Schein fiel auf die gegenüberliegende kahle und nackte
Wand. Schwarze verkohlte und zerbrochene Balken stützten sich hier
und da gegen die Mauern, und durchkreuzten sich besonders nach hinten,
wo die Altarwand der Kirche einen tiefen Schatten bildete. Hier und
da drang der Rauch aus den Schutthaufen. So zeigte sich das Kirchlein
unserm Priester, als er durch den Eingang, vor dem Turme stehend,
in das Heiligtum sah. Innerhalb des Turmes waren sein Sakristan und ein Bauer beschäftigt, das Metall der geschmolzenen
Glocken aus dem Schutte herauszugraben; sie brachten ein unförmliches
Stück nach dem andern an das Tageslicht, das im roten Sonnenlichte
wunderbar funkelte, aber tonlos und stumm sich zu dem schon vorhandenen Haufen Metalles gesellen ließ. Unserm armen Geistlichen brach
das Herz. Wie hatten die Glocken noch am Tage vor dem Unglücke,
am Auffahrtsfeste der Himmelskönigin, so freundlich geklungen, wie
hatte sein Kirchlein so festlich und feierlich geprangt zu der Jungfrau
Ehren, und nun zeigte es nichts als den Gräuel der Verwüstung. Ihm
war zu Mute, als sei ihm sein liebster Freund gestorben und er stehe
neben seinem verwitterten Leichnam. Rings um ihn wühlte das
verarmte Häuflein seiner Gemeinde auf den Brandstätten nach den
armseligen Resten, welche die Wut des Feuers wie die Habsucht der
Feinde verschmäht hatte. Wann war diese wieder so weit, daß sie eine
Kirche bauen konnte? — Seine Augen waren naß geworden, es zog ihn
gewaltsam in das Gemäuer hin zur Stelle des Hochaltars. Über Schutt,
herabgestürztes Mauerwerk und schwarze Balken mußte er schreiten und

klettern. Sein Sakristan war ihm still gefolgt. Es sah hier schmerzlich
aus. Einige kreuzweis liegende Balken, auf welchen große Stücke
Mauerwerk lagen, die mit anderem Schutte das weitere Verbrennen
des Holzes verhindert hatten, mußte er wegräumen, ehe er sah, was er
vor sich hatte. Da stand sein Altar erhalten, denn er war von Stein.
Aber verschwunden war der Schmuck desselben, fort das Muttergottes=
bild und alle Zierraten, welche dasselbe umgaben. Große Schuttmassen
bedeckten die Oberfläche, aber siehe, wunderbar hing unter demselben
die Altardecke fast unversehrt herab. Darauf hatte er nicht gerechnet,
und ein freudiger Schreck durchbebte ihn. Es fiel ihm nicht ein, daß
eine dicht anliegende Decke auf Stein so leicht nicht verbrennen kann,
wenn der Stein nicht übermäßig heiß gemacht wird, wahrscheinlich hatte
er davon auch nie etwas gehört. Emsig arbeitete er mit seinem Sa=
kristan den Schutt herunter. Auch zwei umgefallene Leuchter wurden in
demselben erhalten gefunden. Man konnte endlich die Decke abnehmen
und ausschütteln, und siehe, sie zeigte kaum einige Brandflecken. Emsig
deckte sie Johann wieder auf den Altar und stellte die Leuchter in Ord=
nung; wunderbar wurde er ergriffen, als er so den Altar nicht ohne
Schmuck in der wüsten Kirche erblickte. Unterdes war der Sakristan
hingeeilt zu einem Behältnis hinter dem Altare, welches sich in der
Mauer befand und durch eine eiserne Thür geschlossen war. In dieser
Wandvertiefung hatte der Geistliche eine Büchse mit drei geweihten
Hostien aufbewahrt für den Fall, daß plötzlich ein Kranker das Viati=
kum begehre. Auch lagen hier zwei Enden großer Wachslichte für den=
selben Fall. Der Sakristan öffnete die Thüre und fand die Lichte in
der hintersten Mauervertiefung, wie die Büchse, in eine kleine Altardecke
gehüllt, unversehrt. Eilig kehrte er damit zu seinem Pfarrer zurück, der
unterdes seinen Altar geordnet und in seinem Eifer nicht bemerkt hatte,
daß er sich einen Finger blutig gestoßen. Wie ein Verklärter stand er
davor, in Anbetung versunken. Auch den Küster überraschte das Aus=
sehen des Altars, und schnell kam ihm ein Gedanke, wie er seinen Priester
erfreuen möchte. Er übergab seinem Pfarrer die Büchse mit dem Um=
schlage, und eilte mit dem Lichte zu einem in der Tiefe noch glimmen=
den Balken. Hier entzündete er dasselbe, kehrte damit zurück, zündete
das andere Ende daran ebenfalls an und besteckte damit die Leuchter,
während sein Pfarrer die Büchse untersuchte, in welcher er mit Staunen die
Hostien, wie von Blut gerötet, vorfand. In diesem Augenblicke traten einige
der Gemeindeglieder in die Kirche, erblickten voll Verwunderung den Altar,
und schrieen überlaut Mirakel. Auch unser Geistlicher blickte auf, sah
die brennenden Lichter und stimmte in das Geschrei mit ein. Jetzt war
ihm deutlich, worüber er gesonnen hatte; und was er kaum auszusprechen
gewagt, hatte der Himmel sichtbar bestätigt. Bald füllte sich die Kirche

mit seinen Beichtkindern, und alle durchbebte der freudigste Schrecken, und alle schrieen vor Erstaunen. Kaum vermochte der in heiligem Eifer erglühende Priester durch Winken mit der Hand den lauten Ausbruch seiner entzückten Gemeinde so weit zum Schweigen zu bringen, daß er zu Worte kommen konnte. Endlich hatte man ihn begriffen, eine ehrfurchtsvolle Stille trat ein, und der Priester vor dem Altare, kniend wie seine Gemeinde, pries das herrliche Wunder, welches Gott und der Schutzpatron St. Niklas gethan, in feurigen Worten.

Der Ruf von dem geschehenen Wunder verbreitete sich mit kaum begreiflicher Schnelle weit hin durch die Gegend. Wie hätte dies geschehen können ohne Ausschmückungen und Übertreibungen, da es einmal im Menschen liegt, das Wunderbarste für sich noch immer nicht wunderbar genug zu finden. Allgemein wurde erzählt, der Priester Johann habe in der Nacht eine Stimme gehört, welche ihm zugerufen: stehe auf, bereite dich für den heiligen Dienst, denn du sollst am Altare der neulich eingeäscherten Kirche eine Messe lesen. Er sei davon erwacht, habe das ganze aber für einen Traum gehalten und sei wieder eingeschlafen. Da habe die Stimme sich zum zweiten und endlich zum drittenmal hören lassen, und als er sich erhebend nachgedacht habe, wie er in einer niedergebrannten Kirche doch keine Messe lesen könne, habe die Stimme gerufen: Gehe, du findest alles bereit. Als er nun zur Kirche gekommen, sei der Altar gedeckt und mit brennenden Kerzen versehen gewesen, in der Mitte aber habe das Gefäß gestanden, in welchem drei Hostien durch das heilige Blut zu einer einzigen vereinigt gewesen wären, u. s. f. Man behauptete ihm zuletzt, aus seinem eigenen Munde die Sache so erzählen gehört zu haben, so daß er endlich selber zweifelhaft war, ob nicht wirklich eine Stimme ihn aufgefordert, zur Kirche zu gehen*).

Vor allem aber war es nötig, den Bischof von Havelberg von der Sache in Kenntnis zu setzen, und der Pfarrer Johann machte sich mit seinem Sakristan sofort dahin auf. Dietrich Mann hörte mit Erstaunen die Erzählung und erkundigte sich sorgfältig nach allen Umständen. Dem Pfarrer stellte sich die Sache in seiner Aufregung immer wunderbarer dar, der Küster, nicht minder aufgeregt, hatte Geschmack an dem Wunder gefunden und verschwieg, wie er glaubte aus Bescheidenheit das wenige, was er dabei gethan hatte. Dem Bischof waren die Hostien das Wichtigste, und er beschloß sofort, an Ort und Stelle das Wunder zu untersuchen. Er ließ den Domprobst und den zufällig anwesenden Pfarrer von Alt-Ruppin einladen, ihn zu begleiten und Zeuge in der

---

*) Cranzii Vandal. L. IX. c. XI. Garcaeus, edit. Krausii S. 144. Detmar bei Grotuff. I. S. 325.

Sache zu sein*). Auch einige Mönche seines Kapitels schlossen sich mit seiner Erlaubnis an. So setzte sich der Zug in Bewegung.

Auf der Landstraße fand man viele Menschen, welche auf den Ruf des Wunders nach Wilsnack eilten, und je näher man dem Orte kam, um so dichter war die Straße bedeckt. Bunt und bewegt war das Leben in dem abgebrannten Orte selber. Man war beschäftigt, Laubhütten zu errichten, und außerdem hatte sich bereits eine Menge wandernden Volks mit Lebensmitteln und andern Waren eingefunden und schlug seine Buden auf, um feil zu halten. Ein großes Kreuz, das Zeichen des allgemeinen Friedehaltens, welches auf allen Jahrmärkten errichtet wurde**), überragte das Getümmel, durch welches man sich kaum der Kirchenruine nähern konnte. Die Geistlichen bildeten unter Vortragung eines Kreuzes eine Prozession, und da man wohl begriff, daß sie in dieser Angelegenheit Hauptpersonen waren, wurde sofort Platz gemacht und der Weg geöffnet. Pfarrer Johann hob einen Gesang an, in welchen die Geistlichen einstimmten. So näherte sich der Zug der Kirchenruine, in welcher sich die Neugierigen zusammen drängten und auf die Mauern und Balken kletterten, um Platz zu machen, ohne die Kirche zu verlassen. Man trat ein, und mit Bewundern erblickten die Geistlichen den Altar mit seiner Decke, seinen Leuchtern, seinen brennenden Kerzen und dem Hostienbehältnisse. Es wurde bestätigt, daß dies alles Dinge seien, welche schon vorher dem Altare eigen gehört, und in der Kirche befindlich gewesen seien. Jetzt begab sich der Bischof vor den Altar, um die Hostien zu untersuchen und das Behältnis zu öffnen. Der Zudrang der Gläubigen wurde furchtbar, die beiden wachthaltenden Bauern waren zu schwach ihm Widerstand zu leisten; kaum hielt die Ehrfurcht vor dem heiligen Orte sie ab, die Geistlichen zu drängen. Ein altes Mütterchen auf Krücken wurde zurück gestoßen, und versuchte immer von neuem, sich nach dem Altare hinzuarbeiten, und das Wunder zu schauen. Weinend vor Ärger warf sie die Krücken von sich, und stürzte sich wild in das Gewühl, indem der Bischof so eben die Hostien herausnahm. Sofort schrieen die Umstehenden Mirakel, und hoben die Krücken als sichtbares Zeichen desselben hoch in die Höhe. Ja selbst die Alte wurde in die Höhe gehoben, und ein paar Männer nahmen sie auf die Schultern, wo sie zu ihrer Freude gar gut sehen konnte. Der Bischof und die Geistlichen bestätigten vor dem Altare, daß jede der drei Hostien frische Blutflecken habe und an dem Wunder nicht mehr zu zweifeln sei. Darauf mußte die Alte vor dem Altare niedergesetzt werden. Sie versicherte, kurz vorher noch in einem Zustande gewesen zu sein, in welchem sie nicht

---

*) Buchholz, Brandenb. Gesch. Th. I. S. 594.
**) Gerken, Cod. diplom. T. III. p. 409. Anm.

habe gerade stehen oder ohne Krücken gehen können, und die Umstehen=
den bezeugten dies. Im Augenblicke, wo das heilige Blut sichtbar ge=
worden, habe sie einen Ruck durch den ganzen Körper gespürt, habe ge=
rade stehen und ihre Krücken wegwerfen können, und vermöge auch jetzt
noch wie andere zu stehen und zu gehen, wovon sich jeder überzeugen
könne. Auch ein alter Mann arbeitete sich zum Altare hin, zeigte seinen
Arm vor und versicherte, er sei lahm gewesen, als er zur Kirche ge=
kommen, und habe ihn so gelähmt in einer Binde getragen, die man
ihm jedoch im großen Gedränge abgerissen. Im Augenblicke, wo die
Hostie gezeigt worden, sei sein Arm plötzlich gesund gewesen, und er
habe ihn gebrauchen können, wie den andern. Noch einige andere Per=
sonen kamen herbei, und bezeugten ihre Genesung von kleineren Übeln.
Über dies alles ward an Ort und Stelle sofort ein Protokoll aufge=
nommen, in welchem die ansehnlichsten Personen als Zeugen genannt
waren, und der Bischof verließ die Kirchenruine mit der Bestätigung
des Wunders und dem vollen Glauben daran.

Nunmehr war des Menschenzuflusses kein Ende. Von allen Orten
her pilgerte man zum heiligen Blute nach Wilsnack. Es geschahen
Zeichen und Wunder, und man spendete reichlich zur Erbauung einer
der Heiligkeit des Ortes angemessenen Kirche⁶). Die Bauern benutzen
die ihnen gebotene Gelegenheit, von den Pilgern zu verdienen und
waren bald im Stande, ihre Häuser ansehnlicher und besser als die
früheren aufzubauen. Auch mit dem Kirchenbaue wurde der Anfang
gemacht, denn der Priester Johann wußte die Gelegenheit gut zu
benutzen.

Aber auch der Bischof von Havelberg überschaute unschwer, wie
wichtig dies Wunder für seine Kirche werden mußte. Er setzte seinen
Vorgesetzten, den Erzbischof von Magdeburg sowie die Bischöfe von
Lebus und Brandenburg von der Sache in Kenntnis, und übersandte
ihnen Abschrift des Protokolls. Man fand keinen Grund, an der Wirk=
lichkeit des Wunders zu zweifeln. Zweifelsucht und Ungläubigkeit war
überhaupt nicht der Charakter dieser Zeit, und man würde sich sehr
irren, ja eine ganz fremde Denkweise diesen Köpfen andichten, wenn
man annehmen wollte, sie hätten sich nur gestellt, als glaubten sie dar=
an. Praktischer Verstand und Wunderglaube kann recht gut mit und
bei einander bestehen, er kann es sogar zu einer Zeit, wo eine Natur=
kunde existiert, die damals fehlte. Die gedachten hohen Geistlichen er=
ließen nun folgenden Ablaßbrief, der schnell bekannt gemacht, den Zulauf
gewaltig mehrte.

Im Namen des Herrn, Amen. Albert, durch Gottes Barmherzig=
keit Erzbischof zu Magdeburg; Johannes, Bischof zu Lebus; Dietrich,
Bischof zu Brandenburg und Dietrich, Bischof zu Havelberg, allen

Christgläubigen, an welche unser gegenwärtiges Schreiben gelangen wird, ewiges Heil im Herrn! Weil wir alle, wie der Apostel sagt, stehen werden vor dem Richterstuhle Christi, zu empfangen, wie ein jeder sich in seinem Leben verhalten hat, entweder Böses oder Gutes, und wiederum der, so reichlich säen, auch reichlich das ewige Leben ernten wird, so müssen wir dem Tage der letzten Ernte mit Werken der Barmherzigkeit zuvorkommen. Da wir nun bemerken die offenkundigen Wunder, welche in der gewaltsamen Verbrennung der Pfarrkirche S. Nikolai zu Wilsnack (so von einigen Kindern der Bosheit mit Hintansetzung der Furcht Gottes und aller Ehrerbietung verursacht ist), unser Herr Jesus Christus an seines heiligen Leibes Sakrament gethan hat, daß an dreien Hostien, welche von dem Pfarrherrn genannter Kirche vor dem Brande konsecrieret, und acht Tage nach dem Brande auf dem Altar im Korporal*) unversehrt wunderbarer Weise gefunden worden, an einer jeglichen Hostie gesehen sind offenbare Blutstropfen, neben noch andern Zeichen und Mirakeln, welche der allmächtige Gott an bemeldetem Orte wirkte; so wollen wir allen und jeden, die wahrhaftig Buße thun und Leid tragen, und genannten Ort Wilsnack und den Leib des Herrn allda in Demut und Andacht besuchen, erteilen für das Passieren einer jeden Meile Weges 40 Tage Ablaß, im Hin- und Weggehen; und so oft er um den Kirchhof der erwähnten Kirche geht, gleichfalls 40 Tage, und so oft er vor dem Sakramente niederkniet und betet, wiederum 40 Tage, welchen wir oben genannte Bischöfe ihnen gnädiglich im Herrn erteilen. Damit aber am Frohnleichnamstage und die folgenden acht Tage nachher bemeldeter Ort fleißiger besucht und betrachtet werde, so wollen wir über gedachte Sonder-Privilegien noch 40 Tage, ein jeder für sich, mehr Ablaß austeilen denen, so zu der Zeit anhero in wahrer Buße kommen, und Messe hören werden ꝛc. Gegeben im Jahr 1384, zwei Tage nach Okuli (18. März) unter unsern Siegeln**).

Der Bischof von Havelberg gab eine schöne Monstranz her, in deren krystallenen Behälter die wunderbaren Hostien gesetzt wurden. Bald empfahlen andere Bischöfe ihren Kuranden die Wallfahrten nach Wilsnack eben so dringend, und erteilten nicht geringeren Ablaß. All überall wurde das Wunder gepriesen, und die Menge der Andächtigen mehrte sich, je länger um so mehr. Dies veranlaßte den Bischof Dietrich, dem bisherigen Dorfe die Rechte einer Stadt zu verleihen. Fast alle Bauern verwandelten sich in Herbergswirte; denn selbst im Winter wurde es nicht leer, weil eine Menge von Personen, welche verbannt

---

*) Das Corporale war eine Art Altartuch zum Bedecken der heiligen Gefäße.
**) Cramer, gr. Pommersches Kirchen-Chronicon. Buch II. S. 74. Angelus, Annales S. 167. 168.

oder verfolgt waren, den heiligen Ort als ein Asyl ansahen, dem das
Asylrecht der Kirchen zukäme, aus denen kein Verbrecher weggeholt wer=
den durfte. Selbst die Geistlichkeit scheint diese Meinung eine Zeitlang
geteilt zu haben.

Daß unsere, dem heiligen Orte so nahe gelegene Quitzowsche Familie
bei diesem Ereignis nicht unbeteiligt geblieben, läßt sich schon erwarten.
Für Wilsnack war das Abbrennen zu einer Quelle von Wohlstand ge=
worden, und so sehr sich Ritter Cuno anfangs darüber geärgert hatte, daß
es ihm nicht gelungen war, der Einäscherung des Dorfes zuvor ge=
kommen zu sein, so lieb war ihm die günstige Wendung der Sache.
Sein Schützling, der vorher so arme Priester Johann, war plötzlich be=
rühmt geworden und auf dem besten Wege reich zu werden. Der Zu=
fluß von Fremden brachte jetzt häufiger als sonst Besuch auf das Schloß
Quitzhövel, und es wurden dadurch wichtige Bekanntschaften und Ver=
bindungen angeknüpft.

Dietrich von Quitzow war jetzt achtzehn Jahr alt geworden, Johann
vierzehn. Beide hatten sich zur Freude ihres Vaters immer mehr ent=
wickelt, und konnten schon jetzt in den meisten ritterlichen Übungen als
wohl erfahren, ja zum Teil sogar als Muster gelten. Mannigfache Be=
weise von Mut, Unerschrockenheit, Gewandtheit und Klugheit hatten beide
gegeben, und der Vater war bemüht, diese Eigenschaften noch weiter zu
entwickeln. Eine besonders rühmliche Anerkennung verdiente ihre brüder=
liche Liebe, die nie den einen zum Gegenstande der Scheelsucht des an=
dern werden ließ. Auch wo eine Verschiedenheit der Ansichten und
Wünsche vorhanden war, führte dies sie nie zum Unfrieden. Jeder suchte
auf seinem Wege zu erreichen, was er beabsichtigte, und jeder freute
sich über den andern, wenn der Weg zum Ziele geführt hatte, ja auf
Erfordern half man sich gegenseitig gern und willig. Leider war dieses
schöne Verhalten nur auf ihre gegenseitige Stellung und auf die zu ihren
Eltern beschränkt. In andern Verhältnissen zeigten sich beide, besonders
aber Dietrich, herrschsüchtig, eigenwillig und ehrgeizig in hohem Grade
und handelten nicht selten grausam und ungerecht. Selbstsucht und eigener
Vorteil war nur zu oft die Triebfeder ihres Thuns. Manche äußere
Härte und Rauhigkeit schliff sich in der letzten Zeit durch den Umgang
mit bedeutenderen Personen ab, und ihr Wesen wurde gefälliger. Sie
fühlten das selber und suchten gern die Gesellschaft solcher Personen,
aus deren Umgang sie auf eine oder die andere Weise Nutzen schöpfen
konnten.

Unter den Prämonstratenser=Mönchen des Stiftes Havelberg, welche
hier die Stelle der Domherren vertraten, befand sich ein Geistlicher,
welcher seit kurzem von weiten Reisen wiedergekehrt war, und schnell
sich allgemeine Achtung und Anerkennung gewonnen hatte. Sein Name

war Johannes Wepelitz. Zu Wilsnack von armen Eltern geboren, war
er schon früh durch den Tot derselben genötigt gewesen, das väterliche
Haus zu verlassen und sich zu weitläufigen Verwandten nach dem süd=
lichen Deutschland zu begeben, wo seine besonderen Fähigkeiten die
Augen der Geistlichkeit auf ihn zogen, die ihn für die Kirche auszu=
bilden wünschten. Mit Freuden ging er auf diesen Plan ein und widmete
sich mit brennendem Eifer den Wissenschaften. Er hatte dann die hohe
Schule in Prag besucht; sein Wissensdrang begnügte sich damit nicht.
Er benutzte eine ihm dargebotene Gelegenheit, nach Paris zu kommen
und setzte hier mit ausgezeichnetem Erfolge seine Studien fort. Er ge=
wann sich nicht bloß die verschiedenen Weihen der Kirche bis zum Priester
sondern außerdem noch die Würde eines Magisters der hohen Schule
zu Paris. Dann kehrte er nach seinem Vaterlande zurück, und trat hier in
das Domstift von Havelberg ein, wo man ihn bald als den gelehrtesten
Mann dieses Stiftes und wahrscheinlich der ganzen märkischen Geistlich=
keit erkannte, wenigstens war er zu jener Zeit der einzige, der in der
Mark die Würde eines Magisters der Sorbonne bekleidete*).

Johann Wepelitz hatte seinen Aufenthalt in jenem, ganz besonders
für die Bildung der Weltgeistlichen bestimmten Institute gut benutzt,
und wünschte nichts mehr, als geistige und wissenschaftliche Kultur in
seinem Vaterlande zu heben, wo beides noch auf ziemlich niedriger Stufe
stand. Die Achtung, in welche er sich zu setzen gewußt hatte, ließ ihn
bald auf die Leitung der Angelegenheiten des Bistums Einfluß gewinnen,
und schon jetzt handelte der Bischof Dietrich nicht leicht ohne seinen Rat.

Auch die benachbarte Quitzowsche Familie hatte er kennen gelernt
und den alten Cuno wegen seiner Biederkeit und hohen Achtung vor
ritterlicher Sitte lieb gewonnen. Dies Wohlwollen war gegenseitig ge=
worden, denn Magister Johannes besaß gerade das, was Cuno an dem
Geistlichen vorzüglich schätzte, Gelehrsamkeit; aber er besaß noch mehr
als sie, er besaß auch feine Sitte, welche Ritter Cuno sich zwar nicht
angeeignet hatte, deren Wohlthuendes er aber empfand und anerkannte.
Johannes war daher auf Quitzhövel ein lieber Gast, auf dessen Er=
zählungen jedes Ohr gespannt lauschte; jeder ward inne, daß ein reicher
Schatz eigener und fremder Anschauung und Erfahrung in seinem Geiste
selbständig verarbeitet war. Auch unsere jungen Leute schlossen sich eng
und innig an ihn an, und lauschten andachtsvoll seinen Erzählungen von
französischer Rittersitte und ihren bewunderungswürdigen Thaten. Ihre
Ideale gewannen eine höhere und feinere Form, das Wesen des Ritter=
tums stellte sich ihrem Geiste erhabener dar, das Leben und die Liebe
gewann einen poetischen Gehalt, kurz, der Einfluß unseres Geistlichen

---

*) Möhsen, Gesch. d. Wissenschaften S. 166.

machte sich auch hier auf die wohlthätigste Weise bemerkbar, und seine Unterhaltungen bereicherten ihren Geist mit mancher schönen Kenntnis. Da er sich in diesem Kreise gefiel, so war er oft auf Quitzhövel zu finden, noch öfter aber sah man die jungen Leute bei ihm in Havelberg, wo er sein Haus geschmackvoller und reicher, als das irgend eines andern war, ausgeschmückt hatte. Kaspar von Putlitz war ein eifriger Teilnehmer an diesen Unterhaltungen.

Siebentes Kapitel.

Unterdessen hatte der Erzbischof Albrecht von Magdeburg irgend eine Gelegenheit gefunden, der Mark seinen Haß gegen sie auf thätliche Weise fühlen zu lassen und unter einem schicklichen Vorwande ihr Krieg anzubieten. Man kann im Kriege nie stark genug sein, und darum war er bemüht, seine Partei durch Bündnisse zu verstärken und so viel Kriegsvolk als thunlich an sich zu ziehen. Auch mit den mächtigen edlen Herren Achim und Busso, Gänsen von Putlitz, wußte er Unterhandlungen anzuknüpfen, und sie für seinen Plan zu gewinnen, und am Mittwoch nach St. Markus (28. April) 1384 wurde zu Wolmirstedt ein Abkommen folgenden Inhalts abgeschlossen.

Ritter Joachim und Knecht Busso, Gebrüder, bekennen, daß der ehrwürdigste Herr Albrecht, Erzbischof des heiligen Gotteshauses zu Magdeburg, nach Gutbefinden seiner Räte, um sonderlicher Beschirmung, Nutz und Frommen seiner Lande und Leute sie und ihr Schloß Putlitz in seinen und seines Gotteshauses Dienst und Beschirmung genommen hat, so daß sie ihm und seinem Gotteshause treulich dienen sollen und wollen, mit zehn gewappneten guten Leuten*), ihren Freunden, von kommenden Pfingsten an gerechnet, ein ganzes Jahr auf die ganze Mark Brandenburg und auf ihre Helfer (Verbündeten), ausgenommen ihre Erbherren, die hochgebornen Fürsten von Mecklenburg. Dagegen soll der Erzbischof von Magdeburg ihnen zur Wehre legen auf das Schloß Putlitz, wenn es umlegt werden sollte, seinen Hauptmann mit dreißig Gewappneten zu den zehnen, die sie selber dort haben sollen, im Falle der Not würden auch noch mehr aufgenommen werden. Die übrigen Festsetzungen betreffen die Unterhaltungskosten des Heeres, und Verteilung des jeweiligen Nutzens oder Schadens. Außerdem soll, wer etwa

---

*) Gute Leute, gute Mannen, ist der damals übliche Ausdruck für Edelleute. Jeder Gewappnete hatte in seinem Gefolge 4 bis 6 mit Lanzen bewaffnete Knechte, teils zu Pferde, teils zu Fuß, welche meist, wie sich von selbst verstehend, nicht besonders gezählt wurden.

den Herren von Putlitz wegen dieses Bündnisses feind werden wollte, mit seinen Feindseligkeiten bis nach St. Jakobstag warten*).

Durch diesen Vertrag waren die Quitzows genötigt, sich ebenfalls zu rüsten, um als Mannen ihrer Lehnsherren an dem Feldzuge gegen die Mark teilzunehmen. Beide Söhne, Dietrich und Johann sollten mitziehen, und zum erstenmale im ernsten Kriegsspiele die Kraft ihrer Waffen erproben. Mit welchem Eifer sie sich dazu in den Stand setzten, wie hoch ihnen die Brust schwoll bei dem Gedanken an das, was da kommen und durch ihre Mitwirkung sich ereignen sollte, wird der beurteilen können, der da weiß, mit welch einer Gewalt das Gefühl eigener Thatkraft und errungener Selbständigkeit, sei sie auch untergeordneter Art, auf den kräftigen Jüngling einwirkt.

Die so bedrohte Mark befand sich in einer üblen Lage. Siegismund war noch immer auswärts und mit seinen ungarischen und polnischen Angelegenheiten so sehr beschäftigt, daß er an die Mark wenig denken konnte. Die Landeshauptmannschaft des Dietrich von Brandenburg scheint nur eine interimistische gewesen zu sein. Reinhard von Streele war anfangs dieses Jahres gestorben**), die Zügel der Regierung waren immer loser geworden, und es bedurfte einer festen sichern Hand, sie wieder anzuziehen. Wahrscheinlich nicht ohne Mitwirkung der Stände wählte Siegismund zum Landeshauptmann der damaligen neuen, jetzigen Mittelmark einen Mann aus einer der ältesten Familien des Landes, der eines besonderen Rufes wegen seiner Rechtlichkeit und Tapferkeit genoß, nämlich den Ritter Lippold (Leopold) von Bredow, mit welchem wir uns etwas näher bekannt machen müssen.

Hans Lippold war ein Mann von 40 Jahren und stand deshalb in der vollen Kraft des Mannesalters. Schon im Jahre 1359 war er Marschall des Markgrafen Otto von Brandenburg gewesen. Er besaß als Lehn Stadt und Schloß Cremmen, wo er mit seiner Familie wohnte, desgleichen die Stadt und das Schloß Neustadt an der Dosse und bedeutende Anteile an den Dörfern Tyrow, Mötelow, Roskow, Markau und Groß-Benz. Im Jahre 1370 war er wegen seiner Tapferkeit zum Ritter geschlagen worden. Seit etwa sechs Jahren war er verheiratet und erfreute sich eines Sohnes, Matthias, von vier Jahren, und einer Tochter, Agnes, von zwei Jahren. Sein Vater Copelin von Bredow auf Schloß Friesack war seiner Zeit ein berühmter Ritter gewesen, aber bereits gestorben, als Lippold ein zwölfjähriger Knabe war; seine Mutter Elisabeth, welche als Leibgedinge das Dorf Vehlefanz besaß, wohnte bei ihm in Cremmen. Außerdem wohnten im Havellande noch vier Ge-

---

*) Urkunde in Gerken, Cod. diplom. T. IV. S. 413.
**) Ledeburs Archiv Bd. III. S. 130.

schwisterkinder von ihm: Matthias von Bredow zu Heiligensee, früher Küchenmeister Ludwigs des Römers, Peter von Bredow zu Friesack, früherhin Kammermeister des genannten Fürsten und Hasso und Wilken von Bredow, die Besitzer des Schlosses Friesack.

Diese ansehnliche Familie war im Besitze bedeutender Güter und mit vielen der vornehmsten Familien durch die Bande des Bluts und der Freundschaft verbunden. Die Hofämter, welche ihre Mitglieder schon unter den Regenten des bayrischen Hauses bekleideten, hatten ihnen noch mehr Macht und Ansehen verliehen, und hiernach war Siegismunds Wahl unstreitig als eine zweckmäßige zu betrachten.

Kaum hatte Lippold von Bredow seinen jetzigen wichtigen Posten übernommen, so mußte er sich gegen den Erzbischof Albrecht von Magdeburg und seine Verbündeten rüsten, unter welchen der erstere schon seit früher Zeit sein persönlicher Feind war, ja es bleibt unentschieden, ob nicht eben die Ernennung Lippolds zum Landeshauptmann den Erzbischof vorzugsweise bestimmt hat, der Mark den Krieg zu erklären. Er mußte sich auf einen harten Kampf gefaßt machen. Leider fehlte es an Geld, denn alle Einkünfte wurden Siegismund überschickt. Es blieb ihm nichts übrig, als in Hoffnung auf dereinstige Wiedererstattung seine eigenen disponiblen Mittel zu verwenden, um das Land einigermaßen wehrhaft zu machen. So bedeutend sie auch waren, so konnten sie doch nicht ausreichend sein, und selbst mit dem Gelde seiner Verwandten war nicht so viel zu beschaffen, daß auch nur das Notwendigste in ausreichendem Maße bewirkt worden wäre. Indessen mußte versucht werden, wie weit man mit dem kommen würde, worüber man gebieten konnte, und welche Mittel sonst noch in Bewegung zu setzen waren. Lippold entbot die Vasallen seines Herrn in der Mark, sich in Brandenburg einzufinden. Außerdem gab er sich Mühe, die märkischen Vasallen in der Priegnitz gegen die Gänse von Putlitz, die Altmark gegen den Erzbischof von Magdeburg in Harnisch zu bringen. Beides wollte jedoch nicht glücken, da man die überlegene Macht der Feinde fürchtete, und weder die Priegnitz noch die Altmark waren zum Kriege zu bewegen, wie es denn überhaupt in jener Zeit nicht selten war, daß man ruhig zusah, wie dem Freunde mitgespielt wurde, bis die Reihe an das eigene Selbst kam, wo dann der andere wiederum zusah.

Der Krieg brach los. Es kam Lippold vor allem darauf an, sich in den Besitz der Havelpässe zu setzen. Plauen und Milow waren die beiden Punkte, durch welche die Kriegsfurie über die gesegneten Fluren des Havellandes hereinbrach, und von beiden war der erstere, welcher die Landstraße von Magdeburg nach Brandenburg beherrschte, der wichtigste. Es war demnach von Erheblichkeit, zu versuchen, ob man sich Plauens bemächtigen könnte. Das Städtchen war in seinen hölzernen

Häusern seit seiner Verbrennung vor sieben Jahren so ziemlich wieder
erstanden. Das Schloß aber war noch nicht vollständig wieder herge=
stellt, obgleich jetzt emsig daran gebaut wurde. Eine besondere Unter=
stützung aber fand dieser Plan in dem Umstande, daß sich die Familie
von Bredow im Besitze des festen Schloßes Plote (jetzt Alt=Plathow bei
Genthin) befand. Als Ludwig der Römer im Jahre 1354 den ganzen
Teil der Mark zwischen der Havel und Elbe, in welchem Plote lag, an
den Erzbischof von Magdeburg mit Einschluß von Plauen abtrat, ver=
sprach er, das Schloß Plote von Coppekin von Bredow, dem Vater
Lippolds auszulösen, und an den Erzbischof zu übergeben*); es geschah
dies auch und Plote kam darauf pfandweise in die Hände der von Bis=
marck und anderer Familien**). Jetzt besaß es der schon oben genannte
Wilkin von Bredow, der Oheim Lippolds von väterlicher Seite wiederum
pfandweise und bewohnte dasselbe. Sein verheirateter Sohn besaß Schloß
und Stadt Friesack, wo er sich auch aufhielt. Er hatte sofort mit Lip=
pold gemeinschaftliche Sache gemacht, und Plauen kam dadurch in eine
gefährliche Lage, indem die Magdeburger darin von Lippold von der
einen, von Plote her aber von der andern Seite angegriffen werden
konnten. Es war daher unstreitig klug gehandelt, den Feldzug mit der
Belagerung, oder wie es damals hieß, Umlegung des Schlosses Plauen
zu beginnen.

Den Magdeburgern blieb die schwache Seite Plauens nicht ver=
borgen. Sie besetzten das Schloß mit hinreichender Mannschaft, zugleich
aber umlegten sie Plote, um den alten Wilkin einzuschließen. Dies
Geschäft war dem Putlitzischen Banner zugeteilt, bei welchem Haufen
sich auch die Quitzowschen Fähnlein befanden.

Lippold war unterdessen mit den Seinigen vor Plauen gerückt, und
sofort wurde die Belagerung des Schlosses, denn der Stadt hatte man
sich beim ersten Anlaufe bemächtigt, mit allen zu Gebote stehenden
Mitteln unternommen. Dasselbe geschah vor Plote, wo sich die Magde=
burger in Genthin festgesetzt hatten. Jede Partei bemühte sich möglichst,
das von ihr belagerte Schloß zu gewinnen, um mit der dadurch dispo=
nibel werdenden Mannschaft dem andern Schlosse zu Hülfe zu kommen.
Dies eigentümliche Verhältnis beider Parteien innerhalb eines Raumes
von etwa zwei Meilen stellte den Krieg ziemlich wunderlich. Fast könnte
man sagen, die Magdeburger waren in dieser Strecke den Märkern polar
entgegengesetzt, denn was sich an dem einen Ende der Linie verteidigte,
griff am anderen Ende der Linie an, aber die eine Partei verhielt sich
dabei umgekehrt wie die andere.

---

*) Urkunde in Gerken Cod. diplom. T. IV. S. 500.
**) Bekmanni, Access. Historiae Anhaltinae S. 609.

Wilkin verteidigte seine Veste tapfer, und schon sechs Tage lagen die Putlitze und Quitzowe davor, ohne daß es gelungen war, sich ihrer zu bemächtigen. Man hatte feurige Pfeile hineingeschossen, allein die Belagerten hatten ihr Zünden zu verhindern gewußt. Man hatte versucht, den Feind aus der Burg heraus zu locken, aber Wilkin war zu kriegsgeübt, um in die Falle zu gehen und hielt seine Leute in der Burg fest, da von einem Ausfalle auch unter den besten Umständen wenig zu erwarten war. Seine Hoffnung war allein darauf gerichtet, daß Lippold sich Plauens bemächtigen und dann zum Entsatze herbei eilen würde. Sich so lange zu halten als möglich, war daher sein Bestreben, und deshalb wurden Menschen und Mundvorrat auf das äußerste geschont.

Die Belagerer errieten bald seinen Plan und seine Hoffnung. Man umstellte daher das Schloß so dicht als möglich, um jede Mitteilung nach außen zu verhindern. Nun galt es, Wilkin glauben zu machen, daß die Belagerung von Plauen aufgehoben und Lippold in das Havelland zurückgetrieben sei.

Es war am Feste Johannis des Täufers, wo man im Lager vor der Burg eine Menge Anstalten zu großen Festlichkeiten machen sah. Überall wurde gebraten und gesotten, eine ungewöhnliche Menge Biertonnen wurden angefahren, man pflanzte Pfingstbäume und putzte sie aus, und Trompeten und Pauken schmetterten durch die Luft. Die armen, auf knappe Mundportionen gesetzten Märker schauten von den Türmen der Burg traurig in die Fleischkessel hinein, und fanden keinen Trost als den, daß Lippold vor Plauen es den Feinden wohl vergelten würde. Da erschien mit einem blasenden Trompeter und einem weißen Fähnlein Dietrich von Quitzow vor dem Thore des Schlosses, und begehrte freien Ein- und Auslaß und mit dem Burgherren zu sprechen.

Auf die Meldung erhob sich Wilkin, und ging über den Hof bis zum Thorturm, aus dessen Öffnung er Dietrich nach seinem Begehren befragte; dessen Aufforderung sich zu ergeben wies er mit höhnischen Reden ab.

Abends ging es im Lager hoch her; die Feuer loderten gen Himmel und wurden verstärkt durch das Licht der Johannisfeuer, welche die Jugend ringsum auf den Höhen angezündet hatte. Alte Weiber trieben sich in Feld und Gebüsch umher, um Kräuter zu sammeln, welche in dieser Nacht gepflückt, ganz besondere Kräfte hatten. Der Mond leuchtete hell vom Himmel herunter, und beglänzte das bunte wirre Treiben mit seinem milden Schein.

Da wurde ein Kräuterweib von einigen Knechten ins Lager gebracht, welche sich auf verdächtige Weise der Burg genähert hatte, und auf keine Anfrage eine Antwort gab. Anfangs wollte sie auch vor Herrn Achim von Putlitz nicht antworten; einige Prügel brachten sie jedoch zum Sprechen, und nun vernahm man eine männliche Stimme.

Man durchsuchte den Verkleideten überall; zuletzt fand man im Schuh ein Brieflein, in welchem Lippold von Bredow Herrn Wilkin meldete, daß er in dieser Nacht das Schloß Plaue mit Sturm angreifen wolle, und vielleicht schon morgen zum Entsatz heranrücken werde.

Diese wichtige Nachricht veranlaßte sofort eine Zusammenberufung der Heerführer; es wurde beschlossen, Plote diese Nacht zu stürmen und dasselbe wo möglich unvorbereitet zu überfallen. Deshalb sollten die Feuer von einigen Zurückbleibenden unterhalten werden, und diese sich davor fleißig bewegen, das Sturmgeräte aber so leise als möglich gegen die Burg geschleppt werden. Der helle Mondschein war jedoch diesen heimlichen Bewegungen sehr hinderlich, und kaum durfte man hoffen, sich unbemerkt der Burg zu nähern.

In dieser war man jedoch wirklich in der Nacht sich keines Sturmes versehen. Das Fest, mochte seine Veranlassung sein, welche da wollte, würde die Belagerer, wie man hoffte, für diese Nacht von einem ernst= lichen Unternehmen abhalten, wenn nicht gar dazu unfähig machen, und mit größerer Sorglosigkeit als bis dahin überließ man den ermüdeten Körper der Ruhe und den Lockungen des Schlafes. Selbst die Wächter auf den Türmen und über den Thoren hatten sich in einen Winkel gesetzt, und der Spieß war ihrer müden Hand entfallen. Nur zwei Viehmägde waren munter geblieben, um die Johannisnacht nicht vorübergehen zu lassen, ohne nach dem damaligen Glauben die Zukunft zu fragen. Wenn man nämlich in dieser Nacht den Kopf zum Fenster hinaussteckt, so verkündigt das erste hörbare Geräusch das Geschick des ganzen kommen= den Jahres. Ist dieses Geräusch angenehmer Art, so ist es auch das folgende Jahr, und so umgekehrt*).

Sie waren deshalb von ihrem Lager aufgestanden und auf den Turm gestiegen, wo sie den Kopf aus den Fenstern der Wendeltreppe steckten und aufmerksam horchten. Zu ihrem Erstaunen bemerkten sie, daß Leitern gegen den Graben hingeschleppt wurden, und ein leises ver= worrenes Geräusch in der Ferne ließ vermuten, daß die Feinde nicht schliefen. Nach kurzem Überlegen stiegen sie die Treppe vollends in die Höhe, um ihre Beobachtungen den Wächtern mitzuteilen, welche mit Mühe von ihnen geweckt wurden. Schnell machten diese Lärm, und rasch wurden die Türme und Mauern mit Mannschaft besetzt.

Ein von der Burg herabrauschender Pfeilregen auf die Träger des Sturmgerätes überzeugte den Feind, daß sein Vorhaben entdeckt sei. Er gab seinerseits sofort die Heimlichkeit auf und ging nun mit Gewalt= schritten vor. Bald war im Graben durch Faschinen und Sandsäcke eine Art von Damm errichtet, auf welchem der Übergang bewerkstelligt

*) Happelii Relationes curiosae contin. T. L. S. 308.

wurde. Die Sturmleitern wurden an die Mauer gelegt. Ungeachtet man die Mauer tapfer verteidigte, und Balken, Steine, brennende, und kochende Stoffe den hinauf Kletternden entgegen schleuderte, so wurde sie doch erstiegen, und es begann ein furchtbares Handgemenge. Dietrich und Johannes gehörten nicht zu den letzten, welche die Leitern betreten hatten. Ersterer suchte besonders den alten Wilkin, um ihm zu beweisen, daß er nicht als ein Gelbschnabel focht, wenn er auch vielleicht als ein solcher gesprochen hatte. Er schlug sich durch nach der Stelle, wo er ihn vermutete, doch wäre er dabei bei einem Haare von der Mauer herabgedrängt worden. Allein er fand Wilkin nicht, wo er ihn gesucht hatte. Bald darauf ward der Schlachtlärm geringer, die Burgleute waren überwältigt und der Platz befand sich in den Händen der Sieger. Das Schloßgebäude brannte, denn man hatte schon von außen Pechkränze hineingeworfen, und die hoch empor schlagende Lohe bildete mit ihren wirbelnden Rauchwolken einen wilden Gegensatz zu den ringsum leuchtenden friedlichen Johannisfeuern.

Die Gefangenen wurden gebunden; was man an nutzbaren Gegenständen dem Feuer entreißen konnte, wurde als Beute erklärt, und gegen weiteres Verderben gesichert. Wilkin war nirgend zu finden und es blieb die Frage, ob er nicht in dem brennenden Gebäude verunglückt sei. Indessen wartete man den Tag ab, um zu sehen, ob er sich etwa unter den verhältnismäßig wenigen Toten befinde, allein auch hier fand man ihn nicht. Erst später ergab es sich, daß er sich durch einen verborgenen Gang aus der Burg geflüchtet, als er sich überzeugt hatte, daß nichts mehr zu retten sei.

Wilkin flüchtete sich zu Fuß nach Plauen. Sein Weg wurde beleuchtet durch die Feuersäule seines Schlosses. Die Sonne ging eben auf, als er dort ankam, und zu seiner großen Freude fand er Lippold im Besitz des Schlosses, welches er in dieser Nacht genommen hatte, und zwar ohne daß er es in Brand gesteckt hätte. Die Gefangenen wurden so eben abgeführt.

Durch den Verlust von Plauen konnten die Magdeburger dem Havellande nicht füglich beikommen. Es war daher vorauszusehen, daß sie nun den südlich von der Havel belegenen Teil des Bistums Brandenburg, die Zauche und den Teltow, zum Schauplatz ihrer kriegerischen Operationen machen würden, und Lippold hatte sich in dieser Voraussicht nicht geirrt. Sein Bestreben ging vor allem dahin, diesen Teil des Landes wehrhaft zu machen. Dazu aber war Geld nötig, und dies war nicht vorhanden. Er wandte sich deshalb an diejenigen Städte, welche bei einem feindlichen Einfall vorzüglich beteiligt waren, fand aber auch hier wenig willige Herzen, denn es sah mit dem Wiederbezahlen des Geldes schlimm aus. Er versuchte daher nochmals die Priegnitz und die Altmark aufzuwiegeln, aber diese waren mehr als je ungeneigt dazu. Statt dessen wurde es den Herren von Putliß leicht, mit Lippold von Krumstorf, Hauptmann der Altmark und dem Magistrate von Pritzwalk einen Schutz= und Sicherheitsvertrag gegen alle zu besorgenden Anfälle abzuschließen, welches am Tage St. Jacobi (25. Juli) zu Werben geschah*).

Von dieser Seite war nichts zu hoffen. Unterdessen war es dem Propst Ortwin zu Berlin gelungen, die Bürgerschaft dieser Stadt und Kölln zu vermögen, 60 Schock böhm. Groschen zusammen zu bringen, um den Teltow wehrhaft zu machen**). Auch einige andere Städte mögen wohl dazu beigetragen haben. Der größte Teil dieser Summe wurde in Naturalien, Speise und Futter für Menschen und Vieh ent= richtet. Hierdurch wurde es möglich, die Magdeburger an weiterem Vorrücken zu hindern, die sich begnügten, hier und da das Vieh von den Dörfern wegzutreiben, und endlich gegen Mariä Himmelfahrt einen Waffenstillstand oder Frieden bis zum nächsten Jahre schlossen, wobei Lippold in dem Besitz von Plauen, Magdeburg aber in dem von Plote blieb. Letzteres blieb von den Quitzows besetzt. Den Städten Berlin und Kölln aber stellten am Tage Mariä Himmelfahrt zu Berlin Ritter Lippold von Bredow und Ortwin, Landschreiber der Mark zu Branden= burg, eine Bescheinigung aus, daß sie von dem Rate gedachter Städte mit Bitten und Heißen 100 Schock Groschen an Speise, Futter und anderer Notzehrung gefordert haben, um der Not willen zu der Land= wehre, welche man zu dieser Zeit auf dem Teltow gegen den Bischof von Magdeburg gehalten hat, um ihres Herren Land desto besser ver= hegen und wehrhaft machen zu können, und daß diese um gemeinen Nutzens willen geschafft und ausgelegt haben 60 Schock Groschen auf den Markgrafen, sonderlich deshalb, weil die Quittanten gelobt haben, bei ihrem Herrn getreulich dahin zu wirken, daß es ihnen wieder er= stattet werde***). — Wie gering das Vertrauen zu der Regierung des Landes war, ist hieraus klar zu entnehmen.

Das Jahr verging ohne bemerkenswerte Ereignisse, und das von 1385 war angefangen, ohne daß sich in der Lage der Dinge viel än= derte. Die Quitzows hatten die Bekanntschaft eines großen Teils des Magdeburger Adels gemacht und sich mit vielen befreundet. Gegen Pfingsten hörte der Vertrag mit Magdeburg auf; sie übergaben das Schloß Plote einem andern Hauptmanne und zogen mit Caspar Gans von Putliß nach Hause.

---

*) Bekmann, Beschr. d. M. Brandenb. Tl. V. Bd. II. Kap. III. S. 141.
**) Garcaeus S. 143.
***) Urkunde in Gerken, Cod. diplom. T. III. S. 133.

Ihr Empfang vom liebenden Mutterherzen war der innigste und wärmste. Noch nie hatten sie das Vaterhaus auf so lange Zeit verlassen gehabt. Jedes Plätzchen, das sie wiedersahen, schien ihnen ein alter vertrauter Freund, der sie mit offenen Liebesarmen empfing. Nach einigen Tagen eilten sie zu ihrem Freunde Wepelitz nach Havelberg und brachten bei ihm eine halbe Woche zu, die unter lehrreichen und anziehenden Unterhaltungen schnell genug verstrich. Wepelitz war verwundert, wie weit dies eine Jahr eigener Lebenserfahrung und bewußter Thatkraft den Charakter der drei jungen Leute gefördert hatte und freute sich, manches Samenkorn, das er in ihre Gemüter gesät hatte, keinen zu sehen.

Sie kehrten nach Quitzhövel zurück, um von da Caspar zu seinen Eltern zu begleiten, welche sich zu der Zeit im Städtchen Wittenberge an der Elbe aufhielten, das der Putlitzschen Familie gehörte, wo sie als willkommene Gäste empfangen wurden. Beide Gebrüder Quitzow wurden eingeladen, in Wittenberge zu verweilen, und so lange es ihnen gefiele, dort zuzubringen. Die Burg lag vor der Stadt auf den sogenannten freiherrlichen Bergen*) und war ein festes, stattliches Gebäude; auch war die Putlitzsche Familie im Besitz des hiesigen Elbzolles**). Die Gegend ringsum bot für Jagd und Fischerei die vortrefflichste Gelegenheit, für beides war indessen die rechte Zeit noch nicht angegangen.

Am andern Tage kam von Quitzhövel die Nachricht, daß Frau von Quitzow gestern eines Knäbleins genesen sei; es erregte dies große Freude bei unseren jungen Leuten, die in dem jungen Bruder keinen Verkümmerer ihres Erbteils sahen, da sie mehr von ihrem Schwerte als von ihrer Erbschaft hofften.

Eine halbe Meile östlich von Wittenberge, dicht an der Elbe, liegt das Dorf Garsedow. Hinter demselben erhebt sich ein hoher Berg, den die Stammburg der Herren von Restorf krönte***). Caspar von Putlitz hatte vor einem Jahre die Bekanntschaft dieser Familie gemacht, und damals hatte die Lieblichkeit des Burgfräuleins keinen geringen Eindruck auf sein Herz gemacht. Ihr Bild war ihm geblieben, und hatte sich während seines Aufenthaltes in Plote nach und nach in der Erinnerung zum Inbegriff alles Schönen und Trefflichen verklärt. Er brannte vor Begierde, sie wiederzusehen, und seine Liebe an ihrem Anblicke zu stärken. Wie sie gegen ihn gesinnt war, wußte er nicht, denn eine Erklärung hatte von keiner Seite stattgefunden. Es war eine stille, verborgene Liebe, wie sie so häufig als erste Liebe der Seele des Jünglings entkeimt. Nur

---

*) Bekmann, Beschreib. d. Mark. Tl. V. Bd. II. K. VIII. III. S. 333.
**) A. a. O. S. 336.
***) A. a. O. S. 336.

Dietrich und Johann waren seine Vertrauten, und oft hatte er ihnen in Plote von seiner Sehnsucht Ziel erzählt. Leicht war es ihm daher, sie zu bereden, ihn nach der Burg Garsedow zu begleiten.

Beide waren begierig, das Mädchen kennen zu lernen, welches ihnen ihr Freund so oft als einen Engel in Menschengestalt, als ein Meisterstück der Schöpfung geschildert hatte, ja beide hatten sich darauf schon lange gefreut und sich diese Bekanntschaft als einen Glanzpunkt der Tage in Wittenberge gedacht. Man wurde freundlich empfangen, doch waren nur die männlichen Mitglieder der Familie gegenwärtig. Bald nachher trat jedoch die Hausfrau mit ihrer Tochter herein und freute sich der Anwesenheit ihrer Gäste. Dietrich und Johann sahen ein recht hübsches Mädchen, aber ihrer Vorstellung eines Engels entsprach sie nicht. Sie hatte zu derbe Formen, war etwas klein, und übermäßig schüchtern und blöde. Sie konnten die Wirklichkeit mit ihrer Vorstellung nicht in Übereinstimmung bringen; noch mehr aber verwunderten sie sich, daß auch Caspar sein Mädchen mehr mit Überraschung als mit Innigkeit betrachte. Er war wortkarg geworden und verstimmt. Gertrud credenzte ihm einen Trunk, bei welchem die Unterhaltung wieder Fluß gewann. Im Laufe des Gesprächs ergab es sich, daß Gertrude seit einem Vierteljahre Braut sei. Abkühlender als diese Nachricht konnte nichts auf den jungen Putlitz wirken. Er stürzte seinen Becher hinunter, und mit einer fast auffallenden Hast empfahl er sich unter dem Vorgeben, noch vor Abend in Wittenberge sein zu müssen und nicht bemerkt zu haben, daß die Sonne bereits so tief gesunken sei.

Achtes Kapitel.

Schweigend ritten die drei Freunde den Weg nach Wittenberge entlang, jeder in seinen Gedanken verloren. Einzelne hingeworfene Worte Johanns wollten nicht verfangen, besonders bei Caspar. Endlich in der Nähe von Wittenberge ermannte er sich, und sprach: Ist es mir doch, als ob mir ein lieber trauter Freund gestorben wäre, und doch hat mir eigentlich nur von diesem Freunde geträumt. Aber das Er= wachen ist nicht angenehm. Dann auf anderes übergehend fuhr er fort: Siehe, hier liegt vor uns die alte Stadtstelle von Wittenberge, und noch jetzt bezeichnen Überreste von Gräben den ehemaligen Umfang der alten Stadt. Dort mitten drin, der mit einem Graben umgebene Hügel, trug vor Zeiten ein altes Schloß, den Sitz eines edlen Ge= schlechts. Hier hat einst auch eine Seele gehaust, der es besser gewesen wäre, aus ihrem Traume nimmer zu erwachen. Ihr und vielen wäre damit geholfen gewesen.

Dietrich. Erzähle!

Caspar. Es ist eine Geschichte, die sich wohl oftmals mag wie= derholt haben, wenn auch die Folgen nicht immer so gräßlich gewesen sind. Einst, als die Stadt Wittenberge noch auf dieser Stelle lag, als dort auf dem Berge statt der öden Ruine noch ein wehrhaftes Schloß sich in die Lüfte erhob, wohnte daselbst ein Burgherr, dessen Name jetzt verschollen ist, dessen Tochter aber das schönste Burgfräulein der ganzen Gegend gewesen sein soll. Ein tapferer junger Edelmann be= warb sich um ihre Gunst und hatte das Glück, ihre Minne zu gewinnen. Er liebte sie mit der ganzen Inbrunst seiner Seele, er fand in ihr sein Glück und die Sonne seiner Welt, — o ich kann ihn mir wohl denken, den tapfern Degen, mit seiner Liebe im Herzen! — Aber als ein ehr= licher Schildgeborner trat er vor den Burgherrn, den Vater seiner Er= kornen und bat ihn, daß er ihm seine Tochter zum Weibe gäbe. Der aber sprach stolz: Habe ich doch von euch noch nichts vernommen, als einige glückliche Fehden in der Nähe eures Schlosses; sollte es mir unbekannt geblieben sein, was der geflügelte Ruf von eurer Tapferkeit und Mannhaftigkeit sagt? — hat der Klang eures Schlachtschwertes die Länder durchtönt, und ist er vernommen worden jenseit der Grenzen eures Vaterlandes? Seid ihr genannt, wenn man die Thaten der tapfersten Ritter erzählt, oder ist von dem allen noch nichts geschehen? Ha, ihr schweigt! Ich sehe ihr wollt ernten, wo ihr nicht gesäet. — So geht denn hin und kehrt nicht wieder, wenn ihr nicht den Ruf eurer Thaten als Boten voraus senden könnt, dann aber wollen wir weiter davon sprechen.

Voll Gram und Scham im Herzen wandte sich unser Mann und verließ das Zimmer. Sein Entschluß war gefaßt, doch einmal noch mußte er das Mädchen seines Herzens sprechen, einmal noch ihr sagen, daß seine Hoffnung nimmer ersterben würde. Nicht ohne Abschied konnte er scheiden. Er fand sie und sagte ihr, was er zu thun gesonnen sei. Mit weinenden Augen vernahm sie seine Worte, denn sie hatte kaum anderes vermutet. Licht meines Lebens, rief er, soll ich Thaten der Tapferkeit thun, so muß dein Bild mir vorleuchten auf allen meinen Wegen, so muß ich wissen, dich zu erringen durch die Kraft meines Armes, durch die Schärfe meines Schwertes. Dann soll mir auch das Schwerste gelingen, und Jahre der Gefahr und der Arbeit sollen mir schwin= den in deinem Dienste, wie Stunden der Wonne. Darf ich kommen als bewährter Mann, und um dich werben? Wirst du treu mir deine Minne bewahren? O Gott, kehrte ich zurück und fände mich getäuscht, es könnte nimmer gut, es müßte fürchterlich enden.

In heftiger, fast sinnbetäubender Bewegung schwieg er. Aber Kunigunde erwiderte: Wie sollte ich jemals dein vergessen und dir untreu werden können? Die reine Flamme, welche für dich in meinem Herzen glüht, kann nie erlöschen, und lieber soll mein Herz von ihr, die du angefacht, verzehrt werden, als einem andern angehören. Des sei dir dieses Ringlein ein immerwährender Zeuge.

Es war aber zu dieser Zeit, wo das Kreuz gepredigt wurde wider die Ungläubigen und die Christenheit in hellen Haufen dahinzog, das heilige Land aus den Händen der Ungläubigen zu befreien und für Christi Kirche zu gewinnen. Dahin zog auch unser Landsmann mit treuem tapferen Sinn und gedachte nur, wie er Thaten vollbringen möchte zur Ehre seines Namens und seiner vertrauten heimlichen Braut. Er trug nur ihre Farben, er gedachte nur ihrer Liebe, er empfahl sich in jeder Fährlichkeit der heiligen Jungfrau und der Dame seines Herzens, welche den Dienst seines Schutzengels gleichsam übernommen, und kein anderes Weib als die gebenedeite Himmelskönigin allein schien ihm würdig, neben seiner Braut genannt zu werden. O wie süß malte er sich das Leben in der geliebten Heimat, wenn er zurückgekehrt sein würde; welch herrliche Träume zukünftiger Wonne und himmlischer Seligkeit auf Erden umflatterten sein Herz, und machten ihm den gefahrvollsten Kampf, die mühevollste Reise zu einer angenehmen Lustfahrt.

Bald hatte sich Conrad die goldenen Sporen verdient, bald war sein Name berühmt im christlichen Heere, und selber der heidnische Feind nannte ihn achtungsvoll. Noch immer schien es ihm, als habe er für seinen Ruf nicht hinlänglich gesorgt, und er blieb um neue Thaten des Ruhms zu verrichten, so sehr ihn auch sein Herz nach der Heimat zog. Darüber vergingen Jahre, bis er endlich glaubte, der Ehre genug gewonnen zu haben. Das Bewußtsein seines Ruhms, seine Liebe im Herzen, die selige Hoffnung der Zukunft — sie waren die Begleiter auf seiner Heimreise und wiegten ihn in die süßesten Träume. O wäre er nie daraus erwacht!

Je näher er kam, je weniger wußte man von seinen Thaten, je seltener wurde sein Name genannt, und in der Heimat hatte man gar nichts davon vernommen. Er erreichte die Burg seiner Väter, wo man ihn fast wie einen Fremdling empfing und erstaunt ansah. Fast kam er sich vor, als sei er aus dem Grabe erstanden. Aber noch hatte er sich nicht erholt von der mühevollen, gefährlichen Reise, als er schon den Befehl gab, mit ansehnlichem Gefolge nach Schloß Wittenberge aufzubrechen. Sein Schloßvogt trat vor, und fragte, ob er etwa einer von den geladenen Hochzeitsgästen wäre? Erstaunt blickte ihn der Ritter an, und fragte, wo denn Hochzeit sei? Da erfuhr er, daß Kunigunde in zweien Tagen vermählt werden würde, und bereits viele Hochzeitsgäste sich dort eingefunden hätten. Anfangs zweifelte er an der Wahrheit des Gerüchts; doch bald darauf erhielt er überzeugende Beweise, und ein furchtbares Dunkel umschattete seine Seele. Ein wüthender Schmerz durchzuckte sein Herz; er fühlte das heilige Band zerrissen, das ihn mit der Welt und den Menschen vereinigt hatte. Das Paradies seiner Zukunft hatte sich in eine öde Wüstenei verwandelt, öder als alle diejenigen, welche sein Fuß im Morgenlande durchschritten, denn dort hatte das Bild seiner Geliebten am Himmel seiner Hoffnung geleuchtet. Nicht mehr Menschen nur Teufelslarven schienen sich um ihn zu bewegen. Brütend über einen gräßlichen Entschluß verbarg er sich in dem finstersten Winkel seines Schlosses, und angstvoll nahte ihm niemand, denn sein furchtbares Ansehen verkündigte Tod und Verderben. So fand ihn der Morgen nach schlafloser Nacht, und jetzt befahl er, sich zu rüsten zu einem ernsten Kampfe, denn morgen wolle er mit seinen Reisigen aufbrechen. Die Knechte putzten stumm die Waffen, kein lustiges Kampflied ertönte, denn keinem ahnte etwas Gutes. Schweigend und brütend ohne Speise und Trank durchlebte der Ritter den Tag, ja er wußte kaum, ob es Tag oder Nacht war, denn wiederum hatte er das Lager nicht gesucht und der Schlaf nicht sein Auge. Da kam der dritte Tag, und völlig schwarz gerüstet mit geschlossenem Visier setzte sich der Ritter an die Spitze des Zuges.

Auf Schloß Wittenberge war des Jubels und der Freude kein Ende, denn heute wurde die Hochzeit Kunigundens, der einzigen Erbin des Burgherrn, gefeiert. Prächtig geputzt schwelgten die Hochzeitsgäste an den schwerbeladenen Tafeln; nicht bloß die Schloßleute, selbst das Städtlein sollte teilnehmen an der allgemeinen Freude. Speise und Trank war ausgeteilt, und Musik erscholl an allen Enden. Gegen Ave Maria wurde die Braut nach prächtigem Kirchgange in der Kirche des Städtleins ehelich eingesegnet, und nachdem das Brautpaar in feierlichem Zuge nach dem Schlosse zurückgeführt worden, war auf demselben ein köstliches Bankett eröffnet. Schon brannten die Lichter im Schlosse und im Städtchen; da ertönte plötzlich die Sturmglocke, und geharnischte Reiter scheuchten die Tanzenden von den Straßen, als ob der Wolf in die Herde eingebrochen wäre. Feuerflammen schlugen aus den Wohnungen in die Höhe, und immer näher drangen sie und die Reiter dem Schlosse. In furchtbarer Bestürzung dachte niemand an das Löschen, niemand war zur Gegenwehr gerüstet. Ein Leichtes war es, in das Schloß zu dringen, und sofort durchloderte auch hier die Flamme die Gemächer. Angst- und Weheruf erschollen überall, denn die Ausgänge waren besetzt und niemand wurde hinausgelassen. Schon fingen die Decken an herabzustürzen, da durchraste ein schwarzer Ritter die Gemächer, sie wild durchsuchend. Er fand Kunigunden in demselben Zimmer, in welchem er von ihr Abschied genommen in dem gräßlichsten Zustande. Herabgerissen war der Brautkranz, und das schöne Haar hing zerzauset über die bräutlichen Kleider hernieder. Er schlug das Visier zurück, trat auf sie zu und sprach: Kennst du mich, Kunigunde? Kennst du diesen Ring? — Mit furchtbarem Schrei hatte ihn Kunigunde erkannt. Sie wollte aus dem schon brennenden Gemache stürzen, er hielt sie mit starkem Arme zurück. Erinnerst du dich deines Versprechens, dein Herz lieber in der von mir angefachten Flamme verzehren zu lassen, als mir untreu zu werden? Sprich! — Kaum hörbar sprach sie das Ja aus. Siehe, das ist dein bräutliches Ja, rief er mit furchtbarem Hohne, so halte denn Wort, — umfaßte sie mit seinen Armen, daß sie an seinem Herzen zu liegen kam und stürzte sich mit ihr in die Flamme, da wo sie am furchtbarsten hauste.

Am andern Tage war Schloß und Stadt zu einem großen Aschenhaufen niedergebrannt. Die Bürger hatten ihr Leben, aber wenig von ihrer Habe gerettet. Viele behaupteten, aus dem brennenden Schlosse gestern Abend zwei weiße Tauben zum Himmel auffliegen gesehen zu haben. Von den Hochzeitsgästen hatten sich wenige geborgen.

Der alte Stamm der Herren von Wittenberge war erloschen, das

7*

Städtlein vernichtet. Wo Frevel geschehen, wollte niemand wieder bauen. Die Abgebrannten siedelten sich deshalb neben dieser alten Stelle dort an, wo jetzt das Städtlein liegt*), und von dem abgebrannten Orte ist nur die Stelle mit den Überresten von Gräben, ein gemauerter Keller und etwas von dem Mauerwerke des Schlosses, das du dort in der Dunkelheit kaum erkennen wirst, übrig geblieben.

Man ritt über den unebenen Boden der alten Stadtstelle hin; die Pferde traten behutsam auf, als hätten sie unter den Füßen etwas zu schonen. Weithin über die Flur herrschte tiefes Schweigen. Am alten Schloßgraben warfen die Pferde die Köpfe in die Höhe, sperrten die Nüstern auf und schnauften. Man ritt vorsichtig hinab in die geringe Tiefe und bald darauf wieder hinauf. Wenige Schritte weiter stand ein kleiner niedriger Rest einer alten Mauer, um welchen man ausbiegen mußte. Etwa fünfzig Schritte weiter ragten hier und da die alten Überreste des Schlosses aus dem Boden hervor, nirgend hoch, doch so, daß sich der Umriß des Gebäudes erkennen ließ. Rechts vor ihnen stand ein etwas höherer Teil, in welchem noch Fensteröffnungen zu erblicken waren. Sie näherten sich demselben, ein paar Eulen flogen mit schwerem pfeifenden Fluge davon und unterbrachen die Stille der Nacht auf kurze Zeit.

Dietrich. Siehst du? Das waren die Spukgestalten der beiden Tauben, welche sich aus den ehemaligen Flammen erhoben. Alle übrigen Seelen scheinen ihre Ruhe gefunden zu haben, denn wir haben nichts gesehen.

Caspar. Spotte nicht. Die Bewohner von Wittenberge wissen davon zu erzählen, und wenn die Furcht auch manches vergrößert haben mag, so ist doch an hier hausenden Gespenstern nicht zu zweifeln.

Johann. Gespenster sollen sich ja demjenigen auch nicht zeigen, der sie sehen will, sondern nur dem, der sie nicht sehen mag.

Dietrich. Doch nicht. Denn alsdann könnte man keine Geister citieren, und das verstehen doch manche Leute, wie Herr Wepelitz selber gesehen hat. Verstände ich nur das Geistercitieren, sie sollten mir schon kommen.

Caspar. Das wäre Verwegenheit. Störe die Toten nicht in ihrer Ruhe; zwar, was vermahne ich, da du es ohnehin nicht kannst.

Dietrich. Das käme noch auf einen Versuch an. Kunigunde, Kunigunde, komm heraus aus deinem Grabe! —

Seine beiden Begleiter erschraken und faßten unwillkürlich an das Schwert. Das Echo wiederholte mehrfach die frevelnden Worte, wie höhnend, daß es ihnen kalt durch die Glieder lief. Aber ihr Blut gerann beinahe zu Eis, als aus dem Gemäuer eine weibliche Stimme

---

*) Bekmann, Beschreibung d. Mark. Tl. V. Kap. II. B. VIII. III. S. 328.

deutlich antwortete: Ja, sogleich! Die Pferde spitzten scheu die Ohren, drängten sich aneinander und nickten ungeduldig mit den Köpfen. Aber sie bäumten sich, als gleich darauf eine graue weibliche Gestalt aus der Ruine hervortrat, die im Dämmerlichte der Sommernacht nur undeutlich zu erkennen war, einige Schritte vor derselben stehen blieb, und mit heiserer Stimme sprach: Was wollt ihr, liebe Herren, von mir?

Mit Mühe nur beruhigten die Reiter ihre Pferde. Es schien als ob die Sprache sich nicht sogleich wieder finden wollte, denn es erfolgte keine Antwort und die Gestalt wiederholte ihre Frage. Dietrich war der erste, der seiner so weit wieder mächtig wurde, daß er antworten konnte: Wir wollen dich fragen, wo dein Liebhaber ist, der schwarze Ritter.

Die Gestalt lachte mit widriger Stimme und erwiderte: Mein Liebhaber, der schwarze Hans? Der ruht da unten, schon lange, lange. Aber alle Nächte, wenn der Vollmond am Himmel steht, dann kommt er zu mir und hat keine Ruhe, und läßt auch mich nicht ruhen, und über Wiesen und Feld muß ich mit ihm wandern, ach und dann schlägt er mich, weil ich ihm nicht treu geblieben.

Caspar. Behüten mich alle Heiligen! Es ist die Kräutergundel. Was machst du hier, du tolles Weib?

Die Gestalt. Ich lauere auf eine Eule, die will ich fangen, weil ich sie brauche, einen Kräutertrank zu bereiten mit gutem Zauber.

Dietrich. Hat mich das alte Scheusal doch fast verwirrt gemacht, mit ihrer verrotteten Gestalt, und uns allen einen Schrecken eingejagt. Fort mit dir, du alte Zauberkröte, laß mich nicht hinkommen, und dir dein altes Fleisch mürbe klopfen.

Die Alte. Höre, Dietrich von Quitzow, ich will dir ein Lichtchen anzünden in diesem dunkeln Winkel, denn ich kenne dich. Es wird viele geben, recht viele, denen dein bloßes Dasein ein Schrecken, dein Name ein Entsetzen sein wird, und niemand wird dich vertilgen, denn Kraft und Macht sind Zaubermittel, wirksamer denn Zaubertränke, mit denen man die Hand nach einer Fürstenkrone ausstrecken kann. Ob aber einst Kinder und Kindeskinder wissen werden, wo du dein müdes Haupt zur Ruhe gelegt, das will ich nicht verraten. Dein Brüderlein möge sichs merken wie du, daß Glück und Unglück die nächsten Nachbarn sind; er möge sichs merken, wenn er es bei dir kann, daß Verwegenheit, weil sie auf eigene Kraft vertraut, das Unglück herausfordert, und wenn es endlich hervortritt wie ich aus dem Gemäuer, verzagte Herzen findet, die nicht im stande sind, demselben ruhig ins Antlitz zu schauen. Zieht ab, ich habe mit euch weiter nichts zu schaffen. Ihr stört mir nur meine Eulen.

Sie zog sich zurück. Was war mit dem alten Weibe anzufangen?

Unsere Reiter wandten ihre Pferde, und ritten still nachdenkend nach Schloß Wittenberge. Das alte Weib, im Städtchen wohnend, war allgemein gefürchtet und wurde dennoch allgemein gebraucht, denn sie verstand sich auf die Bereitung von Tränken, und war zu einer Zeit, wo es an Ärzten fast gänzlich gebrach nicht zu entbehren. Damals wurden Weiber dieser Art noch nicht verbrannt. Man ließ sie gewähren. Diese, mondsüchtig und halb wahnwitzig, galt für eine halbe Besessene. Dietrich mochte sie nie wieder sehen, aber ihre Worte blieben ihm unauslöschlich im Gedächtnisse.

Neuntes Kapitel.

Unterdessen hatte Siegismund in Polen fortdauernd Krieg zu führen, denn schon im vorigen Jahre (1384) hatten sich die Polen aufs neue gegen ihn empört. Er befand sich in drückenden Geldverlegenheiten; was er aus der Mark erhielt, um welche er sich ohnehin nicht kümmern konnte, reichte bei weitem nicht aus, die großen Kosten des Krieges zu decken. In dieser Not entschloß er sich, die Altmark und die Prieguitz an seine Vettern Jodocus (Jobst) und Procop, Herzöge von Mähren, zu versetzen, worin König Wenzel für sich und seinen Bruder Johann willigte. Es geschah dies am 13. Juli 1385[*]). Gleich darauf trat er die Mark, d. h. die jetzige Mittelmark an seinen Bruder König Wenzel ab, und zeigte dies den märkischen Ständen durch einen Erlaß vom 21. Juli an, in welchem er sagt, daß er dies thue, um den mancherlei sich mehrenden Gebrechen der Mark abzuhelfen, und damit Friede und Ruhe im Lande würde, desgleichen für die Dienste, welche ihm Wenzlav als römischer und böhmischer König in seinen Angelegenheiten, das Königreich Ungarn betreffend, geleistet habe. Er gebiete daher allen Ständen, dem König Wenzel gehorsam zu sein und seinen Befehlen zu folgen, wie sie es ihm bisher gethan hätten. Wer aber diesem Befehle nicht gehorsam sein wolle, der solle von Stund an zu ihm kommen, dann wolle er es ihm mündlich befehlen[**]).

Diese Maßregeln erregten Unzufriedenheit in der ganzen Mark, noch mehr als König Wenzel beschloß, seinen Bruder, den Herzog Johann von Görlitz, als obersten Verweser des Landes in die Mark zu schicken, und mit Umgehung aller üblichen Formalien seinen Kanzler Hanke nach Luckau schickte, wo dieser die Stände der Mark zusammen berief und ihnen Wenzels Willen eröffnete.

Nach mancherlei Beratungen und Unterhandlungen erklärten die

---

[*]) Urkunde in Pelzels Lebensgeschichte des Königs Wenceslaus. Bd. I. Urk. S. 65. Vgl. S. 166.
[**]) Urkunde in Gerken, Cod. diplom. T. III. S. 134.

Stände, daß sie auf solche Weise sich an keine andere Herrschaft weisen lassen könnten, und am Freitag nach St. Andreastag (den 1. Dezember) wurde nachstehendes festgesetzt. Herzog Johann von Görlitz sollte von den Ständen des Königs wegen aufgenommen werden, und man würde ihm gehorsam sein, wie Markgraf Siegismund sie in seinem Briefe an= gewiesen. Allein die Stände wollen Bevollmächtigte zu ihrem Herrn dem Könige senden, und dieser soll mit derselben Botschaft einen Abge= sandten schicken an Markgraf Siegismund, und diesen vermögen, daß er die märkischen Bevollmächtigten mündlich an den König, und letzterer sie an den Herzog Johann als Markgrafen von Brandenburg weist. Sollte jedoch Markgraf Siegismund die Mark an jemanden anders, als an den König Wenzel und durch diesen an Herzog Johann weisen wollen, so sollen sich die märkischen Bevollmächtigten darauf nicht einlassen, und wenn Markgraf Siegismund doch darauf bestände, ihm sagen, daß sie sich an diejenige Herrschaft halten würden, an welche sie sich von Rechtes und der Ehre wegen halten müßten, und welcher sie gehuldigt und Treue geschworen hätten als einem Markgrafen zu Brandenburg. Als Ver= fasser dieser Feststellungen nannten sich Heinrich von der Duba, Hans von Bieberstein und Niklas von Hasenburg, welche im Namen der Stände gehandelt und des zu Urkund mit des Königs Kanzler Herrn Hanke übereingekommen waren, daß letzterer sein Insiegel darunter drückte *).

Die mündlichen Verhandlungen der Abgeordneten scheinen den Er= folg gehabt zu haben, einstweilen alles beim alten zu lassen. Denn Johann von Görlitz kam nicht in die Mark, und die Priegnitz und Altmark wurden für jetzt noch nicht versetzt. Wie wenig aber Schritte dieser Art geeignet waren, Siegismund die Herzen der Märker zuzu= wenden, bedarf nicht erst angedeutet zu werden. Genau genommen hatte die Mark gar keinen Regenten. Lippold von Bredow that in der Stelle desselben, was er konnte; allein er war ohne landesherrliche Macht und verdankte seine Gewalt mehr seinem persönlichen Ansehen als seiner Stelle.

Er hatte in der letzten Hälfte dieses Jahres wieder alle Hände voll zu thun, denn mit Magdeburg war der Krieg nach abgelaufenem Waffen= stillstande wieder ausgebrochen, und es fehlte nicht an gegenseitigen Ge= waltthätigkeiten und Neckereien. Plauen befand sich noch immer in Lippolds Händen; der Erzbischof beschloß daher, Milow noch stärker zu befestigen, um von hier aus in das Havelland zu streifen. Märkischer= seits suchte man dies zu verhindern; ja man warf sich auf den Angriff und streifte in das Magdeburgische bis gegen die Elbe. Dabei ging

---

*) Urkunde Gerken, Cod. diplom. T. III. S. 136.

man mit den Ortschaften, über welche der Zug führte, nicht eben säuber=
lich um, bis die Magdeburger sich zusammen rafften, in stärkerer Zahl
erschienen und die Märker wieder über die Havel zurück drängten*).
In diesen Wirrnissen endete das Jahr 1385, und das folgende begann.

Für Siegismund waren die Aussichten inzwischen nicht günstiger ge=
worden. In Polen standen die Angelegenheiten sogar recht schlimm für
ihn. Auf wiederholtes Bitten der Polen war die jüngere Prinzeß,
Hedwig, dahin gekommen**). Längst hatte man hier die Vereinigung
mit Ungarn nur ungern ertragen, der günstige Moment selbständig auf=
zutreten schien gekommen, und bald vereinigten sich deshalb die ab=
weichendsten Meinungen dahin, die Prinzessin Hedwig als Königin von
Polen zu krönen, was bereits 1384 zu Krakau geschehen war. Siegis=
mund verlor dadurch die Aussicht auf Polen, und an eine günstigere
Wendung war um so weniger zu glauben, als zwei neue Prätendenten
auftraten, welche beide auf die Prinzessin und die polnische Krone An=
spruch machten. Hedwig war schon vor ihrer Krönung mit dem Herzoge
Wilhelm von Österreich verlobt, und als Bräutigam derselben wollte er
sein Recht verfolgen und begab sich deshalb nach Polen, um die Hoch=
zeit zu betreiben und die Polen für sich zu gewinnen. Allein zu
gleicher Zeit war der Großfürst von Litthauen, Jagello, mit einem großen
Heere in Polen eingefallen, um seiner Bewerbung um Hedwig mehr
Gewicht zu geben und erforderlichen Falles Königin und Krone zu er=
obern. Sein Reich war damals noch das einzige in Europa, dessen Be=
wohner Heiden waren†) Er versprach, sich mit allen seinen Unterthanen
taufen zu lassen, wenn man ihm die Königin gäbe und ihn zum
Könige wählte***).

Dies war ein glänzender Vorschlag, vollkommen geeignet, die Zu=
stimmung der Polen zu gewinnen. Ging man darauf ein, so schaffte
man sich einen gefährlichen Feind vom Halse, erhielt einen mächtigen
Beschützer, vergrößerte das Reich durch das ansehnliche Großfürstentum
Litthauen, erhielt einen Herrscher, der mit polnischer Sitte und Sprache
vertraut, ja darin geboren und erzogen war und erwarb sich nebenbei
ein großes Verdienst um den Glauben. Kein Wunder, wenn diese Vor=
teile sich den Polen groß genug darstellten, um auf die frühere Ver=
lobung ihrer Königin und ihre Neigung nicht zu rücksichtigen. Herzog
Wilhelm von Österreich wurde mit Härte fortgewiesen, und mußte seiner
Sicherheit wegen nach Österreich zurückkehren, und Siegismund hatte nun=
mehr jede Aussicht auf die polnische Krone verloren†).

---

*) Angeli Annales. S. 168.
**) Dlugossus ad h. a. S. 73—91.
***) Dlugossus S. 92—95.
†) Dlugossus S. 96—102.

Nur die auf die ungarische war ihm noch geblieben, allein sie trübte sich mehr und mehr. Seine künftige Schwiegermutter, die verwitwete Königin Elisabeth, hatte ihn von jeher nicht besonders leiden können. Siegismunds ungezügeltes Leben und seine leichtsinnige Handlungsweise gaben ihrem Widerwillen nur zu vielen Grund. Jetzt machte ihr Siegismund die bittersten Vorwürfe, daß sie durch die Absendung der Hedwig nach Polen seine Plane durchkreuzt und ihn um den polnischen Thron gebracht habe. Beide veruneinigten sich darüber so sehr, daß sie ihm das Königreich Ungarn verbot, und ihn nötigte sich nach Mähren und Böhmen zu begeben.

Königin Elisabeth war kein Weib, das eine Beleidigung leicht vergaß. Noch fühlte sie sich als Königin und Mutter und beschloß, die Braut Siegismunds, Maria, mit Herzog Ludwig von Orleans, des Königs von Frankreich Bruder, zu vermählen. Dieser eigenmächtige Schritt erregte den Widerwillen der Ungarn, und Elisabeth ward mit Schrecken inne, daß der bei weitem größte Teil des Volks mit ihr schon seit längerer Zeit höchst unzufrieden sei. Viele drohende Zeichen machten sie besorgt, und es ward ihr klar, daß sie sich nach einer mächtigen Stütze umsehen müsse. Sie glaubte diese in ihrem erwählten Schwiegersohne, dem Herzoge von Orleans zu finden. Diesem war indessen die Sache wieder leid geworden, und er vermählte sich mit einer Visconti von Mailand.

Die Unzufriedenheit der Ungarn mit ihren beiden Königinnen stieg immer höher. In einem morschen Kleide wird ein kleiner Riß sehr schnell zu einem großen. Man unterhandelte mit König Karl III. oder dem Kleinen von Neapel und trug ihm die ungarische Krone an. Der Glanz einer Krone ist so verführerisch, daß wenige der Versuchung widerstehen können, ihre Hand darnach auszustrecken, wenn sie angeboten wird. König Karl griff mit Begierde darnach.

Königin Elisabeth sah mit Schrecken ihre Anhänger auf ein kleines Häuschen beschränkt. Es galt jetzt, dem gefürchteten Schlage zu begegnen. Mit niemandem waren die Unterhandlungen so weit gediehen, als mit dem verschmähten Siegismund; mit ihm konnte man daher am schnellsten weiter kommen. — So schwer es ihr wurde, ließ sie ihn einladen, sich nach Ungarn zu begeben, um sein Beilager mit der Königin Maria zu feiern.

Überraschender konnte Siegismund nichts kommen, als dieser Antrag, ihm, der eben noch sich als um alle seine Hoffnungen betrogen betrachtet hatte. Er machte sich eilig auf, und das Beilager wurde wirklich vollzogen. — Allein auch König Karl war nicht säumig gewesen, und schon in den nächsten Tagen erfuhr man, daß er in Ofen angelangt sei.

Viel zu schwach, um Gewaltschritte gegen ihn zu thun, blieb nichts

anderes übrig, als die kleine Partei der Königin durch auswärtige Kriegs=
völker zu verstärken, und Siegismund reiste ab, um sie in Deutschland
zusammen zu bringen.

Es war um diese Zeit, wo Siegismund die Marken versetzen wollte,
um Geld aufzutreiben, und mit demselben sich die ungarische Krone zu
erobern.

Unterdessen mehrte sich der Anhang Karls je länger je mehr, und
am 31. Dezember 1385 wurde er zum Könige von Ungarn in Ofen
gekrönt.

König Karl hatte es für angemessen erachtet, der verwitweten Königin
und ihrer Tochter seine Hochachtung zu bezeugen, so bald er gekrönt
worden war. Er besuchte sie anfangs des Jahres 1386, und behandelte
sie mit derjenigen Schonung und Achtung, welche das Unglück überall
zu fordern berechtigt ist. Aber während er an ihrem kleinen Hofe an=
scheinend höchst ehrfurchtsvoll aufgenommen wurde, brütete die Königin
Mutter über Plänen der Rache. Einer ihrer Anhänger, Blasius For=
gach, schien ihr der geeignetste, um als Werkzeug derselben zu dienen.
Sie zog ihn auf ihre Seite, machte ihn zum Vertrauten, und wußte
ihn dafür zu gewinnen. Karl war bei ihr eingeladen, und fand eine an=
sehnliche Gesellschaft. Mitten im Gespräche zog Forgach sein Schwert
und versetzte Karl einen so furchtbaren Hieb, daß er ihm den Schädel
bis auf das Auge herab spaltete. Er war nicht tot, sein Gefolge wollte
ihm beispringen; aber im Augenblicke waren alle Anhänger der Königin
in Waffen. Man bemächtigte sich seiner Person, schleppte ihn fort, und
sorgte dafür, daß er sterben mußte. Siegismund wurde sogleich von dem
Ereignisse benachrichtigt, und man forderte ihn auf, so schnell als mög=
lich mit einem Kriegsheere in Ungarn einzurücken. Dies wollte sich in=
dessen so schleunig nicht thun lassen.

Die schreckliche Gewaltthat aber hatte die Herzen der Ungarn gegen
die Königin erbittert, und die eifrigsten Anhänger Karls verschworen sich,
seinen Tot blutig zu rächen. Unter diesen war der Ban oder Statt=
halter von Kroatien, Johann von Horvath, der mächtigste. Er lauerte
auf eine Gelegenheit für seine Rache, die sich so leicht nicht fand, da
die Königin auf ihrer Hut war. Endlich im Mai veranstaltete die
Königin eine Lustfahrt, auf welcher sie ihre Tochter und eine Anzahl
ihrer Anhänger begleiteten. Johann von Horvath überfiel sie aus einem
Hinterhalte. Blasius Forgach wurde mit vielen andern in Stücke ge=
hauen, die beiden Königinnen nahm er gefangen. Da indessen die
Königin Mutter sich sehr ungeberdig nahm, machte er kurzen Prozeß
und ließ sie alles Bittens ungeachtet ersäufen; die Königin aber führte
er gefangen nach Krupa oder Novigrod in Kroatien.

Siegismund stand bereits mit einem Heere am 11. Mai 1386 bei

Jauer in Schlesien, ohne von diesen Vorgängen zu wissen. Seine Hoff=
nungen auf Ungarn waren größer als je, nur vor der Berichtigung seiner
Angelegenheiten mit den beiden Königinnen graute ihm. Er kam dar=
um mit König Wenzel überein, daß dieser die Vermittelung aller
Streitigkeiten mit den königlichen Frauen übernehmen solle, wobei Jobst
und Prokop von Mähren ebenfalls ihre guten Dienste versuchen möch=
ten. Darauf rückte er mit seinem Heere gegen Ungarn vor und ver=
nahm unterwegs, welche Wendung die Dinge genommen hatten.

Die Ratlosigkeit, in welcher sich die Ungarn befanden, ließ sie Siegis=
munds Bewerbungen in günstigerem Lichte als bisher betrachten, und
sein Heer erhielt starken Zulauf.

Die Zahl seiner Anhänger mehrte sich, je weiter er vorrückte. Er
begehrte von Johann von Horvath die Loslassung der gefangenen Kö=
nigin. So wenig dieser auch anfangs Lust bezeigte, so bewog ihn
doch endlich die Betrachtung dazu, es mit dem wahrscheinlich künftigen
Herrscher nicht zu verderben. Doch mußte die Königin ihm in üblicher
Weise Urfehde schwören, das heißt, ihm eidlich versprechen, keine Rache
an ihm nehmen zu wollen. Es gelang Siegismund, Ungarn nach und
nach zu beruhigen, und im folgenden Jahre, am Palmsonntage wurde
er zu Stuhlweißenburg von dem Erzbischof von Gran zum Könige von
Ungarn gekrönt*). *)Man muß gestehen, daß er es sich um die un=
garische Krone hat sauer werden lassen, um so mehr, als er eine Königin
mit in den Kauf nahm, die nach allem, was man von ihr weiß, nichts
weniger als liebenswürdig war.

Die Mark hatte nun den König von Ungarn zum Regenten, eine
Ehre, auf welche ihre Bewohner, wie es scheint, wenig Wert legten.
Siegismunds Bestrebungen hatten sehr viel Geld gekostet, und noch immer
war viel vonnöten, denn selbst eine Krönung ist eine teure Sache.
Lippold wurde daher von Siegismund ersucht, so viel Geld zu schicken,
als möglich, eine schwere Aufgabe unter allen Umständen, aber unter
den hier obwaltenden zehnfach schwer. Was blieb übrig, als landes=
herrliche Gerechtsame zu veräußern? So versetzte er unter anderm am
St. Lucätage der Stadt Neu=Brandenburg alle hohe und niedere Ge=
richtsbarkeit für hundert Schock böhmische Groschen**). Nur wenig des
zusammen gebrachten Geldes konnte für die nötigsten Bedürfnisse der
Mark verwendet werden, und Ritter Lippold wußte bei all seiner Tüchtig=
keit nicht aus noch ein.

In der Priegnitz hatte unterdessen ein für die Quitzowsche Familie
sehr angenehmes Ereignis statt gefunden. Bischof Dietrich Mann zu

---

*) Pauli, Preuß. Staatsgesch. Tl. I. S. 557. 558.
**) Ludwig in Reliq. T. IX. S. 544.

Havelberg war im Jahre 1386 gestorben und Johann Wepelitz an seiner Stelle gewählt und von der römischen Curie bestätigt werden[*]). Sie hatte an ihm einen mächtigen und kenntnisreichen Freund gewonnen, und in ihrem Verhältnisse zu ihm, als ihrem Oberlehnsherrn, war das nicht unwichtig. Er blieb auch jetzt noch der wohlmeinende Freund der beiden jungen Quitzows, auf welche er große Hoffnungen baute. Es lag ihm am Herzen, sein Vaterland, die Priegnitz, durch bedeutende Männer berühmt und verherrlicht zu sehen, an welchen es ihr noch gar sehr gebrach. Rohe Kraft war genug vorhanden, sie äußerte sich auch nicht selten wohlgemeint, aber nicht in einer Art, der sein gebildeter Sinn Geschmack abgewinnen konnte.

Eben jetzt, im Jahre 1387, bestand wieder eine Fehde zwischen Perleberg und mehreren von Adel. Coppeke, Vogt der Vormark (Priegnitz), die Gebrüder Henning und Albert von Königsmark, ersterer Ritter, letzterer Knappe, sowie ihre Vettern Ritter Heinrich, nebst Hermann und Ullrich von Königsmark waren insgesamt mit der Stadt Perleberg in Streit geraten, hatten ihr abgesagt, und der Krieg entbrannte in gewohnter Heftigkeit. Vielleicht hätten die Gewaltthätigkeiten von beiden Seiten noch lange gedauert, wenn Bischof Wepelitz nicht dazu gethan hätte, dem Unheil ein Ende zu machen. Er ersuchte die Quitzows und den Rat der Stadt Pritzwalk, zu versuchen, ob sich der Streit nicht beilegen ließe. Ritter Cuno und sein Bruder Johann reisten sofort zu den kriegführenden Parteien, und ihren mit dem Rate von Pritzwalk vereinigten Bemühungen gelang es, am 6. März eine vollständige Sühne zwischen den kriegführenden Parteien zu vermitteln, und den gestörten Frieden wieder herzustellen[**]). Leider waren nicht überall und in allen andern Fällen dieser Art solche Vermittler zu finden.

König Wenzel war bemüht, den Landfrieden in Deutschland aufrecht zu erhalten und hatte zu dem Ende mit vielen Fürsten zu Mergentheim ein Bündnis abgeschlossen, gemeinschaftlich keinen Bruch des Friedens zu dulden. König Siegismund ließ sich als Markgraf von Brandenburg ebenfalls in dieses Bündnis aufnehmen, um dadurch für die Ruhe dieses Landes zu sorgen, soweit seine Entfernung es gestattete[***]). Durchgreifendere Mittel lagen außer seiner Macht. Leider aber war er durch seine übergroßen Anstrengungen so sehr verschuldet, daß er keine Aussicht hatte seinen Gläubigern jemals vollkommen gerecht zu werden. Unter diesen waren seine Vettern, die Herzoge Jobst und Prokop von Mähren die schlimmsten. Sie verlangten Sicherheit oder Rückzahlung ihres Geldes,

*) Stein in Küsteri Opusc. Tom. II. S. 81.
**) Bekmann, Beschr. d. M. Brand. Tl. V. Bd. II. K. II. S. 64.
***) Pauli, Preuß. Gesch. Tl. I. S. 558.

und das eine wie das andere war nicht ohne ungewöhnliche Maßregeln zu bewirken. Er kam darum auf seinen früheren Plan zurück, die Mark an seine Vettern zu versetzen, aber es schien ihm, der gemachten Erfahrung zufolge, dienlich, die Stände der Mark dieserhalb zu sich zu berufen und mit ihnen mündlich zu unterhandeln.

Durch ein an die Stände gerichtetes Schreiben, datiert am Sonntage Judika (15. März), von Trencz aus, sagt er ihnen, daß wegen sehr nötiger die Mark betreffender Angelegenheiten, insonderheit um das Land in eine rechtliche Satzung, Ordnung und Friede zu bringen, er gebiete, daß sie einen Bischof, zween Edle Manne und aus jeder Stadt der Mark zwei der edelsten Räte mit gehöriger Vollmacht unverzüglich zu ihm senden sollen, so daß sie in den nächsten Pfingsttagen (17. Mai) bei ihm in Trencz versammelt wären, wie ihnen deswegen auch König Wenzel selber schreiben werde. Er meine daselbst alle nötigen Sachen, die seine Lande, insonderheit die Mark zu Brandenburg betreffen, mit Gottes Hülfe so zu bestellen, daß alle Entzweiungen und Kriege, die von langer Zeit her gewesen und noch sind, ein Ende gewinnen, und Friede und Ordnung ohne Zweifel hergestellt werden sollen[*]).

Die Abgeordneten fanden sich in den Pfingsttagen ein; auch Lippold von Bredow hatte nach Ungarn kommen müssen, wo alle Brüder Siegismunds nebst seinen Vettern von Mähren versammelt waren. Siegismund legte ihnen seinen Plan vor. Es ist nicht bekannt, ob die Abgeordneten Einwendungen gemacht haben; jedenfalls haben sie nichts geholfen, denn ohne dringende Notwendigkeit hätte Siegismund den Schritt nicht gethan, und gegen die Notwendigkeit vermögen die Stände so wenig als die Könige. Die Verpfändung kam zustande, die Abgeordneten wurden mündlich unterrichtet und an ihre neuen Herren gewiesen, worauf man die nötigen Benachrichtigungsschreiben in beglaubigter und üblicher Form erließ, durch welche die Unterthanen ihres Eides entbunden wurden. Siegismund sagte darin, daß er den Hochgebornen Fürsten, Herrn Jobsten und Herrn Prokopen, Markgrafen zu Mähren, seinen lieben Vettern, mit gutem Wissen und auf den Rat seiner Räte versetzt habe seine Lande, die Marken, keine ausgenommen, ganz und vollkommen, wie das enthalten sei in Briefen, welche er zur Kenntnisnahme seinen Landen sende. Darum wolle er ernstlich von ihrer Liebe begehren, daß sie ohne Säumnis und Widerrede auf den Tag zusammen kommen sollten, den ihnen sein Hauptmann Herr Lippold von Bredow und Herr Leuthold von Krummensdorf im Einverständnisse mit ihm anzeigen würden, um die vorerwähnten mit seinem Insiegel versehenen Briefe anzuhören, und nach der Briefe Laut und Ausweisung zu thun, wie ihnen die genannten

---

*) Gerken. Cod. dipl. Tom. III. S. 399.

Hauptleute und seine Mannen und Städte, die bei ihm in Ungarn gewesen, sagen würden, welche er mündlich dazu angewiesen, so daß sie den oben= genannten Herrn Jobsten und Herrn Prokopen huldigen und geloben sollen in aller maßen, insofern sie seine schwere Ungunst vermeiden wollen, und wenn sie den genannten Markgrafen gehuldigt und geschworen, so entließe er sie und ihre Erben kraft dieses Briefes der ihm gethanenen Gelübde und Huldigung. Wäre irgend einer, der sich an dieser kon= firmierten Botschaft nicht wollte genügen lassen, so geböte er, daß der= selbe von Stund an zu ihm komme, da wolle er jeglichen mündlich da= zu anweisen. (Gegeben zu Schietau*) ꝛc.

Ganz ähnliche Schreiben erließ der Herzog Johann von Görlitz, in welchem er die märkischen Stände der ihm gethanenen Huldigung entließ, und sie von allen Pflichten gegen ihn entband. Alle übrigen An= weisungen sind wörtlich dieselben, wie die oben angegebenen. Seine Schreiben sind von Schietau am Donnerstag nach dem heiligen Leich= namstage unsers Herrn (4. Juni) datiert**).

König Wenzel entließ darauf durch ein besonderes Schreiben die Stände der Mark ebenfalls aller Treue, Huldigung und Gelübde, die sie ihm als einem Könige von Böhmen und Anwarter des genannten Landes gethan haben, mit Ausnahme des Landes und der Städte in der Mark Brandenburg, welche dem Herzog Johann von Görlitz durch seinen Vater Kaiser Karl verschrieben und zugeteilt worden. Er gebiete dem= nach allen und jeden, daß sie sich nach dem Inhalte der Briefe richten mögen, welche sie von dem Könige von Ungarn und dem Herzoge von Görlitz erhalten haben. Das Schreiben ist vom nächsten Sonntag nach St. Johannis dem Täufer (28. Juni) 1388 datiert***).

So hatte denn nun die Mark zwei neue Herren gewonnen, und mit ihnen begann eine neue Ordnung — leider muß man richtiger sagen, Unordnung — der Dinge. Viel Gutes durfte man von Jobst nicht hoffen, das verkündigte schon die öffentliche Meinung, welche seinem Charakter kein besonderes Lob beilegte. Dazu kam, daß beide Brüder in schlechtem Vernehmen standen, und sich sogar feindselig behandelten. Man sah eine Zeit kommen, in welcher Recht und Gerechtigkeit ver= stummen, und nur der persönliche Einfluß wie die Macht des Geldes herrschen würde.

Am Besten befanden sich dabei diejenigen Länder, welche Johann

---

*) Lenz, Brandenb. Urkunden S. 454. Pauli, Preuß. Geschichte Tl. I. S. 560. 561.

**) Gerken. Cod. diplom. T. III. S. 142. Lenz, Brandenb. Urkunden S. 931. Gerken. Diplomat. vet. march. T. II. S. 631. Buchholz, Brandenb. Gesch. Tl. V. Urkunde S. 162.

***) Gerken, Cod. diplom. T. III. S. 140.

von Görlitz erhalten hatte. Bis dahin standen sie unter der Regierung des Königs Wenzel. Erst jetzt erhielt Johann das Land über der Oder, die jetzige Neumark und seine übrigen Besitzungen in der Lausitz und regierte diese Länder selbständig*).

Die Verpfändung war in der Weise geschehen, daß die Marken den Pfandherren und ihren Erben als Eigentum gehören sollten, wenn sie nicht bis zum Jahre 1396 oder 97 wieder eingelöst worden seien.

Markgraf Jobst war der Hauptgläubiger Siegismunds; er sollte daher auch die Regierung des Landes führen, und dem Markgrafen Prokop sollte nur auf den Fall von Jobstens Abgang gehuldigt werden**). Allein bis zu dem Zeitpunkte des völligen Besitzes sollte sich Jobst nicht Markgraf von Brandenburg nennen. Demgemäß waren die Stände in besonderen Briefen angewiesen, die Huldigung zu leisten. Das Verhältnis selber ist ein eigentümliches, und verlangt in seiner von dem jetzt üblichen so abweichenden Form deutlich erkannt zu sein, wenn nicht alle daraus hervorgehenden untergeordneten Verhältnisse schief beurteilt werden sollen, so daß eine ausführliche Darstellung desselben wohl nicht getadelt werden wird.

Jobst kam nun mit Prokop nach der Mark, und reiste im Lande umher, die Huldigung anzunehmen. Sie wurde ihnen überall nach der in dem Schreiben Siegismunds angegebenen Form geleistet, nämlich: Wir huldigen und schwören recht und redlich dem Hochgebornen Fürsten und Herrn, Herrn Jobsten, Markgrafen und Herrn zu Mähren, unserm lieben gnädigen Herrn und seinen Erben als unserm rechten Herrn in der Mark nach Gebot und Geheiß des erlauchtigen Fürsten und Herrn, Herrn Siegismunds, Königs zu Böhmen, nach seiner Briefe Aussage und Ausweisung, und sonderlich mit ganzer Vollbort und nach mündlicher Anweisung des allerdurchlauchtigsten Fürsten und Herrn, Herrn Wenzlavs, römischen Königs und Königs von Böhmen, und Herrn Johanns, seines Bruders, Herzogs zu Görlitz. Geschähe es, daß unser gnädiger Herr, Herr Jobst, ohne Erben abginge, was Gott verhüte, so geloben wir, und sollen wollen und kommen an den hochgebornen Fürsten und Herrn, Herrn Prokop, Markgrafen zu Mähren und an seine Erben, ohne Gefährde und Widerspruch; so lange aber Herr Jobst, unser gnädiger Herr, lebt und luftig ist (atmet), so sollen wir uns an ihn und an seine Erben und an niemand anders ziehen und halten. Sollte aber der vorgenannte Herr Jobst, unser lieber gnädiger Herr, eines Andern zu Rathe werden mit seinem Lande, der Mark zu Brandenburg, und wollte sie an einen andern Herrn weisen, so soll der vorgenannte Herr Prokop so

*) v. Lancizolle, Bildungsgesch. Tl. I. S. 244. 245.
**) A. a. O. S. 246.

wenig als seine Erben dawider reden, und keine Macht haben, zu wider=
sprechen, und keine Mahnung soll er thun, dessen Lande zu haben, und
wir geloben, daß wir uns an ihn nicht wollen halten noch ziehen*). —
In Folge dieser Huldigung bestätigte Jobst den Städten und Ständen
ihre Privilegien und Vorrechte. Er scheint anfangs August in die Mark
gekommen zu sein, denn am 9. war er in Berlin anwesend, wo er die
Privilegien der Stadt Brandenburg bestätigte; Mitte September ging
er nach der Altmark, war im Oktober wieder in Berlin, und ging so=
dann zum zweitenmale nach der Altmark. Lippold von Bredow blieb
in seinem Amte; in der Altmark wurde Hüner von Königsmark zum
Landeshauptmann bestellt.

Jobst hielt es für seine Schuldigkeit, die nach und nach von der
Mark abgerissenen Stücke Landes wieder zu erwerben und warf sein
Auge zuerst auf das, was die Herzöge von Mecklenburg sich davon ange=
eignet hatten. Herzog Albrecht von Mecklenburg, König von Schweden,
war als letzterer in einen gefährlichen Krieg mit der mächtigen und
kriegerischen Königin von Norwegen, Margarethe, einer Amazone, welche
man die nordische Semiramis zu nennen pflegte, verwickelt und hatte
am St. Mathiastage, den 24. Februar dieses Jahres das Unglück, in
der Schlacht bei Arwalde gefangen zu werden. Er hatte seinen Sohn
bei sich, seinen Vetter, den Sohn Herzog Johanns von Stargard, Bischof
von Scaren, einen Grafen von Holstein, und den Grafen von Ruppin,
welche alle mit ihm gefangen wurden**).

Sobald die Nachricht davon sich verbreitete, beschloß Jobst die Ge=
legenheit zu benutzen und durch Kriegsgewalt Mecklenburg zu zwingen,
die erworbenen Länder abzutreten; die Umstände ließen einen günstigen
Erfolg hoffen, und der Krieg konnte vorteilhaft sein, für Jobst Grund
genug, ihn nicht von der Hand zu weisen. Er ließ Anstalten treffen
und seine Vasallen dazu entbieten; indessen erschienen diese nicht so schnell,
daß nicht ein ansehnlicher Teil des Jahres verstrich, ehe man den Krieg
beginnen konnte. In Mecklenburg konnte man diesen Rüstungen nur
eine geringe Macht entgegen setzen, weil ein großer Teil der Streit=
kräfte des Landes in Schweden verwendet wurde. Als mecklenburgische
Vasallen wurden die Putlitze und Quitzows ebenfalls aufgefordert, sich
beim mecklenburgischen Banner einzufinden, und sie leisteten dem Auf=
gebote Folge.

Der Krieg begann. Die Märker rückten in Mecklenburg ein. Als
Hauptmann führte sie der uns aus der Verbrennung von Wilsnack wohl=
bekannte Heinrich von Bülow mit dem Zunamen Großkopf***). Er hatte

---

*) Lenz, Brandenb. Urkunden S. 458.
**) Detmar bei Grotuff II. I. S. 344. 345.
***) Detmar bei Grotuff II. I. S. 349.

sich durch seine Tollkühnheit einen großen Namen erworben, und da er eine nicht unbedeutende Mannschaft führte, so that er in Mecklenburg vielen Schaden, den die entgegenstehende viel geringere Macht der Mecklenburger nicht verhüten konnte. König Albrecht war dieser Krieg um so mehr lästig, als er dadurch gehindert war, auf Unterstützung aus Mecklenburg zu rechnen, deren er doch dringend bedurfte. Es ist nicht bekannt, welche Mittel er gewählt hat, sich Frieden mit der Mark zu verschaffen. Gegen Ende des Jahres scheint jedoch der Krieg beendigt gewesen zu sein, von dessen einzelnen Vorfällen wir nichts zu berichten vermögen.

Allein Jobst hatte zugleich sein Auge weiter geworfen. Auch im Westen waren der Mark Stücke entrissen, und namentlich hätte er gern wieder gehabt, was die Herzöge von Braunschweig-Lüneburg davon besaßen. Besonders schmerzte es ihn, die Schlösser Lüchow und Dannenberg in ihren Händen zu sehen, welche sie schon seit längerer Zeit pfandweise erworben hatten. Durch Unterhandlungen waren sie nicht zu gewinnen; das ergab sich bald, und so entschloß er sich, zu den Waffen zu greifen. Größerer Sicherheit wegen unterhandelte er jedoch zuvor mit denjenigen Fürsten, die mit den braunschweig-lüneburgischen Herzögen verbunden waren und bot ihnen Geld, wenn sie während des Krieges sich ruhig verhalten, und ihnen keinen Beistand leisten wollten.

Auch einige benachbarte lüneburgische Vasallen bestach er und verleitete sie zur Untreue gegen ihren Herrn. Ja selbst den einen von den drei herzoglichen Brüdern wußte er durch 1300 Schock böhmische Groschen zu bewegen, sich seiner beiden anderen Brüder nicht anzunehmen, sondern sie ihrem Schicksale zu überlassen, zu welchem Ende er selber eine Reise zu ihm gemacht hatte. Man sieht hieraus, daß es ihm wenigstens nicht an Überredungskunst fehlte, obwohl die friedliebende Gesinnung Herzog Friedrichs ihm dabei sehr zu statten kam. Die Schloßherren von Warbeck verließen die lüneburgische Partei, und setzten sich mit ihren Gütern zu der Mark*). Damit und mit gegenseitigen Kriegsrüstungen war das Jahr 1389 vergangen; die Chronisten rühmen die ausnehmende Wohlfeilheit der Lebensmittel in diesem Jahre, wo z. B. der Scheffel Roggen in der Mark elf Pfennig, ein Pfund Butter 2 Pfennig, eine Tonne Bier 4 Schilling, eine Kuh 3 Schilling galt, und ein Tagelöhner außer Essen und Trinken täglich 3 Heller erhielt**). Sie sind voll von dieser Glückseligkeit, und werden nicht inne, daß eine solche Erscheinung nur ein Beweis für die Ärmlichkeit des Zustandes gesell-

*) Herm. Kornerus, ap. Leibnitium T. III. S. 200.
**) Haftitius, ap. h. ann. Angelus, Annales S. 169. Enzelt ap. h. a.

schaftlicher Entwickelung ist, denn sie kann sich nur bei gehemmtem Verkehr und einem großen Mangel an Geld in diesem Maße äußern. Kann ein Land nach außen nichts absetzen, so braucht man den Einwohnern nur die Hälfte ihres baren Vermögens zu nehmen, so müssen alle Lebensmittel auf die Hälfte des bisherigen Preises herabsinken und um eben so viel wohlfeiler werden, und dennoch hat man nicht gewonnen, sondern verloren. Diese wohlfeile Zeit liefert daher den Beweis, wie groß die Summe Geldes gewesen sein muß, welche Siegismund der Mark entführt hatte.

Zehntes Kapitel.

Sobald der Frühling des Jahres 1390 gekommen war, rüsteten sich Jobst sowie die Herzöge Bernd und Heinrich von Lüneburg und brachen mit ihren Mannschaften auf, um das ungewisse Spiel des Krieges zu versuchen. Die lüneburgischen Herzöge hatten 110 bis 120 Gewappnete zusammengebracht aus Sachsen, Holstein, Mecklenburg und Lauenburg, so daß sich das Heer mit eigenen Leuten, Ritter und Knechte zusammen genommen, auf etwa 1100 Mann belaufen konnte[*]. Damit zogen sie vor die Schlösser Schnackenburg und Gartow, umlegten dieselben und setzten ihnen hart zu. Jobst kam dabei in eine üble Lage. Er wäre ihnen gern zu Hülfe gekommen; allein der Erzbischof von Magdeburg hatte den Moment für günstig erachtet, die früheren Beschwerden Magdeburgs gegen die Mark zur Sprache zu bringen und Jobst zur Nachgiebigkeit zu zwingen.

Dadurch waren Weiterungen entstanden, die so schnell nicht beigelegt werden konnten, Magdeburg nahm eine drohende Stellung an, und Jobst durfte es nicht wagen, in die Altmark einzurücken; denn brach der Krieg mit Magdeburg aus, so wurde er von diesem in die Flanke und im Rücken genommen, und der Untergang seines Heeres war unvermeidlich. So mußte er ruhig zusehen, wie die Lüneburger die Altmark verheerten. Er hatte ziemlich unbesonnen mit Unkenntnis der bestehenden Verhältnisse den Krieg angefangen, und die Greuel desselben herauf beschworen, aber er vermochte sie nicht zu bannen und ließ nun geschehen, was er nicht ändern konnte.

Schnackenburg und Gartow widerstanden tapfer, aber auf die Dauer war eine so heftige Belagerung nicht auszuhalten. Der Widerstand wurde matter, und sie waren genötigt, sich zu ergeben. Im Besitz dieser festen Punkte vermochte der Feind mit größerer Sicherheit seine Unternehmungen weiter auszudehnen, indem er einen Stützpunkt erhalten hatte, auf welchen er sich nötigenfalls zurückziehen konnte. Er zog mit

---

[*] Kornerus a. a. O. Detmar bei Grotuff II. I. S. 349.

demjenigen Teile des Heeres, der nicht zur Besatzung der Schlösser zu=
rückblieb, vor Salzwedel. Der Stadt konnten sie nichts anhaben, da
sie bei ihrer Festigkeit zu lange widerstanden hätte. Man begnügte sich
daher, auf ihren Feldern das Korn nieder zu treten und die Hopfen=
gärten zu verderben*). Desto mehr mußte das platte Land leiden,
und die Dörfer wurden hart mitgenommen. Bis nach Stendal hin er=
streckte sich die Verheerung, und um diese Stadt wurde zerstört, was sich
nur zerstören ließ**).

Es bleibt unbekannt, wodurch Johann von Quitzow auf Kleetzke
den Herzog Erich von Sachsen=Lauenburg gereizt haben mochte, ihm
förmlich abzusagen und mit einem Kriegsheere gegen ihn aufzubrechen.
Herzog Heinrich von Lüneburg sah das als eine gute Gelegenheit an,
der Mark noch weiter zu schaden, auch mochte er wohl ein Bundes=
genosse des Herzogs Erich sein, wenigstens ergiebt sich nicht, daß er per=
sönlich sich mit Johann von Quitzow vereinigt oder verfeindet hatte.
Genug, Herzog Heinrich von Lüneburg benutzte die Gelegenheit, und
sagte unserm Quitzow ebenfalls ab, wie er es wahrscheinlich zuvor dem
Herzog Erich zugesagt hatte.

Die Gefahr war drohend; zwei Herzöge zogen heran, und der eine
noch dazu mit einem siegfreudigen Heere, und das vor ein Schloß, das
lange keinen Feind gesehen hatte, und bei dem ausgebreiteten Rufe der
Tapferkeit beider Brüder von Quitzow nicht leicht auf eine Belagerung
hatte rechnen dürfen. Manches war verfallen, manches in Unordnung.
Schleunig wurden nun Anstalten getroffen, Tag und Nacht wurde gear=
beitet, Kriegs= und Lebensbedürfnisse schleppte man herbei, und Ritter
Cuno wurde mit seinen Söhnen eingeladen, ihm beizustehen. Auch der
dritte Bruder Herrn Johannes, Herr Claus von Quitzow zu Stavenow
wohnhaft, fand sich ein, und man setzte sich so eilig wie möglich in
wehrhaften Stand. Ritter Cuno hatte seine Unterstützung versprochen,
kam aber für jetzt nicht nach Kleetzke, getroffener Verabredung gemäß.
Den Feinden sandte er einen Absagebrief entgegen, und seine Besitzungen
hatten von ihnen viel zu leiden.

Unterdessen ließ Herzog Erich sein Kriegsvolk nördlich von der Elbe
in die Priegnitz einrücken, Herzog Heinrich aber ließ den verfügbaren
Teil seines Heeres bei Schnackenburg über die Elbe gehen, und sich mit
dem lauenburgischen vereinigen. Beide Fürsten stellten sich an die Spitze
des Zuges, und die Verheerungen begannen. Das arme Landvolk hatte
sich, wo die Gelegenheit es zuließ, in die Wälder und Sümpfe geflüchtet,
und sein Vieh und die besten Habseligkeiten dahinein gerettet. Das

---

*) Kornerus a. a. O.
**) Detmar Tl. I. S. 349.

moorige und waldige Bruch, die Silge, die sumpfigen Niederungen an
der Karthane, die Wilsnacksche Heide und der Haaren, ein Wald zwischen
Wilsnack und Kleetzke, boten die besten und versteckteſten Schlupfwinkel
dar. Die Kriegsknechte fanden nicht viel zu plündern, verwüſteten Felder
und Kohlgärten in ihrer Wut um ſo mehr und ſteckten die Häuſer an.

So näherte ſich der Feind dem Schloſſe Kleetzke, und bald erſchien
er im Angeſichte desſelben. Sofort begann die Belagerung, und da es
nicht an Mannſchaft fehlte, ſo kam man raſch vorwärts. Das Dorf wurde
niedergebrannt, und in den rauchenden Trümmern ſetzte ſich der Feind
feſt. Indeſſen war auch innerhalb der Burg keine geringe Zahl von
Leuten beiſammen, und gar bald wurde er inne, daß es auf einen harten
Kampf abgeſehen ſei. Ein nächtlicher Ausfall, der den Feind un=
verſehens überraſchte, koſtete ihm viel Leute, erhöhte den Mut der Be=
lagerten, und ſchwächte den der Belagerer bedeutend. Viel ſolcher Nächte
durften nicht kommen, dann war man genötigt, unverrichteter Sache ab=
zuziehen.

In der Burg hatte der gelungene Überfall große Freude erregt,
aber man hatte aus den wahrgenommenen Anſtalten des Feindes erſehen
daß eine Beſtürmung des Schloſſes nicht mehr fern ſei. Es kam jetzt
darauf an, den immer noch ſehr übermächtigen Feind durch eine Kriegs=
liſt zu umgarnen, und ihn ſicher zu machen. Liſt mußte der Gewalt
zu Hülfe kommen, denn der Kampf war ungleich, und Mann gegen
Mann konnten die Quitzows nur unterliegen. Auch hegte man in der
Gegend allgemein die Anſicht, daß ein paar Edelleute unmöglich den
Kampf mit zwei Herzögen ſiegreich beſtehen könnten.

Die Nacht war hereingebrochen. Rings um die Burg, in der Ent=
fernung eines Bogenſchuſſes waren die Wachtpoſten ausgeſtellt. Ein
Teil derſelben hatte Armbrüſte und Bolzen, ein anderer war nur mit
Lanzen bewaffnet. In weiterer Entfernung ringsum zündete man die
Wachtfeuer an, und die Lanzknechte lagerten ſich, Lieder anſtimmend,
darum her. Wer da behaupten wollte, ſie hätten ſchön geſungen, müßte
es lügen; indeſſen, mit der Ferne glätteten ſich die rauhen Töne, und es
klang hier doch wie eine Äußerung der Freude. In der Burg blieb
man ihnen nichts ſchuldig, und die Knechte fehlten, daß ſie blau
wurden, um dem Feinde zu beweiſen, daß ſie nicht minder luſtig wären.

Da näherte ſich vom Graben her, hinter einem kleinen Gebüſche
hervortretend, eine Menſchengeſtalt, und winkte mit etwas Weißem. Der
nächſte Poſten rief ihn an: Steh, oder ich ſchieße! Wer da!

Die Geſtalt. St, St! Nicht ſo laut; laß mich erſt näher, daß
ich aus der Schußlinie des Schloſſes komme. — Ein Überläufer!

Das ſich entſpinnende Geſpräch wurde unterbrochen, denn der Herzog
von Lauenburg machte ſoeben die Runde und war bei dem Poſten an=

gelangt. Er fragte, was es gäbe, und nachdem er die Antwort vernom=
men, rief er dem Überläufer zu, näher zu kommen.

Der Überläufer. Gnädiger Herr, — denn so was werdet ihr
wohl sein, — zuvor müßt ihr mir euer Ritterwort geben, daß ich
nicht wie ein Verräter behandelt werde.

Der Herzog. Weiß man denn, ob du nicht einer bist?

Der Überläufer. Dann käme ich heimlich und nicht offen zu
euch. Was könnt ihr denn dabei verlieren?

Der Herzog. Gut, ich gebe es dir. Ob man dir trauen kann,
muß sich jedoch weiter zeigen.

Der Überläufer kam und begleitete den Herzog nach seinem Zelte.
Nachdem er eine Weile draußen gewartet hatte, wurde er hinein geführt,
und fand drinnen die Führer des Heeres versammelt.

Er mußte seinen Namen angeben, Alter 2c. Als man ihn fragte,
warum er nicht mehr in der Burg dienen wolle, gab er an, daß es ihm
schlecht darin ergangen, und man nicht nach der Abrede mit ihm ge=
handelt habe. Es gäbe schmales Essen und Trinken, und jeder Knecht
sähe ein, daß es Unsinn sei, die Burg gegen ein solches Heer zu ver=
teidigen, da sie zu schwach bemannt sei. Man habe, um dies zu ver=
decken, allerlei Blendwerke angewendet, Strohmänner gemacht, und sie
mit abgetragenen Wämsern und schlechten Helmen bekleidet, damit die
Mauern besetzt und so die Feinde täuschen wollen. Es könne nicht gut
gehen, und wenn man voraussehe, daß alle Mühe und Arbeit ver=
gebens sei, habe man auch nicht Lust, Hand anzulegen, besonders wenn
man dabei hungern und dursten müsse und schlecht mit einem um=
gegangen würde.

Der Herzog. Hat man dir deinen Lohn gezahlt?

Der Knecht. Ja, gnädiger Herr. Geld haben sie genug in der
Burg, aber kein Brod oder andere Lebensmittel.

Der Herzog. Sollte der Quitzow dafür nicht gesorgt haben?

Der Knecht. Wohl hat er. Aber ihr kamt zu schnell, ehe alles
herangeschleppt wurde. Das meiste ist draußen geblieben. Auch hatte
er darauf gerechnet, daß Herr Cuno Lebensmittel mitbringen würde,
aber der ist bloß mit zehrenden Mäulern eingezogen.

Der Herzog. Also ist Ritter Cuno von Quitzow auch in der Burg?

Der Knecht. Mit all den Seinigen; ich dächte in Quitzhövel
könnten bloß die Schwalben und die Störche geblieben sein. Ich selber
gehöre zu seinen Leuten.

Der Herzog Erich machte ein fröhliches Gesicht. Aber Herzog
Heinrich trat auf den Knecht zu, zog ihn am Ohre und sagte: Höre,
höre! Ein Lügner muß ein gut Gedächtnis haben. Ich denke es sind
so wenig Leute in der Burg?

Der Knecht. Gnädiger Herr, für euer Heer viel zu wenig. Ja wenn wir uns bloß mit den Königsmarken oder Rohrs umherschlügen, i dann möchten's wohl genug sein. Aber mit solchen Herren und solchem Heere, da können sich ja die Quitzows und ihre Handvoll Leute gar nicht vergleichen.

Herzog Erich warf angenehm lächelnd den Kopf zurück und sagte: der Bursche scheint mir aufrichtig zu sein. Mag es sich mit der Menge der Kriegsleute verhalten, wie es wolle, jedenfalls ist die Nachricht von Wichtigkeit, daß der Cuno mit den Seinigen sich in der Burg befindet. Wir haben also von der Seite von Quitzhövel keinen Überfall zu fürchten, und brauchen unsere Mannschaft nicht durch Aufstellung eines Postens dagegen zu schwächen.

Herzog Heinrich. Ew. Liebden trauen dem Kerl zu viel. Ehe ich die Nachricht nicht von anderen bestätigt höre, glaube ich nicht daran.

Herzog Erich. Was hat denn unser ausgeschickter Bote berichtet? Ich dächte, es stimmte gut mit der Aussage dieses Menschen?

Herzog Heinrich. Er hat in Quitzhövel niemanden gefunden als einige alte Weiber, weil sich die Bauern geflüchtet hatten. Diese wußten nichts zu antworten. In die Burg hatte er sich nicht hinein getraut; ein draußen befindlicher Kerl hatte ihm gesagt, daß Ritter Cuno in Kleetzke sei. Was beweist eine solche Aussage?

Der Knecht. Gnädige Herren, laßt mich die Nacht einschließen. Fangt morgen früh einige Menschen, und fragt sie. Es wird doch am Ende einer darunter sein, der in Quitzhövel Bescheid weiß. Er wird euch sagen, was ich sagte.

Diese mit Dreistigkeit und Sicherheit ausgesprochene Antwort machte den Herzog Heinrich stutzen. Er sprach: so soll's sein und gab den Knecht einem Bewaffneten, damit dieser ihn die Nacht verwahre. In einem halb abgebrannten Hause war eine Kammer vorhanden, in welche man ihn einsperrte.

Am andern Morgen war der Befehl gegeben worden, nach der Seite von Quitzhövel hin jeden aufzufangen, den man erreichen könne. Bald nachher brachte ein Reiter einen sehr zerlumpten Kerl an einem Stricke, womit dessen Hände gebunden waren, der neben dem Pferde herlief, und sich sehr kläglich gebärdete. Er wurde zu dem Herzoge geschleppt. Dieser ließ den Überläufer holen. Darauf fragte er den Gebundenen: wo bist du her?

Der Gebundene. Gnädiger Herr, ich bin ein armer Bauer von der Plattenburg. Habt Erbarmen und laßt mich los, denn meine Frau und Kinder warten auf mich.

Der Knecht. Glaubt ihm nicht, gnädiger Herr. Es ist einer von den geflüchteten Bauern von Quitzhövel, ich kenne ihn recht gut. Er heißt Dietrich Schwalbe.

Schwalbe. Was Teufel, Henneke, du bist hier? Und so ein schlechter Kerl bist du, mich zu verraten? Warte, das soll dir Herr Cuno gedenken, laß ihn nur erst wieder zurückkommen, da will ich ihm meine Not klagen, in die —

Herzog Erich. Schon gut. Davon ist jetzt keine Rede. Sage mir, wo ist Ritter Cuno von Quitzow?

Schwalbe. Ich werd's nicht sagen.

Herzog Erich. Auch nicht, wenn ich's schon weiß?

Schwalbe. Da kann es nur der schlechte Gesell dort gesagt haben.

Der Herzog, Nein; aus deiner eigenen Rede weiß ich's.

Schwalbe. Gnädiger Herr, macht mich mit eurem Fragen nicht verwirrt.

Der Herzog (listig). Gelt, er ist in Quitzhövel?

Schwalbe. Nein. (Haftig) Doch ja, freilich ist er da; er wird doch seine Burg nicht im Stich lassen? Wir armen Teufel von Bauern aber müssen ausziehen, denn unsere Mauern sind nicht so dick wie die seinigen.

Henneke. Schlechter Kerl, wie kannst du so lügen; der Herr ist — —

Der Herzog. Laßt ihn laufen, ich weiß genug.

Schwalbe. Gnädiger Herr, ich habe doch nichts verraten? Meinen guten Herrn kann ich einmal nicht verraten, ach das sollte mir sonst sehr leid thun.

Der Herzog. Geh nur, geh dummes Tier, du hast nichts verraten, wie wolltest du etwas verraten können.

Schwalbe lief, was er laufen konnte. Der Knecht aber stand da mit einem fragenden Gesichte, und sah den Herzog an. Dieser sprach: du hast wahr gesprochen, und du kannst in meinen Sold treten.

Herzog Heinrich. Ew. Liebden übereilen sich, und ich würde höchstens raten, ihn frei laufen zu lassen. Jedenfalls hat er seinen Herrn verraten, und so ist ihm nicht zu trauen.

Erich. Du kannst gehen. Thue wie ich gesagt habe.

Henneke ging, kehrte aber mit seinem Wächter wieder, der ihn, da er von dem Gespräche nichts gehört hatte, nicht frei laufen lassen wollte. Erich befahl dem Wächter, seine Hand von ihm abzulassen, indem sein Befohlener in seinen Dienst träte. Beide gingen ab.

Heinrich. Ich würde dem Kerl nicht trauen, denn seine Aussagen sind mir nicht wahrscheinlich.

Erich. Sind sie denn nicht durch die Aussagen des Bauern bestätigt?

Heinrich. Das sind sie nicht. Denn der Bauer sagte Ritter Cuno sei in Quitzhövel.

Erich. Freilich; aber wie sagte er es? Auf eine solche Art, daß unser einer gerade das Gegenteil daraus entnehmen mußte. Seht, das ist ja eines der Vorrechte der Hoheit und des adligen Wesens, daß ein schlechter Kerl nicht im stande ist, in ihrer Gegenwart zu lügen, wenn er auch gern möchte. Er verrät sich, ohne es zu wissen, weil die Hoheit ihn verwirrt, und Verwirrung alles Lügen unmöglich macht. Mir hat noch niemand etwas vorlügen können, und ich weiß jetzt so gewiß, daß Ritter Cuno in Kleetzke ist, als daß ich davor stehe. Seid deshalb ganz ruhig.

Heinrich. Dann thut es mir doppelt leid, daß ihr meinem Vor=schlage nicht gefolgt seid, das Heer zu teilen, und Quitzhövel zugleich mit zu umlegen. Ist Cuno nicht dort, so hätten wir Quitzhövel bereits.

Erich. Geteilt hätte das Heer vor keiner Burg etwas Erhebliches beginnen können, und Quitzhövel entgeht uns nicht, wenn wir mit Kleetzke fertig sind. Mein Plan ist klug ersonnen, verlaßt euch darauf. Aber nun wir wissen, woran wir sind, soll auch mit dem Sturm nicht länger gezögert werden. Mit vereinigter und ganzer Kraft darauf los, und es ist gethan.

Heinrich. Herr Herzog, wie wäre es, wenn ihr den Sturm dem Fußvolke überließet, das ich befehligen will, und ihr euch mit der Reiterei gegen Quitzhövel aufstelltet, uns zu decken?

Erich. In die blaue Luft hineinstarren und nichts thun? Ew. Liebden muten mir eine schlechte Rolle zu. Unnützes zu thun ist nicht meine Sache; wenn es euch Vergnügen macht, mögt ihr die Rolle über=nehmen. Ich werde meine Reiter absitzen lassen, und sie als Fußvolk gegen die Burg führen.

Heinrich. Ihr werdet empfindlich, und habt dessen doch keine Ur=sach. Es handelt sich ja nur um unsere gemeinschaftliche Sicherheit.

Erich. Eine schöne Sicherheit. Das Heer teilen, die eine Hälfte zurückschlagen, und die andere zusehen lassen, heißt das sich sicher stellen? Wer Sicherheit haben will, muß das Kriegsspiel nicht wagen. Nur der Mut gewinnt, nicht die Sicherheit.

Heinrich. Ich dächte die Klugheit wäre auch nicht zu verachten.

Erich. Herr Herzog, ihr werdet mir, dem Herzoge Erich, doch nicht sagen wollen, daß ich, — bedenkt wohl, — ich, sie aus den Augen gesetzt hätte?

Heinrich. Guten Rat kann auch der Klügste brauchen.

Erich. Ich habe noch niemanden gekannt, der seinen Rat für einen schlechten gehalten hätte. Es ist das Eigentümliche aller Rat=schläge, daß sie jederzeit für gut verkauft werden. Nehmt mirs nicht übel, aber es ist euer Fehler, euch für klüger zu halten, als andere Leute, und stets auf Sicherheit bedacht zu sein, wo andere nur den Eingebungen des Mutes folgen. Was euch an dem einen fehlt, wollt ihr durch das andere ersetzen.

Heinrich. Herr Herzog, ihr beleidigt. Bei Gott, sagt mir ein solches Wort nicht zum zweiten Male, oder ihr möchtet meinen Mut sehr unbequem finden.

Erich. Ihr habt ja die beste Gelegenheit, ihn zu zeigen. Da liegt die Burg, laßt euren Mut sich daran ergehen, was zögert ihr?

Heinrich. Gut denn, so mag es gehen, wir nehmen die Burg mit Sturm.

Erich. Recht so, da bin ich mit dabei, dann wird Mut und Klugheit euch zur Seite stehen. Laßt sogleich Anstalten treffen.

Herzog Heinrich stürzte fort. Erich stand unbeweglich hinten übergelehnt da, schlug dann ein Schnippchen, und sprach: Wenn man Klugheit besitzt, so vermag man die Menschen zu allem zu bewegen. Da läuft nun dieser ruhige Sicherheitsschmied hin, als hätte er Feuer im Kopfe. Gut! Sehr gut! Das hast du vortrefflich gemacht, Erich. Jetzt fort, um Befehle zu erteilen.

Im Lager regte sich ein bewegtes Leben. Von allen Seiten rüstete man sich zum Sturm, man schleppte Heergeräte und Belagerungswerkzeuge zusammen, und da die Anstalten denen in der Burg nicht verborgen bleiben konnten, so wurde auch darin mit großer Regsamkeit gearbeitet. Rings hinter den Wällen stieg Rauch auf, und die Belagerer schlossen ganz richtig, daß man für sie siedendes Wasser oder siedenden Brei in Bereitschaft setze. Erich betrachtete die Veste und überlegte, wo am besten der Sturm zu beginnen sei. Er wollte den Feind täuschen, den Sturm an einer Stelle anfangen, wo es nicht Ernst sein sollte, und wenn er den Feind nach dieser Seite hingelockt hatte, an der schwächsten Stelle der Burg mit einem zweiten Haufen den wirksamsten Sturm unternehmen. Das letztere hätte er mit seinen Leuten gern gethan, das erste Herzog Heinrich thun lassen. Allein dieser mußte erst dafür gewonnen werden, und dies hielt er für schwer. Es kam darauf an, zuvor die schwächste Stelle der Burg auszumitteln. Da fiel ihm ein, daß sein neuer Dienstmann Henneke ihm dies am bestimmtesten würde sagen können, da er das Innere der Burg kannte. Er schickte sofort nach ihm, aber der Diener brachte zurück, daß man ihn suchen wolle und nach einer halben Stunde wurde gemeldet, Henneke sei nirgend zu finden, wenn er sich nicht etwa bei dem Trupp Herzog Heinrichs befinde.

Erich runzelte die Stirn. Wahrscheinlich ein Mißverstand, murmelte er, an dem Heinrich schuld ist; denn der meinte ja, es sei am besten den

Kerl laufen zu lassen. Das hat er sich wohl gemerkt. Hätte er es ver=
standen, daß ich ihn in meinen Dienst nehmen wollte, er wäre gewiß
nicht davon gegangen, denn was konnte er sich besseres wünschen? Auch
gut, wir können ihn entbehren.

Die Anstalten verzögerten sich, es mußte viel herbei geschleppt werden,
und ehe man nicht alles beisammen hatte, durfte man nicht beginnen.
Neckende Schüsse mit Armbrüsten fielen von hüben und drüben, doch
wurden sie nur zwischen den nächsten Posten und dem Schlosse gewechselt.
Der Mittag war bereits vorüber, und so sehr man die Arbeiter auch
anfeuerte, so sehr diese sich abmühten, so war doch noch manches zu
thun. Endlich waren alle Anstalten getroffen, und das ganze Heergeräte
lag geordnet und verteilt um die Burg her. Da kam Herzog Erich auf
den Gedanken, erst noch dem Heere eine Rede zu halten, um es zur
Tapferkeit und zu beharrlichem Mute zu entflammen. Je seltener da=
mals dies Talent war, um so höher schlug er das seinige an. Herzog
Heinrichs Ermahnen, die schöne Zeit nicht zu verlieren, fruchtete nichts.
Er begann seine Rede und schrie nicht wenig, um weithin verstanden
zu werden. Aber diese übergroße Anstrengung nötigte ihn gar bald,
zum Schlusse zu eilen, und seinen Gedankenfaden mitten durchzuschneiden.
Man ordnete sich, und war des Befehles gewärtig.

In den vorderen Reihen standen die Arbeiter mit Faschinen, Woll=
säcken, Spaten, Schippen, Hacken und Arten versehen, dazwischen standen
die Träger mit Sturmleitern, auch ein Sturmwagen mit Fallbrücken
war vorhanden. Darauf kamen die Lanzenknechte mit Lanzen, Morgen=
sternen, Hellebarden und Schwertern; hinter diesen standen die Armbrust=
schützen, und die Reiterei, deren größter Teil hier als Fußvolk focht,
machte den Beschluß.

Die Trompeten gaben das Zeichen, und sofort setzte sich ringsum
alles in Bewegung und schritt gegen die Burg im Halbkreise vor.
Zwischen den einzelnen Haufen waren Zwischenräume geblieben, die nun
immer kleiner wurden. So wie man in die Schußlinie kam, begrüßte
ein Hagel von Pfeilen die Anrückenden, und mancher Bolzen haftete,
den Getroffenen zum Zurückbleiben zwingend. Mit möglichster Eile
näherte man sich dem Graben. Es waren jetzt zwei zahlreiche Haufen,
durch einen Raum von einigen hundert Schritten von einander getrennt,
und man sah, daß an zwei verschiedenen Punkten gestürmt werden sollte.
Die Reiterei war zurückgeblieben, um nach geschehener Wegnahme durch
die geöffneten Thore einzurücken. Der Sturmwagen wurde vorgeschoben,
seine Fallbrücken niedergelassen, und da diese nicht ganz hinüber reichten,
der Überrest mit Faschinen und Säcken ausgefüllt. Der zweite Haufen
mußte sich durch letztere Mittel seine Brücke erst bauen, über die erste
schritt man rasch dahin, und befand sich nun am Fuße der Mauer. Man

steckte hier zwischen zwei Türmen, von denen aus man einen heftigen
Pfeilhagel auf die Stürmenden unterhielt, außerdem fielen gewichtige
Steine auf die Pickelhauben und Köpfe und streckten manchen nieder.
Die Sturmleitern wurden in reicher Anzahl angesetzt, denn damit war
man gut versehen, und sobald der zweite Haufen über dem Graben
war, begann man sie zu besteigen. Jetzt wurden die Anstrengungen der
Belagerten furchtbarer und mörderischer; große runde Bäume wurden
herabgelassen, und drückten bei ihrem Herabrollen auf den Leitern alles
nieder, was sich darauf befand. Das Geschrei und Getöse wurde immer
gräßlicher, die Verteidigungsmittel entwickelten sich immer vollständiger;
große Körbe mit Feldsteinen wurden umgekippt den Hinaufsteigenden
entgegen gesandt, und auf allen Leitern stürzte immer der vorderste, so
wie er die Mitte erreicht hatte, hinab. Die Schützen im Rücken der
Angreifenden schossen mit großem Eifer, allein die Belagerten waren von
der Mauer zu gut gedeckt, als daß man ihnen viel hätte anhaben können.
Da wurden den Aufsteigenden Ströme heißen Wassers entgegen gestürzt,
und mit verbrühten Gliedern stürzten wiederum hinab, welche eben im
Steigen begriffen waren. Vor= und übergehaltene Schilder und Tartschen
gewährten nur einen unvollkommenen Schutz; es blieb nichts übrig, als
immer von neuem wieder anzufangen.

Endlich aber wurde des heißen Wassers weniger, auch die Stein=
würfe ließen nach, denn zuletzt erschöpft sich alles. Schon stieg man
höher die Leiter hinan, ehe man hinabgeworfen wurde, und endlich
kamen einzelne so hoch, daß sie die Hand auf die Brüstung der Mauer
legen konnten. Jetzt entbrannte der Kampf mit den Waffen. Wuth
und Erbitterung auf beiden Seiten führten die furchtbarsten Hiebe, und
mit zerschmetterten Gliedern wurden die vordersten abermals von den
Leitern geworfen. Da gelang es dem zweiten Haufen, die Mauer zu
ersteigen. Den ersten folgten bald mehrere, und es entspann sich von
hieraus ein furchtbarer Kampf, da die dahinter Stehenden nicht um ein
Haar wichen.

Plötzlich ertönte außen vor der Burg ein wildes Angstgeschrei in so
gräßlichen Tönen, daß selbst die auf der Mauer Fechtenden es neben dem
grimmigen Getöse ihrer eigenen Blutarbeit vernahmen, und unwillkürlich
einige Augenblicke Ruhe eintrat. In demselben Augenblicke aber wurde
es von den Burgleuten mit einem durchdringenden Freudengeschrei erwidert,
dem ein doppelt rüstiges Zuschlagen folgte. Es hatte nur eines Blickes
bedurft, um sich zu überzeugen, daß die Reiterei unten von einer sehr
überlegenen Schaar angegriffen sei, und die Wagenburg nebst dem
übrigen Heergeräte lichterloh brenne. Verzagt ließen die Angreifenden
auf der Mauer die Hände sinken, schnell waren sie hinabgestürzt, und
bald waren die Leitern leer. Eine große Verwirrung ergriff die Feinde,

denn ihre Reiterei war bereits geworfen, und das Fußvolk der neuen
Schaar rückte heran, um die Übergänge über den Graben zu zerstören.
Im wütendsten Gedränge stürzte man zurück, viele versuchten es durch
den Graben zu schwimmen, und versanken im Wasser, die hinüber
kamen, fanden sofort einen neuen Feind, der sie mit Heftigkeit angriff,
und sie nach dem Graben zurückzudrängen suchte. Die Reiterei hieb in
das Fußvolk ein, und das Gemetzel wurde furchtbar. Mit verzweifelter
Tollkühnheit stürzten sich die Lauenburger und Lüneburger auf ihre neuen
Feinde, in denen sie bald die Quitzows von Quitzhövel erkannten, und
es gelang ihrem rasenden Ungestüm, sich etwas Terrain vor dem Graben
zu erkämpfen, so daß die übrigen noch an der Mauer befindlichen
Leute herüber kommen konnten. Da wurde seitwärts von der Burg die
Zugbrücke herabgelassen, das Fallgatter in die Höhe gezogen, und heraus
zog ein gut bewaffneter Haufe der Belagerten, um in einem Ausfalle
ihren Freunden zu Hülfe zu kommen. Sofort nahmen diese ihre Feinde
von der Seite, während sie bereits im Rücken genommen waren und vor
sich den Graben hatten. An ein Sichhalten war nicht mehr zu denken;
nur nach einer Seite hin blieb eine Flucht möglich, und hierhin stürzte
instinktmäßig alles, was nicht schon niedergeschmettert war. In der
wildesten Auflösung suchte sich zu retten, wer da konnte, und die Reiterei
gab den Flüchtigen das Geleite. Jeden Augenblick wurden Pferde und
Menschen als Gefangene herbei geschleppt, und bereits hatte man ihrer
so viele, daß auf den einzelnen kaum' noch Werth gelegt wurde. Die
Wahlstatt zeigte viele Verwundete und verhältnißmäßig viel Tote. Das
ganze nicht unbedeutende Heer der beiden Herzöge war vollständig vernichtet. Erst in der Entfernung von mehreren Meilen sammelten sie,
was sich von den Ihrigen zusammen fand, allein es war zu wenig, um
eine Unternehmung damit zu wagen, und jeder ritt mit den Seinigen
betrübten Sinnes nach Hause.

Ritter Cuno von Quitzow hielt mit seinen beiden Söhnen auf dem
Schlachtfelde und überschaute dasselbe wohlgefällig. Da kam Herr
Johann von Quitzow geritten, welchem Dietrich und Johann entgegen
sprengten. Er begrüßte freudig den Bruder, beide freuten sich herzlich
des Wiedersehens unter so erfreulichen Umständen und begaben sich zu
den Gefangenen.

Etwa 50 Gewappnete mit mehr als 200 Knechten standen hier,
umgeben von den Quitzowschen Leuten und warteten ihres Schicksals.
Ihr Herren, sprach Johann, es thut mir leid, daß ihr einer so unglücklichen Sache gedient habt. Aber für jetzt werdet ihr euch gefallen lassen,
als Gefangene meine Burg zu betreten, in welcher ihr gern den Herrn
gespielt hättet. Ihr werdet darin so lange bleiben, bis ihr das euch
auferlegte Lösegeld beschafft oder genügende Bürgschaft gestellt habt,

übrigens wird euch ritterlich Gefängnis zugesichert. Was die armen Leute (Knechte) betrifft, so gehört ihre Habe meinen Dienern und Knechten. Nehmt euch dieselbe und laßt die Leute laufen *).

Der Zug setzte sich nach der Burg in Bewegung, und verschwand in derselben. Ein großer Teil der Gefangenen wurde auf ritterliches Wort entlassen. Diese Waffenthat aber wurde als eine der glänzendsten weit und breit erzählt, und machte den Namen der Cuitzows hoch berühmt.

Zwei Tage darauf gab man in Kleetzke ein großes Fest, das um so feierlicher war, als es sich mit einem kirchlichen Feste vereinigte, welches die Christenheit in diesem Jahre zum erstenmale feierte. Es war Sonnabend den 2. Juli. Papst Bonifacius IX. hatte anbefohlen, zu Ehren der heiligen Jungfrau außer den übrigen noch ein neues Marienfest zu feiern, nämlich Mariä Heimsuchung, und in diesem Jahre sollte damit der Anfang gemacht werden. Es hatte dies in einem früher von ihm der heiligen Jungfrau gethanen Gelübde seinen Grund **). Er begabte das Fest mit großem Ablaß, ebenso wie früher Papst Urban IV. das Fronleichnamsfest begabt hatte, und die Geistlichkeit machte darum große Anstalten zu einer würdigen und glänzenden Feier, welche es auf immer allen Gläubigen empfehlen sollte. So geschah es auch in Kleetzke, und wurde hier mit einem großen Dankfeste für die stattgehabte Befreiung verbunden. Die Bauern hatten sich wieder eingefunden, und machten heitere Gesichter, denn schon in der nächsten Woche sollte mit dem Bau der Häuser auf Kosten Herrn Johanns der Anfang gemacht werden, so daß der gehabte Verlust bald verschmerzt war.

---

*) Detmar bei Grotuff Th. I. S. 349. Kornerus ap. Leibn. T. III. S. 200. Angelus. Annal. S. 270. (Nicht Klötzen sondern Kleetzke.) — Wohlbrück ist der einzige märkische Geschichtschreiber, der hier richtig Kleetzke, und nicht Klötzen verstanden. Dessen Gesch. Nachrichten von dem Geschlechte von Alvensleben Th. I. S. 283.
**) Wendische Chronik bei Grotuff. Th. I. S. 450.

Elftes Kapitel.

Herzog Johann von Mecklenburg-Stargard hatte sich die Gefangenschaft seines Oheims, des Königs von Schweden, Herzog Albrechts von Mecklenburg sehr zu Herzen gehen lassen, den die krieglebende Margarethe mit seinem Sohne auf das Lindholmer Schloß hatte bringen lassen*). In Stockholm war zu Gunsten des Gefangenen von der Mützenbrüderschaft ein Aufstand veranlaßt, in dessen Gefolge die schändlichsten Grausamkeiten verübt wurden. Herzog Johann schloß mit den Städten Wismar und Rostock ein Bündnis, um jenen Aufstand zu unterstützen und seinen Oheim zu befreien. Er selber wollte nach Stockholm hinüber, und hatte eine ziemliche Flotte zusammengebracht, mit welcher er absegelte. Auf der Ostsee aber überfiel die Flotte ein überaus heftiger Sturm; bei Oland ging ein Schiff mit vielen Rittern und Knechten unter; ein Teil der Mannschaft rettete sich an das Land, ward aber hier sogleich zu Gefangenen gemacht. Ein zweites Schiff, auf welchem sich mehrere Mützenbrüder von Stockholm und eine gute Anzahl Ritter und Knechte befanden, das ein gewisser Rohrbeck führte, wurde nach Kalmar verschlagen, und lief hier den Feinden in die Hände. Alle übrigen Schiffe wurden zerstreut und Herzog Johann mußte sich zurückwenden**). Es gelang dem größten Teile der zerstreuten Schiffe, Albrechts Anhänger zu unterstützen.

Der Verlust der beiden Städte und Schlösser und die Verwüstungen des Feindes in der Altmark waren Markgraf Jobst sehr empfindlich, um so mehr, als er dabei zusehen mußte und auch jetzt noch nichts darin thun konnte, weil der Erzbischof von Magdeburg mehr als je geneigt war, der Mark den Krieg zu erklären. Kam es wirklich dazu, so hatte man einen starken Feind zu bekämpfen, da mit den lüneburgischen Herzögen noch nicht Friede geschlossen und fürs erste auch noch auf keinen zu rechnen war. Die brandenburgischen Räte Jobsts drangen deshalb

---

*) O. Dalins Geschichte von Schweden, Tl. II. S. 450, 453, 454.
**) Detmar bei Grotuff Tl. I. S. 351.

vor allem darauf, die Streitigkeiten mit dem Erzbischofe gütlich beizu-
legen. Dies war indessen bei dem Charakter Erzbischof Albrechts nicht
leicht, der eben so kriegslustig als geizig und der Mark abgeneigt war.
Jobst war nicht minder geizig und habsüchtig, und als ein höchst un-
zuverlässiger wortbrüchiger Mann bekannt. Es war vorauszusehen, daß
eine persönliche Zusammenkunft die Angelegenheit zum völligen Bruche
bringen würde. Beide mußten einander fern bleiben, und das Geschäft
durch andere betrieben werden.

Der Stein des Anstoßes war das Schloß Plauen. Der Erzbischof
verlangte die Herausgabe desselben als ein dem Erzstifte gehöriges Besitztum. Lippold von Bredow hatte dasselbe noch immer inne als ein
Pfand für seine im Kriege mit Magdeburg gemachten Vorschüsse, welche
Siegismund nicht zurückerstattet, der aber auch Lippold nicht mit Plauen
belehnt hatte, was er nicht konnte, da es nicht mehr zur Mark gehörte
und nur durch Kriegsglück in seine Hände geraten, von Magdeburg aber
nicht abgetreten war. Jobst versuchte nun, Lippold zu bewegen, das
Schloß zu räumen, doch wollte er sich zu keiner Einlösungssumme verstehen, sondern wies Lippold damit an Siegismund, da der Krieg zu
einer Zeit geführt worden sei, in welcher er noch nicht Pfandinhaber der
Mark gewesen. Darauf konnte und wollte sich Lippold von Bredow
nicht einlassen und erklärte Jobst, daß er das Schloß Plauen behalten
werde, bis ihm seine Forderungen berichtigt seien. Jobst wurde darüber
sehr empfindlich; Lippold blieb jedoch fest bei seiner Forderung stehen, und
die Unterhandlung zerschlug sich.

In großer Verlegenheit, was bei so bewandten Umständen zu
machen sei, schlug Jobst seinen Schwager, den Markgraf Wilhelm zu
Meißen und Landgraf von Thüringen als Vermittler zwischen ihm und
dem Erzbischofe von Magdeburg vor, womit sowohl Jobsts Räte, —
doch wahrscheinlich nicht Lippold, — als auch der Erzbischof zufrieden
waren. Am Sonntage nach Bartholomäus, den 28. August, brachte
dieser zu Tangermünde folgenden Vergleich zu Stande.

Jobst soll es übernehmen, mit Lippold von Bredow zu reden, und
ernstlich zu versuchen, das Haus Plauen, welches Lippold inne hat, von
ihm zu bringen, sobald es möglich ist. Sollte Lippold damit zögern,
und das Haus nicht herausgeben wollen, so soll jeder von beiden Teilen,
Jobst und Albrecht, dem andern getreulich helfen und raten, das Haus
wieder zu kriegen und zu gewinnen. Sollte es nötig werden, vor das
Haus Plauen zu ziehen, es zu belagern und davor zu liegen, so soll
jeglicher auf seine Gefahr da liegen, die Seinen beköstigen, und für den
Schaden stehen. Auch soll keiner ohne Wissen und Willen des anderen
von dannen ziehen. Würde Beute gemacht an Gefangenen oder reisiger
Habe, so soll man sich teilen, gleich nach Anzahl der gewappneten

Leute. — Wenn dann das Haus, sei es nun durch Vergleich oder auf andere Weise, übergeben ist, so soll Jobst dasselbe dem Albrecht und seinem Stifte und Kapitel zu Magdeburg versetzen mindestens für 800, und höchstens für 1000 Schock Prager Groschen. Die Bestimmung des eigentlichen Preises bleibt Wilhelm von Meißen (wahrscheinlich nach näherer Ermittelung des von Lippold vorgenommenen Ausbaues) innerhalb jener 200 Schock Groschen überlassen, und wie er das festsetzt, so soll es auf beiden Seiten ohne Widerrede gehalten werden. Das Haus Plauen soll sodann von Albrecht, seinem Stifte und Kapitel mit allem Zubehör pfandweise innebehalten und gebraucht werden, so lange die Mark von Jobst nicht wieder eingelöst, und sie von letzterm vorgestanden wird. Diese Einlösung mag der durchlauchtige Fürst und Herr Siegismund, König von Ungarn, jedoch vornehmen wann er will, so werden der Herr Albrecht Erzbischof, das Kapitel und Stift der Einlösung folgen ohne Widerrede. Sollte aber Siegismund die Einlösung nicht innerhalb der festgesetzten Zeit bewirken, so daß die Mark dem vorgenannten Jobst zuständе und erblich an ihn fiele, so soll das Haus Plauen mit allem Zubehör dem Albrecht und seinen Nachkommen, dem Kapitel und der Kirche zu Magdeburg erblich verbleiben, und sie es ewiglich behalten ohne alle Widerrede Jobsts oder seiner Nachkommen und Erben, wie sie es pfandweise inne haben. Löste aber Siegismund die Mark wieder ein, so daß sie nicht an Jobst fiele, und er wollte Plauen wieder einlösen, so soll er dies für eine solche Summe Geldes, wie oben geschrieben steht, und Albrecht, Kapitel und Stift sollen alle Ansprüche an das Haus Plauen haben, wie jetzt*).

Der Abschluß dieses Vergleichs konnte Lippold von Bredow nicht verborgen bleiben; indessen war er entschlossen, sein Recht zu behaupten, und es erforderlichen Falles auf Gewalt ankommen zu lassen. Er hatte bereits viel für Plauen gethan, um das Schloß fest und wehrhaft zu machen. Zum Teil waren die niedergebrannten oder doch sehr beschädigten Gebäude neu und mit sehr starken Mauern wieder aufgebaut worden, da er das Schloß mit Recht als eine Hauptveste gegen Magdeburg und für die Mark betrachtete, die Mark dasselbe nicht entbehren konnte, und Magdeburg im Besitze desselben der Mark ewig gefährlich bleiben mußte. Hatte nun auch Magdeburg die Oberlehnsherrschaft Brandenburgs über das Schloß im obigen Vergleiche anerkannt, so war damit wenig gewonnen, wenn es in den erblichen Besitz kam, und seiner Ansicht nach mußte er dieses Umstandes wegen selbst den Vorschlag ablehnen, den Jobst wahrscheinlich machen würde, Lippold aus der von Magdeburg zu zahlenden Pfandsumme für seine Vorschüsse und aufgewendeten Unkosten zu entschädigen, um so mehr, als er bereits aus

---

*) Urkunde in Gerken Cod. diplom. T. V. S. 353.

Erfahrung wußte, wie wenig auf die Anerbietungen Jobſts zu geben war, und wie gern ſich dieſer eingegangenen Verbindlichkeiten entzog.

Dieſe Betrachtungen bewogen ihn, in der Befeſtigung des Schloſſes Plauen rüſtig fortzufahren, um auf alle Fälle geſichert zu ſein. Zwar fürchtete er von dem getroffenen Vergleiche nicht gar viel. Jobſt hatte ſich in die ſonderbare Lage geſetzt, gegen ihn, ſeinen Landeshauptmann der Mark, erforderlichen Falles zu Felde ziehen zu müſſen, während er noch mit den Lüneburgern alle Hände voll zu thun hatte. Kaum war es glaublich, daß er ihn, den mächtigen Mann und ſeine große Familie, eine der bedeutendſten in der Mark, ſowie ſeine zahlreichen Freunde ſo unbeſonnen vor den Kopf ſtoßen ſollte, und wer die Verhältniſſe kannte, mußte es ſich ſagen, daß Jobſt den Vergleich wohl nur eingegangen ſei, um Magdeburg hinzuhalten, ſchwerlich aber in der Meinung, ihn in Ausführung zu bringen; allein Magdeburg war nicht zu trauen, und wenn Jobſt nicht helfen wollte, war es imſtande, ſelber den Krieg zu erklären. Auf dieſen Fall mußte ſich Lippold vorſehen.

In der That hatte er ſich nicht geirrt, als er an Jobſts Aufrich=tigkeit bei der Abſchließung des Vergleichs gezweifelt hatte. Es geſchah von ſeiner Seite nichts, und als der Erzbiſchof von Magdeburg be=merkte, daß Jobſt ihn nur hinzuhalten ſuche, ſchloß er mit den Herzögen von Lüneburg ein Bündnis, machte mit ihnen gemeinſchaftliche Sache und befehdete die Altmark. Dies geſchah zu Ende des Jahres 1390.

In ſolchen Kriegswirrniſſen fing das neue Jahr 1391 an, und wenngleich die Jahreszeit in den erſten Monaten desſelben keine be=deutenden Unternehmungen zuließ, ſo durfte man doch mit dem Beginn des Frühlings große Bedrängniſſe erwarten. Aber ſo lange hatten die Feinde nicht Geduld. Schon gegen Ende des Januars ſammelten ſie ſich und rückten in der erſten Hälfte des Februar vor das Schloß Klötzen in der Altmark. Das Schloß gehörte bis 1375 der Familie von Alvensleben, Kalvördiſcher Linie, war aber nachher in andere Hände gekommen, und man beſchuldigte dasſelbe der Räuberei, die gewöhnliche Beſchuldigung, wenn man ſich eines Schloſſes bemächtigen wollte*). Die Herzöge Bernhard und Heinrich von Lüneburg leiteten die Beloge=rung perſönlich, auch Erzbiſchof Albrecht ſcheint dabei gegenwärtig ge=weſen zu ſein. Der vereinigten Macht widerſtand das Schloß nicht lange; es wurde genommen und von beiden Parteien beſetzt, die ſich nun anſchickten, ihre Unternehmungen zu erweitern**).

---

*) Walther Singularia Magdeburg. P. VII. S. 76 ff. Bekmann, Beſchreib. d. Mark Brandenb., II. V. B. I. Kap. IV. S. 78 ff.

**) Detmar bei Grotuff II. I. S. 353. Dieſe Unternehmung iſt von allen märkiſchen Geſchichtſchreibern außer Wohlbrück mit der auf das Schloß Kleeßte verwechſelt. Detmar iſt hier der ſicherſte Führer.

Die Altmark befand sich in einer traurigen Lage. Von Jobst war alles Bittens ungeachtet keine Hülfe zu erwarten, ihre eigenen Kräfte aber waren dem Feinde nicht gewachsen. Was blieb ihr übrig, als sich den Frieden zu kaufen? Markgraf Jobst war damit einverstanden, und nach den erforderlichen Unterhandlungen schlossen die Bevollmächtigten am Sonntage Oculi, den 26. Februar, einen Frieden zwischen Jobst und den Herzögen Bernd und Heinrich von Braunschweig-Lüneburg bis Johannis, und noch weiter hin, also einen Waffenstillstand, welchen Jobst zu Lüchow, die Herzöge aber zu Tangermünde aufkündigen sollten, wenn man ihn nicht länger zu halten gedächte. Bis dahin wollte man ruhig sein, und gemeinschaftlich dahin wirken, daß von demjenigen aller Schaden ersetzt würde, welcher sich einen Friedensbruch zu Schulden kommen ließe*). Mit Magdeburg war kein Friede zustande gekommen, und es war vorauszusehen, daß dies jetzt die Waffen gegen die Mittel=mark kehren würde. Sei es nun, daß Jobst die Verwickelungen scheute, in welche ihn dieser Krieg setzen mußte, oder daß er seiner übrigen Länder wegen nicht länger in der Mark verweilen konnte, genug, er reiste ab und überließ es Lippold von Bredow sich zu helfen, wie er könne.

Die Altmark konnte jetzt weniger als je darauf rechnen, bei der Wiedereröffnung der Feindseligkeiten von Jobst unterstützt zu werden. Indessen zögerte man und wartete ab, ob sich nicht zufällig eine gün=stigere Wendung der Dinge gestalten würde.

In der Mittelmark und in Pommern hatten unterdessen die Geist=lichen Gelegenheit gefunden, ihr Gewicht fühlbar zu machen. Es hatten sich nach und nach vertriebene Waldenser in beiden Provinzen einge=funden und versucht, sich hier ein neues Vaterland zu gewinnen, ohne in ihren religiösen Überzeugungen gestört zu werden. Man hatte sie besonders nach der Uckermark gewiesen, wo sie sich in Angermünde und den umliegenden Dörfern ansiedelten, von welcher Zeit an die Stadt Ketzer=Angermünde und die anderen Ortschaften Ketzer=Dörfer genannt wurden**). Ein anderer Teil war nach Pommern gegangen. Die Geist=lichkeit hielt es jedoch ihrer Stellung gemäß, an der Bekehrung dieser Ketzer zu arbeiten, und da dies Schwierigkeiten hatte, brach eine Ver=folgung derselben los. Ein Teil flüchtete sich, ein anderer wurde ein=gezogen und verhört. Das letztere Los traf in Pommern und der Mark 443. Was man mit denen angefangen, welche von ihren Meinungen nicht lassen wollten, hat uns die Geschichte nicht aufbehalten***).

---

*) Lenz, Brandenb. Urkunden. S. 462. Detmar, I. S. 353.
**) Zeides Bildersammlung S. 16.
***) Cramers Pommersche Kirchenhistorie. Bd. II. S. 76.

Was Lippold vorausgesehen hatte, geschah. Magdeburg machte bedeutende Anstalten, um in die Mark zu fallen und sammelte seine Vasallen. Auch Lippold erließ sofort die erforderlichen Ausschreiben, und da er sich in seiner Voraussicht an Jobst gewendet hatte, so waren von diesem zeitig genug Schreiben eingegangen, in welchen er die Stände aufforderte, Lippold beizustehen und dem Kriege zu wehren *). So sammelte sich nach und nach in der Stadt Brandenburg ein ansehnliches Heer vom Adel und von den Städten. Da Magdeburg das Schloß Plauen nicht besaß, so wollte es von Milow aus in das Havelland einfallen, denn auf diese Gegend schien es, der Familie von Bredow wegen, die darin angesessen war, vorzugsweise abgesehen. Lippold war daher gesonnen, sich vor allen Dingen des Schlosses Milow zu bemächtigen, um so dem Feinde den Übergang über die Havel streitig zu machen. Ganz besonders rechnete er dabei auf die Mitwirkung einiger Steinbüchsen (Kanonen, aus welchen steinerne Kugeln geschossen wurden), welche er angeschafft hatte, und die zum ersten male in diesen Gegenden angewendet werden sollten. Für einen hinlänglichen Vorrat an Pulver hatte er gleichfalls gesorgt. Die Neuheit und die große Wirkung dieser Waffe wie der Umstand, daß die Mauern des Schlosses auf die Anwendung einer solchen Kraft nicht eingerichtet waren, ließen ihn davon sehr viel hoffen.

Der erste Tag des Oktober 1391 war ein sehr heiterer und für diese Jahreszeit ungewöhnlich warmer Tag. Lippold von Bredow empfing auf dem Schlosse zu Brandenburg die Ritter und Anführer der Züge, welche vom Lande und von den Städten gesandt wurden, und die ihm die Anzeige ihrer Ankunft und ihren Besuch machten. Anordnungen zu dem auf morgen anstehenden Aufbruch des Heeres beschäftigten ihn daneben vielfach und hatten ihm noch nicht die Zeit gelassen, zur gewohnten Stunde zu Tische zu gehen.

Um drei Uhr nachmittags endlich glaubte er das Dringendste beseitigt zu haben und verfügte sich zu seiner Familie, um in ihrer Gesellschaft zu speisen. Die hohen Bogenfenster des Speisesals gewährten eine schöne Aussicht über die beiden Städte Alt- und Neu-Brandenburg und den in mehreren Armen sich dazwischen durchdrängenden Havelstrom, welche durch die bunt gemalten Wappen auf den Glasfenstern nur hier und da unterbrochen wurde.

Am andern Morgen früh gab Lippold dem Heere Befehl zum Aufbruch. Es war keine Zeit zu verlieren, denn der erzbischöfliche Stiftshauptmann, Graf Hans von Barby, hatte bereits ein nicht un-

---

*) Finke in Büschings Magazin II. 13. S. 438.

bedeutendes Heer zu Jerichow gesammelt, und konnte stündlich nach Milow aufbrechen und von hier in das Havelland vordringen. Freilich war unter solchen Umständen die Belagerung des ohnehin sehr festen Schlosses Milow nichts Kleines, allein die Anwendung der Stein=büchsen ließ hoffen, bald damit fertig zu werden.

Lippold hatte in Brandenburg mehrere große Elbkähne gemietet, auf welche das Geschütz und das übrige Heer=Geräte eingeschifft wurden. Als Besatzung und zum Schutz wurde auf jeden Kahn eine hinreichende Zahl von Gewappneten eingeschifft, so daß diese kleine Flotte, welche zugleich den Mundvorrat und alle sonstigen Kriegsbedürfnisse an Zelten ꝛc. führte, ein sehr wehrhaftes Ansehen gewann und gegen einen etwaigen Überfall stark genug war, sich selber zu verteidigen. Der schlimmste Punkt war das Schloß Milow selber, vor welchem man vorbei passieren mußte, weil man beim Dorfe Bützen anlanden und die Schiffe aus=laden wollte. Südlich davon war das Terrain wegen der Flußwiesen nicht dazu geeignet. Indessen glaubte man stark genug zu sein, dies wagen zu dürfen. Lippold ging mit dem reisigen Zeuge nach Plauen zu Lande und erwartete hier seine Schiffe, um sie vorbeifahren zu sehen. Sie kamen und begrüßten das Schloß mit einem Freudengeschrei. Bunt geschmückt, wie zu einem Feste, wehten stattliche Wimpel von den Masten, und das gewappnete Kriegsvolk auf den Schiffen hatte sich in malerischen Gruppen zusammen gestellt, und gab ein bewegtes lebendiges Bild voll Regsamkeit und Fröhlichkeit.

Die Schiffe fuhren vorüber, und nach kurzer Rast setzte Lippold seinen Zug mit den Reisigen fort, sich nahe an der Havel hinbewegend. Gegen Abend ging er in der Nähe von Milow über die Stremme, und lagerte sich mit dem Heere auf dem Vieritzischen hohen Heideberge, 5 bis 600 Ruten südwestlich vom Städtchen Milow entfernt, auf magdeburgischem Gebiete.

Von dieser beherrschenden Höhe war der ganze Schauplatz der be=absichtigten Thätigkeit sehr gut zu übersehen. Ihnen zunächst, nur eine Viertelmeile weit entfernt, lag am Zusammenflusse der Stremme und Havel das wohlummauerte Städtchen. Eine Menge fester Türme krönte die Mauer, die mit breitem Graben umgeben war. Nahe an der Vereinigung beider Flüsse, in dem Winkel, den sie bilden, lag auf einer Anhöhe das Schloß Milow. Die Havel und die Stremme, sowie die am Fuße der Höhe bis zu beiden Flüssen sich erstreckenden sumpfigen Wiesen machten es von Ost, Nord und West her ungemein fest. Nach Süden hin sonderte ein breiter Graben, welcher beide Flüsse ver=band, den Schloßberg von dem Städtchen ab, der durch hohe Wälle und Mauern verteidigt wurde. Außerdem machten noch Verschanzungen zwi=schen der Stremmebrücke und dem Kattenloche, welche durch Sumpfboden flankiert waren, die Lage ungewöhnlich fest.

Das Schloß war vollkommen geeignet, die Havel zu beherrschen, wie es denn auch in der That den Havelzoll an sich gerissen hatte. Von Osten her zog das blaue Gewässer der Havel durch Wiesen in vielerlei abgezweigten Armen, welche innerhalb des Havelthales bis zu den Höhenrändern desselben eine Menge Seen bildeten und dasselbe ungangbar machten. Bei Milow wendet sich der Fluß nach Nordwest, indem er an Bützen vorbeifließt und nahe beim Dorfe Bähne seine Richtung in die nördliche ändert. Die Schiffe hielten sich so viel wie möglich vom Schlosse ab, wurden aber beim Vorüberfahren mit einem Pfeilregen begrüßt, der jedoch wenig schadete. Gefährlicher waren Feuerpfeile, mit welchen der Feind die Schiffe in Brand zu stecken suchte. Da es jedoch nicht an Wasser und Menschen fehlte, wurde das entstehende Feuer immer schnell gelöscht, und bald befanden sie sich außer der Schußweite und legten bei Bützen an. Am nördlichen Fuße des Vieritzer Heideberges liegt die große Bützer Lake, ein fast unwegsames Elsbruch, welches etwa den dritten Teil des Terrains bis zur Havel hin ausfüllte. Den östlichen Fuß bespült die Stremme, westlicher stoßen die Bützensche Kahlenberge an, und etwas weiter westlich, eine kleine halbe Meile entfernt, liegt das Dorf Vieritz. Im Süden ist freies Feld bis auf eine halbe Meile, wo ein Fichtenwald mit Elslaken beginnt.

Es blieb Lippold nicht verborgen, daß er von Süd und West her nicht gehörig gedeckt sei; er ließ deshalb sein Lager, sobald es abgesteckt worden, verschanzen, um so gegen einen Überfall von Jerichow her gesichert zu sein, und noch jetzt sind einige Überbleisel dieser Arbeit vor dem Kattenloche vorhanden. Der zweite und dritte Oktober verging mit dieser Beschäftigung, während welcher zugleich Pläne gemacht wurden, wie man sich des Schlosses am besten bemächtigen könnte.

Die Hoffnung des ganzen Heeres war auf die Donnerbüchsen gerichtet. Durch eine gewöhnliche Belagerung und Mauerersteigung war das Schloß nicht zu nehmen, davon überzeugte man sich gar bald durch den Augenschein. An Aushungern war bei der beherrschenden Lage am Strom ebensowenig zu denken. Nur wenn es gelang, das Schloß mit den Donnerbüchsen zusammen zu schießen, oder durch die Steinkugeln die dagegen nicht genug gesicherte Besatzung so zu ängstigen, daß sie genötigt war, es zu übergeben, konnte man auf günstigen Erfolg rechnen. Wie groß die Wirksamkeit der Donnerbüchsen sein würde, war nicht voraus zu sehen, da man sie zum erstenmal gebrauchte. Einige Versuche gleich nach dem Ankaufe derselben aber hatten die Erwartungen hoch gespannt; ja die meisten hegten sogar höchst ausschweifende Erwartungen von ihren Leistungen, und es währte ihnen die Zeit lang, bis sie sich davon mit eigenen Augen überzeugen würden.

Der Mittwoch in der Meindwoche, der 4. Oktober 1391 brach hell und heiter an. Das Lager war fertig und wenigstens soweit befestigt, daß es eine Schutzwehr gewährte. Lippold von Bredow befahl nun, daß die Donnerbüchsen mit dem erforderlichen Schießbedarf an Steinkugeln und Pulver — damals Kraut genannt — soweit gegen das Schloß vorgeschoben würden, als das Terrain es gestattete. Man rückte daher mit den Geschossen bis an die Mühlenwiesen, so daß dieselben gerade vor lagen, links die Bützer Elslake, rechts die Stremme, im Rücken das Lager auf dem Berge. Gedeckt war das Geschütz sehr gut; eine eigentliche verschanzte Batterie brauchte man nicht zu bauen, da das Schloß mit keinen Steinbüchsen versehen war. Man konnte sich daher vom Kopf bis zur Sohle frei aufstellen. Dicht hinter der Geschützreihe baute man von Blöcken ein großes Viereck, in welches die Pulverfässer neben einander gestellt wurden und mit Brettern gegen etwa einfallen= den Regen von oben her gesichert werden konnten; letztere schnitten die Zimmerleute so eben zu und legten sie zum künftigen Gebrauch neben dem Blockhause oder vielmehr Blockkasten auf einander. Nahe dabei wurden die Steinkugeln in Haufen aufgesetzt.

Gegen Mittag waren die Vorbereitungen beendigt. Lippold be= sichtigte das Fundament seiner Hoffnungen, begleitet von einer Menge Ritter und anderer Edelleute, die neugierig die neue Waffe betrachteten. Es war alles in Ordnung und der Büchsenmeister erhielt den Befehl, sich in den Stand zu setzen und sein Werk zu beginnen. Ein halbes Dutzend Knechte wurden seiner Aufsicht übergeben, um ihm zur Hand zu gehen. Fürs erste wollte man nur einzelne Schüsse thun, und die zweite Büchse laden, wenn die erste abgeschossen war.

Lippold schlug vor, sich mit seiner Begleitung zum Fuß der Anhöhe zurückzuziehen, um hier in etwas erhöhter Stellung ungestört vom Pulver= dampf die Wirkung des Geschützes besser beobachten zu können. Es ge= schah. Der ganze Berg war von Reiterei und Fußvolk dicht bedeckt, deren Blicke sämtlich auf den jetzt ganz freien Platz gerichtet waren, wo das Geschütz stand. Der Büchsenmeister und seine Knechte tummelten sich; das er= forderliche Pulver war aus dem Magazine geholt, kunstmäßig in die Büchse gebracht, welche auf einer roh gehauenen blockartigen Lafette ruhte, und die Steinkugel aufgesetzt. Ein erwartungsvolles Schweigen trat ein, wie es sich unwillkürlich des Menschen bemächtigt, wenn er an der Schwelle einer ganz neuen Lebenserfahrung steht.

Ein Knecht ergriff die brennende Lunte und trat, nachdem der Büchsenmeister gut gerichtet hatte, zur Seite der Büchse. Jetzt senkte er die Lunte. Feuer und Rauch erhob sich in einer alles verdunkelnden Menge; gleich darauf hörte man einen starken Knall und einen zweiten, von dem die Erde erbebte, von dem den Rittern die Helme auf dem Kopfe gehoben wurden und die Pferde scheu in die Höhe sprangen.

Unmittelbar darauf stürzten Balkenstücke nicht weit von Lippold nieder, und kleinere Stücke Holz folgten nach, als ob es Holz regnete. Der Dampf verzog sich an dem Geschützplatze, aber mit ihm war alles, was vorher da gestanden, verschwunden*).

Was war das? rief Lippold, das ist nicht mit rechten Dingen zugegangen. Wo sind die Steinbüchsen geblieben?

Franz von Britzke aus Brandenburg, der Lippold zunächst hielt, antwortete: Ach Gott, da scheint ein großes Unglück vorgefallen zu sein. Mein gutes Auge hat mich nicht getäuscht. Als der Knecht die Lunte auf die Büchse hielt, und das Kraut empor flammte, wurde ein Teil der brennenden Lunte in die Höhe geschleudert, und in den Pferch geworfen, in welchem das Kraut stand. Der Büchsenmeister hat wahrscheinlich das Faß offen gelassen, aus welchem er das Kraut genommen, denn es ist alles in die Luft geflogen.

Bestürzt und erschrocken sah sich alles an, und sofort setzte sich, was nicht im Dienste war, nach der Unglücksstelle in Bewegung. Von dem Pulverhause war garnichts zu finden. Die Steinbüchsen lagen in weiter Entfernung von ihren Lafetten herabgerissen umher, und die Menschen wurden tot und verstümmelt auf der Mühlenwiese und der Elslake gefunden, nur ein Teil der Steinkugeln lag an alter Stelle. Vom Pulver war nicht ein Korn gerettet.

Eine allgemeine schwer zu beschreibende Niedergeschlagenheit bemächtigte sich des ganzen Heeres und wurde zur völligen Mutlosigkeit, als jetzt von der Burg Milow lustige Trompeten-Fanfaren in ihr Ohr schmetterten und Freudenflaggen von den Mauern herab wehten. Die Feinde hatten bemerkt und begriffen, was vorgegangen war, das ergab sich, und durften jetzt freilich die Belagerung wenig fürchten.

Es bedurfte eines so standhaften Mutes, wie ihn unser Ritter besaß, um in einem Augenblicke, wo seine ganze Hoffnung wie vom Winde dahin geweht war, die Besinnung nicht zu verlieren. Schon wollte ein großer Teil schimpflich das Feld räumen und nach Hause ziehen, da sprengte er vor die flüchtigen Haufen und ermahnte sie, ihrer Pflicht eingedenk zu sein. Endlich faßte man den Entschluß, im Lager zu überlegen, was ferner zu thun sei. Hier stellte Lippold dem Heere vor, daß es schimpflich sein würde, ohne weiteres die Belagerung aufzuheben. Habe man doch vorher auch keine Steinbüchsen gehabt, und dennoch Krieg geführt und Schlösser genommen, so würde man es auch ferner können, besonders dann, wenn, wie hier der Feind sich auch ohne Steinbüchsen verteidigen müsse. Die brandenburgischen Männer dürften den Magdeburgern nicht als Memmen erscheinen. Was man beginnen wolle,

---

*) Haftiz, ap. h. a. Angelus. Annal. S. 171.

werde er weiter überlegen; so viel aber scheine ihm vor allen Dingen nötig, das Schloß und die Stadt zu umlegen oder, wie wir es nennen würden, zu blokieren. Darum solle ein Teil des Heeres über die Stremme gehen und die Stadt von der Süd- und Ostseite einschließen, und sich ihr soweit als möglich zu nähern suchen, doch seinen linken Flügel soweit über den vorliegenden Berg ausdehnen, daß er sich an die Stremme anlehnen und so mit dem westlichen Teile im Lager in Verbindung bleiben könne. Dies fand Beifall und wurde sofort ausgeführt.

Unterdessen war vom Schloß Milow ein Bote abgeschickt, der sich glücklich durchschlich und nach Jerichow eilte, um dem Grafen Hans von Barby Nachricht von dem Vorgefallenen mitzuteilen. Mit großer Freude wurde das Ereignis vernommen; Graf Hans beschloß, es zu benutzen. Schleunigst zog er noch heran, was nicht schon versammelt war, und schon am andern Tage machte er sich auf, Milow zu entsetzen.

Es war gegen Mittag, als sich von Zolchow her eine große Staubwolke erhob, die den auf dem Vieritzischen Berge postierten Truppen nichts Gutes zu prophezeihen schien. Bald blitzte Waffenglanz durch den Staub, und von dort her konnte nur ein Feind kommen. Rasch wurde das Signal gegeben, sich fertig zu halten, die Reiter bestiegen ihre Rosse und defilierten aus dem Lager, dem Feinde entgegen zu gehen. Bei dem Banner der Stadt Brandenburg befand sich Lippold, denn so stand es fest, daß das Banner der Hauptstadt des Landes sich zunächst bei dem Regenten oder seinem Stellvertreter befand.

Jetzt passierte die feindliche Schar das Dorf Vieritz. Auf halbem Wege stießen die Reiterscharen aufeinander und das Gefecht entwickelte sich. Das Schlachtgeschrei ertönte und bald löste sich alles in ein wildes Handgemenge auf. Furchtbar dröhnten Schwerter, Morgensterne und Streitärte auf Helme und Harnische, und hier und da packte ein Reiter den andern, um mit dem Gnade Gott, einem Dolche, nachzuhelfen, wo das Schwert die Lücken in den Schienen nicht finden konnte. Man schlug sich mit großer Erbitterung. Unterdessen hatte das magdeburgische Fußvolk auf einem Umwege den Fuß des Vieritzer Berges erreicht, auf welchem das Lager stand, und bestieg ihn im Sturmschritt. Gar bald war der Wall überstiegen; es war durch die Teilung des Heeres die Besatzung des Lagers für seine Ausdehnung zu schwach und der Widerstand darum nicht nachdrücklich genug; das Fußvolk wurde geworfen, und das Lager befand sich im Besitz der Feinde.

Dieser Unfall blieb der Reiterei unten nicht verborgen; sie war genötigt, sich zurück zu ziehen, da sie den Feind jetzt beinahe im Rücken hatte. Fechtend und Schritt vor Schritt dem Feinde das Vordringen streitig machend, wichen sie, und mußten sich so durch das breite Gelände zwischen dem Heideberge und Kahlenberge hindurch drängen.

Auf ersterem war nach Lippolds Anordnung ein Teil seiner Reiterei im Lager zurückgeblieben, um für den Fall, daß man sich durch den Hohlweg zurückziehen müßte, die Feinde in die Flanke zu nehmen, wenn sie in ihm erschienen. Jetzt aber hatte sich die ganze zurückgelassene und geschlagene Besatzung des Lagers nach der Stremme hin geflüchtet, und die brandenburgische Reiterei wurde von der feindlichen Besatzung des Lagers in die Flanke genommen. Bestand diese auch nur aus Lanzenknechten, so gab doch der Abhang des Berges ihrem Angriffe Gewicht und machte manchen Reiter bügellos. Das Gedränge und Gemetzel war hier furchtbar, die Pferde quetschten sich und ihre Reiter, und die reiterlos gewordenen Pferde vermochten aus dem zusammengewirrten Knäuel nicht heraus zu kommen und das Freie zu gewinnen. Die Menge der gefallenen Pferde und Menschen versperrte den Nachdringenden fast den Weg.

Als man den Hohlweg zwischen den beiden Bergen passiert hatte, kam man in denjenigen Teil des Weges, der sich am Fuße des Vieritzer Heideberges nahe an der großen Bützer Lake hinzieht. Fechtend gelangte man an das Ufer der Stremme. Die Brücke war hier abgeworfen, und ein Teil der Brandenburger versuchte, mit den Pferden durch das Wasser zu setzen. Es gelang einem Teile derselben; aber gleich nachher drang die feindliche Reiterei so ungestüm gegen das Wasser vor, daß der Haufen Brandenburger wie durch einen Keil getrennt und in zwei nicht mehr zusammenhangende Häuflein geschieden wurde. Ritter Lippold wurde mit den Seinigen gegen den Platz hin gedrängt, auf welchem gestern sein Geschütz gestanden. Vor sich die Feinde, links die Stremme, rechts die Bützer Lake, hinter sich die sumpfigen Mühlenwiesen, hatte er nur einen unbedeutenden Raum für seine Verteidigung. Leider aber ward er schnell genug inne, daß seine kleine Schar durch die Terrainhindernisse völlig umschlossen, und jede Flucht unmöglich sei. Es galt, jetzt das äußerste zu wagen und sein Leben oder seine Freiheit so teuer als möglich zu verkaufen. Die Brandenburger schlugen sich mit dem Mute der Verzweiflung. Immer mehr häuften sich vor ihnen die Erschlagenen und Verwundeten, aber immer kleiner wurde auch ihr Häuflein, während der Andrang von feindlicher Seite eher wuchs als abnahm.

Noch wehte das Banner Brandenburgs in den Lüften, obwohl es schon der dritte trug. Jetzt aber wurde auch dieser erschlagen und ein Magdeburger riß es dem Sterbenden aus der Hand. Es war nicht mehr möglich, ihm zu Hülfe zu kommen, da jeder einzelne genug zu thun hatte, sich der wütenden Feinde zu erwehren; man mußte es verloren geben. Immer weiter wurde man zurückgedrängt, bis sich endlich Lippold in dem Winkel zwischen der Lake und den Wiesen befand, wo der Acker endigte. Ein weiteres Zurückweichen war nicht möglich, weil die Pferde stecken geblieben wären. Da schrie Fritz von Britzke: Ritter Lippold, springt vom Pferde und rettet euch zu Fuß in die Lake. Wir wollen die Feinde noch ein paar Minuten beschäftigen! Er mit Hans Schulten und Claus Neumann von Brandenburg mit einem Teile der Knechte hielten Stand und wehrten sich wütend. Lippold befolgte den Rat und stürzte sich in den Elsbusch. Aber ebenso schnell sprang ein magdeburgischer Lanzenreiter, der sich eben an der linken Flanke vorgedrängt hatte, vom Pferde, lief ihm nach und versetzte Lippold mit der Lanze einen so heftigen Stoß gegen den Harnisch, daß er vorn überstürzte. Sofort warf sich der Reiter auf ihn, setzte ihm den Dolch unter die Halsberge, und fragte: ob er sich gefangen geben wolle; Lippold antwortete Ja!

Die Magdeburger konnten den Vorgang beobachten, und erhoben ein Freudengeschrei. Bald war das Häuflein der Brandenburger überwältigt und Hans Schulten wie Claus Neumann wurden mit ihren Knechten ebenfalls zu Gefangenen gemacht*).

Unerklärlich war es Lippold, warum die jenseit der Stremme postierten Brandenburger ihm und den Seinigen nicht zu Hülfe gekommen waren. Erst jetzt, nachdem das Gemetzel nachgelassen, sah er die Ursache. Aus Schloß und Städtchen Milow hatte der Feind mit aller Mannschaft, die er nur auftreiben konnte, einen Ausfall gemacht und war auf die östlich von der Stremme stehenden Brandenburger losgegangen. Er hatte diese hinreichend beschäftigt, so daß sie sich um die übrigen nicht bekümmern konnten und zog sich jetzt in guter Ordnung fechtend in das Städtchen zurück.

Sobald die hier beschäftigt gewesene brandenburgische Mannschaft vernahm, wie es dem Hauptheere jenseit ergangen sei, hielt sie es nicht für geraten abzuwarten, ob der Feind über die Stremme setzen und sie ebenfalls angreifen würde. Der Befehlshaber war gefangen und mehr als die Hälfte des Heeres vernichtet. Mutlosigkeit ergriff den Haufen, und in sinnloser Bestürzung räumte man das Feld, und suchte sein Heil in eiliger Flucht.

---

*) Haftiz, ap. h. a. Angelus, Annal. S. 171.

Zwölftes Kapitel.

Lippold versuchte es, sich von dem, der ihn gefangen genommen, Namens Andreas Trube, loszukaufen. Dieser schlug jedoch jedes Lösegeld aus und bestand darauf, ihn dem Erzbischofe auszuliefern. Dasselbe war bei den andern Gefangenen der Fall. Außer den genannten waren noch viele Knechte den Feinden in die Hände gefallen. Es blieb nichts übrig, als sich in sein Schicksal zu ergeben.

Sie wurden nach Magdeburg gebracht, und der Erzbischof Albrecht ließ sie sich vorführen. Mit unverkennbarer Schadenfreude empfing er den gehaßten Lippold, und er gab sich keine Mühe, sie zu verbergen. Lippold und seine Begleiter standen schweigend da.

Erzbischof. Wie nun, Herr Landeshauptmann? Ist euer hochfahrender Sinn jetzt gedemütigt? Ich dächte, ihr hättet empfunden, daß die Kirche außer ihren geistlichen Waffen auch die weltlichen nicht übel zu führen weiß, diesmal sogar noch besser als ein Landeshauptmann.

Lippold. Ehrwürdiger Herr, das Glück giebt euch kein Recht, euch zu überheben, oder des Unglücklichen zu spotten. Wißt ihr so gut Krieg zu führen, so werdet ihr auch wissen, was Kriegsgebrauch ist. Wollet daher verfügen, daß mir und meinen Begleitern ein ritterlich Gefängnis werde, und nach Festsetzung des Lösegeldes Gelübde und Sicherung nehmen, wie es unter guten Mannen Gebrauch ist.

Erzbischof. Herr Ritter, erlaubt daß ich hier Vorschriften gebe, und nicht ihr. Daß es euch nicht geziemt, solltet ihr wohl fühlen, und ich sehe, euer hochfahrender Sinn ist noch nicht gebrochen. Man wird auf Mittel bedacht sein müssen, euch kirre zu machen.

Lippold. Gut, ich habe euch weiter nichts zu sagen.

Erzbischof. Ich aber euch. Vernehmt denn, daß ihr eurer Bestrickung nicht eher ledig werdet, bis ihr mir das Haus Plauen erbund eigentümlich übergebt, wie die Sache früher mit dem Markgrafen beredet worden ist.

Lippold. Vernehmt denn auf eure Bedingung auch meine Antwort. Ich sage euch, daß ich das Haus Plauen euch nicht übergeben werde, und wenn ich zeitlebens ein Gefangener bleiben sollte. Darauf nehmt mein Ritterwort.

Erzbischof. Hoho! Ihr habt noch hohen Mut. Er wird sich schon legen; als ein Diener der Kirche will ich Geduld mit euch haben. Wir wollen künftig davon sprechen. Fürs erste werde ich euch eure Wohnung anweisen lassen.

Lippold. Was soll das? Wollt ihr mich als einen Verbrecher oder wie einen gemeinen Reiter behandeln lassen?

Erzbischof. Man muß sich nicht fangen lassen, wenn man Bedingungen machen will.

Er schellte; ein Diener trat herein, dem er einen Auftrag gab. Gleich darauf erschienen zwei Hellebardierer und ein Rottmeister. Letzterem sagte der Erzbischof einige Worte leise, wandte sich dann an Lippold und sprach: Folgt diesem Manne.

Ingrimmig verließ Lippold das Zimmer. Der Rottmeister ging vor ihm, hinter ihm die Hellebardierer. Man stieg die Treppe hinab, ging über den Hof, und trat in ein finsteres Seitengebäude ein. Der Rottmeister begab sich in ein Zimmer, und kam dann mit einem alten Manne heraus, der, ein Bund Schlüssel in den Händen haltend, unsern Ritter aufmerksam betrachtete, und sprach: Folgt mir, Herr, aber gebt mir das Versprechen, mir armen alten Mann nicht zuzurechnen, was ich als meines Herrn Diener gegen euch thun muß.

Sei unbesorgt und warte deines Amtes, sprach Lippold. Der Alte schloß eine eiserne Thüre auf, welche in der starken Wand des Flurs unter einer Treppe lag. Eine finstere Stiege führte in die Tiefe. Der Kerkermeister ging voran und ermahnte Lippold behutsam zu steigen, indem er ihn bei der Hand ergriff und leitete.

Unten kam man in einen durch ein kleines Fenster erhellten gewölbten Gang. Einige Schritte weiter standen sie vor einer schweren verschlossenen Thür, durch welche Lippold in sein düsteres Gefängnis geführt wurde.

Zwei Tage und zwei Nächte brachte er in diesem gräulichen Aufenthalt zu. Am dritten Tage kam der Kerkermeister und entbot Lippold zum Erzbischofe zu einer Unterredung.

Nach längerer Verhandlung, bei welcher der Erzbischof sich diesmal gnädiger zeigte, ließ er durch einen Diener seinen Schloßhauptmann rufen. Als dieser erschien, übergab er ihm Lippold mit dem Auftrage, ihn in ein näher bezeichnetes Zimmer zu führen, für seine nötige Bequemlichkeit zu sorgen und ihn in seine Kost zu nehmen, übrigens aber alle Maßregeln zu treffen, daß er nicht entweichen könne, wofür er ihm zu haften habe. Lippold empfahl sich und fand eine erträgliche Wohnung und Kost. Wir müssen ihn einstweilen seinem Schicksale überlassen. Den Andreas Trube, welcher Lippolden gefangen hatte, belieh der Erzbischof mit etlichen Höfen im Dorfe Derwen an der Elbe*).

Kaum war das brandenburgische Heer bei Milow geschlagen, als sich die Nachricht mit Blitzesschnelle und mit ihr Bestürzung durch die ganze Mark verbreitete. Die Altmark hatte bereits Anstalten gemacht, den abgelaufenen Frieden mit den lüneburgischen Herzögen zu verlängern und schloß ihn jetzt am Calixtustage, den 14. Oktober, zu Lüchow mit schweren Geldopfern ab. Die Herzöge versprachen, nicht eher die Feind= seligkeiten wieder anzufangen, als bis nach Martini folgenden Jahres, und wenn sie vierzehn Nächte vorher in Tangermünde den Krieg ange= kündigt hätten. Sollte sich jemand während dieser Zeit unterstehen, die Ruhe zu brechen, so versprechen die Herzöge alle Hülfe und Genug= thuung, auch keinem Feinde der Mark Brandenburg den Aufenthalt zu gewähren, sondern gegen denselben den märkischen Beamten Beistand zu leisten. Wegen des Besitzes der Schnackenburg sollten Schiedsrichter ent= scheiden, wenn sie zuständig sei. Könnten sich diese nicht einigen, so solle der Bischof von Hildesheim den Ausspruch thun. Zwischen hier und Ostern sollten sich die Schiedsrichter versammeln, und wenn der Haupt= mann der Altmark, Hüner von Königsmark, es dahin bringen könne, daß Jobst sich persönlich bei der Versammlung einfinde, so sollte es vier Wochen zuvor den Herzögen angezeigt werden. Der Hauptmann sollte indessen in der Schnackenburg einen Geistlichen bestellen, übrigens soll der Ort bis zu ausgemachter Sache von beiden Teilen besessen werden. Würde der Erzbischof von Magdeburg und Heinrich von Bülow diesem Frieden beizutreten Lust haben, so sollen sie darin eingeschlossen sein; auch die Neumark (jetzige Mittelmark) sollte, wenn sie dazu Lust hätte, an diesem Frieden Teil nehmen können**). Ob letzteres geschehen, ist nicht bekannt.

Ende August war Herzog Johann von Mecklenburg=Stargard aber= mals mit einer Flotte und einem ansehnlichen Heere von Wismar und Rostock ausgelaufen***). Sie gingen nach Bornholm, plünderten es und nahmen es in Besitz. Hierauf segelten sie nach Gothland, wo sie Städte und Dörfer verbrannten und es sich gleichfalls aneigneten. Endlich langten sie glücklich in Stockholm an. Ein Schloß, das die Dänen erbaut hatten, wurde rasch genommen; nicht so schnell ein zweites, das auf einer hohen Klippe lag, und dessen Belagerung sich in die Länge zog. Unterdessen ließen Wismar und Rostock überall ausrufen, daß, wenn jemand auf seine eigene Kosten freibeuten und abenteuern wolle

---

*) Haftiz ap. a. Angelus Annal. S. 171.
**) Lenz, brandenb. Urkunden, S. 465.
***) Detmar, I. S. 355.

gegen die Reiche Dänemark und Norwegen mit Rauben, Brennen und Nehmen, der sollte sich in den Städten Wismar und Rostock melden, da wollte man ihm einen Stehlbrief geben, und dazu vergönnen, daß er frei parthen, beuten und den Raub verkaufen könne*). Herzog Johann ließ zugleich ausrufen, daß die Häfen Ribnitz (an der Peene) und Gollwitz (auf der Insel Poel) allen denjenigen offen sein sollten, welche auf die vorgenannten Reiche fahren und rauben wollten.

Es ist nicht zu beschreiben — sagen die Chroniken — wie viel losen und bösen Gesindels zu Haufe lief aus allen Landen, von Bauern und Bürgern, Amtsknechten und anderem Volke, das nicht Lust hatte zu arbeiten und sich bedünken ließ, mit leichter Mühe von den armen dänischen und norwegischen Bauern reich zu werden.

Das ließ sich im Anfange wohl ansehen als eine sehr vorteilhafte Unternehmung, wodurch man den Feinden großen Abbruch thun würde. Aber, sagt unser gleichzeitig, also schon vor mehr als 450 Jahren lebende Chronikenschreiber, — Gott tröste, wo man dem losen Haufen die Hand los läßt, so man doch mit aller Macht kaum verhindern und wehren kann, daß sie keinen Schaden thun, wenn man sie selbst in großem Zwange hält**).

Als diese Gesellen sich versammelt hatten, mußte jeder für Lebensmittel sorgen, denn niemand erhielt von einem anderen Sold oder Beköstigung, weil jeder auf eigene Gefahr diente. Aber auch nur für Lebensmittel sorgte jeder, denn alles andere hoffte man sich durch Raub zu gewinnen. Deswegen gaben sie sich den Namen der Victalien Broders, d. h. Viktualien = Brüder, woraus der Name Vitalien = Brüder entstanden ist. Als sie jedoch auf die See gekommen waren, vergaßen sie ihre Bestimmung bald, und betrachteten jedes Schiff als ein feindliches, das ihnen in den Wurf kam, dafern es nur kein Wismarsches oder Rostocksches war. Sie wurden von da an der Schrecken der Ost= und Nordsee, um so mehr, als in Schweden ein Waffenstillstand zu stande gekommen war. Viele Jahre haben sie ihr Unwesen getrieben, und ihre eigentümliche Erscheinung gehört so wesentlich zur Charakteristik dieses Zeitalters, daß wir ihre Entstehung hier nicht füglich umgehen konnten***).

Noch in diesem Jahre fielen die Vitalienbrüder über ein großes Schiff von Stralsund her und wollten es mit Gewalt nehmen, ungeachtet sie hörten und sahen, daß sie es nicht mit Dänen, sondern mit

---

*) Detmar, bei Grotuff Th. I. S. 353.

**) Averst Godt tröste, wor men deme losen Hupen de Hant loß leth, so man se doch mit aller Macht kume verhindern unde weren kan, dat se nehn Quadt dohn, wen man se alschon in grotem Dwange holt.

***) Reimar Kock bei Grotuff, Th. I. S. 393, 394.

Deutschen zu thun hatten. Die Stralsunder wehrten sich jedoch tüchtig, und endlich mußten die Vitalienbrüder unterliegen. Einige Hundert derselben wurden gefangen genommen, und man wollte sie nach Stral= sund führen. Auf dem Schiffe war man aber in Verlegenheit, wo man mit dieser Menge hin sollte, da man nicht Ketten und Stöcke genug hatte, um sie alle anzuschließen, und man ihnen nicht trauen und sie frei sich bewegen lassen durfte, indem schon viele diejenigen, von welchen sie gefangen genommen waren, bei nachtschlafender Zeit erwürgt hatten. Man kam endlich auf den Einfall, dasselbe Mittel anzuwenden, welches die Vitalienbrüder ersonnen und damit manchen armen Dänen gemartert hatten. Man nahm Tonnen, deren viele auf dem Schiffe vorhanden waren, schlug einen Boden aus und schnitt in den oberen Boden ein Loch, so groß, daß ein Mensch den Kopf eben durchstecken konnte; hierauf steckte man einen Vitalienbruder in die Tonne, daß der Kopf draußen blieb, und schlug die Tonne unten wieder zu mit ihrem Boden. So wurden die Vitalienbrüder auf einen Haufen aufgestapelt, wie man Tonnen zu lagern pflegt, und nach Stralsund geführt. Sie blieben auch in den Tonnen, bis man sie auf Wagen nach der Stadt führte, wo man ihnen die Köpfe abschlug[*]).

In der Mark sah es unterdessen ziemlich traurig aus. Das Jahr 1392 war angefangen und die Mark ohne Regenten und ohne Landes= hauptmann. Pommern hatte für König Wenzel Kriegskosten aufgewendet, die dieser nicht bezahlen konnte. (Er half sich damit, daß er den pommerschen Herzögen die uckermärkischen Orte Boitzenburg, Zehdenick und Straßburg verpfändete, wozu Siegismund seine Einwilligung gegeben zu haben scheint. Jobsts Einwilligung, die eben so notwendig war, scheint man nicht eingeholt zu haben, denn er machte, wie wir weiterhin sehen werden, Pommern diese Pfandschaft streitig[**]). So wurde die Mark immer mehr zersplittert.

In Mecklenburg kam in diesem Jahre ein allgemeiner Landfriede zustande, an welchem auch das Land Wenden und das Stift Schwerin teilnahmen, so daß die Herren dieser Länder mit Rittern, Knechten und den Städten zu den Heiligen schwuren, den Frieden fünf Jahre lang zu halten. Heinrich von Bülow Großkopf wollte jedoch nicht schwören, ungeachtet alle anderen bereits geschworen hatten; auch verbot er es seinem Vetter Joachim von Bülow, der, wie er in Mecklenburg angesessen war, weshalb auch dieser sich weigerte. Da entschloß sich der Bischof von Schwerin, ein Sohn des verstorbenen Herzogs Johann von Mecklenburg die Sache zu vermitteln. (Er entbot Joachim von Bülow

---

[*]) A. a. O. S. 494, 495.
[**]) v. Lancizolle, Bildungsgeschichte d. Preuß. Staates, Tl. I. S. 808 ff.

nach Schwerin zu sich, und dieser machte sich auf, doch begleitete ihn Heinrich von Bülow Großkopf. Beide fanden sich beim Bischof ein und fragten nach seinem Verlangen.

Der Bischof kam nach den üblichen Höflichkeiten auf den Zweck seines Entbietens, und sprach: Ihr Herren weigert euch, den Landfrieden zu beschwören. Wahrscheinlich habt Ihr die Sache vorher nicht gehörig überlegt und seid jetzt anderen Sinnes? — Nicht so? Ihr schwört?

Joachim v. Bülow. Nein, ehrwürdiger Herr.

Der Bischof. Wie, ihr seid gekommen, und wollt doch nicht schwören? Warum weigert ihr euch zu thun, wie alle übrigen? Könnt ihr eure Raufdegen gar nicht in der Scheide halten? Wisset, daß fest-gesetzt ist, daß jeder, der in der verabredeten Zeit den Frieden bricht, von allen anderen Herren, Rittern, Knechten und Städten feindlich be-handelt und zum Schadenersatze angehalten werden soll? Habt ihr das überlegt und beharrt noch bei eurer Weigerung?

Heinrich Großkopf hatte während der Zeit dagestanden und lächelnd, auf sein Schwert gestützt, sich hin und her gewiegt. Als der Bischof geendigt hatte, nahm er das Wort und sagte: Herr, geratet nicht in Zorn, ihr könntet sonst schwarz werden[*].

Über diesen unartigen Witz geriet der Bischof in heftigen Zorn; es kam zu einem lebhaften Wortwechsel, in welchem Heinrich den Bischof auf eine bösliche und unbescheidene Weise behandelte, so daß dieser ihnen endlich den Rücken kehrte und sie stehen ließ. Beide begaben sich wieder nach Hause. Der Bischof aber beklagte sich bei Herren, Freunden und Städten und verunehrte den Großkopf so sehr, daß dieser es lange nicht verwinden konnte.

Auch mit der Altmark oder ihrem Hauptmanne Hüner v. Königs-mark hatte Laurentius, Fürst von Wenden oder Werle, einen vierjährigen Landfrieden am 13. August 1392 zu Güstrow geschlossen, so daß keiner seiner Vasallen die Altmark, das Land von Holstein, Leibgedinge der Ingeburg, das Land von Perleberg, von Wittenberge und Wolfshagen in dieser Zeit bekriegen sollte. Der Friede sollte von nächsten Weih-nachten an vier Jahre dauern und vier Wochen vor Beginn der Feind-seligkeiten zu Perleberg aufgekündigt werden[**]. Man sieht, daß die Putlitzschen Besitzungen, insofern sie zur Mark gehörten, mit einge-schlossen waren. Alle diese Friedensschlüsse kosteten der Altmark viel Geld; allein es war das einzige Mittel, sich zu schützen, denn vom Landes-herrn war kein Schutz zu erwarten.

Es führt uns dies jedoch von selbst in die Gegend von Quitzhövel, und es ist Zeit, hier wieder einmal einige Blicke hinzuwenden.

[*] Detmar bei Grotuff, Tl. I. S. 357.
[**] Gerken, Cod. diplom. T. II. S. 365.

Dreizehntes Kapitel.

Auf Schloß Quitzhövel sehen wir große Anstalten zu einem Feste. Frau von Quitzow war wieder eines Söhnleins genesen, der morgen getauft werden und den Namen Henning erhalten sollte. Der vor sieben Jahren geborene, Conrad getaufte Sohn, war demnach noch nicht der letzte gewesen, und versprach ein tüchtiger Ritter zu werden. Im Schlosse trieben die Frauenzimmer ein großes Wesen, stäubten alle Gemächer aus, wuschen und bohnten die Geräte und Fenster, daß die Männer nicht wußten, wohin. Diese unbehagliche Lage veranlaßte Dietrich von Quitzow, seinem Bruder den Vorschlag zu machen, auf die Jagd zu gehen, was denn auch sofort geschah. Man rüstete sich auf gewohnte Weise, und bald war man im Walde.

In jener Zeit waren die Wälder dichter und wilder als jetzt. Noch dachte man an keine Holzersparnis. Herunter gebrochene oder abgehauene Zweige blieben liegen nnd verfaulten ungenutzt, der Boden bedeckte sich mit einer starken Schicht fruchtbarer Gartenerde, aus welcher Sträucher und Unterholz in üppiger Fülle emporsproßten und dem Wilde einen sicheren Aufenthalt und Nahrung gewährten. Unsere beiden jungen Männer waren zu Pferde und mußten sich deshalb auf den Wegen halten, da nur hier und da an weglosen Stellen durchzukommen war.

Es war zwei Tage nach Mariä Himmelfahrt, der 17. August, Sonnabends. An jenem Feste war der Zufluß von Menschen in Wilsnack immer sehr groß, und ein großer Teil der Pilger zog über Quitzhövel von und nach Havelberg.

Eben als die beiden Reiter von einem Seitenwege in die Haupt= straße einlenken wollten, stießen sie auf einen Zug von Wilsnack heim= kehrender Pilger, welche dort Mariä Himmelfahrt gefeiert hatten. Sie hielten die Pferde an, um den bunten Zug an sich vorüberziehen zu lassen. Männer, Weiber und Kinder, nur zum Teil mit dem Pilger= kleide angethan, die übrigen in gewöhnlicher Kleidung, viele barfuß und selbst noch weiter entblößt, aber alle mit dem Pilgerstabe versehen, zogen singend, einen Rosenkranz in der Hand, dahin. Die Andacht war noch frisch, denn der heilige Ort lag noch in der Nähe; weiterhin minderte sie sich immer mehr. Es waren einige hundert Menschen, meistenteils den untersten Ständen angehörig, ein großer Teil von höchst verdächtigem Ansehen.

Als sie vorüber waren sprach Dietrich: es ist zwar eine gar gute Sache um das heilige Blut in Wilsnack, aber eine große Menge von Taugenichtsen und liederlichem Gesindel zieht es doch in unsere Gegend, die man nicht immer wieder los wird, und das ist schlimm. — Doch horch, was ist das? —

Ein Hülfegeschrei ertönte in einiger Entfernung seitwärts hinter ihnen, und gleich darauf hörte man Schwertergeklirr. Sofort wandten unsere Reiter ihre Pferde, zogen die Schwerter und sprengten auf die vor kurzem verlassene Landstraße zurück. Etwas weiter hin sahen sie ein Gefecht und konnten nicht zweifeln, mit einem Räuberangriff auf Reisende zu thun zu haben. Ohne sich lange zu besinnen, stürzten sie sich darauf zu, und ihre Streiche fielen links und rechts. Schon lag ein Kerl zu Boden gestreckt, ein anderer, schwer verwundet, konnte sich kaum auf dem Pferde halten. Die unerwartete Vermehrung ihrer Gegner veranlaßte die Räuber, ihren Pferden die Sporen zu geben, und Reiß= aus zu nehmen. Es waren ihrer fünf. Dietrich und Johann wollten nach, allein die Überfallenen waren verwundet, und konnten sich nicht anschließen. Die Räuber hatten sich in den Wald gezogen, wo es schwer war, ihnen zu folgen, und unsere beiden Reiter kehrten zu den Geretteten zurück.

Habt Dank für eure tüchtige Hülfe, wackere Herren, sprach ein kräftiger Mann zu Pferde im Pilgermantel, der einen leichten Harnisch bedeckte. Ohne euch hätte es uns schlecht ergehen können. Wir verdanken euch viel, denn wir waren übermannt, und die Kerle waren keine Hundsfötter.

Dietrich. Den Heiligen Dank, daß es so abgelaufen; aber ihr blutet, Herr. Wollt ihr nicht eure Wunde untersuchen? Auch euer Knecht blutet stark. Laßt uns sehen, was zu thun ist.

Der Pilger. Laßt's gut sein. Es ist nur eine Fleischwunde unterm Arme, die ich beim Ausholen erhielt. Mein Knecht mag sich der Hülfe des andern bedienen.

Dietrich. Hoffentlich hat die edle Frau keinen Schaden gelitten?

Der Pilger. Meine Tochter, Herr. Nimm den Schleier zurück, Elisabeth, daß unsere Retter doch sehen, wen sie gerettet.

Sie that es mit Schamröte im Gesicht, blickte unserm Dietrich einen Augenblick in die Augen, und schlug dann die ihrigen züchtig nieder. Das holde blühende Gesicht glühte wie eine Rose. Dietrich saß staunend auf seinem Rosse; der Zügel seines Pferdes war seiner Hand entsunken, sein Mund blieb unwillkürlich wie zu einem Ausrufe geöffnet, und er verlor sich im Hinstarren auf das blühende Gesicht. Der Blick dieser blauen Augen hatte ihn zur Bildsäule verwandelt. Sein wunderliches Schweigen setzte die Jungfrau in immer größere Verlegenheit, bis Johann, die seltsame Stille bemerkend, anhub: Wie freut es uns, euch, edle Jungfrau, wohl und unverletzt zu sehen; denn ob ihr uns dessen auch noch nicht versichert habt, so zeigt doch euer blühendes Aussehen, daß selbst der Schreck euch nicht viel angehabt hat.

Elisabeth. Dank eurer Teilnahme, junge Herren, mein Vater wird nicht säumen, euch den Dank auszusprechen, den mein Mund zu schwach ist, euch auszudrücken. Ich bin in der That nicht verwundet, denn die Räuber schonten sichtbar meiner, und der Schreck ist längst vorüber.

Der Pilger. Meine Elisabeth ist überhaupt nicht sehr schreckhaft in der Gefahr.

Dietrich. Sie ist nicht schreckhaft in der Gefahr, o hörst du es Johann, hörst du es? Was sagst du dazu? rief Dietrich in trunkener Selbstvergessenheit.

Der Ritter schüttelte den Kopf und betrachtete Dietrich genauer. Wollt ihr uns denn nicht die Namen unserer edelmütigen Retter nennen? fragte er.

Dietrich. Ach da ist wenig daran zu hören. Dietrich, und dort mein Bruder Johannes von Quitzow, Söhne des Ritters Cuno auf Quitzhövel hier ganz in der Nähe. Aber die eurigen? O macht uns die Freude, sie zu nennen.

Der Ritter. Auch das ist bald gethan. Ihr seht in mir den Edlen, genannt Albrecht, Schenk von Landsberg und Herrn zu Sydow, zu Teupitz wohnhaft, dort meine einzige Tochter Elisabeth und zwei meiner Knechte. Wir haben eine Wallfahrt zum heiligen Blute gemacht und sind auf der Rückkehr hier angefallen.

Dietrich. O edler Herr, euer Arm blutet immer mehr. Aber — (er schlägt sich unmutig vor den Kopf) — wie ist mir denn? Was müßt ihr von uns denken, daß wir euch noch nicht eingeladen haben, uns auf das väterliche Schloß zu begleiten und dort eure Wunde zu pflegen. Mein Gott, rechnet mir das ja nicht an, man denkt zuweilen an das Nötigste zuletzt. Das edle Fräulein muß ich vor allem um Verzeihung bitten. Ihr könnt in der That nicht weiter, ihr blutet, euer Knecht blutet, das edle Fräulein bedarf der Erholung, wenn sie auch nicht erschrocken ist, und mein Vater wird sich herzlich freuen, euch kennen zu lernen. Ihr findet an ihm einen wackern Ritter, und das edle Fräulein wird unter dem Schutze meiner Mutter gut aufgehoben sein.

Albrecht. Euer Vater, junger Herr, ist mir dem Rufe nach

längst von guter Seite bekannt. Ich nehme euer Erbieten mit Dank an und hoffe euch nicht lange zur Last zu fallen.

Herrlich, schrie Dietrich, nun soll's eine Kindtaufe geben, wie sie lange noch nicht dagewesen. Schnell umgelenkt, edler Herr. Johann, reite du voraus, den Weg zu zeigen, ich werde zum Schutz des edlen Fräuleins ihr zur Seite reiten.

Was ist das mit der Kindtaufe? fragte Albrecht. Dietrich erzählte ihm redselig alles, was sich darüber sagen ließ. Er war ungewöhnlich gesprächig geworden, und man gewahrte an ihm eine große Aufregung. Dennoch benahm er sich gegen das Fräulein schüchtern.

Man langte auf dem Schlosse an. Die Fremden wurden achtungs= voll und freundlich empfangen. Herr Albrecht, oder wie er nach der Sitte seiner Zeit gewöhnlich genannt wurde, Herr Apitz, fand sich bald einheimisch und an dem Ritter Cuno einen Mann, wie er ihn gern hatte. Nachdem er seine Wunde durch eine alte Frau hatte untersuchen und verbinden lassen, geriet er mit Cuno bald auf sein Lieblingskapitel, den großen Vorzug des Lebens auf dem Lande vor dem in der Stadt, des herrlichen Genusses der Freiheit auf der adligen Burg der Väter vor der Kriecherei an den Höfen der Fürsten. Frei muß der Mann sein, rief Herr Apitz, frei thun und lassen können, was ihm gut deucht, einzig und allein gebunden von den Gesetzen der Ehre und der Religion, und kein Fürst oder Fürstendiener muß seinen Willen beschränken dürfen. Diese Freiheit hat der Mann nur auf seiner angestammten Burg, ent= fernt von dem Flimmer der Höfe, fern von der Krämerei der Städte. Wohl uns, daß wir solch ein Leben führen können.

Cuno. Ja wohl, ja wohl. Welch ein elendes Ding es mit den Städten ist, zeigt sich ja deutlich an den edel geborenen Leuten, welche ihren Wohnsitz in ihnen genommen haben. Wie geht da aller ritter= liche Sinn so gänzlich verloren, daß sie zuletzt nicht einmal fühlen, wie elend sie sind, und wie viel sie entbehren. Ja, selbst wenn man es ihnen zeigt, wenn sie sehen, welch eine edle Freiheit der Schloßgesessene genießt, so wollen sie noch nicht einmal daran glauben, und letzthin sagte mir sogar ein solcher Stadtritter, darin liege noch nicht das Höchste des Lebens, das müsse man in etwas anderm suchen.

Apitz. Ha ha ha ha! Gewiß so ein Ritter aus Kaiser Karls Zucht. Der hätte auch lieber das ganze Land zu einer Stadt gemacht. Es ist wunderlich. Wofür lebt denn der Mensch? Etwa um sich hinter Wall und Mauern einschließen und von Fürstenknechten befehlen zu lassen, oder frei wie ein Vogel die Schwingen zu regen und frei durch die Luft dahin zu fliegen. Seht, die Vögel, welche die Städter in künst= lichen Vogelbauern vor ihre Fenster hinaushängen, damit die armen Tiere ein wenig Sonnenschein und einen Schnabel voll frischer Luft ab=

bekommen, die sind das beste Bild des städtischen Lebens. Welcher freie Vogel wird sie beneiden?

Das Gespräch wurde unterbrochen, indem Frau von Quitzow mit Elisabeth nahte, um sich nach dem Befinden des Herrn Apitz zu erkundigen. Gleich nachher begab man sich zum Abendimbiß und bald darauf zur Nachtruhe.

Der folgende Tag war sehr belebt. Schon vormittags fanden sich die eingeladenen Gäste ein, Männer und Frauen des benachbarten Adels, und es fehlte nicht an Unterhaltung und Erzählungen allerlei Art. Dietrich wurde zu seinem Verdrusse so sehr von den Gästen in Anspruch genommen, daß er wenig Zeit übrig behielt, sich um den Gast zu kümmern, der ihm der liebste von allen war. Die Sitte der Zeit gestattete keine freie Annäherung eines jungen Mannes an ein junges Mädchen. Nur in Gesellschaft älterer Personen war ein Gespräch erlaubt, und selbst hier nur über allgemeine Gegenstände. Und doch hätte er so gern mit ihr gesprochen aus dem innersten Herzen, und ihr gesagt, — ach, er wußte ja selbst nicht was, nur das Bedürfnis mit ihr zu reden fühlte er deutlich, aber es war keine Gelegenheit, es zu befriedigen. Nicht einmal sehen und in ihrem Thun und Lassen beobachten konnte er sie, was er so gern gethan hätte. Es war ihm so wohl in ihrer Nähe, die Luft war so milde, welche sie zugleich mit ihm atmete, daß er Tage in ihrem Anschauen versunken hätte verträumen können, und sich darin selig gefühlt haben würde. Nur wenige freundliche Blicke und Worte hatte er im bunten Getreibe für sich eingetauscht, und er labte sich daran, und holte sie sich in stillen Augenblicken hervor in inniger Freude, wie das Kind seine Weihnachtsgaben. Nie hatte Dietrich die herkömmlichen Formen des Lebens so lästig gefunden, und er, der sonst nicht selten ein beredter Verteidiger derselben gewesen war, hatte nicht übel Lust, sie gänzlich zu verdammen.

Die Mittagstafel war reich besetzt; aber die Sitte gestattete nicht, daß Jungfrauen und Männer an derselben Tafel vereinigt waren. Die Rebhahne Kaiser Karls waren mit ihm ausgestorben; sie hatten in diesen Gegenden keinen rechten Anklang gefunden, ja in mehreren Städten wurden sie nach seinem Tode von Obrigkeits wegen als unsittlich förmlich verboten. So war denn auch hier die Tafel der Jungfrauen von der der Männer streng geschieden, und der Beschränktheit des Raumes wegen befanden sich beide in gesonderten Zimmern, was dem größten Teile der Männer sogar recht lieb war. Nur die Thür zwischen beiden Zimmern blieb offen.

Elisabeth hatte sich klüglich so zu setzen gewußt, das sie sich der Thür gegenüber befand, und die Aussicht ins andere Zimmer hatte. Nicht ganz so günstig vermochte sich Dietrich seinen Platz zu wählen.

Er sah zwar in das andere Zimmer hinein, aber Elisabeth war ihm
verdeckt, wie der größte Teil der weiblichen Gesellschaft. Bald hatte
er jedoch ausgemittelt, daß er nur einige Schritte zu gehen brauchte,
um sie zu sehen, und er war heute ungewöhnlich beweglich.

Die Tafeln waren nach damaliger Weise reich besetzt. Vor dem
Platze eines jeden Gastes prangte ein ansehnlicher Käse. In der Mitte
der Tafeln waren mehrere ungewöhnlich große Käse zur Zierde aufgestellt,
so daß immer zwei den dritten trugen. Die Mahlzeit bestand aus Lieb=
lingsgerichten dieser Gegenden. Sie fing mit großen Näpfen voll Bier=
suppe an. Darauf folgte der Käse mit Brot. Hierauf Hirse mit Würsten,
erstere mit Saffran schön gelb gekocht. Dann kam Grünkohl mit
Hammelsköpfen, und hierauf Kalbfleisch mit Saffran gelb gemacht und
mit Pfeffer gewürzt*). Rehbraten mit vielem Knoblauch und Zwiebeln,
und Wildschwein schlossen sich an, und den Beschluß machte Thorner
Pfefferkuchen. Dazu gab es Gardelegener Bier, alten Claus, Rauener
Zizenille und Güstrower Kniesenack, welche Biere große Verehrer hatten**).
Der Wein, welcher nicht fehlte, fand verhältnismäßig weit weniger Lieb=
haber. Die Gäste ließen es sich vortrefflich schmecken, und waren mit
der Bewirtung ungemein zufrieden.

Nach Tische ging man zur Kirche, wo das Kind getauft wurde.
Herr Apitz war einer der Paten. Dietrich reichte zuvorkommend Elisa=
beth das Weihwasser, wofür ihm ihr Blick dankte. Nach beendigter
Ceremonie ging der Zug nach dem Schlosse zurück.

Bald nachher setzte man sich zum zweiten Male zur Tafel. Bier=
suppe, Käse und Brot war wieder wie zuvor, nur war jetzt das Brot mit
Kümmel und Fenchel versetzt. Es gab einen Hirsebrei im Sack gekocht.
Der Sitte gemäß wurde er in einem Topfe auf den Tisch gebracht, um
welchen ein Sack vielfach herumgelegt war, wie man jetzt wohl Tel=
lertücher um Mehlspeisen legt***). — Er war ein Lieblingsgericht der da=
maligen Zeit und wurde in der Regel mit einer Tunke genossen, zu
welcher sich auch wohl noch eine Beikost, Heringe, Schinkenschnitte und
andere Dinge nach dem Geschmacke eines jeden Gastes gesellten. —

*) Colerus, Hausbuch Bd. III. S. 47.
**) A. a. O. Bd. II. S. 22. 23.
***) Sollte einer unserer Feinschmecker Lust haben, das altväterische Gericht zu
versuchen, so wollen wir ihm die Zubereitung verraten. Die rohe Hirse wird in
Milch getan, bis sie darin quillt und weich wird. Dann setzt man Milch zum
Feuer, und läßt sie sieden. Hier hinein schüttet man die gequollene Hirse, indem
man den Topf vom Feuer nimmt, ihn fest zudeckt, und dicht mit einem Sack um=
wickelt, um ihm die Wärme zu erhalten. Die Hirse wird in der heißen Milch
nach längerem Stehen gar, und das Gericht ist fertig. Die einfachen ländlichen
Zuthaten lassen jedoch nicht erwarten, daß unsere Gutschmecker besonderes Behagen
daran finden werden.

Dann folgten Fische, auf ungarisch gesotten, darauf Wildbret und Span=
ferkel in Teig gebacken und endlich Mandelmus mit vier Farben. Unter
den Getränken fanden jetzt einige Kräuterbiere und der Meth viele Lieb=
haber*).

Nach aufgehobener Tafel blieb ein Teil der Männer sitzen, um sich
bei der Flasche gütlich zu thun. Die jüngeren Männer aber verfügten
sich in das Frauengemach und postierten sich hier an den Wänden
hinter die Stühle der Frauen. Dietrich war eilig genug gewesen, den
ihm liebsten Platz zu besetzen, ehe ihn ein anderer einnahm, und wenn
es auch hier zu keinem vertrauten Gespräch kommen konnte, so war
ihm doch jedes Wort teuer, das über Elisabeths Lippen kam, er durfte
sie doch mindestens ungestört anschauen. Es war in dem Frauenkreise
die Rede soeben auf das Wunderblut in Wilsnack gekommen, wozu die
kürzlich stattgehabte Anwesenheit Elisabeths und ihres Vaters die natür=
liche Veranlassung bot. Elisabeth erzählte, wie zahlreich das Fest der
Himmelfahrt Mariä besucht gewesen sei, von hohen und niedern
Pilgern, obgleich die Ungarn und Polen, welche zwischen Ostern und
Pfingsten zu kommen pflegten, schon nicht mehr anwesend gewesen
waren.

Dietrich. Laßt euch das lieb sein, edle Jungfrau; denn es ist
meistens zerlumptes Gesindel, welches um Lohn für andere die Wall=
fahrt macht und die Sünden vornehmerer Leute durch seine Mühen
abbüßt. Sie kommen barfuß und in dem schlechtesten Aufzuge zu Hun=
derten angezogen, und sehen in der That nicht eben erfreulich aus.

Elisabeth. Doch ist mir gesagt, daß es bei ihrer Anwesenheit
sehr lebendig in Wilsnack sei, und ihre abweichende Tracht und Gesichts=
bildung, sowie ihre fremde Sprache und Sitte ihrem Treiben einen
eigenen Reiz verleihe.

Dietrich. Das ist wohl wahr, doch habt ihr jedenfalls jetzt
bessere Gesellschaft da getroffen.

Elisabeth. Es hat aber auch jetzt nicht an Gesindel gefehlt, und
in den Herbergen ist viel gestohlen worden. Eins aber hat mir rechte
Freude gemacht zu sehen. Das Land Holstein schickte vier Abgeordnete
nach Lübeck, und verehrte dem heiligen Blute das Sterbehemde eines
armen Sünders, der durch das Blut vom Tode gerettet worden
war. Einer der Abgeordneten hat meinem Herrn Vater die Sache
ausführlich erzählt. Der Rat von Lübeck hatte seine Diener in das
Land Holstein geschickt, um heimliche Diebe und Räuber aufzusuchen.
Sie spürten endlich drei aus und suchten sie in ihrem Schlupfwinkel
auf. Der eine von ihnen wehrte sich jedoch sehr tapfer, und wurde

---

*) A. a. O. Bd. III. S. 47.

dabei tötlich verwundet. Das Schwert entsank seiner Hand und man nahm ihn gefangen. Viele biedere Frauen hatten ihm gemeinschaftlich ein Armsünderhemde mit schwarzen Schleifen und Bändern geschenkt, und waren gegenwärtig,, als er gehängt wurde. Der tapfere Mann jammerte sie, und sie gelobten den Hängenden dem heiligen Blute zu Wilsnack. Da geschah ein großes Zeichen. Der hängende Mann wurde wieder lebendig, das Volk schrie, ihn herabzunehmen, und umgab' ihn andächtig staunend. Er war ein lebendiger Zeuge der großen Kraft des heiligen Blutes, wurde wieder gesund, und wird nun noch manchen Tag leben. Die Frauen aber schickten das Hemde zum Zeugnis des geschehenen Wunders nach Wilsnack, wo ich dasselbe auch gesehen habe*) nebst reichen Geschenken für die Kirche**).

Johann. Ich weiß nicht, wie es kommt; aber zuweilen will mir der Glaube an das Wilsnacker Wunderblut ziemlich unbegründet vorkommen, und jemehr Wunder daselbst geschehen, je weniger überzeugen sie mich.

Elisabeth. Ach, lieber Herr, wollet doch nicht so freventlich sprechen und wohl bedenken, was ihr sagt. Es wäre wahrlich schade um euch, wenn euch ein Unglück beträfe, was doch so leicht kommen könnte.

Johann. Ja, seht nur, wie wir es hier in der Nähe können, wie die Pfaffen darauf ausgehen, den Leuten den Beutel zu fegen, eine Sünderwage eingerichtet haben und Geld nehmen, wo und wie sie mögen, und ihr werdet auch zweifelhaft werden. Man sollte eigentlich nicht darüber grübeln.

Elisabeth. Ich dächte, das wäre den Geistlichen doch nicht so sehr zu verargen. Nehmen sie es doch nicht für sich, sondern für die Kirche, und um dafür bessere kirchliche Geräte, Gewänder und was sonst zur Ausschmückung des Gotteshauses und Gottesdienstes gehört, anzuschaffen. Und es ist doch auch ein gar kräftiges Blut, und wirkt mehr, als andere Heiligtümer, so daß man es nicht zu teuer bezahlt. Hütet euch, lieber Herr, vor Zweifeln, besonders aber vor Spott, denn das thut nicht gut, und es sind mir viele Beispiele bekannt, wo es den Spöttern recht übel ergangen ist.

Johann. O ja, man erzählt manches davon.

Elisabeth. Mir ist von glaubwürdigen Leuten in Wilsnack berichtet worden, daß es dem von Wenkstern auf Lenzerwische schlecht bekommen ist, über das Wunderblut gespottet zu haben. Dieser wollte

---

*) Das Hemde, von ungewöhnlicher Größe, wird noch jetzt in der Sacristei zu Wilsnack verwahrt.
**) Detmar bei Grotuff. II. I. S. 357.

nicht an die Wunderkraft desselben glauben, und meinte sündlicher Weise, das sei alles Pfaffengeschwätz und fromme Betrügerei. Er verhöhnte die Pilger, welche dahin wallfahrteten und nannte sie einfältige dumme Leute. Nachdem er dies lange gethan hatte, ohne doch jemals in Wils= nack gewesen zu sein, kam ihm die Lust an, dahin zu reisen, um, wie er sagte, an Ort und Stelle zu sehen, wie die Leute sich betrügen ließen. Er machte sich auf und führte unterwegs viel Spottreden. So, mit unheiligem Sinn erreichte er Wilsnack, und begab sich nach der Kirche, den blutigen Leib des Herrn zu schauen. Seine freche Spottlust ver= ließ ihn auch hier an geweihter Stätte nicht; seine Augen starrten zwar hin auf den Krystall, in welchem die geweihten Hostien enthalten waren, aber sie erblickten darin nur ein irdisches Gebäcknis und sein Mund ver= zog sich zu spöttischem Lachen. Alsbald fing es ihm an in den Augen zu stechen, und die Schmerzen wurden heftig bis zum Unerträglichen; die Welt verdunkelte sich um ihn her, ein schwarzer Flor sank über sein Auge, in der hellen Kirche wurde es um ihn tiefe Nacht. Da ergriff Angst und Entsetzen seine Seele; er war erblindet und wurde von den wütendsten Schmerzen gepeinigt. In seiner Herzensangst wendete er sich an das heilige Blut, und betete, ihm seine Sünden nicht zuzu= rechnen. Auch gelobte er, alljährlich mit dreißig Personen zum heiligen Blute zu wallfahrten. Nun ließen die Schmerzen nach, es wurde wieder hell, er konnte sehen, aber er sah jetzt den heiligen Leib und das Blut des Herrn mit andern Augen an, denn zuvor, und der Spötter reiste als ein bekehrter Gläubiger nach Hause*). Seht, lieber Herr, das muß uns wohl behutsam machen in unsern Urteilen, und wie leid sollte es mir thun, wenn euch Übles widerführe.

Johann. Dank euch, edle Jungfrau, für eure sorgliche Teil= nahme. Mich freut euer frommer Glaube und ich will suchen, euch darin nachzuahmen.

Es wurden von den Gästen noch mancherlei andere Beweise der Wunderkraft des Blutes beigebracht, deren eifrigste Verteidiger die Frauen waren. Wir wollen jedoch die Einzelheiten des Gespräches nicht ver= folgen, sondern nur bemerken, daß der Ton der Gesellschaft nach und nach immer munterer wurde, da die Männer dem Becher fleißig zusprachen, und auch die Frauen dem Malvasier immer mehr Geschmack abgewannen. Unter Scherz und fröhlichem Lachen endigte der heitere Tag. Dietrich ging fröhlich zu Bett, denn Elisabeth hatte augenscheinlich gern mit ihm sich unterhalten.

Am andern Tage zogen die meisten Gäste wieder fort. Herr Apitz blieb jedoch noch, teils seiner Wunde wegen, teils aus Wohlgefallen an

---

*) Buchholz, Brandenb. Gesch. II. II. S. 594.

der Familie, welche alles aufbot, ihm seinen Aufenthalt angenehm zu machen.

Dietrich benutzte die ihm gebotene Gelegenheit, Elisabeth fleißig zu beobachten und mit ihr zu plaudern, so oft es thunlich war. Es wurde ihm immer klarer, daß sie das Mädchen sei, wie er es sich zur Gattin gewünscht habe. Er fand in ihr einen klaren munteren und schnellen Verstand, so viel Gefühl, als er für nötig hielt, Ansichten, welche fast überall mit den seinigen übereinstimmten, und das alles verbunden mit einer höchst reizenden Persönlichkeit und anziehenden Gesichtsbildung, welche sofort für sie einnahmen. Freilich grübelte er nicht darüber und zählte sich diese Eigenschaften nicht auf. Das Zusammenwirken derselben war es, was auf ihn den wohlgefälligsten und bezauberndsten Eindruck machte, dem er sich rücksichtslos und mit allem Feuer der Jugend hingab. Was sollen wir es weitläufig schildern, jenes selige Gefühl der jungen Liebe, das sich selber kaum klar geworden, noch nicht die Worte gefunden hat, um sich gegen den geliebten Gegenstand auszusprechen, und zwischen Ent- zücken und Besorgnissen hin und her schwankt, ohne bei aller Anstren- gung zur Ruhe kommen zu können. Es ist oft versucht worden, es ist oft auf bewundernswürdige Weise gelungen, und wird doch niemandem klar werden, der es nicht selber empfunden und selber durchlebt hat. Diesem aber werden wenige Worte genügen, um sich in Dietrichs Lage hineindenken zu können. Am peinigendsten war ihm der Gedanke, daß Elisabeth vielleicht, — und seiner Meinung nach wohl ohne Zweifel, — bereits einen auch von ihr geliebten Verehrer habe. Wie hätte eine so seltene Blume im großen Garten weiblicher Schönheit unbemerkt bleiben sollen, besonders bei den weit verzweigten Verhältnissen des Vaters, und wer hätte sie sehen können, ohne für sie in Liebe zu ent- brennen? Ach, wie gern hätte er sie darüber befragt, und doch war es nicht möglich, mit ihr ein Wort deshalb zu sprechen. Die Frage war zu zudringlich und Elisabeth wußte ohnehin das Gespräch sehr geschickt von ihrer Person abzulenken, sobald es die Wendung dahin nehmen wollte.

In unruhiger Nichtsthuerei lief er umher und war, ehe er es sich selber versah, in ihrer Nähe, und machte sich doch im nächsten Augen- blicke darüber Vorwürfe, weil er fürchten mußte, zu belästigen und auf- fallend zu werden. Ihm war zu Mute, als schiffte er auf sturmbeweg- tem Meere. Bald hob ihn die Woge hinauf auf den Gipfel der freudig- sten Lebenslust, wo alle Pulse in jauchzender Freude schlugen, bald schleuderte sie ihn hinab in die bodenlose Tiefe der ängstlichsten und peinigendsten Besorgnisse. Wenn er nur irgend etwas Großes, Bedeuten- des für sie hätte thun können, wenn das Leben zu wagen gewesen wäre, wenn man Thaten der Tapferkeit von ihm gefordert hätte, ja wenn er selber schon irgend etwas Bedeutendes geworden, oder für sich besondern Ruhm gewonnen hätte, dann wäre es noch etwas gewesen. Von alle dem war leider nichts da, und für sie etwas zu thun, dazu fehlte es an Gelegenheit. Die Tage flossen so ruhig und still dahin, daß an kein Unglück zu denken war, aus welchem er sie hätte erretten können, und dies brachte ihn beinahe zur Verzweiflung. Es ist doch gar zu traurig, ruhig sein Mittag= und Abendbrot verzehren und umher schlendern zu müssen, wenn jede Muskel zuckt, irgend eine große That zu thun, und man Kraft fühlt, den Himmel zu stürmen.

Es vergingen mehrere Tage in stiller Ruhe. Man machte einige Ritte ins Freie und zur Jagd, an welchen Elisabeth Teil nahm. Es gab Gelegenheit, mit Elisabeth ins Gespräch zu kommen; aber keine, mit ihr vertraulich zu reden, denn in Gegenwart eines dritten, selbst seines Bruders, vermochte er es nicht, sein Herz gegen sie zu öffnen. Er versuchte es, beim Ritte mit ihr zurück zu bleiben. Ein paarmal gelang es auch; dann war aber sein Herz so voll, daß er nicht wußte, wie er es anfangen sollte, dasselbe auszuschütten, denn dazu war seiner Meinung nach eine lange Zeit erforderlich, und ehe er angefangen hatte, war man bereits wieder bei den andern. Man kehrte zurück, und Dietrich ärgerte sich über die gleichgültigen Sachen, von denen er gesprochen, und daß er die schöne Zeit unbenutzt gelassen hatte.

Endlich war der Moment gekommen, wo Herr Apitz mit seiner Tochter heimreisen wollte. Er dankte mit biederer Herzlichkeit der ihm theuer gewordenen Familie für ihre ihm erwiesene Gastfreundlichkeit und beschenkte das Hausgesinde reichlich. Den alten Cuno und seine Söhne lud er ein, ihn bald in Teupitz zu besuchen, und ihm Gelegenheit zu geben, ihre Freundlichkeit zu erwidern. Besonders, sprach er, empfehle ich das euch, ihr jungen Herren, die ihr noch rascher und leichter auf das Pferd kommt, als der alte Herr, euer ehrwürdiger Vater; laßt es euch gesagt sein, daß ihr mir durch euren Besuch eine große Freude machen werdet, und nehmt diese Versicherung nicht für leere Worte. Mein Kind da wird, wie ich vermute, euch auch lieber kommen, als gehen sehen, was meinst du Elisabeth?

Elisabeth. O lieber Vater, macht mir das Herz nicht noch schwerer als es schon ist. Es ist kein Geringes, sich von Personen, die man lieb gewonnen, zu trennen, und scheltet nicht meine Thränen, da ich von hier scheide. Brauche ich euch da noch zu sagen, daß mir das Wiedersehen Freude machen wird?

O Elisabeth, rief Dietrich, das Wort macht mich glücklich. Ja, wir kommen, wir kommen bald. In vier Wochen muß ich einer Geld=forderung wegen nach Berlin, dann geht es zugleich nach Teupitz; Johann reist mit, o das sollen Wonnetage werden!

Apitz. Recht, junger Herr. Auch ich muß um jene Zeit nach Berlin und kann es leicht so einrichten, daß wir dort zusammentreffen. Dann reiten wir gemeinschaftlich nach Teupitz.

Dietrich. Herrlich, herrlich! Nun aber rasch aufgebrochen, daß die vier Wochen schnell vergehen, und wir uns auf die Reise machen können.

Frau v. Quitzow. Aber Dietrich, du wirst doch unsere Gäste nicht abreisen heißen?

Dietrich stand beschämt und blickte Herrn Apitz an. Nehmt's nicht übel, edler Herr, sprach er, weiß ich doch kaum, was ich rede, und ich thäte vielleicht am besten, wenn ich ganz schwiege, wenn ich nur könnte. Doch seid überzeugt, ich will euch nie was anderes sagen, als Liebes und Gutes.

Apitz (lächelnd). Laßt's gut sein, lieber Herr, ich weiß es, und ich bitte euch, thut euch keinen Zwang an, sondern sprecht, wie es euch um's Herz ist. Wir stehen zwar hier auf dem Hofe der Burg, aber nicht am Hofe eines Fürsten, wo man die Worte wägen muß. Nun nochmals das herzlichste Lebewohl.

Man stieg zu Pferde. Dietrich und Johann hatten sich's nicht nehmen lassen, die Gäste bis Havelberg zu geleiten. Das Burgthor öffnete sich, und dahin zog der kleine aber stattliche Zug, denn einige Quitzowsche Knechte vergrößerten das Gefolge.

Wir halten uns nicht damit auf, die Gespräche auf dieser Reise mit= zuteilen. Man setzte den Tag fest, wo man einander in Berlin treffen wollte. Gegen Mittag ritt man in Havelberg ein. Unsere Quitzows ge= leiteten ihre Gäste zu ihrem Freunde, dem Bischofe Johann von Wepelitz, der sie freundlich und würdevoll empfing und zum Mittagstische da= behielt. Nach demselben und gepflogener Rast machten sich die Fremden auf, weil sie in Rathenow zu übernachten gedachten, und trennten sich von unsern jungen Freunden. Elisabeth war nicht minder bewegt wie Dietrich, und dennoch versuchten beide gewaltsam ihre Gefühle zurück= zudrängen, um gegen den Anstand nicht zu verstoßen. Ach, wie oft muß der Mensch sein Gefühl in der tiefsten Tiefe seiner Brust verbergen, selbst wenn es an sich auch noch so unschuldig und natürlich ist. Lange sahen Dietrich und Johann den Reisenden vom Domturme nach, bis die Ferne sie verschwinden ließ. Dann kehrten auch sie nach dem väter= lichen Hause zurück.

Weder der Mutter noch dem Vater war der tiefe Eindruck entgangen, den Elisabeth auf Dietrich gemacht hatte. Die Mutter wollte aber auch bemerkt haben, daß Elisabeth gegen Dietrichs Huldigungen nicht gleich= gültig sei. Beiden war dies recht, denn eine nähere Verbindung mit dieser achtbaren Familie konnte ihnen nur erwünscht sein, und so wurde denn auch der beabsichtigten Reise kein Hindernis in den Weg gelegt.

Vierzehntes Kapitel.

Dietrich fing schon am andern Tage an, Vorbereitungen zur Reise zu treffen. Er putzte seine Waffen selber, ergänzte fehlende Stücke, und sorgte für saubere und nette Kleidungsstücke in höherem Maße, als dies sonst seine Art war, obgleich er gegen eine hübsche Kleidung nie gleichgültig gewesen. Er ließ die Frauenzimmer nähen, wie wenn es eine Ausstattung gegolten hätte, und der Schneider in Havelberg hatte mit seinen Sachen alle Hände voll zu thun. Schon in den ersten acht Tagen war so ziemlich alles fertig; er fing von neuem an zu putzen, und verwünschte die träge dahinschleichende Zeit. Die Unterhaltungen mit seinem Bruder über die bevorstehende Reise machten jetzt seine Lieblingsbeschäftigung aus, besonders bei den Jagden.

Wie denn zuletzt alles vergeht, so verging auch die Zeit, deren Ablauf Dietrich so sehnlichst erwartete. Seine Sehnsucht hatte auch seinen Bruder Johann angesteckt, und dieser freute sich auf die Fahrt fast nicht minder als er selbst. Reisemäßig gerüstet und geschmackvoll gekleidet traten beide in Begleitung des uns schon bekannten Dietrich Schwalbe und fünf anderer Knechte die Reise an. Mit einem gewissen Stolz sah die Mutter ihre Söhne scheiden, denn beide waren, das durfte sie sich sagen, stattliche Männer, und namentlich Dietrich, jetzt 26 Jahre alt, in der vollsten und schönsten Blüte der Männlichkeit, wohl geschaffen, ein weibliches Herz in Versuchung zu führen. Halb und halb betrachtete sie die Reise wie eine Brautfahrt ihres Sohnes, und mit inniger Teilnahme malte sie sich im Geiste Elisabeths Empfindungen bei seiner gewiß von ihr ersehnten Ankunft aus. Sie zweifelte nicht, dieser Besuch würde zur Reife bringen, was die erste Bekanntschaft bloß erblühen ließ. Mit herzlicher Liebe erteilte sie ihm dazu im Stillen ihren Segen zur Begleitung auf seinem Wege.

Unsere jungen Leute kamen am ersten Tage bis Rathenow, am zweiten über Brandenburg bis Potsdam, welches sie spät abends erreichten. Letzteres war ein kleines Städtchen, das vorzugsweise vom Fischfang, Viehzucht und Ackerbau lebte. In den zahlreichen Waldungen um die Stadt waren in den Bäumen große Löcher eingehauen, in welchen Bienen bauten und der Stadt einen ansehnlichen Honigertrag lieferten. Solche Baue wurden Beuthen genannt. Die Stadt hatte einigen Handel; außerdem waren die Gewerbe der Tuchmacher und Schuster am zahlreichsten besetzt.

Am andern Morgen vor ihrer Abreise besichtigten unsere Reisenden die kleine Stadt. Es waren etwa 50 Bürgerhäuser vorhanden mit nicht viel mehr als 300 Einwohnern. Vor dem Brandenburger Thore, zu welchem sie herein gekommen waren, lag der Kiez, ein Fischerdorf mit wendischen Bewohnern und elenden Häusern, die mit Stroh gedeckt waren wie die Häuser in der Stadt, aber keine Schornsteine hatten. Das Dorf hatte seinen besonderen Schulzen. Die Stadt war von der Landseite her mit einem Wall und Graben versehen. Sie hatte nur zwei Thore, das Brandenburger, welches auf dem jetzigen Neuen Markte stand, und am anderen Ende das Berliner, in der Gegend der jetzigen Grünen Brücke. Dazwischen, in der Mitte der Stadt lag auf einer kleinen Anhöhe die einzige, der heiligen Katharina geweihte Kirche, von einem Kirchhofe umgeben. Sie wurde später dem heil. Nikolaus gewidmet. Zwischen diesen Thoren lagen vier Straßen, sämtlich von geringer Größe, und bildeten die eigentliche Stadt. Außer der einzigen Kirche war noch ein kleines Rathaus vorhanden. Südlich vom Berliner Thor zog sich eine Straße von Fischerhäusern über die jetzige Burg- und Heiligegeiststraße fort bis gegen die Havel, und endigte an derselben mit der Burg Potsdam, auf der Stelle der jetzigen Heiligen Geist-Kirche. Sie war auf der einen Seite von der Havel umgeben, auf der andern von einem Graben, über den eine Zugbrücke führte, und mit Wall und Mauer versehen. Das Hauptgebäude hatte vier runde Türme, an jeder Ecke einen, und eine sehr feste Lage*). Auf der Burg wohnte der Voigt oder Amtshauptmann. Die Stadt war mit vielen Sümpfen umgeben, durch welche nur einzelne Wege führten; die Berge in der Umgebung bedeckten dichte Eichenwälder. So reizend auch die Lage des Städtchens war, so hätte damals doch niemand geahnt, wie viel aus demselben in der Folge gemacht werden würde.

Unsere Reisenden waren bald mit der Besichtigung der Stadt fertig. Sie berichtigten ihre Rechnung in der Herberge, und setzten sich zu Pferde. Es ging zum Berliner Thor hinaus, und nach der Burg hinunter. Neben derselben lag eine der Stadt gehörige Fähre, mittels welcher Reisende und Güter über die Havel gesetzt wurden**), denn eine Brücke über den Fluß war damals in dieser Gegend nicht vorhanden.

---

*) Schmidt, Geschichte und Topographie von Potsdam, S. 34, 35, 39, 57.
**) A. a. O. S. 35.

Der Weg führte neben Neuendorf fort über die Beke mittels einer Brücke, die später den Namen Kohlhasenbrück erhielt, nach Zehlendorf und dann über Steglitz und Schöneberg. Nachdem sie durch letzteres Dorf hindurch geritten, breiteten sich die Städte Kölln und Berlin vor ihnen aus. Dietrich erschaute sie mit freudiger Sehnsucht, denn leicht war es möglich, daß seine Elisabeth bereits unter einem dieser Dächer hauste, und fast unbewußt suchte er sich die Frage: welches mag es sein? durch ein fleißiges Suchen danach zu beantworten. Beide Städte nahmen sich mit ihren spitzen Kirchtürmen, unter welchen die Dominikanerkirche allein zwei hohe und zwei niedrigere zeigte, sowie mit ihren runden Türmen auf den Stadtmauern, teils mit teils ohne Dach recht stattlich aus.

Bald erreichten sie die Nähe der Stadt. Ein paar Reiter gesellten sich zu ihnen und mußten auf die Fragen der Quitzows gute Auskunft zu geben. Der Weg führte zwischen Baumgärten und deren Zäunen hin. Hier und da lag ein einzelnes Haus an der Straße. Endlich standen sie vor dem Brückenhause des St. Gertraudtsthores, welches diesseits eines Armes der Spree in der jetzigen Spittelmarktstraße lag. Sie ritten durch den stark gewölbten Thorweg des niedrigen Gebäudes und waren nun auf der Getraudtenbrücke, deren erster Teil auf einer Insel in der Spree endigte. Die ganze Breite der Insel nahm ein dicker runder Turm von sehr starkem Mauerwerk ohne Dach ein, durch dessen gewölbtes Thor der Weg genommen werden mußte. So wie man aus dem Turme heraustrat, befand man sich, indem man die Insel verließ, auf dem zweiten längeren Teile der St. Gertraudtsbrücke und hatte nun das ummauerte Kölln dicht vor sich. Die feste Mauer zog sich hier mit einer Menge kleiner bedachter viereckiger Türme versehen dicht am Wasser entlang, bis zu einem starken runden Turme, der am Ende der Spreegasse, nahe der jetzigen Jungfernbrücke stand. Etwas weiterhin vor ihm wurde das Wasser sehr breit und umspülte einige Inseln, den Werder, zwischen welchen Schleusen angebracht waren. Es erhoben sich auf der Insel mehrere Gebäude, unter andern eine Schneide- und Walkmühle, (auf der Stelle des ehemaligen alten Packhofes), und Fischerkähne waren auf das Ufer gezogen. Rechts hin bog die Mauer bald um und entzog sich der Ansicht. Hatte man die Brücke überschritten, so trat man durch den in der Mauer befindlichen viereckigen bedachten Thorturm in die St. Gertraudtsstraße*).

Die hölzernen Häuser derselben hatten ein ziemlich städtisches Ansehen. Ihre zum Teil nach der Straße gewendeten gotischen Giebel waren mit Erkern und kleinen Vorbauten verziert, doch waren die meisten Häuser mit Stroh gedeckt. Etwas weiterhin nicht weit vom

---

*) Vgl. den Plan in Küsters Altem und Neuem Berlin, Tl. I.

Thore lag die St. Peters-Kirche, ein fest gewölbtes dauerhaftes und schief gegen die Straße stehendes Gebäude, mit Schiefer gedeckt, auf der Ost= seite mit einem niedrigen Turme versehen, auf der Westseite mit zwei niedrigen turmartigen Vorbauen zu beiden Seiten endigend, und auf der Seite nach der Scharrnstraße hin mit einem kleinen mit Bäumen besetzten Kirchhof umgeben. Am Ende der Grünstraße schloß die Stadt= mauer die Aussicht.

Etwas weiterhin am Ende der Straße und an der Ecke der Breiten= straße lag das nachmalige Rathaus der Stadt Kölln, ein ziemlich ansehn= liches Gebäude, besonders nach der Gertraudten-Straße hin, damals nur ein Privatgebäude. Rechts davon sah man die Roßstraße hinunter, wo man an der Spree das Koepenicker Thor erblickte, durch welches man mittels einer Doppelbrücke über den hier in zwei Arme geteilten Fluß gelangte. Sowie man an dem Rathause vorbei war, sah man links die Breite oder Große Straße hinab, und an ihrem Ende die Kirch= hofsmauer der Dominikanerkirche, hinter welcher sich die Stadtmauer fortzog.

Der Zug ging über den Marktplatz vor der Fischerstraße vorbei, an deren Ende ein runder zugespitzter Turm die Stadtmauer schloß, nach dem Mühlendamm. Es war dies ein Damm, der über das Flutgerinne zweier Mühlen hinwegführte, welche an der linken Seite desselben lagen. Man konnte hier den Fluß hinunter sehen und erblickte weiterhin links die Neue Brücke. Gleich nachdem man den Mühlendamm überschritten hatte, erreichte man den alten Markt (jetzigen Molkenmarkt), an dessen einer Seite die Kirchhofsmauer der St. Nikolai-Kirche sich hinzog. Auf der andern Seite stand das Berliner Rathaus. Sie ritten über diesen hin in die Spandauer Straße nahe der Reezengasse [10]), wo sie in der Herberge zum goldenen Hechte verabredetermaßen einkehrten.

Es war ein lebhaftes Gewühl, denn es wurde Wochenmarkt gehal= ten, und eine Menge von Lebensmitteln wurde zum Kauf gestellt. Auch in der Herberge war es sehr lebendig; zu seiner großen Betrübnis aber erfuhr Dietrich, daß Herr Apitz nicht anwesend sei, obgleich verab= redet worden war, sich hier in der gemeinschaftlichen Herberge zusammen zu finden. Indessen war es noch ziemlich früh am Tage und er konnte noch kommen. Dietrich beschloß deshalb, seine Geschäfte zu besorgen, um nachher um so ungestörter sich der Freude des Beisammenseins hinzugeben.

Er kleidete sich sehr sorgfältig an, und ging dann mit seinem Bruder nach dem Neuen Markte, wo in der Nähe der Marienkirche der Kauf= mann wohnte, mit welchem er in Geldgeschäften zu unterhandeln hatte. Nachdem dies beendigt war, gingen beide zum Prior des Dominikaner= klosters in Kölln am Ende der Brüderstraße, an welchen sie von Bischof

Johann zu Havelberg einige Aufträge hatten. Ihr Weg führte sie durch
die Spandauer Straße nach der St. Georgenstraße (jetzigen Königsstraße),
die sie gegen die Spree hin durchschritten. Die Häuser im Nikolai-
Viertel (die östliche Seite der jetzigen Poststraße) zogen sich links hin,
und vor denselben standen einzelne Gebäude, hinter welchen die Spree
einen ansehnlichen, fast doppelt so breiten Fluß als jetzt bildete. Rechts
lag die Heiligegeiststraße, aus einer Reihe von Häusern bestehend;
gegenüber bis zur Spree hin lagen einzelne Häuser und elende Hütten
in Gärten, an deren Zäunen ein schmaler Gang am Wasser hinführte,
der mit Tuchmacherrahmen und Füllerbuden besetzt war, denn die ganze
Heiligegeiststraße war von Tuchmachern bewohnt. Am Wasser und auf
demselben lagen die Walkplätze und Waschbänke. Dieser Gang, etwas
östlicher als die jetzige Burgstraße gelegen, hieß Hinter der Heiligen-
geiststraße. Hier fing die Neue Brücke an, welche später die lange
genannt wurde, da sie wirklich eine ansehnliche Länge, fast bis zur
jetzigen Poststraße hatte, und auch weiter auf den nachmaligen Schloß-
platz führte. Die Stadt Berlin zog sich am Fluß entlang bis zur jetzigen
Neuen Friedrichsstraße. Kölln aber endigte auf der Nordseite des jetzigen
Schlosses, wo sich die Stadtmauer mit einigen Häusern, der kleinen
Burgstraße gegenüber, an den Fluß zog.

So wie unsere Reisenden die Brücke überschritten hatten, befanden
sie sich auf einem fast wüsten Platz, der bei dem kotigen Wetter überaus schmutzig war, denn er so wenig als irgend ein anderer Teil beider
Städte war gepflastert. Eine Anzahl Schweine, welche Köllnischen Bürgern
aus der Breitenstraße gehörte, wälzte sich im Kote, und weiter gegen
die Spree hin hütete ein Mädchen auf einem Grasplatze eine Herde
Gänse. Die Breitestraße hatte auf der linken Seite nur einige Häuser,
alles übrige waren nach dem Fluß hin gelegene Baumgärten, Holzplätze
und Zimmerplätze, meist jedoch umzäunt. Vor unseren Reisenden lag
die Kirche der schwarzen Brüder, oder wie sie auch genannt wurde die
Prediger- oder Dominikaner-Kirche mit ihrem Kirchhofe. Nachdem sie
sich so gut wie möglich durch den Schmutz, der den Platz zwischen der
Kirchhofsmauer und der Neuen Brücke bedeckte, hindurchgearbeitet hatten,
standen sie vor einem viereckigen massiven Glockenturme, der aus zu-
gehauenen Feldsteinen sehr stark aufgemauert war und das Thor des
Kirchhofs bildete. Sein Geläute galt als das schönste beider Städte.
Er war in gotischem Stile zierlich gebaut und enthielt in seinem unteren Teile überaus starke Gewölbe, welche zu Gefängnissen benutzt wurden. Links und rechts von ihm zog sich die Kirchhofsmauer von Ziegel-
steinen hin, an welcher in einer Reihe von Buden Kaufleute ihre Waren
feilhielten*). An der Bude eines Goldschmiedes machten unsere jungen

---

*) Küsters Alt- und Neu-Berlin, Tl. I. S. 49.

Leute einige Einkäufe, welche sie zu Geschenken für die Leute des Herrn
Apitz bei ihrer Abreise von Teupitz bestimmten, und welche der mit-
genommene Diener in Empfang nahm.

Sie gingen an der Budenreihe gegen die Breitestraße entlang und
wandten sich dann um die Ecke der Kirchhofsmauer, welche sich hier gegen
die jetzige Stechbahn hinzog. Dieser Teil der Mauer hatte einige Ver-
zierungen von Sandstein, und zwei Thore, mit zierlich durchbrochenen
eisernen Thüren versehen, führten auf den Kirchhof. Das Kirchengebäude
stand nicht mitten auf dem Kirchhofe, denn dieser war auf der gegenüberliegenden Seite viel breiter als diesseits. Die Seite der Kirche
gegen Abend hin hatte einen schönen Eingang, und man konnte durch ihn gerade auf den Chor sehen*). Oben hatte die Front sehr zierliche Giebel,
und zu jeder Seite erhob sich ein gotischer, nicht besonders hoher Turm.
Der Grundriß zeigte die Form eines Kreuzes, und an der Seite nach
der Brüderstraße wie nach der entgegengesetzten, nach der Stadtmauer hin,
war die Kirche ebenfalls mit einem Giebel versehen. Zwischen den
Fenstern mit runden Scheiben erhoben sich die gewöhnlichen Strebepfeiler.
Im Chor waren sieben Fenster, und die Kirche reichte mit demselben bis
nahe an den Glockenturm. Das hintere Dach der Kirche trug gleichfalls
einen kleinen Turm.

An der Ecke der Brüderstraße lag das Dominikanerkloster, unmittelbar an die Kirchhofsmauer grenzend, und selber von einer hohen Mauer
umgeben. Unsere Reisenden erhielten den Einlaß und wurden dem
Prior vorgestellt. Es war ein alter ehrwürdiger Greis und ein
großer Verehrer des Bischofs Wepelitz. Sie fanden bei ihm den
Propst von Berlin, Herrn Ortwyn, als Besuch. Auf diesen schienen
unsere Reisenden einen sehr gefälligen Eindruck zu machen; er kannte
Herrn Apitz sehr genau und war voll seines Lobes. Seine Freundlichkeit ging soweit, daß er die Quitzows bat, ihn nach seiner Wohnung zu
begleiten und gastfreundlich bei ihm einzusprechen, was sie mit Dank
annahmen.

Unterdessen war es Abend geworden und der Himmel hatte sich bewölkt.
Die Klosterglocke läutete zur Hora, und der Prior mußte zur Kirche, durch
deren trübe runde Scheiben der Schein der Wachslichter nur matt herüber leuchtete. Die Fremden empfahlen sich mit dem Propst; ein Knecht
leuchtete mit einer dunkeln Laterne voran. Knarrend schloß sich die
Klosterpforte, Orgeltöne klangen aus der Kirche und zitterten hin über
die Gräber derer, welche zahlreich auf dem Kirchhofe in Frieden schliefen.
Wiederum ging es über den Platz nach der Neuen Brücke. Der Wind
wehte scharf, und ein Stoß desselben verlöschte das Licht der Laterne.

---

*) Küsters Alt- und Neu-Berlin, S. 30.

Es war so finster, daß man kaum bemerken konnte, wie eilig die vom
Winde gepeitschten Wolken am Himmel dahinzogen. Man mußte sich
auf Herrn Ortwyns Kenntnis des Lokals verlassen, und tappte in der
dichten Finsternis weiter. Indessen mußte diese Kenntnis doch nicht zu
sicher sein; denn Johann schrie plötzlich: Halt! ich habe meinen Stiefel
verloren. — Er war im Schmutze stecken geblieben, und Johann hatte den
Fuß ohne ihn herausgezogen. Der Knecht tappte im Finstern danach
umher, sorgfältig prüfend, ob er selber auch nicht zu weit in den Morast
gerate und fand ihn endlich, so daß sich Johann wieder bestiefeln konnte.
Wir müssen mehr rechts gehen, sagte Herr Ortwyn, und man kam wirk=
lich auf festeren Sand näher gegen die Gärten der Breitenstraße.
Unmittelbar darauf aber stolperte Dietrich und stürzte der Länge nach
hin. Er fiel über einen nicht kleinen Gegenstand und hörte sofort unter
sich ein eigenes Geschnarche und Gegrunze. Gleich darauf aber erhielt
er einen derben Faustschlag ins Genick, der ihn so in Harnisch brachte,
daß er wild darauf losschlug, und den unter ihm Liegenden tüchtig ver=
arbeitete. Aber auch dieser war nicht faul, und es gab eine harte Bal=
gerei, bis Johann seinem Bruder zu Hülfe kam, und der unten
Liegende um Gnade bat. Gleich darauf standen beide wieder auf ihren
Beinen.

Der Fremde. Sagt mal, Herr, was wollt ihr von mir, und
warum prügelt ihr mich?

Dietrich. Das frage ich dich. Was legst du dich hier quer in
den Weg?

Der Fremde. Ist denn hier nicht Platz genug dazu? He? Ein
Köllnischer Bürger kann sich in Kölln hinlegen, wo er will, — ja, —
wo er will, sag' ich euch, und ich habe mich hierher legen wollen. Was
habt ihr dawider? He?

Dietrich. Nichts, als daß ihr mir in den Weg gekommen seid.

Der Fremde. Seht mal, da seid ihr im Irrtum. Ich habe ja
stille gelegen, ganz stille, und ich glaube gar, ich habe geschlafen. Wie
kann ich euch denn da in den Weg gekommen sein, wenn ich stille
liege, he? Ich bin garnicht gekommen, sondern ihr seid gekommen, he?

Dietrich. Mag sein; warum legt ihr euch aber in den Weg?

Der Fremde. I Gott, da hab ich mich nicht hingelegt, sondern
da bin ich hingelegt worden. He he he he — der Gevatter Niklas sagte
gleich: Na, sagte er, das Bernauer Bier ist stark, und wird wohl wie=
der stärker sein, als ihr, Gevatter Köhne, — ja, so — sagte er, und da hat
er Recht gehabt, es ist ein Heidenbier, das — He, he, na, lebt wohl,
Gevatter, lebt wohl, morgen sehen wir uns wieder, wenn wir beide noch
leben. (Er tappt nach Dietrichs Hand und hält sie fest). Ja und wenn
wir nicht mehr leben, oder gar sterben sollten, ach Gott, das wäre doch

gar zu schrecklich, — meine armen Würmer, — ach, und ihr, Gevatter, hu, hu, hu, — wie würdet ihr mich bedauern, wie würdet ihr weinen, ach Gott, wenn ich da läge und kein Glied rühren könnte, hu, hu, hu. Ihr würdet ganz trostlos sein, und ich spräche dann: lebt wohl, lebt wohl, —

Lebt wohl, lebt wohl, sprach Dietrich, und machte seine Hand los, indem man weiter schritt. Verblüfft stand der Trunkene da, und versuchte nachzusehen, soweit als er es vermochte.

Man erreichte die Neue Brücke und schritt hinüber. In der nächsten Straße steckte der Knecht seine Laterne in einem Kaufmannsladen an. Jetzt schritt man im Nikolaiviertel, die jetzige Poststraße, hinunter und bog in die Propstgasse ein, wo der Propst der Kirche gegenüber wohnte. (Das Haus gehört jetzt dem Luisenstifte.)

Ein hübsches junges Mädchen, die Haushälterin des Propstes, öffnete auf sein Klopfen, und leuchtete mit einem Lichte voran. Nachdem sie in das Zimmer eingetreten waren, befahl der Propst Wein zu bringen, und trank unseren Freunden Willkommen zu, das sie herzlich erwiderten.

Ortwyn. Seht ihr, liebe Herren, da seid ihr nun schon seit euerm Eintritte in Berlin in dem zweiten geistlichen Gebäude und ihr scheint aus den Händen der Geistlichkeit gar nicht herauszukommen. Denn wenn ich es genau nehme, ist es fast das dritte.

Dietrich. Wie das?

Ortwyn. Das Haus dicht neben euer Herberge ist auch eine Art von geistlichem Gebäude; denn ehe das Kloster der grauen Franziskaner= mönche in der Klosterstraße gestiftet war, vor mehr als hundert Jahren, befand sich hier ein Lectorium dieser Mönche, welches in dem Hause seinen Sitz hatte, und es soll von ihm aus ein unterirdischer Gang bis zum grauen Kloster führen. Das alte Haus galt als das älteste in Berlin und gehörte der alten mächtigen und reichen Familie von Blankenfeld[11]. Das jetzige haben die Blankenfelds und Henning Stro= band erst nach der letzten großen Feuersbrunst, und zwar sehr kloster= ähnlich wieder aufbauen lassen*). Nehmt euch in Acht, ihr Herren. Man sagt, es gehe des Nachts noch oft ein grauer Mönch um, und wenngleich der Herbergswirt es nicht gern hört, wenn man davon spricht und nichts davon wissen will, auch alles thut, um das Gerede zu unterdrücken, so mag doch wohl mehr an der Sache sein, als man meint und verrät. Ihr werdet jedoch von dem Mönche nichts zu fürchten haben, da die Erfahrung zeigt, wie gut ihr bei der Geistlichkeit ange= schrieben seid. Stoßt an! Adel und Geistlichkeit sollen leben, denn beides sind die einzigen Stände, welche zu leben verstehen.

---

*) Küsters Alt- und Neu-Berlin, Tl. III. S. 68, 69. (Jetzt Nr. 49 in der Spandauerstraße.)

Beim Scheiden wurden beide Quitzows mit Herzlichkeit und dem Versprechen, wieder zu kommen, entlassen. Sie gingen an der Nikolai-Kirchhofs-
mauer hin, und hatten bald die nahe gelegene Herberge erreicht. Hier war
es bereits sehr ruhig geworden, denn fast alles hatte schon die Lagerstätte
gesucht. Nur der Hausknecht saß noch da und nickte auf seinem Schemel
schlaftrunken, daß er mit dem Kinn auf den Brustkasten stieß. Schläfrig
zündete er am Kienfeuer eine Wachskerze an und leuchtete den Fremden
eine Treppe hinauf bis in ihr Zimmer. Schlaftrunken, ohne ein Wort
zu sagen, wankte er wieder hinaus.

Unsere beiden jungen Leute waren, ungeachtet der ungewohnte Wein
sie sehr aufgeregt hatte, überaus müde. Beide zögerten daher nicht, sich
zu entkleiden, und das Lager zu suchen. Das Bett war nach der damaligen Sitte sehr breit und hoch: man schlief zu jener Zeit gern in
gemeinschaftlichen Betten, und auch hier war darauf gerechnet, daß beide
das eine vorhandene Bett benutzen würden, das übrigens für mehr als
zwei hinreichenden Raum enthielt. Bald lagen sie, und Johannes
löschte das Licht aus.

In wirren Bildern tanzten die Erlebnisse des Tages vor den ge-
schlossenen Augen vorüber. Dietrich fühlte noch einige der erhaltenen
Püffe nach, aber weniger aufgeregt als Johannes, schlief er bald ein,
obwohl er einigemale mit den Armen stark um sich focht. Johannes
wurde durch das ungewohnte Getute der Wächter, welche die Stunden
abriefen und dazu auf großen Hörnern bliesen, wieder aufgeweckt und
warf sich unruhig umher. Zuweilen war es ihm, als ob das Bett
sich drehte und das Zimmer um ihn her tanzte, dann machte wieder
die Müdigkeit ihr Recht geltend und versetzte ihn in jenen Mittelzustand
zwischen Wachen und Träumen, wo die Traumbilder sich zu nähern
scheinen und wenn man sie betrachten will, wie Nebel entschwinden;
mitunter war es auch der Sturm, welcher die Windfahnen knarrend
drehte und heftig gegen die Fenster stieß, der ihn erweckte. Wunderliche
Gebilde tauchten in seiner Phantasie auf und verschwammen wie Wellen-
gekräusel. Des Propstes niedliche Nichte trat als Dominikaner-Prior
in dessen Kutte vor sein Auge und schnitt ihm allerlei Grimassen, daß
er ärgerlich davon erwachte und noch vernahm, wie er „Hinweg, hinweg" geschrieen. Eben riefen die Wächter die Geisterstunde ab. In
sein halb geöffnetes Auge fiel der Schimmer eines Lichts. Er richtete
sich auf und starrte halb sinnlos in das Zimmer. Kaum traute er seinen
Augen, denn vom Bette hinweg schlich eine graue Gestalt wie die eines
Mönches, mit einer kleinen Lampe in der Hand und ging langsam
nach der Thüre, die sie leise öffnete und verschloß. Dietrich, rief Johann,
und stieß ihn unsanft in die Seite, Dietrich, der spukende graue Bruder

ist da. Dietrich war nur schwer zu ermuntern, und als er endlich begriff, was sein Bruder wollte, sprach er: ich sehe ja nichts?

Johann. Er ist hinausgegangen, aber ich habe ihn gesehen, er war hier.

Dietrich. Du hast geträumt.

Johann. Gewiß nicht. Ich weiß, daß ich wachte.

Dietrich. Was wollte er denn?

Johann. Was weiß ich's. Gesprochen hat er nichts. Er ist still hinausgegangen.

Dietrich. Nun denn, so laß mich schlafen und wecke mich, wenn er wiederkommt. (Er legte sich auf die andere Seite und hatte eigentlich kaum aufgehört zu schlafen.

Allein es dauerte nicht lange. Es rasselte leise ein Schlüssel in der Thüre, sie öffnete sich, und herein traten zwei graue Gestalten, alte Männer mit weißen Bärten, von denen der eine eine Lampe trug. Johann stieß seinen Bruder an, und dieser, durch die ungewöhnliche Erscheinung ermuntert, starrte sie schweigend an.

Die beiden Alten näherten sich dem Bette langsam und still. Endlich rief Dietrich: Was wollt ihr?

Der eine Alte öffnete den Mund und sprach: Ich will nehmen, was mein ist, und was mir vorenthalten wird. Es muß mir herausgegeben werden, damit meine müden Glieder Ruhe finden, wonach sie sich sehnen, oder es wird nicht gut.

Johann. Sprecht, guter Vater, soll man euch Seelenmessen lesen lassen? Was habt ihr noch hier zu thun auf der Erde, was noch hier zu suchen?

Der Alte. So ist das junge Volk. Sie meinen, wenn man alt ist, habe man nichts mehr auf der Erde zu suchen. Aber ich wandle noch auf Erden, wenn auch als ein müder Gast; um so mehr verlangt mich nach Ruhe. Darum weigert euch nicht, liebe Herren, mir dazu zu verhelfen.

Der andere Alte. Ja, liebe Herren, laßt euch ohne Lärmen im Guten dazu bewegen.

Dietrich. So sagt uns, was ihr verlangt.

Der Alte. Seht ihr? Wie ich gedacht habe. Sie thun, als verstehen sie uns nicht.

Dietrich. Sollen mir Gott und alle seine Heiligen helfen, wenn ich weiß, was ihr wollt.

Der Alte. Eine Lagerstätte will ich, um zu ruhen, um die ihr mich gebracht habt.

Dietrich. Guter Vater, ihr redet irre; ich kenne euch nicht. Seid ihr verunglückt, und liegen eure Gebeine nicht in geweihter Erde, so

sagt, wo wir sie finden, und wir wollen ihnen eine geeignete Ruhestätte
anweisen lassen.

Der Alte schüttelte den Kopf unmutig, und sprach: was schwatzest
du da für hirnloses unverständliches Zeug von meinen Gebeinen. Fast
glaube ich, sie besser beisammen zu haben, wie ihr die eurigen. Es ist
spät und unziemlich von euch, mit dem Alter Narrentheidinge zu treiben.
Sagt daher kurz, ob ihr mir Platz machen wollt?

Dietrich. Wie denn, hier im Bette?

Der Alte. Ja freilich, wo denn sonst?

Johann. Ihr wollt euch zu uns legen?

Der Alte. Wenn ihr nicht aufstehen wollt, ja!

Johann war mit einem Satze zum Bett heraus, und auch Dietrich
streckte unwillkürlich die Beine hervor und setzte sich aufrecht.

Dietrich. Was wollt ihr denn aber in diesem Bette?

Der Alte. Seltsame Frage, was thut ihr denn darin?

Dietrich. Nun, mein Gott, wir schlafen darin, aber ihr?

Der Alte. Habt Dank, liebe Herren, daß ihr auf meine Bitte
hört. Ihr scheint das Alter doch mehr zu ehren, als eure Worte und
euer Spott vermuten ließen. Also darf ich mich niederlegen? Und ihr
geht in ein ander Zimmer?

Dietrich. Wo sollen wir denn hin; dies ist ja unser Zimmer?

Der Alte. Ja, verzeiht, — was so die Welt wohl unser zu nennen
pflegt, wenn sie was nimmt, was ihr nicht gehört. Aber genau genommen ist das Zimmer mein.

Dietrich. Das mag wohl sein; vor mehr als hundert Jahren ist es
vielleicht eure Zelle gewesen, und ihr habt euer Anrecht noch nicht aufgegeben.

Der Alte starrte Dietrich an und schüttelte den Kopf. Weiß ich
doch nicht, was eure wunderlichen Reden bedeuten sollen. Thut mir
aber den Gefallen, liebe Herren, und begebt euch fort. Wollt ihr eure
Kleidung und Waffenstücke hier lassen, so könnt ihr sie morgen abholen lassen.

Dietrich. Von meinen Waffen trenn' ich mich nicht. Aber wo
sollen wir denn hin?

Der zweite Alte. Liebe Herren, es kommt mir vor, als walte
hier ein Irrtum ob. Habt ihr dies Zimmer vom Wirt erhalten?

Dietrich. Ja freilich, wie denn sonst?

Der Alte. Erkennt ihr es denn als euer Zimmer? Seht euch um;
vielleicht habt ihr euch im Finstern versehen.

Dietrich und Johann folgten der Aufforderung, ohne sich vom Fleck
zu rühren, aber es währte nicht lange, so wurden sie inne, daß sie in
der That nicht in dem ihnen angewiesenen Zimmer waren, und beide
standen verdutzt und rieben sich die Augen.

Dietrich. Das ist doch wunderlich. Warum kommt ihr, uns auf unsern Irrtum aufmerksam zu machen, und unterbrecht eure Ruhe, nach der euch so verlangt?

Der zweite Alte. Weil dies Zimmer diesem Manne angehört, das er vom Wirt gemietet, und ihr sein Bette eingenommen hattet.

Dietrich. Wie, ihr seid also keine Gespenster?

Verwundert sahen sich die Alten an und schüttelten die Köpfe. Lieber Herr, fing der Alte an, ihr habt vor Schlafengehen wohl ein wenig stark gezecht. Mag's sein. Daß wir aber keine Gespenster sind, hättet ihr wohl leicht sehen können. Aber ihr scheint die Sache noch nicht zu begreifen. Laßt euch sagen: Mein alter Freund da hat bis Mitternacht bei mir auf meinem Stübchen gesessen, wo wir ein Horoskop gestellt. Als er seine Lampe nimmt, und sich nach seinem Zimmer begiebt, geht er an sein Bette und findet zwei junge Gesellen drin, von welchen ihm der eine zuruft: hinweg, hinweg. Er sieht an den Kleidern und Waffen auf dem Tische, daß es Junker sind, und ihr wißt wohl, daß diese in den Herbergen manchmal friedliche Gäste aus ihren Kammern vertreiben, wenn eben Mangel an Platz ist, und sich dafür einnisten. Nun, mein alter Freund fühlte sich zu schwach, um mit euch anzubinden, und schlich sich zu mir, sein Leid zu klagen, und ich wollte versuchen, ob gute Worte vielleicht etwas vermöchten. Dank euch, daß ihr Leute seid, die das Alter ehren.

Dietrich. Wenn es so ist, so nehmt nichts für ungut. Wir hielten euch für spukende Mönche. Erlaubt uns nur zuvor, uns so weit zu bekleiden, daß wir unser Zimmer suchen können.

Es geschah. Mit Hülfe der Lampe und der Erinnerung gelang es endlich; der Schlüssel steckte in der Thür, es war ihr Zimmer, denn ihre Sachen lagen darin. Sie holten, was in dem Zimmer des Alten zurückgeblieben, der dienstfertig half, und wünschten einander gute Nacht.

Fünfzehntes Kapitel.

Allein kaum mochten sie eine Stunde geschlafen haben, als sie durch das wiederholte und anhaltende Tuten der Wächter geweckt wurden. Vom Nikolaiturme ertönte die Sturmglocke, und der laute Ruf: Feuer, Feuer, erscholl durch die Straßen und durch das Haus. Ein lautes Getümmel auf dem Markte und das Durcheinanderschreien vieler Stimmen zeigte, daß der Feuerlärm schon seit einer Weile fortgedauert haben müsse.

Unsere beiden Junker sprangen eilig aus dem Bette und stürzten nach dem Fenster, sobald sie ihre Wämser übergeworfen. Der Kirchhof und die Straße lag finster vor ihnen, einige sich hin und her bewegende Laternen reichten eben hin, erkennen zu lassen, daß bereits viele Menschen versammelt waren. Man sah kein Feuer nach dieser Gegend; aber das spitze Schieferdach des Nikolaiturms erglänzte in rötlichem Schimmer und der goldene Knopf desselben funkelte in kupferrotem Lichte. Das Feuer muß nach der anderen Seite hin sein, rief Johann, und beide Brüder sprangen zur Thüre hinaus auf den Flur. Nur wenige Schritte um die Ecke bedurfte es, um ihnen die Gefahr, in welcher sie schwebten, zu zeigen. Das Flurfenster nach dem Hofe wurde von der aus dem Dache eines niedrigen Seitengebäudes auf dem Hofe aufschlagenden Flamme seiner ganzen Länge nach beleckt, die Scheiben sprangen und das Blei war geschmolzen, und soeben schlug die Flamme durch das Fenster in den Flur hinein. Nahe an diesem Fenster führte die Treppe zur Erde. Ein Quitzowscher Knecht stürzte eben hinauf, um die Sachen seiner Herren zu retten, und Johann begab sich mit ihm nach dem Zimmer. Es war keine Zeit zu verlieren. Dietrich wartete indeß, um nicht ohne seinen Bruder hinabzugehen. Schauerlich und mit wankendem ungewissen Lichte beleuchtete die oft von dickem Rauche halb erstickte Flamme die Gegenstände, bis ein Windstoß sie wieder kräftigte, daß die Wände grell und fast blendend erglänzten.

In einem Seitengange öffnete sich eine Thür und eine weibliche Gestalt im Nachtkleide trat daraus hervor. Um Gott, rief Dietrich,

Frau oder Jungfrau, was ihr sein mögt, ihr habt keine Zeit zu ver= lieren, wollt ihr euch retten. Seht her, das Feuer ergreift die Treppe sogleich.

Sie trat vor, und mit Entsetzen rief sie: Heilige Jungfrau, rettet meinen Vater da drinnen im Zimmer; ich habe ihn noch nicht geweckt, um seinen Schlaf nicht zu stören, weil ich das Feuer nicht so nahe glaubte.

Johannes, der mit dem bepackten und hinunter eilenden Knechte wiedergekommen war, hörte ihre Worte und stürzte in das Zimmer. Dietrich aber sprach: Gebt mir euren Arm, — doch nein, — die Flamme ergreift eure Kleider, wenn ihr hinabgeht, schneller, als meine dicht an= liegenden; ich muß euch tragen, nur rasch und ohne Säumen, hier frommt kein Zögern.

Damit schlang er seinen Arm um ihre Hüfte und eilte die Treppe mit ihr hinab. Unten setzte er sie ab, reichte ihr die Hand und führte sie vor das Haus.

Eine Menge geretteter Sachen lagen im Kreise, bewacht von ihren Eigentümern, und wurden nach und nach weiter transportiert. Einzeln drängten sich Bürger mit Feuereimern und Handspritzen nach dem Hofe, um die dort Arbeitenden zu unterstützen. Feuerleitern und anderes Lösch= geräte wurden angefahren, und vor dem Hause hielten die Viertels= meister Ordnung.

O Gott, mein Vater kommt noch nicht, wenn es nur nicht zu spät ist, rief Dietrichs Begleiterin. Sorgt nicht, antwortete dieser, mein Bruder wird das Mögliche thun, und im äußersten Falle setzen wir die Feuerleiter an das Fenster, und sie steigen durch dasselbe herab. Seht, da wird das Fenster eben geöffnet und man wirft Sachen herab. Auch ist's ja möglich, daß euer Vater und mein Bruder schon unten sind; wer kann sie in dem Gedränge und in der Finsternis erkennen, und wo wir stehen, wissen sie ja beide nicht. Sie können uns und wir sie nicht auffinden. Drum ist mein Rat, wir begeben uns hier aus dem Ge= dränge fort, wo wir nur im Wege stehen und man uns stößt und tritt. Ist es euch recht, so laßt uns dort hinter die Kirchhofsmauer treten, wo wir gesicherter sind.

Schweigend reichte sie ihm die Hand, und beide gingen dem Kirch= hofe zu, dessen Thür offen stand, da ein Weg hinüberführte. Er war nicht menschenleer. Dietrich führte seine Begleiterin an die mit Grab= steinen besetzte Mauer zwischen Gräbern entlang, bis sie der Herberge gegenüberstanden. Hier trafen sie an der Mauer den Quitzowschen Knecht mit den Sachen seiner Herren, der Dietrich an der Stimme er= kannte und sich meldete. Dietrich fragte: wo sind die andern Knechte?

Knecht. Sie haben die Pferde und die Sachen nach einer andern Herberge geführt, nach der goldenen Krone, und helfen jetzt löschen.

Dietrich. Gut. Trage meine Sachen eben dahin und thue desgleichen. Um sechs Uhr melde dich dort.

Der Knecht packte die Sachen auf und ging. Dietrich befand sich mit seiner Begleiterin allein. Wunderbar, sprach er, wie das Schicksal die Menschen zusammen bringt. Wer hätte gestern geglaubt, daß ich mit euch hier zwischen Gräbern in der Nacht Hand in Hand auf dem Kirchhofe stehen würde, zwei einander völlig fremde Personen, und noch dazu bei so stürmischem unangenehmen Wetter. Gut, daß wir durch die Kirche doch einigen Schutz gegen den Wind haben.

Die Jungfrau. Verzeiht Herr, wenn ich mich irren sollte; aber eure Stimme scheint mir nicht unbekannt und hat mir gleich Vertrauen eingeflößt. Solltet ihr —

Dietrich. Wie? Auch eure Stimme ist — mein Gott, ihr seid —

Die Jungfrau. Elisabeth, die Tochter des Herrn Apitz.

Dietrich. O mein Gott, wie überglücklich bin ich. Theure Elisabeth, euch halt ich in meinen Armen? Er umschlang sie und drückte in seliger Selbstvergessenheit den ersten Kuß auf ihre jungfräulichen Lippen, der schüchtern, aber warm erwidert wurde. O, rief er, welch ein Glück kann zuweilen eine Feuersbrunst sein. Was hätte mir Seligeres begegnen können, als mit euch vereint, — doch weiß Gott, was ich rede; zürnet nicht, edle Jungfrau. Aber ihr habt mich zum seligsten aller Sterblichen gemacht, und in der Trunkenheit wägt man nicht die Worte.

Elisabeth. Ihr seid mein Retter nun schon zum zweitenmale. Wie viel Dank bin ich euch schuldig.

Dietrich. O nichts von Dank. Ach ein süßeres Wort kenne ich, das, wenn es von euren Lippen tönte, mir des Himmels Seligkeit öffnen würde. Durch die Flammen des Schicksals wollt ich euch tragen, und sanft euch betten, hoch über den Graus der Verwüstung, und über die Gräber hinweg euren Fuß sicher leiten, daß er nicht strauchelte, — o mit euch schritte ich nicht, ich flöge der Ewigkeit entgegen. Elisabeth, teure Elisabeth, sprecht in diesem glücklichen Augenblicke, wäre ich euch der Mann, mit dem ihr den kühnen Flug unternehmen möchtet?

Elisabeth schmiegte sich sanft an ihn und lispelte kaum hörbar: ich habe noch niemanden so innig geliebt als euch. Und nochmals fanden sich ihre Lippen zusammen in einem langen Kusse, der alles ergänzte, was die Lippe nicht auszusprechen vermochte.

Wohlan denn, sprach Dietrich, den Bund, der über Gräbern geschlossen wurde, soll auch nur das Grab trennen. O Elisabeth, welch eine Aussicht in das herrliche Leben hat mir euer beglückendes Wort geöffnet. Wie warm will ich euch in mein Herz betten, und — — aber mein Gott, ihr friert? Freilich, die dünne Nachtkleidung. Wo nehmen wir nur etwas her, euch zu bedecken.

Elisabeth. Laßt, laßt! Wüßte ich nur, wo mein guter Vater ist. O Gott, daß ich ihn fast vergessen konnte!

Dietrich. Herr Apitz, es ist wahr! Gerettet ist er ohne Zweifel, dafür hat Johann gesorgt. Aber wo er ist, werden wir wohl vor Tag nicht erfahren.

Ihr könnt ihn bei mir finden, junger Herr, sprach eine dunkle Gestalt, die soeben auf sie zugeschritten kam. Kommt nur mit, an eurer Stimme hab' ich euch gleich erkannt, auch euer Bruder ist bei mir. Kommt und säumet nicht.

Dietrich. Wer seid ihr?

O, was habt ihr für ein Gedächtnis für eure Freunde, Herr Quitzow, kam die Antwort. Sollte man doch glauben, ihr hättet den Propst Ortwyn in eurem Leben nicht gesehen.

Dietrich. Ei, ihr seid es, ehrwürdiger Herr? Verzeiht, daß ich euch nicht gleich erkannte.

Ortwyn. Na kommt nur, kommt. Da hat der Herr Apitz doch ein ander Gedächtnis. Der kam mit eurem Bruder gleich zu seinem alten Freunde. Sie sitzen beide da im warmen Zimmer. Ich aber habe es übernommen, einmal nachzusehen, wie es mit dem Feuer steht, obgleich euer Bruder hinaus wollte. Aber auf meinem Kirchhofe weiß keiner so gut Bescheid als ich, und da bin ich gegangen. Wie steht es denn damit?

Dietrich wußte nicht recht, was er sagen sollte, denn in Wahrheit hatte er sich um das Feuer gar nicht bekümmert. — Ich vermute wohl, daß man seiner Herr geworden sein wird, denn das Vordergebäude brennt ja nicht, antwortete er.

Ortwyn. Weil es ein steinern Haus ist. Aber die Neben= gebäude? — He, da kommt einer mit einer Fackel aus dem Hause gerade hierher. Wartet mal ein wenig. He Gutfreund, wie ist's mit dem Feuer?

Der Fackelträger. Bald gelöscht, ehrwürdiger Herr. Es hat nicht viel auf sich, nur ein Stall.

Ortwyn. Gott sei Dank. Nur hierher, meine Freunde, hier geht der Weg. So, seht ihr wohl, da ist mein Haus. Nun schreitet nur hinein.

Die Freude des Wiedersehens war herzlich, und Ortwyn leerte sofort darauf einen Becher. Erst jetzt kam man zur Verständigung über den Zusammenhang der Sache. Apitz war gegen Abend angekommen und hatte sofort erfahren, daß die Quitzows eingetroffen, aber nicht zu Hause seien. Man hatte ihre baldige Rückkunft erwartet; als diese sich aber verzog, die Ruhestätte gesucht. Die Quitzows hatten in ihrer Aufregung und Betäubung durch den genossenen Wein vergessen, bei ihrer Zuhause= kunft nach Herrn Apitz zu fragen.

Man erwartete den Anbruch des Tages, und aß dann bei dem freundlichen Propst die Morgensuppe. Durch Johannes Bemühungen wurden Elisabeths und Apiß' aus dem Fenster geworfene Kleider und Sachen, welche ein Viertelsmeister in Empfang genommen, nach der Propstei geschafft, und beide konnten sich wieder gehörig bekleiden. Bald darauf erschien der Herbergswirt, der erfahren hatte, wo seine Gäste geblieben, und lud diese ein, ihre verlassenen Wohnungen wieder in Besitz zu nehmen, die das Feuer verschont hatte. Die Treppe war durch Stützen und rasche Reparaturen einstweilen in benutzbaren Stand gesetzt, und man folgte dieser Einladung, ließ jedoch die Pferde in der Herberge zur goldenen Krone.

Herr Apiß machte noch diesen Vormittag seine Geschäfte ab. Nach eingenommenem Mittagsmahle, das man natürlich gemeinschaftlich genoß, brach man auf, da es in der Herberge zu unordentlich zuging, um länger darin zu verweilen, wie man es anfänglich beabsichtigt hatte, und Herr Apiß nicht gern eine andere Herberge beziehen mochte.

Der Zug ging über den Marktplatz, und Elisabeth konnte es sich nicht versagen, dem Nikolai-Kirchhof einen abschiednehmenden Blick zuzusenden. Es ging am Rathause vorbei über den Mühlendamm, den Köllnischen Markt, und an der Ecke wandte man sich links in die Roßstraße, und erreichte da, wo jetzt die Roßstraßenbrücke ist, das Koepenicker Thor. Ein viereckiger bedachter Turm ließ durch ein festes gemauertes Gewölbe den Zug auf die dahinter belegene Zugbrücke gelangen. Diese endigte mit einem zweiten Turme derselben Art, der auf einer schmalen, aber sehr langen Flußinsel stand. Zu beiden Seiten zog sich vor ihm eine Strecke weit ein Wall. Durch ihn gelangte man auf die zweite Brücke und so ins Freie. Vor dem Thore lagen Gärten und einzelne Häuser, an welchen sich der Weg eine Zeitlang hinzog, dann gelangte man auf einen Damm, der über die flache Niederung bis zu dem höher gelegenen Lande, den Rollbergen führte, die bis gegen die Hasenheide hin mit Wein und dann mit Wald bedeckt waren.

Der übrige einförmige, nur durch Dörfer führende Weg war zum Teil sehr sandig und gewährte nichts für die Unterhaltung. Indessen fehlte es nicht an Stoff dazu, und selbst die Abenteuer dieser Nacht konnten schon eine Zeitlang beschäftigen. Doch hatte Dietrich nichts von der nächtlichen Erscheinung des Mönches erzählt, und war mit seinem Bruder übereingekommen, darüber ganz zu schweigen, weil er sich schämte, so verdutzt gewesen zu sein. Man erreichte am Abend die Stadt Mittenwalde. Sie war eine der festesten in der Mark. Doppelte Gräben, in welche sich das Wasser der Notte ergoß, und ein starker Wall umgürteten sie. Dahinter erhob sich eine ungewöhnlich hohe feste Mauer, meist aus Feldsteinen aufgeführt und mit Türmen besetzt. Doch war es schon zu dunkel, um ihre Lage von weitem zu erkennen. Aus den Fenstern des Georgen-Hospitals vor dem Berliner Thore schimmerte Licht. Dunkel erhob sich daneben das alte Gebäude der Georgenkirche, und bald nachher passierten sie durch die Thortürme, welche zu beiden Seiten durch starke Mauern verbunden waren, zwischen welchen die Tritte der Pferde mächtig schallten. In der Mitte der Stadt, der St. Moritzkirche gegenüber in der großen Straße erreichten sie die Herberge. Da man in der vergangenen Nacht wenig geschlafen hatte, so suchte man bald das Bett, und holte das Versäumte nach.

Am andern Morgen früh brach man auf und zog zum Mühlenthore neben dem zugemauerten Thorturme hinaus, an den Mühlen vorbei, aus deren einer die Frau Müllerin unsere Reisenden begrüßte und sich schläfrig die Augen rieb. Am Motzener See zog sich der Weg entlang nach der Motzener Mühle, wo man rastete und einen Imbis nahm. Die Mühle liegt angenehm zwischen zwei großen Seen, an denen sich der damals noch ganz bewaldete Pomsberg mit steilem Gehänge hinzieht und eine hübsche Ansicht gewährt. An ihm und dem Ufer des Sputendorfer Sees ging der Weg fort, und hinter Sputendorf über eine Höhe hinweg, von welcher aus der inselreiche ansehnliche Teupitzsee mit dem Schlosse und Städtchen Teupitz und mehrere Dörfer übersehen werden konnten. Der Weg senkte sich am Abhange der Höhe hinab, die mit Wein reich bepflanzt war. Um nicht den halben See bis Teupitz hin umreiten zu müssen, hatte Herr Apitz unten am Berge mehrere Kähne stehen, mittels welcher man nach dem mitten im See liegenden Schlosse Teupitz hinüber schiffen konnte. Auf ein gegebenes Zeichen stieß Mannschaft in einem Kahne vom Schlosse ab und näherte sich dem Ufer. Die Herrschaften stiegen von den Pferden, übergaben diese den Knechten, und ließen letztere ihren Weg zu Lande fortsetzen.

Während man am Ufer wartete, hatte man Zeit, die überaus feste Lage des an sich schon sehr fest gebauten Schlosses zu bewundern. Es lag auf einer Insel fast mitten im großen See. Jenseits streckte sich ihm vom Städtchen Teupitz her eine Landzunge entgegen, ließ aber doch zwischen sich und der Insel ein breites Wasser, über welches eine ziemlich lange Zugbrücke führte, welche jedoch von der Seite, auf welcher unsere Reisenden standen, nicht gesehen werden konnte. Mehrere grüne und bebuschte Inseln tauchten aus dem blauen Gewässer freundlich empor: links lag auf einer weit in den See reichenden Landzunge das Dorf Schwerin, rechts am See lag Egsdorf und weiterhin Mühlen und Dörfer, und hinter dem Schlosse zeigten sich in malerischer Unordnung die Strohhäuser des Städtchens Teupitz, aus welchen sich der Rauch bläulich in die Lüfte hob, und gegen die Weinberge und die darüber empor ragenden waldigen Höhen reizend abstach.

Ihr wohnt wahrhaftig wie eine Seejungfrau, sprach Dietrich zu Elisabeth, und fast fürchte ich, ihr seid eine Nixe.

Elisabeth. Seid nicht bange, Herr Dietrich. Ihr habt gesehen, ich bin in Gefahr gewesen, zu verbrennen, und so muß meine Macht über das Wasser wohl nicht groß sein.

Apitz. Auch seht ihr, daß wir keine großen Freunde vom Wasser sind, sonst hätten wir wohl die Berge rings um den See nicht mit Wein bepflanzt.

Dietrich. Zwei gute Beweise, gegen welche ich nichts einwenden kann. Aber wahr ist es, ihr seid eurer Wohnung zufolge ein wahrhafter Beherrscher des Wassers.

Die Knechte kamen mit ihrem Kahne heran. Man stieg in den bereitstehenden und fuhr unter mancherlei Scherzen zum Schlosse. Erst jetzt zeigte sich die große Festigkeit der Lage und des Gebäudes vollständig und setzte die Quitzows in Erstaunen. Wahrhaftig, rief Johann, wer diese Burg gebaut, hat einen guten Gedanken gehabt. Kein Felsengipfel wäre geeigneter gewesen, eine Burg zu tragen, als diese Insel. Die Lage und Bauart ist unvergleichlich.

Seid mir willkommen, ihr Herren, im Hause meiner Väter, sprach Herr Apitz, und schüttelte beiden derb die Hand, willkommen für immer. Auch Elisabeth reichte beiden die Hand zum Willkommen, und Dietrich drückte einen Kuß darauf.

Herr Apitz lebte auf seiner Burg, wie ein Fürst, völlig unabhängig, und frei wie der Aar in den Lüften. Das Schloß gehörte damals zur Niederlausitz und namentlich zur Herrschaft Wusterhausen, deren Herr er war. Doch wurde ihm in den damaligen Verhältnissen diese Abhängigkeit von der Lausitz nicht fühlbar.

Seine Besitzungen, zu welchen die Städte Wendisch-Wusterhausen, Teupitz und Buchholz nebst vielen Dörfern gehörten, umschlossen einen weitläufigen Bezirk, der in der Regel das Schenkenländchen genannt wurde*).

Unsere Junker erhielten die schönsten Zimmer des Hauses mit reizenden Aussichten über den schönen See und auf die grünen Weinberge, welche das Morgen- und Abendlicht der Sonne auf die mannigfaltigste und lieblichste Weise stets veränderte. Dietrich schwamm in einem Meere von Seligkeit und war kaum mit Johann allein, als er ihm auch sein Verhältnis und sein Gespräch mit Elisabeth entdeckte, worüber sich dieser mit brüderlicher Teilnahme herzlich freute.

Spazierritte, Jagd und Fischfang verkürzten die Zeit, die beiden nur zu schnell entfloh. Elisabeth und Dietrich fanden durch Johanns

*) Gauhes Adelslexikon S. 2059.

Vermittlung noch öfter Gelegenheit, sich allein zu sprechen, doch wollen wir von ihren Gesprächen nichts verraten, weil wir bei jedem Leser Scharfsinn genug voraussetzen, den Inhalt derselben erraten zu können. Ohnehin hat uns die Geschichte nichts davon aufbehalten.

Vierzehn Tage waren ihnen im heitersten Frieden, in der reinsten Lust vergangen. Dietrich war so selig, daß er die ganze Welt hätte an das Herz drücken mögen, und niemals war er gegen Arme und Not= leidende so mildthätig gewesen als jetzt, und zwar, wie er wohl fühlte, nicht aus Prahlerei, denn er gab am reichlichsten und liebsten unbemerkt, aber er wunderte sich selbst über sein Mitgefühl, das er in diesem Maße in sich nicht vermutet hatte. Leider rückte der Tag der Abreise, wie er mit Schrecken bemerkte, immer näher; ihm war es, als ob er nirgend so heiter und glücklich sein könnte, wie auf Schloß Teupitz.

Es war am Tage vor seiner Abreise, als Dietrich allein in Herrn Apitzens Stube saß, und zum Fenster hinaus auf den See schaute. Die Sonne war hinter den gegenüberliegenden Bergen untergegangen, und das Abendrot flammte darüber empor in purpurrotem Wolkenge= kräusel sich verlierend, und in ihm der lieblichen Landschaft den letzten Scheidegruß zurufend. Wer sieht die Sonne gleichgültig scheiden, wenn er selber von einem lieben Orte scheiden soll? — Sie hat es gut, sie kommt täglich wieder, und schaut die freundlichen Augen, so oft sie mag und will und braucht nicht mondenlang darauf zu warten, wie ein armes Menschenkind. Am Himmel zerrann das Purpurrot immer mehr und verblich in blassen Farben, und treu gab der Spiegel des Sees das Sinnbild ersterbender Freuden zurück. Im Zimmer herrschte bereits jene heimliche Dämmerung, in welcher die Phantasie geschäftig ihre wunderbaren Gespinnste webt und über alle wirklichen Gegenstände breitet, daß jedes uns zwar mit bekannter Miene ansieht, aber doch noch etwas anderes als sonst zu meinen scheint. Ein leises Geräusch veranlaßte Dietrich, den Kopf umzuwenden und hinter sich zu blicken, und entsetzt sprang er mit dem Ausrufe: Herr Gott, der Mönch! auf die Seite. Eben jener graue, ihm schon in Berlin erschienene Mönch, mit einer Art von Kapuze über dem Kopf, stand vor ihm.

Kein Mönch, Dietrich von Quitzow, sprach die Gestalt; du be= findest dich zum zweitenmale im Irrtum. Siehe, ist denn mein Kleid wie ein Mönchskleid zugeschnitten? Doch, lassen wir das. Ich suchte Herrn Apitz, und glaubte ihn hier zu finden. Verzeiht, wenn ich euch gestört habe.

Dietrich. Bleibt. Ich vermute, daß Herr Apitz bald kommen werde, ja, es wundert mich, daß er noch nicht hier ist. Ihr könnt ihn ja hier erwarten. Sagt mir lieber, wenn es euch sonst recht ist, wer ihr seid, damit ich euch beim drittenmale nicht wieder verkenne.

Der graue Mann. Es ist wenig davon zu sagen, denn ich bin ein geringer Mann. Ihr seht in mir den Meister Deodat, einen Schüler der berühmten Schule in Bologna in Welschland, wenn auch nur einen ihrer unbedeutendsten, der getrachtet hat sein Leben lang, sich in Physica zu vervollkommnen, die Kräfte der Natur in Steinen, Kräutern, Tieren, Menschen und Gestirnen kennen zu lernen, und der seine Tage hier auf Schloß Teupitz zu beschließen gedenkt.

Dietrich. Wohnt ihr hier auf Schloß Teupitz?

Deodat. Ja, ich bin ein Freund des Herrn Apitz, und seiner Güte danke ich Unterhalt und Wohnung. Dafür heile ich ihn und die Seinigen in Krankheiten, und stelle das Horoscop und die Nativität, worin ich sonderlich erfahren bin.

Dietrich. Wie kommt es, daß ich euch noch nicht während meines Hierseins gesehen habe?

Deodat. Ich komme soeben von einer Reise nach Frankfurt zurück, und wollte mich Herrn Apitz als wiedergekehrt vorstellen. Bis Berlin war ich mit Herrn Apitz gereist, und traf dort mit euch in derselben Herberge zusammen.

Dietrich. Sagt, guter Alter, wenn ihr so erfahren seid in Nativitätsstellen, habt ihr Jungfrau Elisabeths Horoscop bereits gestellt?

Deodat gab auf diese Frage nur ausweichend und widerwillig Auskunft. Er schlich endlich sacht gegen die Wand, und drückte in dem Getäfel derselben eine Füllung zurück, durch welche er wahrscheinlich auch eingetreten war. Man sah hier, wenn sie geschlossen war, keine Thür, und unbemerkt konnte er so in Herrn Apitzens Zimmer gelangen.

Es war unterdessen ganz finster geworden. Dietrich ging in tiefem Sinnen über die Worte des Astrologen im Zimmer auf und nieder. Da kam ein Knecht, und zündete die Kerzen an. Bald nachher trat Herr Apitz ein.

Apitz. Verzeiht, daß ihr so lange allein gewesen, allein eine Abhaltung —

Dietrich. Ich bin nicht allein gewesen, sondern habe hier im einsamen Zimmer Besuch gehabt. Meister Deodat —

Apitz. Wie, ist er angekommen? Das ist mir lieb.

Dietrich. Er suchte euch hier, und will später wiederkommen. Er scheint ein merkwürdiger Mann zu sein.

Apitz. Ja wohl ist er das, und hat viel erlebt und erfahren. Dabei ist sein Wissen unermeßlich, und in mehr als in einer Kunst ist er Meister. Ich hab' ihn gern, und in meinen einsamen Stunden ist er mein Gesellschafter, wobei er sich bemüht, mich in sein Wissen einzuweihen, was ihm mein alter schwer begreifender Kopf sauer genug macht. Aber er ist die Geduld selber und mir darin wie im Wissen gar sehr überlegen. Er weiß von Dingen zu sprechen, von welchen man kaum glauben sollte, daß ein Mensch darüber nachgedacht hätte, und doch dienen seine Untersuchungen wieder dazu, anderes und gewöhnlicheres in besserem Lichte zu erkennen. Seit meine drei Söhne im Auslande sind, und mein Haus dadurch mehr und mehr verödete, ist mir sein Umgang erst recht lieb geworden, obgleich ich ihn schon zuvor zu mir genommen und ihm ein ruhiges Plätzchen angewiesen hatte, das er dankbar benutzt. Er kommt oft mondenlang nicht aus dem Hause, und seit Jahren ist es die erste Reise, welche er jetzt beendigt hat. Laßt uns aber nun dies Zimmer verlassen und den Nachtimbiß nehmen.

Die traulichen heitern Gespräche wollten bei demselben nicht wie sonst in Fluß kommen. Jene Beklommenheit, die sich unwillkürlich vor dem Scheiden von geliebten Personen des Gemüts bemächtigt, hielt alle befangen und störte den reinen Genuß des Beisammenseins.

Wir wollen uns nicht dabei aufhalten, den Abschied zu beschreiben. Man suchte gewaltsam zu scherzen und die tiefe Bewegung der Herzen zu verstecken. An Herrn Apitz' Benehmen war übrigens unverkennbar zu sehen, daß ihm das Verhältnis, in welchem Elisabeth zu Dietrich stand, nicht verborgen geblieben, und wahrscheinlich hatte sie es ihm selber vertraut. Man riß sich endlich los und bestieg den Kahn. Jenseits des Wassers fanden die Junker ihre Leute mit den Pferden. Abends kamen sie in Berlin an und bezogen ihre alte Herberge, in welcher sie diesmal ruhig schliefen. Am andern Morgen machten sie Herrn Ortwyn ihren Besuch, bei dem sie frühstückten. Er trieb viel Scherz und meinte, er wundere sich, daß Herr Dietrich das Schloß der Seejungfrau habe verlassen können, ohne dort festgebannt worden zu sein. Er sähe ihn aber schon im Geiste wieder dahinziehen, und wenn Herr Dietrich einmal einen Brautwerber nötig hätte, möchte er sich nur an ihn wenden. Dietrich ging in seinen Ton ein und meinte, er wolle das nicht von der Hand weisen.

Der Rückweg nach Hause bot nichts Bemerkenswertes dar, und wir melden daher nur, daß sie ohne Fährlichkeiten das elterliche Haus erreichten, und hier nichts verändert fanden.

So kam der Winter heran. Dietrich mußte seine Ungeduld, etwas von Teupitz zu erfahren, nicht mehr zu bändigen. Er entdeckte sich seinen Eltern und gestand ihnen, daß er nicht glücklich sein könne ohne Elisabeth. Da man sicher sein konnte, bei der Bewerbung keine abschlägliche Antwort zu erhalten, so wurde beschlossen, daß Dietrich um seine Geliebte werben solle, einstweilen aber wolle man einen Boten nach Teupitz senden und sich nach dem Befinden und Ergehen erkundigen lassen. Zum Brautwerber wurde Herr Ortwyn ersehen.

Der Geistliche des Orts mußte namens des Herrn Cuno ein
Schreiben an den Propst aufsetzen, in welchem er ausführlich von dem
Verhältnisse unterrichtet und gebeten wurde, zu ihm gelegener Zeit bei
Herrn Apitz um Elisabeth für Dietrich zu werben. Auch Dietrich ließ
ein Brieflein an ihn schreiben, und bat darin um diesen Liebesdienst.
Außerdem aber mußte der Pfarrer Briefe für Herrn Cuno, Dietrich
und Johann an Herrn Apitz und Elisabeth schreiben, in welchen jedoch
noch von keiner Werbung die Rede war, sondern nur auf ein bevor-
stehendes Weitere hingedeutet wurde. Zum Liebesboten wurde Dietrich
Schwalbe ersehen, und mit den Briefen bepackt trabte er dahin.

Er kehrte nach acht Tagen mit Antwortschreiben versehen zurück.
Herr Ortwyn meldete, daß er gleich nach heil. drei Königen sich aufmachen und nach Teupitz reisen wolle, um die Werbung anzubringen,
und in Erwartung der Dinge, die da kommen sollten, wurde das Jahr
beschlossen.

Der Tag der heil. drei Könige oder Großneujahr war vergangen,
und mit ihm das Jahr 1393 angefangen. Man durfte nun nach
einigen Wochen einer Antwort entgegensehen, und Dietrich konnte die
Zeit nicht erwarten. Ungeachtet er an dem günstigen Erfolg nicht
zweifelte, glaubte er doch nicht eher ruhig werden zu können, bis er Gewißheit habe. Drei Wochen zogen sich so hin, da langte endlich ein
Bote mit einem Briefe des Herrn Ortwyn sowie mit Briefen von Apitz
und Elisabeth an. Die Werbung war angenommen, Dietrich war
Bräutigam, oder wie man hier sprach, Brautmann, und schwamm in
einem Meere von Freude und Hoffnung.

Überlassen wir ihn einstweilen sich selbst und werfen dafür einige
Blicke auf den Zustand der Mark, die wir seit einiger Zeit aus den
Augen verloren haben. Leider können wir davon nicht viel Gutes rühmen; es war nach und nach auf den Landstraßen immer unruhiger und
unsicherer geworden. Die Sucht, einander zu befehden, hatte immer
mehr überhand genommen, da von oben her mit keinem Nachdrucke
auf Recht und Gerechtigkeit gehalten wurde; denn der Landesherr
war abwesend, und der Landeshauptmann, zwar wieder im Lande,
konnte doch, was in seiner Abwesenheit in Verwirrung geraten war,
nicht so schnell wieder ordnen. Der Erzbischof Albrecht von Magdeburg hatte sich endlich bewegen lassen, den gefangenen Lippold von
Bredow gegen Bürgschaft in seine Heimat zu entlassen, betrachtete ihn
jedoch fortdauernd als seinen Gefangenen, und es verstand sich von selbst,
daß Lippold gegen ihn in diesem Verhältnisse nichts unternehmen durfte,
und ihm die Hände gebunden waren. Ein Verhältnis dieser Art war
sehr lästig. Noch immer handelte es sich um die Zurückgabe von
Plauen; die Frage war endlich Jobst zur Entscheidung gestellt, der auch

das Lösegeld für den in seinen Diensten gefangenen Lippold zu zahlen hatte. So war denn Lippold mit gänzlicher Unthätigkeit gegen Magdeburg der Mark und seiner Würde zurückgegeben worden, und schon am Ende des Jahres 1392 sehen wir ihn wieder thätig, wo er am St. Barbara= tage, den 4. Dezember, den Schulzen Meus zu Bernau vom landes= herrlichen Anspruch auf sein Gericht als oberster Hauptmann der neuen (Mittel=) Mark zu Brandenburg befreit*). Allein die Unordnung war bereits zu groß geworden. Man hatte gelernt, sich selber zu helfen und fuhr um so mehr darin fort, als viele dabei ihre Rechnung fanden. Die Privatrache trat daher an die Stelle des Rechts, es zog eine Fehde die andere nach sich, und eine Menge Gesindel benutzte die dadurch erzeugten Unruhen, um beutegierig auf eigene Hand zu rauben und zu plündern. Selbst dicht vor den Thoren der Städte wurden Reisende überfallen und nicht selten ermordet, und nirgend war ein Schutz gegen diese Unbill zu finden.

Da traten die Städte Alt= und Neu=Brandenburg, Berlin und Kölln, Rathenow, Nauen, Spandau, Bernau, Strausberg, Müncheberg, Frankfurt, Drossen, Fürstenwalde, Wrietzen, Mittenwalde, Belitz, Treuen= brietzen, Potsdam und Oderberg zusammen und schlossen ein Bündnis zu gemeinschaftlichem Schutze am Lichtmeßtage, den 2. Februar 1393 ab. (Es charakterisiert die Zeit, und es dürfte gerechtfertigt sein, den Vertrag ausführlicher mitzutheilen.**).

Die gedachten Städte bekennen, daß sie sich vereint haben gegen diejenigen, welche auf den Heerstraßen rauben, schinden, und des Nachts pochen und aufstoßen (einbrechen), und sich nicht am Rechte wollen be= gnügen lassen, in folgender Weise. Erstens wer obiges thut, wo es auch sei, dem wollen die Städte Feind sein als einem Missethäter, auch denen, welche solche Missethäter hausen, hegen, speisen, fördern, helfen oder mit Rath unterstützen, und wenn Gott den Städten hilft, über sie zu kommen, so wollen sie sie auch als Missethäter richten, und dem werde gethan, wie dem Gaste. Auch wollen die Städte keine solche Leute oder ihre Hehler in ihren Mauern leiden, es wäre denn, daß ihr Herr welche mit sich brächte, oder (für sie) Geleite begehrte, dazu sollen sie Macht haben drei Tage lang. Auch wollen sie solchen Leuten keinerlei Speise verkaufen oder geben oder senden, noch aus den Städten zuführen lassen. Hätten die in dieser Einung begriffenen Städte aber einen solchen Mann (als Einwohner), den wollen sie dazu mahnen, daß er nach dem Rechte thue; wollte er das nicht, so soll jede Stadt an der andern halten,

*) v. Ledebur, Archiv II. XII. S. 125. Lippold ist also nicht die ganze Zeit seiner Gefangenschaft im Gewahrsam des Erzbischofs gewesen, wie bisher immer angenommen wurde.
**) Gerlachs gesammelte Nachrichten von Potsdam, Stück II. S. 4.

wie geschrieben steht. Würde irgend ein Mann einer Missethat bezüchtigt, oder daß er Missethäter hausete oder speisete, den wollen sie vorfordern, daß er sich der Bezüchtigung entlästige, wie die alte Landstätte ausweiset (der alte Gebrauch es fordert), binnen einem Monat, und wollen ihn dazu geleiten bis zur nächsten Stadt, bei welcher er besessen ist. Wenn er das nicht thäte, so soll er für einen Missethäter gehalten, und wie vorgeschrieben, behandelt werden. Käme einer aus den verbündeten Städten auf flüchtigem Fuß oder scheinbarer That, der soll hier bleiben, wie er treulichst mag und kann, und wer bei ihm von den Städten wegen zunächst besessen ist, den soll er dazu vorfordern, und soll ihm in derselben Macht helfen, wie oben geschrieben ist. Auch soll eine Stadt der andern ihre Räuber beschreiben, und wo die dann in eine Stadt kommen, die Stadt soll sie aufhalten, und soll die andern dazu entbieten, denen Schaden geschehen, und soll ihnen helfen zum Rechte mit Rath und That. Wäre einer Stadt Missethäter in einer andern besessen, da soll die Stadt dazu thun, und sich darin beweisen eben so, als ob er in ihrer Stadt wäre, wie oben geschrieben, und wegen des Geldes und Gutes der Missethäter wollen alle verfahren nach Redlichkeit. Wollte ein Mann Feind werden eines andern oder einer Stadt, welche in dieser Einung begriffen sind, so wollen sie sogleich Recht entbieten, und wenn er sich dazu versteht, wollen sie bei seinem Rechte bleiben, so lange die Einung dauert. Auch geloben alle, welche in dieser Einung sind, daß, wenn ein Crucesignatus oder irgend eine geistliche Gewalt jemanden verunrechten wollte, der in dieser Einung ist, da wollen sie sogleich Recht entbieten, und seines Rechtes mächtig sein. Wäre es, daß sie dawider sprächen, so wollen sie bei seinem Rechte bleiben. Auch soll niemand einem wegen dieser Einung Feind werden, oder, wenn sie aufgelöset worden, deshalb an ihm Rache nehmen wollen, ohne es mit allen zu thun zu haben. Wollen noch mehr in die Einung treten, so sollen sie zugelassen werden. Sollte eine der in die Einung aufgenommenen Städte ihr Insiegel vor diese Urkunde nicht hängen lassen wollen, so soll das nicht hindern, alles Vorgedachte zu halten. Es soll niemand um redliche Schuld nach den Städten Geleite erhalten, es sei denn um ihres Herrn und der Lande Not willen. Diese Einung soll von unserer lieben Frauen Lichtmeßtage an drei Jahre währen, bis wieder auf denselben Tag, und zur Ausführung stellen: beide Brandenburgs 8 Gewappnete und 3 Schützen; Berlin 5 Gewappnete und 2 Schützen; die Städte Nauen, Spandau, Bernau, Strausberg, Drossen und Brietzen jede 3 Gewappnete und 2 Schützen; Rathenow 3 Gewappnete und 1 Schützen; Eberswalde 2 Gewappnete und 2 Schützen, die Städte Fürstenwalde, Wrietzen, Mittenwalde und Belitz jede 2 Gewappnete und 1 Schützen, und die Städte Landsberg, Müncheberg, Potsdam und Oderberg jede

1 Gewappneten und 1 Schützen, so daß das ganze Heer aus 48 Gewappneten und 28 Schützen (ohne Lanzknechte) bestand. (Frankfurt fehlt im Verzeichnisse.) Eine Stadt, welche ihren Verpflichtungen nicht nachkäme, soll für jeden Wappner ein Schock Groschen bezahlen, die mit Recht von ihr durch Pfändung eingezogen werden können. Gegeben zu dem Berlin ꝛc.

Diese Urkunde läßt einen tiefen Blick in den Zustand des Landes thun und zeigt, wie viel Unfug auf den Straßen getrieben wurde und wie schwer es hielt, ihn zu verhüten, da jeder, der Vorteil dabei hatte, die Thäter hegte und in Schutz nahm. Das Verzeichnis der zu stellenden Kriegsleute zeigt uns ungefähr das Verhältnis, welches in damaliger Zeit die Städte hinsichtlich ihrer Macht und Größe zu einander hatten, und ist deshalb nicht ohne Interesse. — Wir kehren jedoch wieder nach Luitzhövel zurück.

Sechzehntes Kapitel.

Die Schicklichkeit verlangte, daß Dietrich nach seiner Brautwerbung mit seinem Vater einen Besuch in Teupitz machte, und beide in Gesellschaft Johanns rüsteten sich demnach zu einer neuen Reise. Indessen wollte man es so einrichten, daß man das Osterfest in Teupitz zubringen könne, weil man dann auch auf besseres Wetter rechnen durfte als im Februar. Der trübe Winter verging langweilig und langsam, die Fastenzeit trat ein, und kaum fingen die Tage an, merklich länger zu werden, als unsere drei Männer ernstliche Anstalten zur Abreise machten.

In der zweiten Märzwoche wurde sie angetreten. Der Tag war heiter; die Sonne hatte die Wege bereits vom Schnee befreit, und nur an tieferen Stellen, in den Fahren der Felder und in Gruben lag des Winters weiße Decke ausgebreitet. Die Lerchen erhoben sich singend über die junge grüne Wintersaat, in welcher sie künftig ihr Nest bauen sollten, und hier und da jagte flüchtigen Fußes ein fetter Hase über die Flur.

Die Quitzows hatten neun reisige Knechte mitgenommen, so daß der Zug aus zwölf Reitern bestand. Sie waren sämtlich bewaffnet und mit Helm und Harnisch versehen, von deren hellglänzenden Flächen die Morgensonne prächtig wiederstrahlte. So unsicher es auch auf den Straßen war, so hatte ein so ansehnlicher Zug doch nicht leicht etwas zu fürchten, um so weniger, als der Quitzowsche Name allein schon wohlgeeignet war, das Gesindel abzuhalten.

Man kam am ersten Tage bis Rathenow, am zweiten über Brandenburg nach Potsdam, wie auf der früheren Reise. Am andern Morgen ging es über die Fähre auf die Straße nach Berlin. Als der Zug Zehlendorf erreicht hatte, erblickte man vor einem Hause an der Straße einen bedeutenden Auflauf von Menschen und hörte wildes Geschrei und Gezänk. Man lenkte die Pferde dahin. In der Thüre des Bauernhauses stand ein Crucesignate, das heißt ein Mensch, der sich ein rotes Kreuz auf die Schulter geheftet hatte als Zeichen, daß er einen Kreuzzug gegen die Ungläubigen mitmachen wollte. Er hatte ein Stück Leinwand unter dem Arme, und eine alte Frau nebst einem Manne, die anscheinenden Besitzer des Bauernhofes, bemühten sich, ihm dasselbe zu entreißen. Das umherstehende Volk nahm teils für, teils gegen den Crucesignaten Partei. Als der Reiterzug sich näherte, mäßigte sich das Geschrei, und man machte Platz. Der Crucesignate ließ die Leinwand los und schien nicht übel Lust zu haben, davon zu laufen. Doch war dies nicht thunlich; er stand und blickte den Rittern dreist ins Angesicht.

Herr Ritter, redete er Cuno an, helft mir nach eurer Macht das dumme Volk beschwichtigen und zur Ruhe bringen, das darauf ausgeht, mich zu betrügen und in Schaden zu bringen. Sprecht Recht.

Cuno. Was giebt es und was habt ihr mit dem Manne vor?

Die alte Frau. Glaubt ihm nicht, Herr Ritter, er will uns betrügen. Seht, ich sitze da allein in meiner Stube und spinne, und mein Alter haut auf dem Hofe Holz, da kommt der Crucesignate und fordert um des heiligen Kreuzes willen ein Almosen. Na, ein Christenmensch soll dem andern helfen, obgleich die Crucesignaten nicht viel taugen sollen; da gab ich ihm ein Stück Brot und einen Käse, und er setzt sich zu mir in die Stube und fängt an zu essen. Nun sieht er die Leinwand liegen und sagt: Alte, wie viel soll die Leinwand kosten? — Da sag' ich: na, die kostet doch mehr, als du bezahlen kannst; unter ein halb Schock Groschen kriegt sie keiner. Er aber spricht: Ach was, denkst du Alte denn, die Crucesignaten haben gar kein Geld und gehen nackt und bloß unter die Heiden? Da hast du dein halb Schock Groschen, nun sind wir quitt; und da nimmt er die Leinwand und geht. Er hatte aber nur fünf Schillinge auf den Tisch gelegt; ich fange an zu schreien, und mein Alter kommt gelaufen und hält ihn fest. Er aber sagt, er hätte die Leinwand voll bezahlt und ein halb Schock Groschen gegeben, und er wüßte nicht, wo ich das übrige Geld gelassen hätte, und will mit der Leinwand fort, was wir doch nicht leiden dürfen; ich hätte sie auch schon wieder, wenn er nicht Beistand gefunden hätte unter denen, die herzugelaufen kamen.

Der Crucesignatus. Schändliche Verleumdung! Ich habe das Geld richtig hingezählt; was weiß ich, wo es der alte Zaubersack gelassen hat.

Ein Bauer. Er ist ein Krieger des Kreuzes und ein halber Geistlicher. Man muß ihm mehr glauben als dem alten Weibe.

Ein Bettelmönch. Recht so, mein Sohn. Wer mit dem Kreuze gezeichnet ist, muß die Wahrheit sprechen; er ist ein Krieger der Kirche, und wer wollte die nicht schützen?

Ein anderer Bauer. O ja, die Kirche nimmt in gutem und die Crucesignaten mit Gewalt, wenn sie können. Gott besser's!

Dietrich Schwalbe. Der Crucesignate hat sich schon vor zwei Jahren bei uns in der Vormark umhergetrieben und den Bauern das Ihrige abgenommen. Schon damals trug er dasselbe Kreuz.

Der Crucesignate. Das ist erstunken und erlogen; ich bin nie in der Vormark gewesen, und das Kreuz trage ich seit zwei Wochen, weil ich nach Preußen zu den Kreuzherren gehen will, einen Kreuzzug gegen die heidnischen Litthauer mitzumachen. Seht, frommer Vater, so behandelt man die Krieger der Kirche. Wahrhaftig, man könnte rasend werden, und es wundert mich, daß es bei mir noch nicht donnert.

Cuno. Wie heißt du?

Crucesignate. Michael Ehrlich.

Dietrich. Wie lange führst du schon diesen Namen?

Crucesignate. Wie lange? Nu, ich denke, so lange ich lebe.

Dietrich. Vor achtzehn Jahren bei Lübeck hießest du ja Donnerhans.

Verdutzt warf der Crucesignate einen scheuen Blick auf die Reiter; dann warf er schnell den alten Bauer zur Seite, sprang in das Haus zurück, zur Hinterthür hinaus und mit mehr Gewandtheit, als man ihm zugetraut hätte, über einen Zaun nach dem andern, bis er im Freien war und bald den Wald erreichte. Seine Verfolger waren weit zurückgeblieben.

O Gott, schrie die Bauersfrau, nun hat er die Schillinge zurückgelassen; der setzt mir die Nacht einen roten Hahn aufs Dach.

Cuno. Warum habt ihr ihn aber nicht gehalten? — Laßt's durch den Schulzen den übrigen Dorfschaften melden, sie sollen sich hüten vor diesem Crucesignaten. Wir kennen ihn als einen Gaudieb.

Man hielt sich jedoch nicht länger auf, und setzte seine Reise fort. Bald hatte man Berlin erreicht und kehrte in der Herberge zum goldenen Hechte ein.

Man machte Herrn Ortwyn seinen Besuch, den Ritter Cuno noch nicht persönlich kannte. Dann ging man, die Brautgeschenke einzukaufen; eine reiche goldene Kette und Spangen nebst Ohrgehängen kaufte Dietrich für Elisabeth, dem sein Vater wie Johann jeder an seinem Teile noch hinzufügte, was nötig war, einen weiblichen Schmuck zu ergänzen. Der Goldschmied wohnte in der Klosterstraße, dem grauen Kloster gegenüber, dessen ansehnliche und bedeutende Gebäude unsere Reisenden bewunderten. Links von ihm, da wo jetzt der linke Flügel des Lagerhauses steht, lag das hohe Haus, oder die kurfürstliche Burg, die Wohnung des Landesherrn, wenn er sich in Berlin aufhielt. Rechts auf der Stelle der jetzigen Parochialkirche, lag ein zweites kurfürstliches Gebäude von altertümlichem Ansehen, früher die Wohnung einiger Markgrafen dann die des Schloßhauptmanns. Zwischen diesen beiden ansehnlichen

Häusern füllten die Gebäude des grauen Klosters den ganzen weitläufigen Raum; in der Mitte derselben lag die Klosterkirche, zwar mit einem
nicht besonders hohen Turme, übrigens aber von ansehnlicher Größe und
schön gewölbt; rechts von der Kirche waren die Wohnungen der Mönche
links die Wirtschaftsgebäude. Dazwischen lagen die Gärten, zum Teil
mit Kreuzgängen, und um die Kirche der Klosterkirchhof. In der Kirche
befanden sich die Begräbnisstätten fürstlicher und hoher adliger Personen
mit vielen Grabdenkmälern, und auch die Kirchhofsmauer war mit
solchen besetzt, da fromme Leute den Klosterkirchhof jedem andern vorzogen.

Die Reisenden waren in die Kirche getreten, denn es war Gottesdienst. Man hielt soeben die Todtenmesse für einen verstorbenen Mönch
mit allen von der Kirche vorgeschriebenen Gebräuchen. Der schwarz
behangene Katafalk in der Mitte des hohen Chors, um welchen die
Franziskaner in ihren Stühlen neben einander gereiht anscheinend in
tiefen Schmerz versunken umher saßen, die Menge Lichter und die feierliche Stimmung der Gemüter bei dem Wechselgesange des fungierenden
Priesters vor dem Altare und der Mönche im Chore, die ernst klingenden
Worte des Requiems gaben der Feier in der großen, sehr fromm ver-
zierten Kirche etwas Ergreifendes, und unsere Fremden schieden nicht, ohne
für die Seele des Dahingeschiedenen einige Paternoster und Ave Maria
gebetet zu haben.

Es war dunkel geworden, als sie die Kirche verließen. Durch enge
Gassen stolperten sie auf unebenem Wege nach ihrer Herberge zurück.
Beim Eintritt flog ihnen einer ihrer Knechte aus der Wirtsstube entgegen, in welcher das starke Bier die Köpfe erhitzt, und eine Balgerei
zwischen den Quitzowschen Leuten und einigen Berliner Bürgern veranlaßt hatte, infolge welcher jener Knecht mit ziemlicher Hast zur Thüre
hinaus geworfen wurde, während drinnen das Handgemenge mit wildem
Geschrei und tüchtigem Gepauke fortdauerte. Die Ankunft der drei
Herren und des mitgenommenen Knechtes stellte den Frieden bald wieder
her; doch mußten einige Schemel und Krüge bezahlt werden, welche in
der Hitze des Gefechts als unschuldige Opfer der Wuth gefallen waren.

Andern Tages machte man sich früh auf und langte abends in
Teupitz an. Wir enthalten uns billig, den herzlichen Empfang und die
Freude des Wiedersehens ausführlich zu beschreiben. Herrn Apitzens Art
und Weise des Benehmens ist uns schon bekannt, und dieser gemäß
verhielt er sich auch jetzt.

Zwei Tage darauf, am 16. März, war der tote Sonntag, oder
wie er auch genannt wird, Lätare oder Mitfasten. Man hatte vormittags die Kirche im nahen Teupitz besucht und sich dann die Fasten-
speisen weidlich schmecken lassen. Noch saß man bei Tische und sprach
dem Becher zu, da hörte man in der Ferne ein lautes Kindergeschrei

und ein seltsames Gesinge, das näher zu kommen schien. Dietrich blickte verwundert auf, aber Elisabeth sprach: Nun müssen wir aufstehen und ans Fenster treten, denn da kommen die Kinder und wollen den Tod austreiben.

Dietrich. Was ist das?

Elisabeth. Kennt ihr das nicht in eurer Gegend? Darum heißt der Tag ja der tote Sonntag. Kommt, ihr werdet es gleich sehen.

Man trat ans Fenster. Eine wunderliche Prozession näherte sich vom Städtchen her dem Schlosse über die Brücke. Kinder und Dienst= mägde gingen paarweise geordnet, begleitet von vielem Volke, und vor ihnen her wurde eine Strohpuppe getragen, die man auf die seltsamste Weise ausgeputzt hatte. Sie sollte den Tod vorstellen, und durch weiße Bänder waren die Rippen und Knochen angedeutet, hier und da hatte man auch schwarze Lappen angewendet. In einer Art von eintönigem Recitativ, aber in gehaltenem Takte, sang man folgendes:

Nun treiben wir den Tod aus,
Dem alten Juden in seinen Bauch,
Dem jungen in den Rücken,
Das ist sein Ungelücke.
Wir treiben ihn über Berg und Thal,
Daß er nicht weiter kommen soll,
Wir treiben ihn über die Heide,
Das thun wir den Schäfern zu Leide*).

Die Strophe wurde immer von neuem wieder angefangen, wobei sich der Zug um das Schloß herum bewegte, und dann über die Brücke zurück am linken Ufer des Sees hinzog, bis zu einem niedrigen Hügel, dessen Fuß der See bespülte. Nachdem alle oben waren, wurde der Tod an den Rand des Hügels getragen, und unter einem allgemeinen Gejauchze in den See gestürzt. Man warf ihm Sand und Steine nach, und zog dann seitwärts in den Wald, unter dessen Bäumen die Menge nicht weiter zu beobachten war.

Dietrich. Eine wunderliche Ceremonie! — Was mag sie nur be= deuten sollen?

Elisabeth. Es mag sich wohl Heidnisches mit Christlichem darin mischen**). Mir aber scheint es, als wollte man sinnbildlich an= deuten, daß Christus den Tod überwunden, und dazu ist die Fastenzeit wohl geeignet. Die Verse lauten in manchen Gegenden auch etwas anders, nämlich:

---

*) Colerus Hausbuch, Abt. I. S. 31.
**) Der Gebrauch herrscht, so weit Wenden wohnen. Sie haben früher eine Todesgöttin, Marzana, gehabt. Geschichte der Kreisstadt Kalau von Werbach S. 33. Ekhard script. rer. Jutreboc. S. 43.

Nun treiben wir den Tod aus,
Den alten Weibern in ihr Haus,
Den Reichen in den Kasten,
Heute ist Mitfasten*).

Vielleicht hat unsere Jugend geglaubt, wir könnten es übelnehmen, wenn sie den Reichen den Tod in den Kasten trieben und darum die andere Ausdrucksweise gewählt, denn es kommt dabei auf Geldgeben an, und dann ist auch der gemeine Mann schlau genug, und selbst die Kinder sind es, den Gebern die gute Laune nicht zu verderben. Auf dem Rückwege kommen sie wieder nach dem Schlosse.

Dietrich. Es ist ein possierlicher Gedanke, den Tod von der Jugend begraben zu lassen, aber er gefällt mir. Es steckt Lebenslust darin, so kindisch er auch aussieht. Schade, daß der Tod kein Strohmann ist.

Elisabeth. Auch haben sie schon einen zweiten Tod vorrätig, mit dem sie sich nachher Geld verdienen.

Dietrich. Ei, das ist lustig. Die Jugend zieht ihren Vorteil vom Tode. — Eigentlich ist's der Welt Lauf. Nur der Tod setzt das jüngere Geschlecht in den Besitz der Welt und ihrer Güter. Aber neugierig bin ich, zu sehen, wie man den Tod zwingt, uns Geld zu verschaffen.

Apitz. Giebt es nicht Menschen genug, die wenigstens einen Teil ihrer Einkünfte vom Tode ziehen?

Dietrich. Freilich, — aber doch nicht von einem Popanz, der nur den Tod bedeutet. — Doch seht, dort tritt der Zug soeben aus dem Walde hervor. Was haben sie denn da gemacht?

Elisabeth. Den oberen Teil der Kiefer haben sie abgeschnitten, mit allerlei bunten Dingen behangen und tragen ihn vor sich her. Schaut einmal, der Träger kann den hohen Baum kaum bewältigen. Hört den Jubel; wäre es nicht Fastenzeit, das Volk tanzte gewiß neben dem Zuge her.

Unter eintönigem Gesange und vielem Geschrei kam der Zug über die Brücke. Der Baum war ausgeschmückt wie ein großer Weihnachtsbaum. Man hatte silberne Gürtel, goldene und silberne Hauben, Glasperlen und Halsbänder von solchen, Kränze von Moos und gelben Papierblumen, rot und gelb gefärbte Eierschalen, und buntes Papier mit allerlei Bändern an die Zweige gehangen, und er sah geschmückt genug aus. Der Baum sollte eine Probe vom Sommer vorstellen. Dazu wurde in voriger Weise gesungen:

Nun haben wir den Tod hinausgetrieben,
Und bringen den lieben Sommer wieder.
Den Sommer und auch den Mai,
Der Blümlein sind mancherlei**).

---

*) Colerus Hausbuch, Abt. I. S. 43.
**) Colerus Hausbuch, Abt. I. S. 31.

Nachdem das Schloß umgangen war, bewegte sich der Zug über die Brücke zurück nach dem Städtchen. Hier wurde in einer Herberge eingekehrt, um den Abend über lustig zu sein. Da man nicht tanzen durfte, was in der Fastenzeit verboten war, so blieb die Lustbarkeit auf Essen und Trinken beschränkt. Zuvor aber wurde eine Abteilung Kinder und Dienstmägde ausgewählt, welche den neuen Tod umher führen sollten. Man fing mit dem Schlosse an, da man hier auf die reichste Gabe rechnen durfte. Ohnehin war es bekannt, daß Fremde anwesend seien. Die Strohpuppe, welche von etwa einem Dutzend Kinder und einer Anzahl Dienstmägde begleitet wurde, war kleiner als die erste. Ein Haufe Zuschauer hatte sich angeschlossen. Als der Zug die Brücke erreicht hatte, schickte Herr Apitz einen Knappen mit Geld hinunter, der ihm entgegen ging und durch Bezahlung das Umkehren bewirkte ehe er das Schloß erreicht hatte.

Dietrich. Warum habt ihr die Leute aber nicht hereinelassen? Man hätte ja ihren Vers anhören können.

Elisabeth. Sie sagen keinen. Die Hauptsache aber besteht darin, sie nicht herankommen zu lassen, denn wo der Tod ins Fenster schaut, da stirbt in dem Jahre jemand. Viele Leute sind davon so fest überzeugt, daß sie sich zu Tode grämen würden, wenn sie nicht das Hineinsehen der Puppe verhüten könnten, und im Städtchen wie in den Dörfern gehen die Mütter deshalb dem Zuge schon von weitem entgegen und zahlen. Schlimm ist es, daß dabei ein Handel stattfindet, und die Träger in ihren Forderungen oft sehr unbescheiden sind. Es muß für jedes Mitglied der Familie besonders bezahlt werden, und geschieht dies nicht, oder wird zu wenig bezahlt, so schaut der Tod ins Fenster, ja wohl gar mehrmals, und Gram und Angst sind fürs ganze Jahr ins Haus hinein gebannt. Der Umzug ist deshalb sehr einträglich, und die Teilnehmer behalten selbst nach dem lustigsten Abend noch immer etwas übrig.

Apitz. Die Herrenhäuser sind dieser Brandschatzung am meisten ausgesetzt, und bei ihnen treibt man die Forderungen so hoch als möglich; und doch würde es sehr schwer sein, diesen uralten Gebrauch abzuschaffen. Ihr, meine lieben Gäste, seid mir daher großen Dank schuldig, daß ich den Tod so schnell zum Umkehren gezwungen habe, ehe er euch nur zu Gesichte bekommen, und ihr habt nun bis übers Jahr nichts weiter von ihm zu fürchten.

Elisabeth. Ich weiß nicht, selbst wenn man den ganzen Gebrauch thöricht findet, ist doch eine solche Aussicht immer ein Opfer wert. Es ist doch eine leise Hoffnung, und es tritt einem wenigstens der Gedanke nicht störend in den Weg: Dir hat in diesem Jahre der Tod ins Fenster geschaut. Wenn man sieht, daß so viele Leute daran glauben, kann man sich schwer überreden, daß gar nichts daran sein sollte, selbst wenn man nichts davon einsehen kann, und das ist ja bei so vielen andern Dingen, an welche man glaubt, eben der Fall.

Dietrich. Wahr, wenigstens zum großen Teile. Sagt einmal, edler Herr, wenn diese Ceremonie statt von Kindern und Mägden von Geistlichen vorgenommen würde, euer Urteil darüber dürfte anders lauten, und ich möchte fast behaupten, ihr würdet das Ganze für keinen Aberglauben erklären.

Apit. Da habt ihr recht, und ich begehre das nicht zu leugnen. Aber eben, weil das Ganze eine Kinderposse und läppische Meinung ist, sind keine Geistlichen dabei, und das eben macht den großen Unterschied, obgleich ich damit nicht gesagt haben will, daß alles, was das Volk neben seinem Kirchenglauben für wahr hält, eitel Wahn und Aberglauben wäre. Doch nun genug davon. Laßt uns lieber Verabredungen treffen, was wir in dieser Woche beginnen wollen.

Wir mögen bei diesen Verabredungen nicht zuhören und von ihren Unterhaltungen nur anführen, daß ziemlich ein Tag wie der andere verging. Besuche bei dem benachbarten Adel und Gegenbesuche nebst der Jagd und Fischerei nahmen den größten Teil der Tageszeit hinweg. Das Übrige wurde durch Essen und Trinken, wie durch gesellige Unterhaltung ausgefüllt, an welcher einige Male auch der Meister Deodat teilnahm. Dietrich war selig im Anschauen und in der Unterhaltung mit seiner Elisabeth, und umgekehrt war es nicht weniger der Fall. Die Verlobung konnte in der Fasten nicht stattfinden und blieb bis zum Osterfeste ausgesetzt.

Siebzehntes Kapitel.

So verging eine Woche. Es war wieder Sonntag und man schickte sich an zur Kirche zu gehen. Heute war der Sonntag Judica oder der schwarze Sonntag, und der Gebrauch verlangte, daß man nicht anders als schwarz gekleidet in der Kirche erschien*). Viele nannten ihn den lahmen oder losen Sonntag und waren froh, wenn er durchlebt war; denn er galt als ein Unglückstag, an welchem sich in der Regel etwas Schreck= liches und Furchtbares ereignete. Dietrich Schwalbe, welcher gar sehr an solchem Glauben hing und sehr reich an Grundsätzen dieser Art war, legte sich deshalb, so wie er aus der Kirche kam, aus Vorsorge zu Bett, wozu er sich die Erlaubnis erbeten hatte.

Es war der 23. März und die Sonne des jungen Frühlings strahlte heiter und warm. Herr Apitz schlug nach Tische vor, einen Spazierritt zu machen. Elisabeth hatte keine Neigung dazu und wünschte lieber zu Hause zu bleiben. Herr Apitz zog sie auf mit ihrem Glauben an den Volkswahn und versicherte ihr, daß Meister Deodat den heutigen Tag keineswegs als einen unglücklichen bezeichnet habe. Sie wollte nichts davon wissen, daß dies die Ursache ihrer Weigerung sei und erklärte ihren Unglauben an die Volksmeinung. Als sie jedoch bemerkte, daß die Männer große Lust hatten, den Ritt zu machen, entschloß sie sich, sie zu begleiten.

Man wählte den Weg nach Buchholz, der sogleich hinter Teupitz in einen großen Wald, die Hammersche Heide, führte, welche sich unter anderem Namen noch weiter fortsetzte. Schon meldeten sich die Frühlings= vögel, und selbst die Insekten verließen, durch den warmen Sonnenschein gelockt und aus ihrer Erstarrung geweckt, ihre Schlupfwinkel. Dietrich ritt mit Elisabeth voraus und wunderte sich, sie so zerstreut und unacht= sam zu finden. Du läßt dem Pferde zu sehr seinen Willen, sprach er, und mußt den Zügel besser wahren. Wäre dein Pferd nicht sehr fromm und richtete sich nicht nach den andern Pferden, es hätte schon Kapriolen gemacht.

---

*) Colerus, Hausbuch, Abt. I. S. 43.

Es ist wahr, sprach Elisabeth, ich bin unachtsam, und ich will dir nur gestehen, daß ich den Gedanken nicht los werden kann, es sei heut ein schlimmer Tag. Am Ende glaube ich an den Volkswahn mehr, als ich selber gedacht habe. Ich wollte, ich wüßte nichts davon, da würde ich den schönen Tag gewiß recht heiter genießen. Schon habe ich hin und her gedacht, was uns wohl begegnen könnte.

Dietrich. Das ist denn freilich nicht geeignet, dich aufzuheitern. Laß es gut sein und denke nicht weiter daran. Kennst du den Weg, den wir reiten und weißt du, wo er hinführt?

Elisabeth. Was sollt' ich nicht. Es ist der Weg, der nach Buchholz führt, und wir haben ihn fast zur Hälfte zurückgelegt. Wahrscheinlich wenden wir bald um und kehren zurück, denn er bleibt einförmig wie er ist. Ein elendes Walddorf, durch welches er führt, ist nicht der Mühe wert, gesehen zu werden. Ich reite diesen Weg eigentlich ungern, es ist auf ihm alle Aussicht versperrt, und wer so freundliche Aussichten in die Zukunft hat, wie deine Elisabeth, mag sich dieselben nirgends gern abschneiden lassen. Nicht so, mein Dietrich? Mit diesem Gedanken bist du doch einverstanden?

Da brach ein weißes Reh aus dem Gebüsche hervor, quer über den Weg und verschwand schnell auf der andern Seite. Elisens Pferd scheute und stürmte dann, von der unachtsamen Reiterin nicht gebändigt, im tollen Koller mit ihr dahin, daß die von den Hufen in die Höhe geworfene Erde weit umher flog und die Gesichter der hinten Reitenden fast schmerzhaft getroffen wurden. Elisabeth hatte Geistesgegenwart genug gehabt, den Hals des Pferdes zu umklammern. So jagte das scheue Tier mit ihr im sausenden Galopp, die Beine fast immer in der Luft, den Kopf nach unten gebeugt, vorwärts, so daß Elisabeth mehr liegend als sitzend davongetragen wurde.

Dietrich hatte das Unglück sofort bemerkt, als es sich ereignete; er gab seinem Gaule die Sporen, daß das Tier mit einem gewaltigen Satze den tollen Lauf anhub und man kaum unterscheiden konnte, ob es nicht ebenfalls den Koller bekommen habe. Dennoch blieb er zurück, da Elisabeths Pferd weit leichtfüßiger und kleiner als das seinige war, verlor aber Elisabeth dabei nicht aus dem Auge. Unglücklicher Weise lief ihr Pferd bei einer Krümmung der Heerstraße gradeaus in einen Holzweg hinein, ohne seinen Galopp zu mäßigen, und Dietrich mußte nach. Eine zeitlang ging es, aber der Weg wurde endlich enger und die Zweige der Bäume senkten sich bis zum Pferde herab. Elisabeth, auf dem niedrigeren Pferde in fast liegender Stellung, kam glücklich darunter weg; gefährlicher war die Sache für Dietrich. Zum Überlegen blieb jedoch keine Zeit, nicht einmal zum Umsehen, ob die andern ihm folgten. Immer vorwärts war beinahe der einzige Gedanke, den

er fassen konnte; da stieß er mit dem Kopfe so heftig gegen einen
Zweig, daß er besinnungslos vom Pferde stürzte und liegen blieb, während das Pferd noch eine Strecke gradeaus lief ehe es, inne werdend was
geschehen sei, zu seinem Herrn zurückkehrte.

Es dauerte wohl fünf Minuten, ehe Johannes die Stelle erreicht
hatte. Er sprang sogleich vom Pferde, seinem Bruder zu helfen.
Dietrichs Kopf blutete, das war alles, was er bemerkte. Gleich darauf langte auch sein Vater mit Herrn Apitz und den Knechten an.
Man versuchte Dietrich etwas Wein in den Mund zu flößen, den man
mitgenommen hatte. Während man so mit ihm beschäftigt war, stieg
Johann wieder zu Pferde und nahm zwei Knechte mit, um Elisabeth
zu folgen. Darüber waren aber wenigstens zehn Minuten verflossen,
und so mußte diese einen großen Vorsprung gewonnen haben. Dietrich
schlug endlich die Augen wieder auf und blickte verwundert um sich.
Man hatte die Wunde an der Stirn mit Wein gewaschen und sich
überzeugt, daß nur die Haut verletzt war und der Kopf eine starke
Erschütterung erhalten habe. Er stand auf und mit tiefem Seufzer vernahm er, was sich begeben. Die Kopfwunde blutete noch stark. Es
wurde deshalb ein Tuch, das man mit Wein getränkt hatte, so fest als
möglich darum gebunden; so wollte man ihn nach Teupitz führen. Er
bestand aber darauf, die Spuren Elisabeths zu verfolgen und nicht eher
nach dem Schlosse zurückzukehren, als bis sie gefunden sei.

Wohlan, so folgen wir, sprach Herr Cuno, man hätte doch im
Schlosse keine Ruhe. Geben die Heiligen, daß wir sie bald gesund
und wohl wiederfinden.

Man verfolgte die Spuren der Vorausgerittenen, so weit dies möglich war. Der Weg verlor sich jedoch zuweilen fast ganz und an den
mit Kiennadeln bedeckten Stellen war fast nichts zu sehen. Allein so
weit man auch ritt, so fand man doch nichts weiter, als höchstens die
Spuren der Hufe. Weiß Gott, sprach endlich Herr Apitz, als sich der
Wald zu lichten begann, da drüben jenseit der Wiese liegt schon Oderin
und noch ist immer nichts zu sehen. Rechts von uns muß ein Forsthaus liegen. Laßt uns einmal dort anfragen.

Es geschah. Man hatte das einsame Haus bald erreicht und der
Förster kehrte eben heim. Allein so wenig er als sonst jemand im
Hause hatte etwas von Elisabeth oder Johannes gesehen.

Nun wurde überlegt, was zu thun sei. Dietrich erklärte, ohne Elisabeth nicht zurückkehren zu wollen und ohne Rast die Nachsuchung fortzusetzen, obgleich ihn der Kopf heftig schmerzte. Des Försters alte Mutter
erbot sich, ihm einen Brei von warmen Kräutern anzulegen, wonach er
sich viel besser befinden würde, und das nahm er an. Allein wollte man

ihn nicht reiten laſſen und ſo entſchloß man ſich, die beiden noch
übrigen Knechte ihm zu überlaſſen. Die beiden Herren wollten allein
zurückkehren. Dietrich verwünſchte den Aberglauben ſeines Schwalbe der
jetzt im Bette faulenzte, während er hier ſo gut zu gebrauchen geweſen
wäre.

Edle Herren, ſprach der Förſter, wenn ihr auf meinen Rat hören
wollt, ſo reitet nicht allein zurück. Die Landſtraßen ſind, wie ihr wißt,
gar unſicher und es treibt ſich viel verdächtiges Geſindel im Walde
umher. Ich wollt' euch wohl meine drei Jägerburſchen zur Begleitung
mitgeben, denn es ſind handfeſte Junngen, aber ſie können heut nicht
mehr zurückkehren, und allein kann ich meine Hütte des Nachts auch
nicht laſſen, denn die Spürhunde wittern das leicht aus und machen
mir dann einen Beſuch, an dem mir nicht viel gelegen iſt. Ich dächte,
es wäre am beſten, ihr gäbt dem Junker den einen Knecht mit, doch
nicht ſo unbewaffnet, ich kann ihm ſchon einiges borgen, ihr aber
ließet es euch die Nacht über in meiner ſchlichten Hütte gefallen, wo
ihr wenigſtens ſo gut aufgehoben ſein ſollt als es möglich iſt; den an=
dern Knecht aber ſchicket ihr gleich zurück nach Schloß Teupitz, daß man
dort weiß, wo ihr ſeid und ließet morgen früh ſo viel Knechte, als euch
gefällt, hierherkommen. Was dann weiter geſchehen ſoll, wird der mor=
gende Tag lehren.

Apitz. Ihr habt als ein verſtändiger Mann geſprochen, Förſter.
Alſo ſei es. Kunz, reite du ſogleich nach Teupitz und bringe mir
morgen beim Frühſten acht Knechte hierher; ihr aber, Förſter, macht
heute unſern Herbergswirt; wir wollen euch das Leben wenigſtens nicht
ſauer machen.

Kunz, rief Dietrich, ſage dem Dietrich Schwalbe, er ſoll unſere
Knechte ebenfalls hierherführen. Man kann nicht wiſſen, wozu man
ſie braucht.

Kunz ritt fort und auch Dietrich, nachdem ſeine Wunde verbunden
war, machte ſich in Begleitung des andern Knechtes auf, die Nachſuchung
fortzuſetzen. Apitz und Kuno aber begaben ſich mit dem Förſter in das
einſame Haus.

Nach und nach fanden ſich auch die Jägerburſchen ein, wurden aber
ſofort einzeln wieder in den Wald geſchickt, um ſo lange es noch Tag
ſei, zu ſuchen, ob keine Spur von Eliſabeth zu entdecken ſei. Inwie=
fern ſie ihren Auftrag mit Eifer ausgeführt haben, bleibt dahingeſtellt,
jedenfalls kamen ſie abends wieder, ohne etwas gefunden zu haben.

Hört, liebe Herren, ſprach der Förſter zu ſeinen Gäſten, die Sache
ſcheint mir bedenklich. Quer durch den Wald zieht ſich die Dahme als
ein breites Flüßchen, über welches doch ein Pferd nicht hinüberſetzen
kann. Schwerlich iſt das Pferd bis zur Dahme fortgelaufen und ſelbſt,

wenn es das gethan hätte, würde es doch beim Anblick des Wassers wohl zur Besinnung gekommen sein. Mag nun die Jungfrau schon früher herabgefallen oder sitzen geblieben sein, bis das Pferd wieder ruhig wurde, immer müßte sie sich diesseits des Flusses befinden; wäre das der Fall, so hätten wir schon Nachricht von ihr, denn meine Burschen haben das Revier durchschreiten müssen und da sie nichts gefunden haben, ist wahrscheinlich noch was anderes im Spiele.

Apitz. Ihr meint loses Gesindel, Räuber und dergleichen. Ich gestehe, daß ich daran auch schon gedacht habe.

Förster. Wir wollen den Morgen abwarten. Kehrt bis dahin keiner von den beiden Herren, welche auf Kundschaft ausgeritten sind, zurück, so ist's richtig.

Apitz. Nur der eine, denn der andere weiß von unserm jetzigen Aufenthalte nichts. Aber wenn es so stände, so sähe es selbst mit euren Söhnen, Herr Cuno, mißlich aus; denn was wollen sie mit ihrer schwachen Begleitung gegen einen Reiterhaufen machen? Sie müssen sich ohne Gegenwehr ergeben.

Cuno. Eine verwünschte Lage. Wie leid thut es mir, ihnen nicht auf der Stelle mit einem Haufen Knechte zu Hülfe eilen zu können. Aber selbst, wenn diese morgen kommen, so wissen wir ja nicht einmal, wohin wir uns mit ihnen wenden sollen.

Förster. Herr Ritter, ich habe eine ziemlich sichere Nachricht, daß diejenigen Gaudiebe, welche sich jetzt in unserer Gegend umher= treiben, ihre Hauptniederlage und Herberge im Unterspreewalde haben. Ist die Jungfrau in ihre Hände gefallen, so schaffen sie sie gewiß so schnell als möglich dorthin. Darum ist mein Rat, ihr wendet euch morgen gleich nach dieser Gegend.

Apitz. Das ist eine verwünschte Gegend, ein wahrhaft heidnisches Wassernest, wo ihnen niemand beikommen kann.

Cuno. Wie das?

Apitz. Denkt euch eine Bruchgegend, bedeckt mit dichtem Walde, aber durchschnitten von einer zahllosen Menge von Flußarmen, welche sich netzförmig durchkreuzen und auf welchen man allein mittels eines Kahnes in die Wildnis gelangen kann, so habt ihr ein Bild der Gegend. Dazu kommt noch eine Bevölkerung von Wenden, von denen wenige deutsch verstehen und die meisten noch heimlich ihrem heidnischen Aber= glauben ergeben sind, welche die Deutschen und die Christen. hassen und ihnen, wenn es ungestraft geschehen kann, gern Böses zufügen, — — wahrhaftig, das sind Umstände, die wohl bedenklich machen können.

Cuno. Wäre nur erst die Zeit zum Handeln da. Was hilft alles Grübeln, laßt uns die Streu machen, damit wir morgen um so eher bei der Hand sein können.

Wir wollen sie nun schlafen lassen, wenn sie es können, und uns zunächst nach Elisabeth umsehen.

In der ängstlichen Lage, in welcher wir sie verlassen haben, blieb sie noch eine zeitlang, auf dem tollen Pferde dahin fliegend, dessen Hals sie krampfhaft umfaßt hielt. Waren ihre Kräfte einer solchen Anstrengung nicht gewachsen, erlahmten ihre Arme, oder wurde sie von einem niedrigen Zweige eines Baumes erfaßt — genug, sie wurde plötzlich abgeworfen und stürzte besinnungslos zu Boden.

Es bleibt ungewiß, wie lange sie so gelegen hat. Die Sonne war ihrem Untergange nahe, als der uns wohl bekannte Donnerhans mit fünf andern ähnlichen Kumpanen des Weges kam, die Jungfrau liegen sah und mit seinen Spießgesellen dabei Halt machte. Ho ho! rief er, da ist was vorgegangen. Seht mal, sind das unsere Leute ge= wesen, die das gethan haben?

Ein Anderer. Schafskopf. Du siehst ja, sie hat noch eine goldne Kette um, wie werden denn unsere Leute die liegen lassen. Na, warte, die wollen wir gleich abnehmen. So, — die kann man gebrauchen.

Donnerhans. Aber das sag' ich gleich, es geht zu gleichen Teilen. Wie, Teufel, woran ist denn die krepiert. Man sieht doch keine Wunde. O ho, da ist der Ärmel aufgeschlitzt und da ist auch Blut. Na, die muß ein dünnes Leben gehabt haben, an einer so lum= pigen Wunde zu sterben. Oje, oje, sie sollte sich schämen, wie kann sich denn ein Mensch so haben!

Ein Anderer. Sie ist vielleicht noch gar nicht tot, sondern nur ohnmächtig.

Donnerhans. Alle Teufel, und könnte wieder lebendig werden und sich die Kette ausbittten? O ne! da wollen wir ihr den Hals ab= schneiden, dann sind wir sicher. Du, Fiedelfritz, gieb mir einmal dein Messer.

Fiedelfritz langte es mechanisch hin. Aber ein dritter rief: Halt, sie gehört nicht dir allein und du kannst mit ihr nicht machen, was du willst.

Donnerhans. Na, was ist denn nun mehr? Es ist ja nur ein toter Mensch, dem man den Hals abschneidet. Wer kann denn wissen, ob sie lebt? Der Klapperbein will immer was Besseres wissen, als die andern.

Klapperbein. Halt dein Maul und höre. Wenn die Frau oder Jungfer wieder lebendig wird, so muß sie sich auslösen. Ihre Kette kriegt sie freilich nicht wieder. Aber das Lösegeld wird nicht eben gering sein, denn man sieht's, es ist was Vornehmes, und dann haben wir mehr als bloß die Kette.

Donnerhans. Hol mich, straf mich, der Klapperbein hat recht. Was meint ihr dazu?

Die Übrigen. Wir sind Klapperbeins Meinung.

Donnerhans. Na, so wollen wir nur gleich — — ja, aber wie fangen wir es denn nun an, daß sie lebendig wird? (Er richtet sie auf und giebt ihr einen Schlag in den Rücken) He da, du junge Here! Donnerwetter, sie ist aber hübsch!

Klapperbein. Ach gieb du Tolpatsch dir doch keine Mühe, du siehst auch danach aus, Frauenzimmer lebendig zu machen. Tragt sie lieber nach der Mühle und übergebt sie der Müllerin, die versteht sich auf so etwas. Tragen werdet ihr sie doch müssen, sie mag nun zu sich kommen oder nicht.

Donnerhans. Klapperbein, schneide Zweige ab, wir wollen so ein Ding von Trage machen, aber schnell. Ich möchte nur wissen, wie das Frauensmensch hierher gekommen ist. Sie hat doch wohl geritten?

Fiedelfritz. Na, das siehst du doch wohl an ihrem Kleide. Aber wo mag ihr Pferd sein?

Donnerhans. Ja, wo mag ihr Pferd sein?

Der Andere. Ach was, kommt lieber hierher und macht euch an die Arbeit; ihr seid die ewigen Schwätzer.

Bald hatte man eine Art von Trage fertig; Elisabeth wurde darauf gelegt. Alle faßten an und man setzte sich in Bewegung.

Nach einer halben Stunde erreichte man eine einsam gelegene Wassermühle am Ufer der Dahme. Man trat ohne Umstände durch den Hausflur in die Stube und setzte die Tragbahre nieder.

Da, Frau Müllerin, sprach Donnerhans, da bringen wir euch Arbeit. Macht euer Kunststück.

Um Gott, rief diese, eine ältliche große und starke Frau, habt ihr schon wieder einen Menschen totgeschlagen? Und was schleppt ihr ihn mir denn in die Stube?

Fiedelfritz. Nicht doch, wir haben sie tot unterwegs gefunden, ihr sollt sie wieder lebendig machen.

Die Müllerin. Na, euer Finden kennt man. Bewahre Gott jeden, daß ihr ihn nicht findet.

Donnerhans. Na na, man nicht so schnippisch. Unser Finden hat ihr doch manchen hübschen Groschen gebracht.

Die Müllerin. Er wird sich doch nicht mausig machen wollen, dummer Schöps. Er ist ja kaum seit vierzehn Tagen bei der Bande.

Donnerhans. Das ist all Eins. Was die Andern gethan haben, hab' ich mit gethan; ist es nicht hier gewesen, so hab' ich anderwärts gearbeitet und das nicht schlecht. Na, sieht sie wohl?

Fiedelfritz. Was soll aber das Reden? Frau Müllerin, frisch an die Arbeit und nicht lange gefackelt.

Die Müllerin. Oho, so hastig? Erst muß man doch wissen, was mit ihr werden soll, wenn sie nun lebendig geworden ist?

Donnerhans. Wir führen sie fort und sie muß sich auslösen oder daran glauben.

Die Müllerin. So? und wenn sie sich ausgelöst hat, dann macht sie die Anzeige, meine Mühle sei eine Diebesherberge, nicht so? Die Herren Spitzdiebe ziehn mit ihrem Gelde ab, aber mir wird die Mühle niedergebrannt? Ei, ich dächte was mich bisse. So dumm ist Frau Marthe nicht. Nein, da nehmt sie nur und werft sie in die Dahme.

Donnerhans. Donnerwetter, das ist ja ein infamer Einfall. Da hat kein Mensch daran gedacht. Nun sollen wir sie umsonst und wider nichts so weit getragen haben? Ei, so krieg du die Pestilenz.

Die Thür öffnete sich und herein trat ein großer starker Mann in Bettlerkleidung. Unter seiner Mütze quoll rotes Haar in üppiger Fülle hervor und auf dem einen Auge trug er ein großes Pflaster, das er sofort abnahm. Mit ihm zugleich traten noch sechs Kerle herein, teils in Lumpen als Bettler gekleidet, teils bewaffnet. Da kommt der rote Hans, sprach Donnerhans, der wird schon Rat wissen.

Dieser trat vor, man machte von allen Seiten Platz und wer es nicht gewußt hätte, würde aus dem Benehmen beider Teile leicht erraten haben, daß er der Anführer der Bande sei.

Was giebt's hier? Fragte er. Man setzte ihn von der Lage der Dinge in Kenntniß. — Es wäre Schade, sprach er endlich, das wahrscheinlich bedeutende Lösegeld im Stich zu lassen. Doch das ist auch nicht nötig. Ihr, Müllerin, versucht, ob ihr sie ins Leben bringt. Ist sie tot, nun, da werft sie in die Dahme. Wird sie lebendig, so darf sie natürlich nicht erfahren, wer wir sind. Du, Fiedelfritz, ziehst die Kleider von dem verstorbenen Müller an und bist für heute der Mann der Müllerin. Vier von den andern kleiden sich als Mühlknappen und Müllerknechte und passen gehörig auf, daß die jetzt Tote nicht zur Thüre hinaus kommt. Man muß thun, als hätte man sie bloß aus Menschenliebe gerettet, und sie muß in dem Glauben erhalten werden, daß sie gut aufgehoben sei. Ich und die übrigen schlafen im Stalle, wir lassen uns nicht sehen. Morgen wird sie nach den Ihrigen verlangen; da laßt ihr, Frau Müllerin, anspannen und laßt sie fortfahren, als wenn sie zu den Ihrigen gebracht würde; unterwegs aber überfalle ich mit meinen Leuten den Wagen, nehme sie fort und schaffe sie nach dem Spreewalde. Seht ihr, Frau Müllerin, so bleibt ihr im Rufe einer frommen Frau, und ihr habt dann auch wahrhaftig ein gut Werk gethan.

Allgemeiner Beifall lohnte den Hauptmann und sofort begaben sich die meisten seiner Leute hinaus. Diejenigen, welche Elisabeth gefunden hatten, übernahmen die Rolle der Müllerknechte, bis auf einen, der sich den übrigen anschloß.

Elisabeth hatte durch Schütteln auf der Bahre halb und halb das Bewußtsein wieder erlangt. Seit dem Eintritt in die Mühle war sie im stande zu hören, was um sie vorging, obgleich es ihr schien, wie wenn die Töne aus der Ferne kämen und sich allmälich näherten, allein sie vermochte noch kein Lebenszeichen zu geben, denn die Glieder versagten den Dienst und was sie vernahm, hatte für sie keinen Zusammenhang. Fiedelfritz hatte sich den Müllerrock und weiß bestäubte Pantoffeln angezogen, und die Müllerin begann nun ihre Wiederbelebungsversuche. Einen großen Aufwand von Kunst machte sie dabei eben nicht, denn dieselben bestanden in nichts anderm, als daß sie Elisabeth einen Topf kalten Wassers ins Gesicht goß.

Elisabeth schrak zusammen und konnte die Augen öffnen. Gleich darauf aber schüttelte sie sich wie in Fieberfrost, denn das Wasser war ihr bis in den Busen gedrungen und kältete sehr; aber sie war ihrer Glieder wieder mächtig. Was sie gehört hatte, schwebte ihr wie ein Traum vor und sie erwachte wie aus dem Schlafe.

Gott sei Dank, schrie die Müllerin, sie schlägt die Augen auf, sie lebt. Unsere Mühe ist nicht vergebens gewesen.

Wo bin ich? rief Elisabeth mit matter Stimme.

Die Müllerin. Unter guten christlichen Leuten; seid nur ganz ruhig und ängstigt euch nicht. Hier geschieht euch nur Liebes und Gutes.

Elisabeth. Helft mir auf, gute Frau und gebt mir ein Tuch, mich zu trocknen. Mich friert sehr.

Müllerin. Fritz, faß mal auf der andern Seite an, wir wollen sie an den Kamin führen und dann setz den Großvaterstuhl dahin. Ach Gott, was ist das für ein armes blasses Putthühnchen. Ja, ja, das ist nichts Kleines, so kurz vor dem Grabe wieder umzukehren. So, nun setz dich, mein hübsches glattes Döckchen, ach Gottekin, wie es so friert, na, wir wollen es schon wieder warm kriegen.

Fiedelfritz. Ja, und wollen auch dafür sorgen, daß das hübsche Kind sicher und wohlbehalten wieder nach Hause kommt, wenn wir nur erst wissen, wo es zu Hause gehört und wie es hierher gekommen ist.

Diese Worte riefen Elisabeth ins Gedächtnis zurück, was ihr traumartig vorschwebte, gehört zu haben und sie wußte jetzt, was für ein Held unter dem Müllerkittel steckte. Sie war zweifelhaft, ob sie die Wahrheit sagen sollte; so viel aber war ihr deutlich, daß sie den Transport nach dem Spreewalde zu verhindern suchen müsse. Sagt mir lieber, sprach sie, um Zeit zu gewinnen, wie ich hierher gekommen bin, denn ich weiß es nicht, auch ist mir unbekannt, wo ich mich befinde.

Müllerin. In einer Mühle, wie ihr wohl am Klappern und am Mehlgeruche spüren werdet, mein Herzlamm, und ich bin die Müllerin.

Elisabeth. Ist das da euer Sohn?

Müllerin. Warum nicht gar! Seht ihr mich denn für so alt an? Zwar, ihr könnt mit euren matten Guckäugelchen hier beim Feuer wohl noch nicht deutlich sehen, sonst würdet ihr so nicht gefragt haben. Nein, er ist mein Mann.

Elisabeth wußte jetzt, daß sie nicht geträumt hatte. Wie bin ich denn hierher gekommen? fragte sie.

Fiedelfritz. Ja seht, holde Frau oder Jungfrau, ich habe euch leblos im Walde gefunden und dann mit meinen Leuten hierher getragen, wo wir euch wieder ins Leben gerufen haben. Aber wie ihr in den Wald gekommen seid, wissen wir nicht.

Elisabeth. Mein Pferd ist beim Ritte mit mir durchgegangen und hat mich abgeworfen. Weiter weiß ich nichts.

Fiedelfritz. Und euer Pferd?

Elisabeth. Ich weiß nichts von ihm.

Fiedelfritz. Ei Sackerlot, das wird sich noch im Walde umhertreiben. Das müssen wir noch einzufangen suchen. Es müssen sich gleich ein paar aufmachen und —

Müllerin. Wo denkst du hin? Es ist ja finster. Sagt uns doch, wo ihr zu Hause gehört?

Elisabeth. Ich bin die Tochter des Herrn Apitz Schenk auf Schloß Teupitz.

Fiedelfritz. Donnerwetter, das ist verwünscht nahe.

Elisabeth. Warum erschreckt euch das?

Fiedelfritz. Ich meine nur, da werden euch die Eurigen wohl bald suchen, nicht so?

Elisabeth. Ohne Zweifel und wenn es so nahe ist, werden sie mich auch wohl bald finden.

Müllerin. Na, wir wollen ihnen das Suchen ersparen. Morgen in aller Frühe laß ich anspannen und euch nach Hause fahren, mein Herzblatt. Ach ich habe euch schon so lieb gewonnen, daß mir das ordentlich leid thut, ja wahrhaftig, seht mich nur an.

Elisabeth. Wer weiß, ob ich morgen schon die Fahrt machen kann; mir ist noch sehr unwohl und meine Schulter schmerzt sehr. Drum wäre es mir sehr lieb, wenn ihr mich in ein Bett brächtet und ließet mich still und ruhig liegen. Der Schlaf ist wohl das beste Heilmittel.

Müllerin. Ja wohl, ja wohl, das ist auch das Beste. Ihr

sollt hier in der Hinterstube in meines seligen Eheherrn Bette — wollt ich sagen, Bruders Bette schlafen, da liegt ihr wie in Abrahams Schoß. Fritze, steck die Lampe an und trag sie hinein. Nun kommt und stützt euch auf mich; so, so — seht ihr wohl, es geht. Nur sacht!

Elisabeth. Wo ist denn die Kette geblieben, welche ich um den Hals gehabt?

Müllerin. Die Kette? Ich habe keine gesehen.

Fiedelfritz. Ach, die wird wohl einer abgenommen und in der Stube auf den Tisch gelegt haben, daß sie nicht naß wird. Wir wollen gleich nachher nachsehen. Sie kann ja nicht weggekommen sein, denn wir sind ehrliche Leute.

Müllerin. So, nun geh du nur hinaus, Fritz; ich will die Jungfer auskleiden helfen.

Fiedelfritz ging und forderte von Donnerhans die Kette, um sie erforderlichen Falls vorzeigen zu können. Obgleich dieser sich weigerte, sie herzugeben, mußte er es doch auf den Rat aller übrigen thun, da es ja nichts schade, wenn sie zurückgegeben würde, indem man die Kette mit der Person wieder nähme. Indessen hatte Fiedelfritz heute keine Gelegenheit, Elisabeth die Kette zu zeigen.

Vor der Thüre der Mühle war es ziemlich lebhaft. Ein Teil der Knechte, sowie der verkleideten und wirklichen Mühlknappen, war hier versammelt und hatte auf den dort befindlichen Bänken Platz genommen. Man fraternisierte ganz traulich mit einander; denn in jenen Zeiten durften es die einzeln liegenden Gehöfte mit den Schnapphähnen und Gaudieben nicht verderben, auch wurde deren Gewerbe nicht als ein so schändliches angesehen wie jetzt. Die Begriffe über Besitz, Eigentum und Erwerb waren bei der Masse des Volkes sehr schwankend und das Recht des Stärkeren fand eine größere Anerkennung als zu unsern Zeiten.

Da kamen drei Reiter gegen die Mühle geritten. Der vordere näherte sich den sprechenden Leuten und sagte: Nichts für ungut, lieben Freunde, sagt mir doch, ob ihr Kunde habt von einer Jungfrau, mit welcher ihr Pferd, das sie ritt, durchgegangen ist. Sie ist vielleicht abgeworfen worden. Habt ihr vielleicht das ledige Pferd gesehen?

Aber einstimmig versicherten alle, daß sie nichts davon gesehen noch gehört hätten. Indessen könne das Pferd vielleicht über den Fluß gegangen sein, als eben niemand draußen gewesen wäre. Vielleicht würde er jenseits des Flusses Nachrichten erhalten können.

Sagt mir doch sprach Johannes — denn er war es — wenn ich nach dem nächsten Dorfe will, muß ich gradeaus reiten oder rechts?

Immer gradeaus, war die Antwort, und die Reiter ritten über die schmale Brücke und waren in der Dunkelheit sogleich verschwunden.

Man ließ sie ziehen, und nachdem man sie weit genug entfernt glaubte, brach der Haufe in ein leises Gelächter aus. Zieht nur, zieht, rief einer, ihr sollt das Reiten schon satt kriegen.

Es ist aber nicht gut, daß ihr ihn dort hingewiesen habt, sprach Klapperbein, denn dahin wollen wir morgen auch und da kann er uns begegnen.

Richtig, rief der rote Hans, drum hört. Daß der Fragende fremd ist in dieser Gegend, das verrieten seine Erkundigungen und seine Aussprache. Daß er mehr ist als ein Knecht ergiebt sich daraus, daß zwei hinter ihm blieben. Er ist also warscheinlich einer von den Gästen auf Teupitz und dürfte daher schon ohnehin ein guter Fisch sein, dessen Fang sich lohnte, aber wir müssen ihn außerdem noch fortschaffen, daß er uns nicht in den Weg kommt. Also schnell; ihr beide, Schnepper und Dostelkamp, ihr nehmt die beiden Müllerpferde und werft euch darauf; die beiden anderen bleiben im Stalle; ihr aber, Klapperbein, Kreutzschnabel, Polfer, David, Schlobitz und Chrastawa folgt zu Fuße, gut bewaffnet, den beiden Reitern. Ich denke, ihr werdet doch wohl mit den drei Hechtköpfen fertig werden?

Hoho, riefen die Genannten, das soll keine große Mühe machen. Vorwärts, in ganz Kurzem sind wir hier. Der Haufe stürzte in die Mühle und zog bald darauf bewaffnet ab.

Elisabeth lag unterdessen im einsamen Zimmer und überlegte, was zu thun sei, ohne von dem eben erzählten Vorgange etwas zu wissen. Sie nahm sich vor, kränker zu scheinen als sie war, weil sie hoffte, daß einer der Ihrigen in der Mühle nachfragen, oder sie auf andere Weise ausspüren und befreien werde. Im Spreewalde, das wußte sie, war daran nicht zu denken. Ihr Schlafzimmer schien nach dem Hofe hinaus zu gehen, wie sich aus dem Geknarre von Stallthüren und einzelnem Gänsegeschnatter ergab. Aber auch hier waren Menschen versammelt und unterhielten sich. Obgleich die Luft ziemlich milde am Tage gewesen war, so fiel es ihr doch auf, daß die Leute so lange am Abend im Freien blieben und noch dazu auf dem Hofe; sie vermutete daher nicht ohne Grund, daß man eine Art von Wache angeordnet habe, um ihr mögliches Entspringen zu verhüten. Man hätte dies sparen können, da sie sich wirklich recht unwohl befand.

Die Kerle lärmten viel vor dem Fenster, denn je weniger Gedanken die Leute haben, um so redseliger ist der Mund. Sieh mal, Donnerhans, rief einer, wie die Sterne heute funkeln und zittern und was für eine Menge sind zu sehen! Wie viel mögen das wohl sein?

Schafskopf, war die Antwort, wer kann denn die zählen? Du doch gewiß nicht. Du kannst ja noch nicht bis Hundert zählen.

Na, ob du es kannst, ist auch noch die Frage und das muß man dir auch bloß glauben. Aber sage mal, Donnerhans, hast du auch schon davon gehört? Mir hat mal einer gesagt, ein jeder Mensch hätte einen Stern, der wäre sein. Sieh mal, wenn das wahr ist, was muß es da für eine schreckliche Menge von Menschen geben; gerade so viel als Sterne und doch wird immer so viel Redens gemacht, wenn mal einer tot geschlagen wird. Gott, der ist ja gar nicht zu vermissen.

Donnerhans. Na, das ist auch bloßer Aberglaube.

Der Andere. Aber der mir's gesagt hat, das war ein kluger Mann, und ich glaube auch, daß er Recht hat und jeder hat einen Stern.

Donnerhans. Das mein ich ja nicht, daß es Aberglaube ist, sondern daß man so viel Wesens um einen Menschen macht. Du lieber Gott, ich dächte, es werden wohl alle Tage ihrer hundert und mehr geboren.

Der Andere. Na, na!

Donnerhans. Meinst du, das wäre zu viel? O ho, gewiß nicht und wenn man es genau nimmt, sind's wohl eher mehr als weniger. Aber wieder auf den Stern zu kommen, — Donnerwetter, welcher von allen den Sternen mag denn wohl mein Stern sein?

Eine andere Stimme. Nu, was einem nicht zugeteilt ist, kann man sich ja nehmen. Siehst du, ich nehme mir da gleich den hellen, blanken, der so sehr funkelt.

Donnerhans. Dummkopf, hat noch nicht ein Wort gesprochen und will den besten Stern nehmen. Das wär mir gerade recht. Ne, so sind wir nicht; such' dir man einen andern, den kriegst du nicht, du Tolpatsch.

Der Andere. Na, du wirst mich auch noch nicht daran hindern, du mit deinem großen Maule. Ich nehme mir, was ich kriegen kann und werde dich nicht fragen.

Donnerhans. Aber ihr andern, die ihr dabei steht und hört, was das Schandmaul lästert, wie könnt ihr dazu still schweigen und ruhig zusehen, wie sich der Kerl das beste nehmen will? Wir können dann sehen, was übrig bleibt, und das ist dann für uns gut genug? He? was meint ihr zu dem Stückchen?

Mehrere Stimmen. Ei, wenn die Sterne nicht verteilt sind, kann sich ja jeder nehmen, was ihm gefällt.

Donnerhans. Ich sage euch, sie sind verteilt, ja, sie sind verteilt, und der Schweinmärten will sich den besten nehmen, das dürfen wir nicht leiden.

Andere Stimme. Nein, wir leiden's nicht. Ihr seid Schurken, wenn ihr anders wollt, und wenn ihr Händel wollt, so kommt mal her und kostet unsere Püffe.

Die Andern. Oho, Jungens, Jacken aus! Packt sie und pufft sie tüchtig, daß sie daran denken.

Es erhob sich eine große Balgerei, von vielem Geächze und Ge=
schnaufe begleitet, dem hier und da ein Schrei folgte, bis plötzlich eine
starke Stimme dazwischen rief: Donnerwetter, verfluchte Brut, wollt ihr
das Raufen lassen: Hände in Ruh, sag' ich, oder euch soll — Wer ist
daran wieder Schuld? Möcht' ich doch fast darauf wetten, daß es der
neue Schlagetot ist.

Mehrere Stimmen. Ja, der Donnerhans hat so lange gehetzt,
bis es losgegangen ist.

Der Andere. Dacht ich's doch gleich. Bei der nächsten Arbeit
soll er einer der vordersten sein und von der Beute nichts erhalten. —
Nicht gemuckst, sag' ich, du kennst mich. —

Es wurde still und die Gaudiebe schienen sich nach und nach zu
verziehen. Doch hörte Elisabeth von Zeit zu Zeit einzelne Tritte und
unterdrücktes Husten, so daß sie nicht gut zweifeln konnte, sie werde be=
wacht. Endlich machte die Natur ihre Rechte geltend und der Schlaf
schloß ihre Augen.

Achtzehntes Kapitel.

Johannes war unterdessen mit seinen beiden Begleitern still weiter geritten. Der Weg führte durch einen Wald und endlich am Rande desselben hin. Plötzlich sprangen aus dem Gebüsche seitwärts eine Anzahl Kerle mit zwei Reitern auf sie ein. An Ausweichen war nicht zu denken, denn sie waren umringt. Sie zogen die Wehren und verteidigten sich so gut wie möglich. Aber bald lagen beide Knechte zu Boden, Johannes Pferd hatte einen Stich bekommen und sank in die Kniee, und er selber fühlte sich im nächsten Momente verwundet, übermannt und vom Pferde gerissen.

Die Gaudiebe plünderten ihn und die Knechte rein aus; der eine von den letzteren war tot, der andere verwundet. Nachdem sie sie fast ganz entkleidet hatten, überlegten sie, was weiter zu thun sei.

Mein Rat ist, sprach der eine, wir schneiden ihnen die Hälse ab und buddeln sie ein.

Davon hat der rote Hans nichts gesagt, sprach ein anderer, und wenn wir's thäten ohne seinen Befehl, würde er sehr böse werden.

Ein Dritter. Er hat gesagt, wir sollen sie aus dem Wege schaffen, daß sie ihm morgen nicht begegnen.

Der Zweite. Ja, nicht als Freie sollen sie ihm begegnen, als Gefangene hat er von ihnen nichts zu fürchten. Wer weiß, ob der da nicht ein gutes Lösegeld zahlen kann und das wäre dann verloren. Wetter, was würde der rote Hans sagen.

Ein Räuber. Sprich, wer bist du?

Johannes. Der Sohn des Ritters Cuno von Quitzow, Gast des Herrn Apitz auf Teupitz.

Der Räuber. Ah, der Bräutigam?

Johannes. Nein, sein Bruder.

Der Räuber. Auch gut. Kannst du Lösegeld bezahlen?

Johannes. Ich denk' es.

Klapperbein. Gut. Dann laßt den Toten liegen. Die beiden Gefangenen wollen wir nach der Dürren Ziege bringen. Dahin kommt

morgen der rote Hans, und dann mag er bestimmen, was mit den Ge=
fangenen werden soll. Totschlagen können wir sie morgen auch.

Man setzte sich in Bewegung. Die Fußgänger nahmen Johann
und den Knecht in die Mitte, die beiden Reiter folgten nach. Ein
paar Räuber waren ebenfalls verwundet und wurden unterwegs von
ihren Kameraden verbunden. Nach einer Stunde Wegs erreichte man
im dürren Sande ein einsam gelegenes elendes Wirtshaus, die Dürre
Ziege, in dessen Stube für die Gefangenen und ihre Begleiter die Streu
zurecht gemacht wurde. Johann und sein Knecht waren vom Blutverlust
sehr ermattet und konnten erst hier ihre Wunden einigermaßen verbin=
den. Unruhe und Schmerz ließen sie nur wenig schlafen.

Dietrich war an diesem Abende in der Irre herum geritten und
überzeugte sich endlich, daß ein weiteres Suchen in der Nacht zu nichts
führen könne. In einem ebenso einsam liegenden Wirtshause, wie das
vorige und um nichts besser, im Hungrigen Wolfe, beschloß er Halt
zu machen und zu übernachten. Es lag an derselben Straße wie das
vorige, nur eine kleine Meile nördlich von ihm entfernt. Im Wirts=
hause schlief schon alles und er mußte die Leute erst wecken, was
ziemlich schwer hielt. Endlich wurde er und sein Begleiter in die ein=
zige Gaststube gewiesen, wo sie auf der gemeinschaftlichen Streu neben
anderen schnarchenden Gesellen Platz nahmen.

So ruhen denn nun die Helden unserer Geschichte an vier ver=
schiedenen Plätzen unter sehr verschiedenen Verhältnissen, um am näch=
sten Morgen sämtlich ihre Ruhestellen zu verlassen, die ihnen wenig
Ruhe gewährten.

Die Sonne war kaum aufgegangen, als die Müllerin in Elisa=
beths Schlafgemach trat, sich nach ihrem Befinden erkundigte und sicht=
bar in Verlegenheit geriet, als diese ihr sagte, daß sie sehr krank sei.
Ei ei, sprach sie, das ist ja schlimm, da wird euch das Fahren nicht
wohl thun, und doch ist der Wagen schon angespannt, der euch zu
eurem Herrn Vater bringen soll. Ja, es ist einmal nicht anders zu
machen, ihr müßt euch Gewalt anthun. Es ist doch immer besser, ihr
thut sie euch an, als daß sie euch, mein liebes Laubvögelchen, von an=
deren angethan wird.

Elisabeth. Wie meint ihr das, Frau Müllerin?

Müllerin. Nu seht einmal, unsere Mühle liegt sehr verlassen
und einsam, und in der Gegend ringsum treiben sich schlimme Leute
herum. Wenn die Mühle mal überfallen würde, wie sollte ich euch
denn, mein Herzenskindchen, verbergen, daß euch die Raubvögel nicht
in ihre Krallen bekommen? Darum zwingt euch, wir wollen euch auf
den Wagen heben, und es ist ein weiches Lager von Heu darauf ge=
macht. Zu Hause könnt ihr auch viel besser gepflegt werden, als hier

in meiner schlechten Wohnung, und sowohl ihr, als die lieben Eurigen sind dann aus aller Angst.

Elisabeth. Ich denke, die Meinigen werden mich hier schon finden und mich abholen lassen, wenn mir besser ist.

Müllerin. Ach, das kann vielleicht lange dauern, und wenn ihr während der Zeit ein Unglück hättet, so hätte ich's zu verantworten. Nein, nein, ihr müßt schon in den sauern Apfel beißen und die Fahrt wagen. Steht nur auf, ich will euch helfen und es wird besser gehen, als ihr denkt.

Sie nahm das Deckbett fort, und Elisabeth sah wohl, daß eine fernere Weigerung nichts fruchten würde. Es blieb nichts übrig als sich in die Notwendigkeit zu fügen. Gern hätte sie das falsche Weib gewahr werden lassen, daß sie wußte, in welchen Händen sie sich befand. Allein sie bedachte wohl, daß sie ihre eigene Gefahr dadurch vergrößern würde. Die Versuchung, sie auf immer stumm zu machen und sich dadurch gegen jeden Verrat zu sichern, wäre bei der Müllerin zu groß gewesen, und so sah sie sich, wenn auch mit innerm Widerstreben, genötigt, selbst Danksagungen für die gute Aufnahme an die Müllerin zu verschwenden. Den Genuß der Morgensuppe verweigerte sie unter dem Vorwande des Unwohlseins und der Appetitlosigkeit, eigentlich aber, weil sie befürchtete, daß die Suppe vielleicht vergiftet sein könnte. Fiedelfritz drängte sich herbei und sprach: Da, hier ist auch eure Kette, und nun werdet ihr wohl glauben, daß ihr unter ehrlichen Leuten seid. Er hing sie ihr um den Hals. Man brachte sie auf den Wagen. Zwei Kerle wurden ihr, wie man sagte, der Sicherheit wegen mitgegeben und liefen mit einem Spieße bewaffnet nebenher, da der Wagen in dem tiefen Sande und um die Kranke zu schonen doch nur im langsamen Schritt fahren konnte. Wenn man auch Elisabeth den Namen der Mühle verschwiegen hatte, so wußte sie doch, daß dieselbe östlich von Teupitz liegen mußte, denn dahin war ihr Ritt gegangen. Die Morgensonne leuchtete ihr jetzt in das Gesicht und sie fuhr ihr entgegen, ungeachtet man ihr weiß machen wollte, daß man auf dem Wege nach Teupitz sei. Indessen ließ sie sich nichts merken. Sie richtete ihr Morgengebet an die heilige Jungfrau und ihre Schutzpatronin, die heilige Elisabeth; ihre Begleiter sahen an ihrer Handhaltung und der Bewegung ihrer Lippen, daß sie betete und ehrten ihre Andacht durch tiefes Schweigen.

Als man etwa eine halbe Stunde gefahren war, sprangen plötzlich aus dem Gebüsche etwa zehn Kerle hervor, streckten die Spieße vor sich her, umstellten den Wagen und geboten dem Fuhrmanne, zu halten. Die beiden Begleiter streckten ebenfalls ihre Spieße und nahmen die Miene an, als wollten sie sich zur Wehr setzen. Da rief Elisabeth mit mehr Kraft als man ihr zugetraut hätte: Laßt's gut sein, Leute, und treibt die Possen nicht weiter, ich würde doch an ihren Ernst nicht glauben. Denkt ihr denn, ich weiß es nicht, daß ihr alle zu einander gehört? Fahr du nur in Gottes Namen weiter, Fuhrmann.

Verdutzt hatten die Kerle ihre Spieße erhoben, und auf den Boden gestützt, verdutzt sahen sie einander an. Wer hat euch denn das vertraut? fing der eine an.

Elisabeth. Niemand; auch habe ich nicht nötig gehabt, mich deshalb an jemanden zu wenden.

Der Räuber. Nun, da müßt ihr einen Alraun haben, der euch die Sachen zuflüstert. Straf mich Gott, anders ist die Sache nicht möglich.

Ein Zweiter. Mit rechten Dingen geht das nicht zu.

Elisabeth gewahrte die Wirkung, welche ihr Wissen auf die Räuber äußerte und nahm sich vor, sie womöglich zu steigern. Einige schlugen im geheimen Kreuze, andere starrten sie mit unverkennbarer Ehrfurcht an. Wenigstens durfte sie jetzt nichts von ihren unziemlichen Späßen fürchten, und damit hatte sie viel gewonnen.

Der eine Räuber. Dann wißt ihr auch wohl schon, wo wir euch hinbringen?

Elisabeth. Nur, wo ihr mich hinbringen wollt und sollt, nach dem Spreewalde. Aber glaubt nicht, daß ihr mich hinbringt. Ich werde befreit, und wer sich von euch da widersetzen will, dem wird es schlecht ergehen. Ihr gebt euch mit mir eine ganz unnötige Mühe.

Der Räuber. Donnerwetter, ihr könnt wohl wahrsagen?

Elisabeth. Hab' ich euch bis jetzt nicht wahrgesagt? — Thut nun was ihr wollt, ich bin zu schwach, als daß ich viel reden könnte. Fahrt zu.

Die Räuber zogen sich hinter den Wagen und steckten die Köpfe zusammen. Langsam bewegte sich der Zug vorwärts. Nach einer Weile trat ein Räuber an den Wagen und sprach: Hört mal, habt ihr auch nicht einen Bund mit dem Bösen gemacht? Könnt ihr wohl sagen: Jesus, Maria, Joseph?

Elisabeth wiederholte die Worte.

Der Räuber. Caspar, Melcher, Balzer?

Elisabeth sprach auch diese nach.

Der Räuber ging zurück und sagte: Ne, eine Hexe ist sie nicht, denn sie kann fromme Worte sagen ohne Widerwillen und ohne daß es ihr etwas schadet. Doch seht, da kommt der rote Hans. Wollen hören, was der sagt.

Der rote Hans kam auf einem Seitenwege daher und befand sich bald mitten unter seinen Knechten. Man erzählte ihm, was vorgegangen.

Auch er wurde bestürzt; Donnerwetter, rief er, woher hat sie das? Ich muß sie fragen. Er näherte sich dem Wagen.

Jungfrau, sprach er, ihr seht, ihr seid in unserer Gewalt und werdet euch bis jetzt über meine Leute nicht beschweren können. Aber es liegt mir daran zu wissen, ob ich einen Verräter darunter habe. Sagt mir daher, und ich bitte euch darum, hat euch einer derselben vertraut, was mit euch geschehen soll? Schwört es mir beim heiligen Kreuze.

Elisabeth. Beim heiligen Kreuze, nein!

Hans. Oder einer von denen, die jetzt nicht hier sind?

Elisabeth. Obgleich ich die nicht kenne, so kann ich doch ebenso gewiß nein sagen.

Hans. Dann kann es nur die falsche Katze, die Müllerin, gewesen sein. Warte! Die soll mir dafür büßen.

Elisabeth. Ihr seid im Irrtum, sie hat mir nichts vertraut, beim heiligen Kreuze!

Hans. Aber zum Teufel, wer denn?

Elisabeth. Wenn es nun mein Schutzengel gewesen wäre?

Hans prallte zurück und starrte sie an. Ich will's nicht geradezu leugnen, sprach er, man hat Beispiele und es ist möglich, daß ihr mehr könnt, als Brod essen. Aber wenn ihr das könnt, warum macht ihr euch nicht sogleich frei?

Elisabeth. Thor! zu allem, was der Mensch unternimmt, gehört die rechte Stunde. Warte diese ab, dann wirst du sehen.

Hans. Na, für's erste wollen wir annehmen, sie sei noch weit entfernt, und wir werden etwas lange warten müssen.

Elisabeth. Wie dem sei, so erkläre ich euch, daß wir an der ersten schicklichen Stelle Halt machen müssen. Ich bin krank und das Fahren bekommt mir schlecht; ich kann nicht weiter.

Hans. Nun, ein paar Stunden Ruhe werden euch schon wieder herstellen. Da vor uns liegt die Dürre Ziege, da wollen wir ein Weilchen rasten.

Eine Viertelstunde später hielt der Wagen. Elisabeth wurde achtungsvoll herabgehoben und ins Zimmer geführt. Johann saß mit verbundenem Arme hinter einem der elenden Tische, welche vor den Bänken an den Wänden standen und war nicht wenig erstaunt, Elisabeth hereintreten zu sehen. Um Gott, edle Jungfrau, rief er, wie kommt ihr hierher? Seid ihr auch in die Hände der Freibeuter gefallen?

Elisabeth winkte ihm mit der Hand und getreu der angefangenen Rolle, sagte sie: Ich wußte, daß ich euch finden würde, Junker. Wir werden von hier an gemeinschaftliches Schicksal erdulden, denn ich weiß, auch ihr seid gefangen.

14*

So wenig Scharfsinn auch dazu gehörte, aus Johannes Hiersein, Aussehen und den beiden ihn bewachenden Kerlen sein Schicksal zu lesen, so verfehlten doch Elisabeths Worte ihre Wirkung nicht auf ihre Begleiter. Johann wußte sich anfangs nicht recht darein zu finden, bis ihm Elisabeth zuraunte: behandelt mich als eine Zauberin, als solche gelte ich dem Haufen.

Man machte für Elisabeth ein Lager von Heu auf dem Lehmboden des Zimmers in einer Ecke zurecht, und es gereichte ihr zu großem Troste, daß man den Wagen entließ und nach der Mühle zurückschickte. Sie glaubte nun, sobald nicht weiter transportiert zu werden, in welcher Voraussicht sie sich jedoch nicht als Prophetin erwies.

Das Zimmer, in welchem die Gefangenen waren, füllte sich immer mehr mit Räubern, und die Bande schien zahlreich zu sein und aus sechzehn bis achtzehn Mitgliedern zu bestehen, wenn nicht andere noch außerhalb, nach ihrem Kunstausdrucke, arbeiteten. Bis Mittag bleiben wir hier, sagte der rote Hans zu vieren, welche er in einen Winkel gezogen hatte, dann geht's fort, grade nach der Haidemeierei, länger haben wir nicht Zeit. Klapperbein und Chrastawa gehen eine Stunde früher fort und setzen die Kähne in den Stand, daß wir gleich von dem Haidemeier in den Spreewald hineinrudern können, verstanden? Sollte sich was zeigen, gebt ihr uns sogleich Nachricht.

Da trat ein alter Priester in das Zimmer, so zerlumpt und abgerissen, daß der Priesterrock kaum noch in den Fetzen zu erkennen war. Sein Gesicht war abgehärmt, mager und blaß, seine ganze Figur eine Gestalt des Jammers. Gelobt sei Jesus Christ, rief er, um der Wunden Jesu willen, erbarmet euch eines im Elend wandernden Priesters und gebt ihm ein Almosen.

Wo kommt ihr her, Vater? rief der rote Hans.

Aus der Oberlausitz, lieber Sohn in Christo. Ach, ich war Pfarrer in Wulfersdorf. Da wurde in einer Fehde unser Dorf überfallen und niedergebrannt, daß auch nicht ein Haus stehen blieb. Meine Gemeinde zerstreute sich hierhin und dorthin. Sie war zu arm, als daß sie das Dorf wieder hätte aufbauen können, und Markgraf Johann hat jetzt genug anderes zu thun, als daran zu denken. Seht, da mußte ich den Bettelstab ergreifen und die abgebrannte Stätte meiner Heimat mit dem Rücken ansehen. Bettelnd zog ich von Ort zu Ort; kaum konnte ich das liebe Leben fristen. Die Menschen sind hartherzig und während sie manchem bettelnden schlechten Gauner Almosen zuwerfen, verweigern sie sie einem unglücklichen Priester und lassen ihn in seinem Elende verkommen, als wäre er nie mit dem heiligen Öle gesalbt worden. In den Hütten der Armut erhielt ich noch das meiste; in den Städten bekam ich nicht einmal eine Herberge, weil ich nicht bezahlen konnte und in Bautzen und Cottbus habe ich die Nächte in der Kälte auf dem Kirchhofe zubringen müssen, daß ich schier dachte, ich würde es nicht überleben. Jetzt will ich nach Berlin, denn mir ist gesagt, es bestehe dort eine Elendsgilde, bei der vertriebene und im Elende lebende Pfarrer unterstützt würden. Ach, wer weiß, ob meine Kräfte hinreichen, die weite Reise zurückzulegen, denn seit vierzehn Tagen habe ich nichts als trocken Brod und Wasser in geringer Menge genossen und kein Löffel warmer Speise ist in der Zeit über meine Lippen gekommen.

Hans. Ihr seid also ein wirklicher geweihter Priester, der die Macht hat, zu binden und zu lösen.

Der Priester. Vollkommen.

Hans. Wißt ihr was? Wir legen alle zusammen, und ihr könnt uns Beichte hören und absolvieren. Meine Leute da und ich selbst haben lange nicht gebeichtet. Wollt ihr das?

Der Priester. Gerne, mein Sohn. Aber sind eure Herzen denn auch bußfertig und reuig? Und warum geht ihr nicht bei dem Pfarrer eures Sprengels zur Beichte?

Hans. Ja seht, ehrwürdiger Vater, damit hat es so seine Bewandtnis. Unser Sprengel ist sehr groß und es leben so viele Priester darin, daß wir nicht recht wissen, welcher der unsrige ist. Was die Reue und Buße betrifft, so müßt ihr uns die erlassen, denn sie paßt nicht zu unserm Gewerbe, und wenn sie auch einmal da ist, so hält sie doch nicht lange vor.

Priester. Wie sollte sie denn nicht zu eurem Gewerbe passen?

Hans. Wir sind Jäger und bei unserer Jagd können wir es nicht mit jeder Kleinigkeit genau nehmen. Ich denke, der Herrgott wird darin nicht genauer sein wie wir.

Priester. Aha, ich verstehe, ihr jagt nicht bloß Wild?

Hans. Wir sind immer wild wie der Teufel, aber was wir jagen, ist wohl öfter zahm als wild. Na, lieber Gott, ein jeder Mensch will doch leben, und jeder arbeitet auf seine Weise. Wenn ihr uns nun annuten wolltet, wir sollten fromm leben wie ihr, so müßten wir ja verhungern wie ihr und ihr seht am besten, was bei dem frommen Leben herauskommt, wenn man kein Mönch ist. Die Leute geben keinen Pfifferling drum. Wären wir so fromm und auch so arm wie ihr, wir könnten euch die Beichte nicht bezahlen.

Na gut, sprach der Priester, da setzt mir draußen auf den Flur einen Schemel hin, daß ich mich darauf setze, und dann kann einer nach dem andern kommen.

So geschah es, und einer nach dem andern kam mit zerknirschter Miene wieder, setzte sich hin, betete einen Rosenkranz ab und war dann wieder der alte.

Unterdessen hatte sich ein Landbarbierer eingefunden. Zu jener Zeit
trugen in diesen Gegenden nur wenige Bärte, viele bloß einen Knebel-
bart, die meisten ließen sich barbieren*). Es wurde in der Stube Anstalt dazu gemacht, und so wie der Rosenkranz abgebetet war, setzte sich
einer nach dem andern in der Ordnung, wie sie von dem Priester
kamen, hin und ließ sich scheeren. Die noch nicht an der Reihe waren
zu beichten, saßen und würfelten oder dobelten oder beschäftigten sich
anderweitig. Die beiden Geschäfte draußen und drinnen standen in
seltsamem Gegensatz, aber keinem von den dabei Beteiligten fiel es ein,
die Sache nicht ganz natürlich und in der Ordnung zu finden. Es gab
höchst malerische Gruppen, welche ein niederländischer Pinsel vortrefflich
benutzt haben würde; hier aber gingen sie völlig verloren, da niemand
darauf achtete, wenn es nicht Elisabeth war, die auf ihrem Heulager sitzend
am besten in das wunderliche Treiben hineinsehen konnte, entzogen sich
ihren Blicken auch die Gruppen auf dem Hausflur. Zuletzt erbot sich
der Barbierer noch, den Bart des Geistlichen in Ordnung zu bringen,
was dieser dankbar annahm und durch seinen Segen belohnte.

Es wurden große Näpfe mit Buchweizengrütze auf die Tische gestellt. Die ganze Gesellschaft fing an zu essen, und auch der Priester
erhielt sein Teil. Elisabeth und Johannes erhielten ihre Portion etwas
sorgfältiger, das heißt mit mehr Butter, zugerichtet. Ein paar Heringe
für jeden wurden dazu gelegt, und damit war das Mahl beschlossen.

Gleich darauf kam ein Knecht herein und zeigte an, es komme ein
Wagen vorbei. Sofort gab der rote Hans einem Teil der Knechte den
Auftrag, ihn vor dem Hause anzuhalten. Es geschah. Es war ein
Schlächterknecht, welcher Kälber aus Schönwalde holen sollte. Er wurde
gezwungen, erst Elisabeth und Johannes nach der Heidemeierei zu
schaffen, dann wollte man ihn loslassen, und er sollte fahren, wohin er
wollte, unter der Verwarnung, nicht zu plaudern.

Elisabeth und Johann wurden auf den Wagen gebracht. Als man
den Quitzowschen Knecht suchte, war er nicht zu finden. Man sandte
ihm einige Flüche nach und zog dann ab.

Ehe wir ihnen weiter folgen, versetzen wir uns nach dem Hungrigen
Wolf und sehen, wie es Dietrich ergangen ist.

Er erwachte früh, und hatte Zeit, die um ihn herum lagernden
Gesellen zu betrachten. Sie schnarchten, daß die Fenster dröhnten, und
schienen sich der vortrefflichsten Gesundheit zu erfreuen. Endlich erhob sich
einer nach dem andern mit vielem Recken, Dehnen und Gähnen, wobei
jeder that, als ob er allein wäre. Innerhalb einer Viertelstunde war
die ganze Gesellschaft auf den Beinen. Die Kober wurden geöffnet und

*) Möhsen, Gesch. d. Wissensch. in der Mark Brandenburg, S. 308.

Brot, Butter, Käse und Speck herausgelangt, um den Morgenimbiß zu halten. Dietrich hatte nichts und konnte in dem Wirtshause weder für Geld noch gute Worte das geringste bekommen; er mußte sich daher mit dem Zusehen begnügen. Indessen benutzte er die Gelegenheit, sich bei den Leuten nach dem Gegenstande seiner Nachforschungen zu erkundigen. Niemand konnte ihm Auskunft geben; wohl aber bestätigten mehrere, daß es unsicher in der Gegend sei, obwohl dies andere leugneten.

Dietrich hatte schon gestern gefühlt, daß es gewagt und unklug sei, eine solche Fahrt in Begleitung eines einzigen Knechtes zu machen. Traf er Elisabeth in Räuberhänden, so war nichts gewisser, als daß er ebenfalls gefangen wurde. Er fragte daher, ob unter den Anwesenden welche wären, die Lust hätten, bei ihm auf seinem Zuge gegen den Spreewald während einiger Tage Dienste zu nehmen. Es traten indessen nur vier hervor, welche hier übernachtet hatten, weil sie im Wasserburger Forste Arbeit als Holzfäller hatten suchen wollen. Auf Dietrichs Frage, ob sie schon Waffendienste gethan hätten, gaben drei an, eine Zeit lang als Lanzenknechte Dienste geleistet zu haben; jetzt aber waren sie mit nichts als einer Holzart und einem Stricke bewaffnet. Man mußte sich damit begnügen, behandelte den Tagelohn, wobei die Knechte noch vielerlei Bedenklichkeiten hatten und so viel Umstände machten, daß Dietrich kurze Antwort auf die Frage begehrte, ob sie wollten oder nicht? Eine so kurz gestellte Frage zerschnitt alle anderen Bedenklichkeiten und sie entschieden sich, mitzugehen.

Einer von denen, die in der Schenke übernachtet hatten, und sich jetzt rüsteten weiter zu wandern, gürtete soeben ein altes Schwert um, und Dietrich fragte ihn, ob er es ihm verkaufen wolle. Nach langem Besinnen kam der Handel zu stande. Dietrich zog den Beutel und beim Anblicke desselben schien es dem Verkäufer leid zu sein, nicht mehr gefordert zu haben. Er wollte den Preis steigern, mußte jedoch, weil alle anderen dies unrecht fanden, sich mit dem zuerst geforderten begnügen.

Es war Dietrich nicht entgangen, daß seine neu Geworbenen den Beutel mit gierigen Blicken betrachtet hatten. Er hatte von Anfang an kein besonderes Vertrauen zu ihnen und ihrer Wehrhaftigkeit gehabt und beschloß darum, das gekaufte Schwert keinem von ihnen zu übergeben, sondern einstweilen sollte es sein Knecht in Händen behalten, und erst im Notfalle wollte er den einen von ihnen damit bewaffnen. Darüber war es spät geworden und die Sonne stand bereits ziemlich hoch, als er den Hungrigen Wolf mit seiner kleinen Schar verließ und in den Wasserburger Forst zog. Die vier gemieteten Knechte ließ er mit ihren Arten und Stricken auf den Schultern vor sich hergehen und ritt mit seinem Knechte nach.

Man hatte die Richtung nach Köthen genommen und erreichte das Dorf, ehe noch eine Stunde verflossen war. Auch hier war von Elisabeth nichts zu erfahren; so wurde denn der Weg nach Wasserburg, das unmittelbar an der Spree lag, eingeschlagen. Er führte bergauf, bergab, stets durch dichten Wald. Bei einer Köhlerhütte, neben welcher ein Theerofen lag, wurde wieder nachgefragt, aber ebenso vergeblich. Nehmt euch vor dem roten Hans in acht, rief ihnen der Köhler noch warnend nach, er soll im Walde sein. Die vier Kerle fingen an, bedenkliche Mienen zu machen.

Herr, sagte der eine von ihnen, gegen den machen wir sechse nichts, denn er hat eine große Bande. Es ist ganz unnütz, sich gegen den zu wehren; er frißt uns mit Haut und Haar, und das sind die paar Groschen, welche ihr uns gebt, nicht wert.

Ja, das ist wahr, schrieen die anderen und standen still, das hieße ja dem Teufel lebendig in den Rachen laufen. Wir gehen nicht weiter. Zahlt uns unsern Lohn aus für die Zeit, daß wir mit euch gegangen sind.

Nein, schrie einer, den ganzen Tagelohn müssen wir haben, denn heute kriegen wir doch weiter keine Arbeit.

Ihr seid ja aber ganz nichtsnutzige Schufte, schrie Dietrich wütend. Nicht einen Heller sollt ihr haben, sondern eine Tracht Prügel, wie sie euch gebührt. Er riß sein Schwert aus der Scheide und wollte auf sie eindringen. Aber im nämlichen Augenblick wurde ihm eine Schlinge übergeworfen und so geschickt über der Brust zugezogen, daß ihm beide Oberarme zugleich fest am Körper anlagen und er keinen rühren konnte. Seinem reitenden Knechte war es ebenso gegangen. Zieht sie herunter vom Pferde, schrie einer, und rasch wurden sie heruntergerissen. Beim Hinabstürzen verschob sich Dietrichs Schlinge und rutschte bis zum Halse herauf, wodurch die Arme frei wurden. Sofort zog der Kerl die Schlinge fest an und umschnürte dadurch Dietrichs Hals so gewaltsam, daß er ihn gewiß erdrosselt haben würde, hätte Dietrich nicht Geistesgegenwart genug gehabt, die linke Hand schnell einzuschieben und mit dem Schwerte das Seil, welches der Kerl straff anzog, zu zerhauen. Mit einem Ruck der Hand löste er das Seil um den Hals und drang nun auf die Kerle ein, indem er durch eine geschickte Wendung auch das Seil durchhieb, an welchem sein Knecht gehalten wurde. Einer von den Kerlen hatte sich des gekauften Schwertes bemächtigt und hieb damit gewaltig um sich her, obwohl auf eine ungeschickte Weise. Dietrich hatte bereits einen Kerl niedergehauen als es seinem Knechte gelang, die Arme frei zu bekommen und seinem Herrn Beistand zu leisten. Da die Angeworbenen sich mit den Arten verteidigten, so kam es darauf an, sie zusammen zu drängen, um die freie Bewegung der Arme zu hindern. Der Knecht hatte den einen Kerl um den Leib gepackt und benutzte ihn, der ihm an Kraft weit nachstand, als Schild gegen den zweiten, auf den er ihn hindrängte. Es gelang Dietrich auch noch einen zweiten niederzuhauen, so daß der Kampf jetzt gleich zu stehen kam. Der dritte noch freie Kerl verteidigte sich wütend und verriet große Kräfte. Er hatte Dietrich soeben bei der Gurgel gepackt, als plötzlich eine Reiterschar daher gesprengt kam und gleich auf die beiden Kerle einhieb, die in die Knie sanken. Dietrich hatte bis dahin keine Zeit gehabt, sich umzusehen und erkannte nun mit freudiger Überraschung seinen Vater und Herrn Apitz mit einem zahlreichen bewaffneten Haufen ihrer Leute. Du hast ein gut Stück Arbeit geliefert, Dietrich, sprach Herr Cuno. Und dennoch, antwortete dieser, war es Zeit, daß ihr erschient, denn der wütende Kerl hatte mich gepackt, daß mir Atem und Kräfte vergehen wollten. Dank meinem Schutzheiligen, daß ihr kamt.

Dietrich bestieg sein Pferd wieder, wie sein Knecht, und jetzt erzählte man einander die gehabten Abenteuer. Die Knechte kamen schon vor Sonnenaufgang bei dem Försterhause an und gleich nachher brachen Cuno und Apitz mit ihnen auf. Der erhaltenen Weisung zufolge schlugen sie den Weg nach dem Unter-Spreewalde ein und erreichten so den Hungrigen Wolf, gleich nachdem Dietrich abgezogen war. Hier erkundigten sie sich, ob niemand etwas von der verschwundenen Jungfrau wisse. Man sagte ihm, daß soeben ein Mann ausgezogen sei, sie im Wasserburger Forst zu suchen, und nach der gegebenen Beschreibung vermuteten sie, daß es Dietrich sei. Sie beschlossen sogleich, ihm zu folgen, ließen sich den von ihnen eingeschlagenen Weg bezeichnen, kamen nach Köthen und durch weiteres Fragen bis zur Köhlerhütte, wo sie abermals zurecht gewiesen wurden und gleich darauf Dietrich im Handgemenge mit seinen Leuten erblickten. Diese schienen sämtlich so gut getroffen zu sein, daß an ein Aufstehen nicht zu denken war. Sie lagen als Tote da, und ohne sich um sie zu bekümmern, zog man weiter.

Nur eine Meile war der Zug jetzt von Elisabeth und Johannes entfernt, an sich eine geringe Strecke und doch groß genug, um sich mitten im dichten Walde beim Suchen zu verfehlen, besonders wenn eine Partei von der andern nichts weiß. Wir überlassen für jetzt den Reiterzug sich selbst und sehen zuerst, wie es Elisabeth und Johannes erging.

Man war nach dem Mittagsessen, das heißt in jener Zeit nach 11 Uhr vormittags, von der Dürren Ziege aufgebrochen. Das Wirtshaus lag, wie der Hungrige Wolf, mitten im Walde und in diesem, dem Wasserburger Forste, zog sich der kaum bemerkbare Weg hin, auf welchem sich der Zug fortbewegte. Eine Aussicht hatte man nach keiner Seite hin. Nur ein einzelnes Schäferhaus zeigte sich nach einiger Zeit

am Wege und eine Schafherde auf einem Grasplatze, aus welchem Umstande Elisabeth eine gute Vorbedeutung schöpfen wollte. Der rote Hans
vernahm etwas von ihrer Äußerung und sprach: Eure Vorhersagungs-
gabe, Jungfrau, will sich nicht bewähren. Wir werden den Haidemeier
bald erreicht haben; dann setzt ihr euch in den Kahn und ich will den
sehen, der euch mir dann ohne meinen Willen entreißen soll.

Der Tag ist noch nicht zu Ende, antwortete Elisabeth, ich bin
dennoch überzeugt, ihr führt mich nicht in den Spreewald.

Hans sah sie zweifelnd an und sprach: ich kann euch auch anders-
wärts hinführen, wenn ihr meint, daß es nicht geht, euch in den Spreewald zu bringen. Denkt ihr denn, ich habe nicht noch mehr Schlupfwinkel? Aber es wäre thöricht, eines bloßen Geschwätzes wegen den Plan
zu ändern. Verlaßt euch darauf, wäre Gefahr für mich oder Rettung
für euch vorhanden, ich wüßte es schon. Findet euch deshalb in euer
Schicksal, das ich euch nicht erschweren will, wenn sich die Eurigen zu
einem guten Lösegeld verstehen. Bei euch können der Vater und der
Brautmann zusammenlegen, da wird's keinem zu schwer, und euer künftiger Schwiegervater hat dann bloß den Junker da auszulösen. Seht,
da vor uns liegt schon des Haidemeiers Haus und gleich dahinter der
Spreewald, nun faßt euch ein Herz.

Ein altes, wunderlich gebautes Haus mit hohem, sehr verfallenem
Strohdache, auf welchem das Moos üppig wucherte und dicke Wülste
bildete, lag vor ihnen. An der Seite zog sich ein hoher Zaun dahin,
dessen Thorweg offen stand. Außerdem war nichts zu sehen noch zu
hören. Man sah keinen Menschen, und ringsum herrschte die tiefste
Stille, welche nur durch das Flüstern des Windes in den Baumgipfeln
und den Gesang der Vögel unterbrochen wurde.

Fahr den Wagen auf den Hof, gebot der rote Hans. Ihr andern
hört jetzt meine Befehle.

Die Räuber sammelten sich um ihn; der Wagen fuhr durch den
Thorweg auf den Hof, und sowie er hindurch war, schlossen sich die
Thüren. Wer macht denn den Thorweg zu? rief Hans. In demselben
Augenblicke aber drangen von allen Seiten Reiter auf den Haufen ein,
und aus dem Hause stürzte Fußvolk heraus, wohl bewaffnet, und im
Nu war er umstellt. Wollt ihr euch gefangen geben? fragte Herr Apitz.
Ihr seht, Gegenwehr kann hier nichts nützen! — Die Räuber hatten
ihre Wehren entblößt, aber sie standen unschlüssig. O weh, riefen mehrere, die Here hat Recht gehabt; es hilft kein Widerstand! Das wollen
wir erst sehen, schrie der rote Hans; Jungens, drauf los, schlagt euch
durch, und augenblicklich hob das Gemetzel an. Die Räuber suchten
nach der Seite des Waldes durchzubrechen, wahrscheinlich um dann das
Gebüsch zu benutzen, in welchem die Pferde nicht folgen konnten. Allein

Cuno verstärkte nach dieser Seite hin seine Leute und ließ die zu Fuß fechtenden Knechte dicht nachrücken und von Reitern unterstützen. Die Räuber waren nicht sonderlich bewaffnet, und wenn auch mit Pickelhauben versehen, doch sämtlich ohne Harnisch; sie waren daher bald zusammengehauen, so tapfer sie sich auch wehrten. Nachdem mehr als die Hälfte zu Boden gestreckt war, baten die übrigen um Gnade und ergaben sich. Von Apitz und Cunos Leuten waren nur wenige verwundet und keiner geblieben.

Apitz und Cuno gingen mit Dietrich sofort nach dem Hofe, in welchem Elisabeth und Johannes eingesperrt waren. Beide hatten stehend vom Wagen aus dem Gefechte zugesehen und Johann hatte mehr als einmal seine Wunde verwünscht, die ihn zur Unthätigkeit verdammte. Mit welchem Entzücken begrüßten sich beide Parteien wieder! Wieviel hatten sich Dietrich und Elisabeth zu erzählen! — Wir bemühen uns nicht, Dinge zu schildern, welche sich jeder leicht selber im Geiste vergegenwärtigen kann; sondern berichten lieber, in welcher Weise man die Falle aufgestellt hatte, in welcher die Räuber so glücklich gefangen wurden.

Es ist schon oben erwähnt worden, daß Johannes' Knecht bei der Abfahrt von der Dürren Ziege vermißt wurde. Er hatte die Anordnungen des roten Hans belauscht und gehört, daß der Zug nach der Haidemeierei gehen sollte und zwei Knechte abgeschickt wurden, die Kähne in Bereitschaft zu setzen. Schlau überlegte er, daß er seinem gefangenen Herrn sehr wenig durch sein Dableiben nützen könne, ja, daß die Gaudiebe, die bei ihm auf kein Lösegeld rechnen konnten, sich vielleicht mit seinem Transporte gar nicht bemühen, sondern ihn ohne weiteres in die andere Welt schicken würden. Dagegen wußte er, daß Dietrich und Apitz mit Cuno Elisabeth suchten, und seine Nachrichten konnten für sie von der größten Wichtigkeit sein. Er hatte sich unbemerkt hinauszuschleichen gewußt, entsprang in den Wald und überlegte hier, ob es zweckmäßiger sei, in der Nähe des Hauses zu verweilen und abzuwarten, ob Dietrich oder Apitz hierher kommen würden, oder sie aufzusuchen. Zwar wußte er nicht, nach welcher Seite er sich wenden sollte, aber sein Hierbleiben nutzte doch ohne Zweifel weniger, als sein Suchen. Denn kam Dietrich oder Apitz hierher, so konnten sie im Hause ziemlich alles erfahren, was er zu sagen hatte; kamen sie nicht hierher, so erfuhren sie nichts. Er entschloß sich demnach, aufs geratewohl der Straße nach Norden zu folgen, hielt sich jedoch im Gebüsche versteckt, um nicht zufällig auf einen von der Bande zu stoßen.

Von einem Bettler, der ihm begegnete, erfuhr er, daß ein Mann, der eine Jungfrau suche, im Hungrigen Wolf übernachtet habe, und daß gleich nach seinem Abzuge ein ganzer Haufe Reiter in derselben Absicht dahin gekommen sei. Sie hätten alle den Weg nach Köthen genommen. Der Knecht konnte hiernach nicht zweifelhaft sein, was er zu thun habe. Der Bettler meinte, er könne kürzer nach Köthen kommen, wenn er einen Seitenweg durch den Wald einschlüge, den er ihm genau bezeichnete. Der Knecht folgte diesem Rate und stieß kurze Zeit nach dem Gefechte Dietrichs mit seinen Leuten zu dem Haufen. Seine Nachrichten wurden mit Freuden vernommen, und sofort zog man über Wasserburg zur Heidemeierei.

Es kam darauf an, zu verhüten, daß die Räuber Wind von ihrer Ankunft erhielten. Man näherte sich deshalb sehr vorsichtig dem Gehöfte und machte in einiger Entfernung von ihm halt, so daß man nicht gesehen werden konnte. Herr Cuno nahm acht Knechte und ritt mit ihnen hinter das Gehöft. Hier fand man die beiden Leute am Ufer liegen, welche die Kähne in Stand gesetzt hatten. Sie wurden zu Gefangenen gemacht, gebunden, und man erfuhr von ihnen, daß der Haufe der Räuber noch nicht angelangt, und im Hause niemand als der Meier mit seiner Familie anzutreffen sei. Darauf wurde das Haus besetzt, die beiden Knechte wurden in eine Kammer geworfen und der Meier mit seinen Angehörigen bedroht, bei dem geringsten Zeichen, das sie den Räubern geben würden, niedergehauen zu werden. Die zurückgebliebenen Reiter mit Apitz und Dietrich wurden hinter dem Gehöfte und hinter Gesträuchen versteckt. Ein Teil aber mußte absitzen, sich als Fußvolk bewehren und auf dem Hofe verborgen halten. Eine Hauptschwierigkeit war es, die Gefangenen den Händen der Räuber zu entreißen, so daß sie nicht von ihrer Wut zu leiden hätten. Dietrich schlug vor, versuchsweise den Thorweg zu öffnen, um den Wagen zu nötigen, auf den Hof zu fahren. Hinter jedem Flügel wurde ein Knecht versteckt, um schnell zuzumachen, wenn der Wagen auf den Hof fahren sollte. Geschähe dies nicht, so sei es wenigstens vorteilhaft, den auf dem Hofe versteckten Knechten zwei Thüren zum Hervorbrechen offen zu halten statt einer. Daß diese Maßregel richtig berechnet war, ergab der Erfolg.

Die Toten wurden an Ort und Stelle begraben. Der rote Hans, von vielen Wunden fast unkenntlich, wenn ihn sein dickes rotes Haar nicht verraten hätte, befand sich unter ihnen, desgleichen Donnerhans. Mit den beiden im Hause liegenden Knechten hatte man neun Gefangene, welche zum Teil verwundet waren. Sie wurden gebunden und mußten zwischen den Pferden nach Buchholz wandern. Hier übergab sie Apitz dem Richter, der sie nach Beeskow transportieren ließ, wo sie den Lohn ihrer Thaten empfingen.

In Buchholz war man genötigt zu übernachten, so elend auch die Herberge des Ortes war. Indessen behalf man sich und langte am andern

Tage vormittags auf Schloß Teupitz an. Hier äußerten die Umschläge und Salben des Meisters Deodat den besten Erfolg, und schon nach acht Tagen war selbst bei Johannes keine Gefahr mehr vorhanden und seine Wunde in den Gang der natürlichen Heilung gebracht. Elisabeths Pferd hatte sich übrigens am nächsten Tage nach seiner ausschweifenden Laune freiwillig wieder in Schloß Teupitz eingefunden.

Neunzehntes Kapitel.

Der nächste Sonntag war der Palmsonntag. Die Familie benutzte ihn zu einem Dankfeste für die glückliche Errettung aus der Gefahr, an welcher sie alle mehr oder weniger teilgenommen hatten, wie sie jetzt auch alle in der Kirche versammelt waren. Dem alten Gebrauche zufolge besuchte niemand die Kirche, ohne einen Zweig von der Palmweide mitzunehmen, deren gelbe Blütenkätzchen einen süßen Duft aushauchten, und die man als Boten des nahenden Frühlings in der Kirche weihen ließ. Die Knechte hatten diesmal gewetteifert, recht vollblühende Zweige abzuschneiden, und Dietrich und Elisabeth wurden die schönsten und vollsten zugeteilt. Der Altar und die Kirche war dem Gebrauche gemäß blau behangen und geschmückt*). Alle Crucifire und Bilder aber waren seit dem Dienstage nach Lätare verhangen. So sehr auch die Gelegenheit zu festlicher Begehung geeignet war, so verbot doch diesmal die Fastenzeit, mehr zu thun, als in der Kirche zu beten und die Palmenprozession um die Kirche mitzumachen.

Die Marterwoche hatte begonnen und wurde still auf Schloß Teupitz verlebt, teils weil noch einige Wunden zu heilen waren, teils weil die Witterung wieder unfreundlich geworden war. Die religiösen Gebräuche, welche die Kirche für diese heilige Zeit vorschreibt, wurden pünktlich beobachtet. Meister Deodat nahm einigemale am Gespräche teil, und die Gäste bewunderten sein tiefes Wissen. Dagegen schien es ihnen zuweilen, als wenn er in religiösen Dingen von der Kirche abwich und ketzerische Meinungen hegte. Auf eine Äußerung der Quitzows über ihn sagte ihnen Herr Apitz, daß Deodat ein Begharde sei, eine eigentümliche Erscheinung jener Zeit, die wir jetzt etwa mit dem Namen der Pietisten belegen würden; auch entspricht der Ausdruck Betbruder sehr wohl jener Benennung. Wenngleich ein Teil derselben in besonderen Häusern gemeinschaftlich wohnte, betete und arbeitete, so gab es doch auch eben so viel vereinzelte, übrigens in ihren religiösen Ansichten und Meinungen sowohl unter ein-

---

*) Wäser, hist. diplom. Zeitbuch sub Pluem Ostertag.

ander, als auch von der herrschenden Kirche mannigfach abweichende
Glieder dieser Verbindung. Bezeichnend für sie war die Gleichgültigkeit
und Verachtung gegen alle äußeren Güter des Glücks und ein reges
Streben nach innerem Glücke, weshalb sie auch auf Putz und schöne
Kleidung verzichteten und sich mit dem einfachen unscheinbaren Grau
oder Weiß begnügten.

Der gute (grüne) Donnerstag wurde feierlich begangen, indem die
ganze Familie beichtete und communicierte. Nachmittags wurde eine
Anzahl von zwölf alten Männern auf das Schloß geführt, welchen Herr
Apitz demütig die Füße wusch zur Erinnerung an die Fußwaschung der
Jünger Christi. Sie wurden beschenkt entlassen. Von heute an wurde
mit keiner Glocke mehr geläutet. Der Altar wurde entkleidet und
schwarz behangen. Den beiden armen in Teupitz wohnhaften Juden-
familien war nach alter Sitte angezeigt worden, wie es das dritte
Aurelianische Konzilium verordnet, daß sie weder heute noch in den
nächsten drei Tagen ihr Haus verlassen und unter Christen gehen, ja
sich selber nicht einmal an den Fenstern ihrer Wohnungen sehen oder
hören lassen durften, vom krummen Mittwoch an bis auf den hohen
Samstag-Abend. Nachmittags wurde der alte Adam entsündigt. Dieser
seltsame Gebrauch bestand in folgendem: In Teupitz (und ähnlich in
jedem anderen Orte) wurde ein schlechter Kerl ausgesucht, der auch hinsichtlich seiner Aufführung in schlechtem Rufe stehen mußte, woran denn
in der Regel kein Mangel war. Am Aschermittwoch oder Schürtage
zog man ihm des Morgens Trauerkleider an; barfuß und mit bedecktem
Haupte wurde er in die Kirche geführt und so gestellt, daß ihn die
ganze Gemeinde sehen konnte. Nachdem der Gottesdienst beendigt war,
fuhr alles Volk auf ihn los, knuffte ihn tüchtig ab und warf ihn zur
Kirche hinaus. Dies hieß den alten Adam austreiben. Von da ab mußte
er während der ganzen Fastenzeit täglich in eben diesem Habit durch die
Stadt laufen und vor allen Kirchenthüren, während darin Gottesdienst gehalten wurde, stehen und beten, aber er durfte durchaus nicht eintreten, auch
des Vormittags mit niemandem reden. Dafür wurde er während dieser
sieben Wochen täglich von dem Geistlichen und Chorherren, wo es dergleichen
gab, der Reihe nach an den Tisch genommen und gespeist. Am hohen
oder guten Donnerstage wurde er nun, wie am Aschermittwoch zur Kirche
geführt; nach der Messe ging er umher und sammelte von den anwesenden Gläubigen Almosen und hierauf wurde er von allen Sünden
ledig gesprochen, denn am guten Donnerstage wurde Ablaß selbst von
Todsünden erteilt, während er am Aschermittwoch nur für erläßliche
Sünden erteilt werden konnte. Die Almosen, welche man ihm spendete,
fielen um so reichlicher aus, je mehr ihn die ganze Stadt als ihren
Sündenbock betrachtete und sich durch seine Buße mit Gott versöhnt

glaubte. Er stand nun wieder so rein von Sünden da, als der erste Mensch und erhielt zum Andenken dieser Handlung den Namen Adam*). Nach den allgemein herrschenden Ansichten einer stellvertretenden Genugthuung durch Menschen nahm niemand einen Anstoß an dieser wunderlichen Ceremonie und nur Meister Deodat schüttelte dazu den Kopf.

Am Abend begab man sich zur Char= oder Rumpelmette, die auch die Finstermesse hieß, in die Kirche, welche ungewöhnlich gefüllt war. Sie leuchtete in hellem Kerzenglanze und die Lichter waren im Innern zu drei und drei durch den ganzen Raum verteilt und standen auf eisernen Triangeln. Nach dem gewöhnlichen Introitus vor dem weiß behangenen Altar stimmte der in Weiß gekleidete Geistliche Psalmen, das Tenebrae factae sunt und endlich das Benedictus an und nach Beendigung jedes Psalmen wurde auf dem Triangel eine Kerze ausgelöscht, die zweite nach dem Ende der zweiten und die letzte nach Beendigung der dritten Strophe. Beim Benedictus ließ man nur eine Kerze brennen, die aber unter dem Altare verborgen wurde. Dann folgte das Miserere. Nach demselben erhob sich ein furchtbares Getöse, eine wahre Katzenmusik. Jeder Andächtige hatte zu dem Ende irgend ein Instrument mitgebracht, wenn es nichts anderes war wenigstens einen Stock oder großen Stein, womit er die Bänke bearbeitete. Dieser gräuliche Lärm im Finstern sollte den Überfall des Judas und die Gefangennehmung Christi, als er am Ölberge betete, vorstellen und eine solche Rumpelmette hatte bereits am Mittwoch (den Tag vorher) stattgefunden und wurde auch am Charfreitage wiederholt**). Nachdem die versteckte Kerze wieder auf den Altar gestellt worden, hatte man sich ausgetobt, wobei im Dunkeln viele Unziemlichkeiten vorfielen, die der Schleier der Nacht bedeckte; dann schlich sich einer nach dem andern fort und nach Hause, womit die Ceremonie beendigt war. Übrigens verlangte der Gebrauch noch, daß an diesem Tage Grünkohl gegessen wurde.

Der stille Freitag wurde in ähnlicher Weise gefeiert und wiederum durch eine Rumpelmette, außerdem aber durch die Anbetung des Kreuzes und eine große Prozession. Am Judas Samstag wurden eine Menge Ostereier gekocht und bemalt. In der Kirche aber wurde die Osterkerze geweiht, wie das neue Feuer und das Weihwasser; das alte geweihte Öl wurde verbrannt, was das gemeine Volk den Judas verbrennen nannte, weil es glaubte, daß die Kirche damit andeuten wollte, Judas habe diese Strafe verdient. Alle dabei benutzten und nicht ganz verbrannten Holzscheite und Kohlen wurden sorgfältig gesammelt und aufgehoben; denn wenn

---

*) Waser, histor. diplom. Jahrzeitbuch sub Aschermittwoche.
**) Waser, histor. diplom. Jahrzeitbuch sub coena domini, Carenfreytag, Antlasstag und krumbe Mittwoche.

es donnerte, brauchte man sie nur anzuzünden, um gegen den Blitz ge=
sichert zu sein*).

Mit dem Abend ertönte zum erstenmal wieder das Geläute der
Glocken und rief die Gläubigen in die Kirche zur Auferstehungsprozession.
Unsere Familie nahm andächtig daran teil und wandelte zur großen Er=
bauung aller Teupitzer mit ihren Kerzen im Zuge dahin, während un=
ausgesetzt die Glocken ihre Freudenklänge ertönen ließen. Abends er=
labte man sich an den Ostereiern, aß Mohnpielen, Mohnstriezel und
Mohnfladen und lebte herrlich und in Freuden.

Am andern Morgen, den 6. April, war es auf Schloß Teupitz sehr
früh Tag; die Frauenzimmer hatten bereits am Abend vorher die Ge=
fäße bereit gestellt, um vor Sonnenaufgang Osterwasser zu schöpfen.
Doch waren sie sorgfältig versteckt, denn es gehörte zu den stehenden
Witzen der Knechte, diese Gefäße zu beschmutzen. Das Osterwasser
hatte nach dem Glauben der Leute die Eigenschaft, nicht zu verderben,
wenn es auch noch so alt geworden war und wer sich damit wusch,
wurde hübsch, erhielt eine blühende Farbe und verlor alle Sommer=
sprossen, Leberflecke und andere entstellende Male. Da nun die da=
maligen Frauenzimmer eben so gern hübsch sein wollten als die jetzigen,
so versäumten sie nicht leicht, sich hinreichenden Vorrat zu besorgen und
selbst für kranke, oder durch andere Ursachen abgehaltene Freundinnen
mitzuschöpfen. Vor Sonnenaufgang und im größten Stillschweigen
mußte die Sache aber abgemacht werden. Daß es keine verschlief, dafür
sorgten die Knechte und überhaupt die Männer, denn der Gebrauch be=
schränkte sich nicht auf die unterste Volksklasse. Die Sitte erlaubte
ihnen an diesem Morgen, wie am Aschermittwoch, in die Schlaf=
kammern der Frauenzimmer zu dringen und diejenigen, welche sie noch
im Bette fanden, aufzudecken und mit Ruten, an welchen der beginnende
Frühling die jungen Blätter herausgetrieben hatte, durchzupeitschen. Dies
nannte man stäupen oder plattdeutsch stiepen. Gar zu ehrbar ging es
dabei eben nicht her und eben so wenig verfuhr man mit ihnen säuber=
lich, denn die Frauenzimmer vergossen oft die bittersten Thränen.

Man ließ die Mägde mit ihren Krügen ruhig abziehen, allein bei
der Heimkehr gehörte es zu den beliebtesten Späßen, die Mägde zum
Sprechen zu bringen und ihnen dadurch das Osterwasser zu verderben.
Man wandte auch wohl andere Mittel dazu an, doch wählten diejenigen,
welche sich Witz zutrauten, lieber das erstere. Man suchte sie zu er=
schrecken, zum Zorn zu reizen, indem man ihnen die ärgsten Dinge
sagte, und sie zu verwirren. Die Mägde, welche sich darauf gerüstet hatten,
ließen sich aber so leicht nicht irre machen und verharrten mitten unter

*) Waser, histor. diplom. Jahrzeitbuch sub Judas Samstag.

den tollsten Possen auf dem ganzen Wege schweigend, und ihr Ernst bildete zu der Ausgelassenheit der Knechte den possierlichsten Gegensatz. Feine Späße kannte das Zeitalter nicht; daß sie in diesem Kreise oft alles Maß der Zucht und Sitte überschritten, ist nicht zu verwundern. Übrigens ergötzte sich die Herrschaft an dem tollen Getreibe ihrer Leute nicht minder als diese selbst.

Die Mägde hatten das Osterwasser glücklich vor Sonnenaufgang in Sicherheit gebracht. Jetzt schickte man sich an, den Sonnenaufgang zu beobachten, denn heute tanzte die Sonne beim Aufgehen. Die Herrschaft stieg auf das Schloß, die Leute blieben unten am Ufer des Sees und erwarteten ungeduldig das Erscheinen der Sonne. Schön gerötet in goldenem, purpurrotem Glanze leuchtete der Morgenhimmel und einzelne Wolkenmassen veränderten jeden Augenblick Form, Glanz und Färbung. Endlich trat ihr oberer Rand über die Weinberge hervor, man begrüßte sie mit einem Freudengeschrei und schaute unverwandt hinein. Rasch stieg sie immer höher und endlich zeigte sich ihr Rund wie eine platt gedrückte Kugel. Da schrieen einige, die Sonne hüpfe; die meisten hatten nichts davon gesehen, allein sie waren dennoch überzeugt, daß sie nur den rechten Moment verpaßt hätten und es genügte, daß es doch von einigen gesehen worden war. Befriedigt zog man sich in die Zimmer zurück, um die Zeit des Kirchganges zu erwarten, denn die Familie kommunizierte heute abermals, wie es damals die Sitte von frommen Christen verlangte.

Nur die Ceremonieen und symbolischen Handlungen waren es, aus welchen man damals die Andacht schöpfen mußte. Pracht und Glanz des Gottesdienstes erhob die Gemüter in eine feierliche Stimmung, der man bei einer mechanischen Wiederholung der Gebetsformeln ohne Anstrengung um so ungestörter nachhängen konnte. Alles übrige vollzog der Geistliche namens der ganzen Gemeinde, die ihm dabei nur mit den Sinnen folgen konnte, um so mehr, als der ganze Gottesdienst in lateinischer Sprache gehalten wurde, welche der Geistliche nur sehr dürftig, außerdem in der Gemeinde aber niemand verstand. Nur die kurze Predigt wurde in deutscher Sprache gehalten, war aber selten geeignet, zu erbauen, da nur zu oft kindische Märchen und geistliche Possenreißereien alle Erhebung des Gemütes vernichteten. Viele Geistliche fürchteten, daß der Ernst des Gottesdienstes den Kirchenbesuch schwächen möchte, wenn man nicht etwas zur Gemütsergötzung hinzuthue, und da viele dieser Geistlichen sich selbst zu der letzteren weit mehr hingezogen fühlten, als zu dem ersteren und in der Rohheit ihres Gefühles nicht zu beurteilen vermochten, wie weit sie gehen durften, ohne der Würde des Heiligen zu nahe zu treten, so kamen Dinge zum Vorschein, die uns beinahe unglaublich dünken. Besonders galt es, an den hohen Kirchenfesten die Gemüter der Gläubigen zu erheitern und deshalb wurde die Predigt möglichst belustigend eingerichtet. Auch unser guter Pfarrer in Teupitz glaubte ein gut Werk zu thun, wenn er die Herzen zur Osterfreude stimmte. Er hatte das Thema von Christi Höllenfahrt gewählt und sprach: Ja, liebe andächtige Gemeinde! Ehe der Stein von dem Grabe gewälzt wurde, welches den Heiland enthielt, ehe er mit der Siegesfahne daraus emporfuhr, da fuhr er erst hinunter zur Höllen, um dem unflätigen Gesellen, dem von Gott verfluchten Diabolus oder Teufel eins auszuwischen, was wir ihm alle von Herzen gönnen. Aber der Teufel ist ein pfiffiger Bursch und durchtriebener Schalksknecht und hat eine Nase, fein wie der Teufel, mit der er alles auswittert und ausschniffelt. So hatte er denn bald weggekriegt, was für ein Besuch ihm zugedacht war und schnitt darüber sehr saure Gesichter. Ach, was würden wir uns freuen, als gute Christen, wollte der liebe Heiland uns besuchen und uns erscheinen mit seiner Siegesfahne, wie er vielen Gottesheiligen erschienen ist. Nicht so der leidige Teufel; der hatte nicht sobald erfahren, wer da kommen wollte, als er auch schon Anstalten machte, den Besuch abzuwehren. Ach, was mag er geschimpft und getobt haben und wie gräulich wird er in der Höllen herumgefahren sein, wie ein wilder Drach, der Gift und feurigen Geifer speit. Und als die kleineren Teufel ihren Herrn und Meister so wüten sahen, steckten sie ihre verfluchten Bocksköpfe zusammen und sprachen: was ist unserm Herrn und Meister? Aber wie es im Schlosse eines großen Herrn bald bekannt wird, wenn man Besuch von einem großen Fürsten erwartet, so kam's auch in der Höllen bald aus, wer da kommen sollte. Es ist der Lebensfürst, es ist der Friedefürst, flüsterten sie erschrocken unter einander. Aber der leidige Teufel schrie: laßt ihn nicht ein! und er schrie es, daß die ganze Hölle erbebte, seht, liebe Andächtige, so sehr ich auch geschrieen, es war noch nichts dagegen, denn er kann's besser. Als nun der Heiland mit seiner Siegesfahne vor die Hölle gekommen, da schauten einige kleine Teufel verstohlen um die Thür, zu sehen, wer da sei. Und als sie merken, wer es ist, da kriegen sie die Angst, daß sie nicht wissen wohin und endlich, da werfen sie die Thür mit schrecklichem Gepolter zu, als er dicht davor steht und einer schreit: schiebt den Riegel vor, sonst macht er sie wieder auf. Nun seht, so pfiffig auch der Teufel ist, so ist er doch nicht recht klug. Die Thür hatte gar keinen Riegel; aber der Teufel weiß sich zu helfen; einer von ihnen steckte seine lange Nase statt des Riegel davor, daß sie darin saß, wie eine Rübe. Aber was halfs ihm? Christus bestürmte die Thür so lange, bis er sie sprengte, wobei dem armen Teufel seine Nase abgebrochen wurde, der aber schrie nun unter den schrecklichsten Schmerzen: Jodeto! Jodeto! Jodeto! — Letztere Worte schrie der gute Pastor so furchtbar und unter so gräulichem Gesichterschneiden und ausgelassenen Gestikulationen heraus, daß die zum teil schlafenden Zuhörer erschreckt von ihren Sitzen in die Höhe fuhren und vor Angst zitterten und bebten. In diesem Stile wurde die Predigt noch eine Zeit lang fortgesetzt*).

Auf den zweiten Osterfeiertag war das Verlöbnis Dietrichs und Elisabeths anberaumt. Es waren dazu von dem rings umher wohnenden Adel sehr viele eingeladen worden, welche sich meistens schon am Vormittage auf Schloß Teupitz einfanden. Zu diesen gehörte auch Otto von Kittlitz, Herr zu Baruth, damaliger Vogt der Lausitz, samt seiner Gemahlin und seinen drei Söhnen. Es war eine große Gesellschaft zusammen gekommen, die Feierlichkeit wurde in gewohnter Ordnung vollzogen, das Fest mit vieler Pracht und in großer Heiterkeit gefeiert. Freilich war es nicht möglich, mehr als ländliche Kost und Hausmannsgerichte zu geben. Teupitz lag zu entfernt von einer größern Stadt, als daß man von ihr aus den Gaumen der Gäste hätte versorgen können. Was indessen möglich war, hatte Herr Apitz nicht unterlassen und die gute Art und Weise, wie er sich als Wirt benahm, trug wesentlich dazu bei, die Fröhlichkeit der Gäste aufrecht zu halten. Allgemein freute man sich des schönen Brautpaares, das als eine Blüte der Männlichkeit und Weiblichkeit gelten konnte. Auch den dritten Feiertag verlebten die Gäste auf Schloß Teupitz und in nicht minderer Fröhlichkeit als den zweiten, und erst am Mittwoch zogen sie wieder heim. Ein paar Tage nachher machten sich auch die Quitzows auf; wir schildern nicht die Abschiedsscene, sondern melden nur kurz, daß sie wohlbehalten ihre Heimat wieder erreichten und dort im wesentlichen nichts verändert fanden.

---

*) Diese schöne Predigt wurde eigentlich vom Pfarrer Zolgbert an den Osterfeiertagen in Braunschweig gehalten. Ihre Verpflanzung nach Teupitz wird man entschuldigen und wenigstens überzeugt sein, daß man in Braunschweig schwerlich schlechter gepredigt hat, als in Teupitz. Flügge, Gesch. des deutschen Kirchen- u. Predigtwesens, Tl. I. S. 355. Duttenhofer, Gesch. der christlichen Religion. Tl. IV. S. 208.

Zwanzigstes Kapitel.

Es gab zu dieser Zeit viel Unruhen im Lande und die öffentliche Sicherheit wurde von allen Seiten bedroht. Im Sommer entspann sich eine Fehde zwischen dem Bischof Dietrich von Schulenburg zu Brandenburg und dem Grafen von Anhalt. Es kam zum offenen Kriege; die anhaltischen Kriegsvölker rückten in die Zauche ein, welche zum Bistum Brandenburg gehörte, und verwüsteten das Land auf eine furchtbare Weise, besonders um Ziesar, wo der Bischof ein festes Schloß besaß, das er gern und häufig bewohnte. Er lag zu Ziesar krank und konnte nicht selbst den Verheerungen der Feinde Schranken setzen. Mit Trauer sah er aus den Fenstern des Schlosses das Wüten der Feinde und die Feuerflammen, welche aus seinen Dörfern gen Himmel schlugen und ihn allnächtlich röteten. Was er an weltlicher Macht den Feinden entgegen setzen konnte, war nicht bedeutend genug, ihre Grausamkeiten zu beschränken; er griff deshalb zu den geistlichen Waffen und that seine Feinde in den Bann. Das Mittel war in jener Zeit kräftig genug, wenn auch nicht den Frieden herbeizuführen, so doch weiteren Verheerungen Einhalt zu thun; die anhaltischen Kriegsvölker wurden nach und nach zurückgezogen. Allein der Gram hatte des Bischofs Krankheit sehr verschlimmert, und er überlebte sein Unglück kaum ein Jahr*).

Wir halten uns hierbei nicht lange auf, um so weniger, als die Geschichte von diesem Kriege keine Einzelheiten aufbewahrt hat. Das Jahr ging ohne bemerkenswerte Begebenheiten zu Ende. Dietrich verlebte das Weihnachtsfest wiederum in Teupitz und ging bald nach dem Beginne des neuen Jahres 1394 nach Quitzhövel zurück. Mitunter wurden Schreiben und mündliche Botschaften, von Geschenken begleitet, von beiden Seiten übersandt, und gaben Liebes- und Lebenszeichen, die indessen immer umständlich und kostbar waren, weil stets ein eigener Bote dazu angenommen werden mußte, der sich auf den unsichern Straßen, besonders wenn er beladen war, oft wunderlich genug

*) Angelus, Ann. March. S. 171. Haftitius, ap. h. a.

durchwinden mußte. Obgleich die meisten Hochzeiten damals in diesen Gegenden im Herbst nach der Ernte gefeiert wurden, so war diese Zeit doch Dietrich zu lang, und auf sein Drängen wurde die Hochzeit auf Johannis festgesetzt.

Allein ehe wir weiter gehen, haben wir noch auf eine Begebenheit zu achten, welche für die Mark von tiefer Bedeutung war.

Markgraf Jobst war schon seit längerer Zeit mit König Wenzel zerfallen, und es war zu offenen Fehden gekommen. Wir werden weiterhin sehen, daß Wenzel in Böhmen durch seine Grausamkeit einen großen Teil seiner Unterthanen empört hatte, und daß diese darauf ausgingen, ihn zu stürzen. Sie wendeten sich an Siegismund, seinen Bruder und an Jobst von Mähren, welche beide Absichten auf Böhmen hatten und bereitwillig darauf eingingen; aber um sicherer zu gehen, schlossen sie mit dem Herzoge von Österreich und dem Markgrafen Wilhelm von Meißen, dem Einäugigen, ein Bündnis, sich gegenseitig zu unterstützen. Markgraf Jobst brauchte jedoch Geld und lieh von seinem Schwager, dem gedachten Markgrafen Wilhelm, 40,000 Schock böhmische Groschen, wofür er ihm die Mark Brandenburg verpfändete und ihn in derselben zum obersten Verweser ernannte. (Es war dies gegen Ende des Jahres 1393 geschehen.

Jobst meldete dies den Ständen der Mark Brandenburg und erregte dadurch allgemeine Unzufriedenheit. Hatte Jobst schon vorher durch sein ganzes Benehmen gezeigt, daß ihm die Mark nicht weiter am Herzen liege, als insofern daraus Geld zu ziehen sei, so bestätigte er hierdurch, wie wenig ihm an ihr gelegen war. Noch immer war König Siegismund eigentlicher Landesherr; Jobst war es vermöge der Verpfändung Siegismunds an ihn, jetzt war das Land abermals einem Fremden überlassen, ohne daß die ersteren ihre Rechte aufgegeben hatten, und dies alles geschah, ohne daß die Stände auch nur der bloßen Form wegen dabei befragt worden wären. Konnte man es ihnen verdenken, wenn sie Schwierigkeiten machten, sich wie eine verkäufliche Waare dem ersten besten hinzugeben? Es waren besonders die Städte, deren Freiheitssinn durch die Privilegien, in deren Besitz sie waren, mächtig genährt und erstarkt war, die ihre Unzufriedenheit mit dieser Maßregel laut erklärten und den Gehorsam verweigerten. Die Briefe Jobst's wie die des Markgrafen Wilhelm wurden als unverbindlich betrachtet, und man verweigerte es, letzterem zu huldigen, wozu sie aufgefordert waren. Jobst hatte zwar sein Anrecht an die Mark so wenig als Siegismund aufgegeben; allein eine Huldigung des neuen Inhabers und Verwesers des Landes war nach damaligen Rechtsbegriffen nötig; man huldigte in einem solchen Falle ihm nicht als Landesherrn, sondern man huldigte zu seinem Gelde, wie man es ausdrückte, oder pfandweise für

eine Summe Geldes, wie wir dies Verhältnis späterhin wieder=
kehren sehen.

Lippold von Bredow hätte es ohne Zweifel gern gesehen, wenn die
Städte sich weniger geweigert hätten, da Markgraf Wilhelm ein bei
weitem besserer Landesherr war, als der elende, ränkevolle Jobst. Ge=
wiß würde er sich der Mark ganz anders angenommen haben, als dieser.
Allein man wollte ihn nicht, und es war unter diesen Umständen nicht
einmal zu raten, in's Land zu kommen. Die größeren Städte weigerten
sich nicht geradehin, sondern besaßen Politik genug, zuvor noch allerlei
beseitigt wissen zu wollen, ehe sie darauf eingehen könnten. Die klei=
neren, insonderheit Treuenbriezen, Beliz und Mittenwalde, welche sich
mit der Verweigerung ihrer Huldigung vor kaum fünfzig Jahren gegen
den falschen Waldemar etwas wußten und dafür gelobt worden waren,
verweigerten sie geradezu. Lippold fragte deshalb bei Jobst an, was zu
thun sei, und es scheint, er habe ihn anzunehmen ersucht, daß die grö=
ßeren Städte nicht abgeneigt seien, zu huldigen. Jobst erließ deshalb
ein Schreiben zu Prag, am 9. Februar 1394, das wir seiner Wichtig=
keit wegen, und da es in bezug auf diese Angelegenheit nie gehörig ge=
würdigt oder auch ganz übersehen ist, bloß mit Abänderung der Schreib=
art hier wiedergeben wollen, weil es zugleich charakteristisch ist. Es ist
gerichtet: an die ehrsamen und weisen Ratmänner unserer Städte ge=
meinschaftlich in der Neumark Brandenburg, Brandenburg, Berlin und
Kölln, Frankfurt, Briezen, Beliz, Mittenwalde ꝛc. unsern lieben
Getreuen*).

Jobst von Gottes Gnaden Markgraf und Herr zu Mähren.
Lieben Getreuen. Da wir bereits früher unseren Städten Briezen,
Beliz und Mittenwalde, unsern lieben Getreuen, geschrieben haben, daß
sie dem hochgeborenen Fürsten, Herrn Wilhelm, Markgrafen zu Meißen,
unserm lieben Schwager, in pfandweise für etliche Summen Geldes
gehuldigt haben sollen und dies noch nicht geschehen ist, so haben wir
dem Edlen Lippold von Bredow, unserm Hauptmann und lieben Ge=
treuen geschrieben, daß er euch gemeinschaftlich dazu entbieten soll.
Darum begehren wir ernstlich und wollen dessen nicht entbehren, ihr

---

*) Finke in Büschings Magazin für die neue Historie und Geographie, Tl. 13,
S. 440. Das Datum der Urkunde ist richtig, denn 1394 fiel der Apollonientag,
der 9. Februar, auf einen Montag, aber in keinem der benachbarten Jahre.
Daraus ergiebt sich, daß die Verpfändung nicht, wie bisher angenommen wurde,
Ende des Jahres 1395, sondern schon 1393, und daß eine wirkliche Verpfändung
stattgefunden hat, ohne welche ohnehin keine Huldigung gefordert werden konnte.
Hiernach ist das, was Hausen in seiner Staatskunde der preußischen Monarchie,
Heft II. S. 76 ff., und nach ihm v. Lancizolle in seiner Geschichte der Bildung
des preußischen Staats, Tl. I. S. 247 über die Natur dieses Verhältnisses gesagt
haben, zu berichtigen.

sollet euch einigen und unsere ehegenannten Städte Brietzen, Belitz und Mittenwalde fleißig unterweisen, ernstlich dazu anhalten und getreulich helfen, daß sie diese Huldigung noch thun in aller Weise, wie wir es ihnen vormals geschrieben haben und lassen das nicht, insofern sie unsere schwere Ungunst vermeiden wollen, da uns daran mit Macht und sonderlichem Frommen gelegen. Gegeben zu Prag, am Montag am St. Apollonien-Tage, Anno 94.

Dieser Befehl scheint wenig gewirkt zu haben. Man wußte in der Mark sehr wohl, daß Jobst mit den böhmischen Angelegenheiten alle Hände voll zu thun hatte, und darum war wenig von ihm zu fürchten. Die Städte schützten vor, daß sie, als Jobst die Mark übernommen hatte, ihm und seinem Bruder Prokop gehuldigt und geschworen hätten, indem damals festgesetzt sei, daß die Mark an Prokop fallen sollte, wenn Jobst abginge. Sie könnten diesem den geschworenen Eid nicht brechen, und sich deshalb an keinen andern weisen lassen. Dieser Grund war um so mehr festzuhalten, als man wußte, daß Prokop bei der neuen Verpfändung der Mark von Jobst gar nicht befragt worden war, und von Prokop durfte man gewiß sein, daß er die Stände des ihm ge- leisteten Eides nicht entbinden würde, weil er eben jetzt gegen Jobst in einen heftigen Krieg verflochten war und dieser ihm als sein erbitter- tester Feind gegenüber stand. In der That kam es auch in diesem Jahre zu keiner Huldigung, und Markgraf Wilhelm, der mit in die böhmischen Unruhen verwickelt war, kam auch nicht nach der Mark. Wahrscheinlich aber ist es, daß er bereits die landesherrlichen Gefälle bezog, wenn er auch selber noch nichts im Lande zu befehlen hatte.

Wir wenden uns indessen von diesen allgemeinen Landesangelegen- heiten einstweilen ab und wieder zu der Quitzowschen Familie und der bevorstehenden Hochzeit Dietrichs.

Herr Apitz wünschte, sich in seinem Glanze zu zeigen und durch äußeren Aufwand darzuthun, wie hohen Wert er auf die Verbindung mit der Quitzowschen Familie lege. In Schloß Teupitz war zwar hin- reichender Raum vorhanden, eine große Gesellschaft zu bewirten; allein es fehlte mit Ausnahme des Geldes an allem übrigen, da der Küchen- meister wie seine Küchenmägde nur auf gewöhnliche Vorkommnisse ein- gerichtet waren. Ein prächtiges Mahl mit allem, was der Geschmack der Zeit dabei forderte, konnte man nur in einer größeren Stadt ab- halten. Es blieb die Frage, ob man Frankfurt, Berlin oder Branden- burg wählen sollte. Frankfurt war den Priegnitzern zu weit entlegen. Brandenburg war ihm in dieser Beziehung vorzuziehen, allein Herr Ortwyn hatte sich ausbedungen, das Paar zu trauen, und so entschied man sich für Berlin, womit alle Teile zufrieden waren. Die Hochzeit wurde auf Montag nach Mariä Heimsuchung (den 6. Juli) festgesetzt.

Von den Quitzows wurde dazu Busso Gans von Putlitz nebst seinem Sohne Caspar, dem innigen Freunde der jungen Quitzows, eingeladen. Aber der alte Herr kränkelte seit längerer Zeit und befand sich jetzt so unwohl, daß er es sich versagen mußte, dabei gegenwärtig zu sein. Sein Bruder Joachim war ihm schon vor neun Jahren vorangegangen. Desgleichen wurde der Bischof von Havelberg, Herr Johann von Wepelitz, dazu eingeladen und nahm bei seiner ununterbrochenen freundlichen Gesinnung für die Quitzowsche Familie die Einladung gern an. Herr Johannes von Quitzow auf Kleetzke war bereits seit einigen Jahren tot und sein Besitztum an Herrn Cuno gefallen. Hans Rohr zu Schloß Meyenburg, ein begüterter und wegen seiner Tapferkeit von den Quitzows geschätzter guter Mann, erhielt ebenfalls eine Einladung und versprach, sich zur rechten Zeit einzufinden, ebenso wie die Vettern Wedego von Quitzow auf Schloß Rühstädt, Lüdeke von Quitzow, Propst zu Havelberg, und Claus von Quitzow zu Stavenow*). Die Familie durfte hoffen, in ganz respektablem Ansehen mittels ihrer Freunde und Verwandten bei der Hochzeit zu erscheinen.

Dietrich und Johannes konnten die Zeit nicht erwarten und reisten voraus, um erst auf Schloß Teupitz einen Besuch abzustatten. Sie kamen am Johannistage an und wurden mit großer Freude empfangen. Die nötigen Bestellungen und Anordnungen waren bereits in Berlin gemacht; aber auch hier hatte man alle Hände voll zu thun, und nur der heutige Festtag hatte die Arbeiten unterbrochen.

Am Abend spät kamen die beiden Liebenden noch auf den Einfall, einen Spaziergang zu machen. Der Sommer dieses Jahres war ungemein regnerisch**); heute war seit längerer Zeit der Himmel vollkommen heiter gewesen, und die warme Sommerluft lockte unwiderstehlich ins Freie. Sie folgten der Lockung und wandelten um das Schloß am Ufer ihrer Insel dahin, an welchem sich die Wellen kaum hörbar brachen und nur zuweilen wie verstohlen und ganz unwillkürlich ein sanftes heimliches Plätschern hören ließen. Vom Himmel blickten die Sterne hernieder; aber die Nacht war durchleuchtet von jenem sanften Dämmerlicht, das um diese Zeit während ihrer ganzen Dauer nicht erlischt. Rings um den See auf allen Bergen loderten die Johannisfeuer und erglänzten wiederholt im tiefen Blau des Gewässers in zauberischem Lichte. Um die nächsten dieser Feuer sah man Menschen tanzen und von Zeit zu Zeit sprang einer, der sich besonders hervorthun wollte, mitten durch die Flamme***). Um jedes Feuer erscholl ein

---

*) S. d. Urkunde in Preuß. Brandenb. Miscellen, Tl. II. S. 68, wo es Rühstede statt Rütstede heißen muß.

**) Dresser, Sächs. Chronik, S. 380.

***) Waser, hist. diplom. Jahrzeitbuch sub Joannes Albus.

freudiges Jauchzen, und man wetteiferte mit einander und suchte sich durch Zuruf anzureizen, wenn die Freude eine Zeit lang stumm geworden war. Dieser Ruf umkreiste dann den See von beiden Seiten und machte die Runde durch die warme Luft, und es fehlte ihm nicht an Begleitung, denn man war bemüht, ihm immer wieder ein neues Juchhe nachzuschicken. Wer es weiß, welch ein seltsames, fast wehmütiges Gefühl entfernte Freudenrufe in der Nacht erregen, wird es nicht auffallend finden, daß Dietrich und Elisabeth eine Zeit lang einsilbig und fast schweigend am Ufer dahin schritten. Sie stiegen endlich eine kleine mit trocknem Rasen bedeckte Anhöhe hinan, welche oben mit Gebüsch besetzt war und sich sanft gegen den See hinsenkte, gegen das Ufer aber jäh hinabstürzte. Ihr Rand war mit dichtem Gebüsche, aus wilden Rosen bestehend, bedeckt, deren zahlreiche Blüten mit weißem Lichte durch die dämmernde Nacht weithin leuchteten. Unzählige Johanniswürmchen bedeckten dasselbe mit einem wunderherrlichen gelbgrünen Gefunkel, dessen einzelne Punkte wechselnd bald heller bald dunkler erglänzten, wie das Gejauchze auf den Bergen bald leiser bald lauter erscholl.

Am andern Tage kehrte der älteste Sohn des Herrn Apitz, ebenfalls Albrecht genannt, aus Böhmen heim, wo er seit seiner Kindheit sich aufgehalten hatte, um nun der Hochzeit seiner Schwester beizuwohnen. Er kannte bis jetzt weder die Quitzows, noch diese ihn anders als aus Briefen und Beschreibungen. Beide Teile gefielen und verstanden einander so wohl, als hätten sie sich schon lange gekannt. Herr Albrecht der jüngere hatte viel zu erzählen von der tollen Wirtschaft Wenzels; doch versprach er ausführliche Berichte für die Reise nach Berlin aufzusparen, da sie ein gutes Mittel wären, die Langeweile des Weges abzukürzen. Für jetzt lag ihm mehr daran die Plätze, an welche sich seine Erinnerungen aus der Kindheit knüpften, wiederzusehen und sich mit den Familienverhältnissen und seinen neuen Freunden bekannt zu machen, und nur gelegentlich gab er einzelne Skizzen außer dem Zusammenhange zum besten.

Es gab in Berlin noch manches zu besorgen, wobei Herr Apitz seine Gegenwart für nötig hielt, und er mußte wenigstens vier bis fünf Tage vor der Hochzeit dort eintreffen. Elisabeth nahm deshalb am nächsten und folgenden Tage Abschied von ihren Freundinnen in der Gegend und von dieser selbst. Am 27. Juni früh morgens machte man sich mit Sonnenaufgang auf den Weg und Elisabeth sah zum letztenmale die Sonne über den Teupitz-See emporsteigen. Ihre Thränen flossen, als sie von der Gegend schied, in welcher ihr die glücklichen Tage der Kindheit und Jugend so ungetrübt und rein entschwunden waren. Bald war sie aus den Augen verloren, andere Landschaften boten sich dar, und jetzt hielt es Herr Albrecht für geeignet, von Kaiser Wenzel, König Siegismund und Markgraf Jobst seinen Freunden zu erzählen.

Es ist euch bekannt, sprach er, wie Siegismund, der eigentliche Inhaber und Besitzer der Mark Brandenburg, König von Ungarn wurde. Er war zwanzig Jahre alt, als man ihn krönte, aber er hatte bereits viel erfahren, und wunderlich genug griff er nach Kronen, die sich ihm dargeboten hatten, und eben so schnell zurückwichen, als er die Hand danach ausstreckte, bis die eine derselben sich ihm wieder näherte, als er es am wenigsten meinte; er war klug genug, schnell sein Haupt darunter zu bringen und sie darauf fest zu drücken. Wie es seiner Gemahlin ergangen, ist euch nicht unbekannt geblieben, und ihr erinnert euch, daß sie gefangen genommen und durch ihn befreit wurde.

Apitz. Ja wohl. Aber sage uns zuvor, was ist Siegismund für ein Mann. Er steht mir nicht deutlich genug vor Augen.

Albrecht. Es ist ein Mann von Kenntnissen, denn sein Vater Kaiser Karl hielt ihm bekanntlich die besten Lehrmeister. Er weiß sich außer in seiner böhmischen Muttersprache sehr gut in der deutschen, lateinischen, slavischen, italienischen und französischen Sprache auszudrücken. Er liebt geschickte und gelehrte Männer, erweist ihnen große Ehre und geht gern mit ihnen um, auch wenn sie nicht von Adel sind.

Sein Geist ist hochstrebend, seine Gestalt edel und sein ganzes Wesen zeigt den Ausdruck von Huld und Majestät und flößt Ehrfurcht und Zutrauen ein, die man ihm unwillkürlich widmet, wenn man an die große Schule denkt, in welcher ihn das Schicksal erzogen. Aber seine Begierden weiß er wenig zu zügeln und der Wollust wie der Rachsucht fröhnt er auf eine Weise, die Besorgnisse für seine Zukunft erregt.

Seine Gemahlin, die Königin Maria, hatte dem Statthalter von Croatien, Johann von Horvath, bei ihrer Entlassung aus dem Gefängnisse Urfehde geschworen und hielt diese, so sehr auch Siegismund nach Rache dürstete. Allein sie starb im Jahre 1392, und Siegismund konnte kaum ihre Beerdigung erwarten, um seine Rache an allen, welche ihr feindlich gegenüber gestanden hatten und von ihr aus Achtung geschont worden waren, zu kühlen. Johann Horvath wurde sogleich zu Fünfkirchen gefangen gesetzt und zum Tode verurteilt. Er wurde zur Richtstätte geschleift, mit glühenden Zangen an Armen und Beinen zerrissen und endlich gevierteilt. Zweiunddreißig andere aus vornehmen Geschlechtern, deren ehemalige Vergehungen längst vergessen zu sein schienen, wurden auf eine ähnliche, eben so beschimpfende als grausame Weise von der Hand des Henkers hingerichtet. Die Anverwandten derselben sind darüber empört und Siegismund hat sich an ihnen unversöhnliche Feinde gewonnen. Sie unterlassen nichts, was ihn bei den

Ungarn verächtlich und verhaßt machen kann, und leider giebt sein Privat=
leben, das nicht eben erbaulich ist, dazu vielfache Gelegenheit. Kaum
ist ein gutes Ende zu hoffen. Jetzt hat er nun seinen Bruder, den König
Wenzel, gefangen genommen. Wie dies gekommen, wird euch deutlich
werden, wenn wir dessen Geschichte kurz erzählen.

Ihr wißt, daß dieser im Jahre 1378 seinem Vater, dem Kaiser
Karl, folgte. Dieser hatte sowohl dem Adel als den mächtigen deutschen
Reichsstädten den Daumen aufs Auge gedrückt, und alle Parteien wünschten
sehnlichst, den Zeitpunkt hereinbrechen zu sehen, wo eine Änderung mög=
lich sein würde. Selbst in Böhmen, für welches der Kaiser so viel ge=
than hatte, gab es viele Anhänger des Alten, die über ihn sehr miß=
vergnügt waren.

Apitz. Ja wohl, es fehlte damals nirgend an Leuten, welche
seiner Regierung überdrüssig waren. Durch die Teilung seines Reiches
unter seine Söhne machte er dem unerfahrenen jungen Wenzel auch eben
kein leichtes Spiel.

Albrecht. Wenzel war siebenzehn Jahre alt, als er seine Re=
gierung antrat; ungeachtet dieser Jugend hatte er bereits vielfache Be=
weise eines durch und durch verdorbenen Herzens, Verstandes und Ge=
schmacks gegeben. Er hatte sich daran gewöhnt, stets nur zu wollen,
um auch zu können, und wahrscheinlich war er selbst von seinem kaiser=
lichen Vater mit zu großer Vorliebe behandelt worden, denn schon da=
mals traten die ersten Zeichen künftiger Ausschweifungen, Laster und
Verbrechen hervor. Zum Regenten ist er gänzlich verdorben, jedes ernste
Geschäft ist ihm verhaßt und nur für rohe Vergnügungen der gemeinsten
Art zeigt er Sinn und Empfänglichkeit. Lärmende Jagden, Schmau=
sereien, Trinkgelage sind seine liebsten Ergötzungen, Gaukler, Zauberer,
Trunkenbolde, Schmeichler, Narren und feile Weiber seine gewöhn=
lichsten Gesellschafter. Die Regierungsgeschäfte sind ihm zum Ekel; er
ist grob, übermütig, aufbrausend und ungestüm und letzteres geht nach
und nach in wahre Wut bei ihm über. In hohem Grade argwöhnisch
fürchtet er von jedem das Schlimmste; kein Wunder, wenn er bei solchen
Eigenschaften von allen seinen Unterthanen gehaßt und verachtet, aber
zugleich eben so gefürchtet wird.

Kaum hatte Wenzel seine Regierung angetreten, als sich die alte
Feindschaft zwischen Adel und Städten in Süddeutschland zu regen be=
gann, und rasch gedieh es dahin, daß man dem Adel völligen Unter=
gang schwor. Auf seinem ersten Reichstage zu Frankfurt im Jahre
1379 errichtete er den allgemeinen Landfrieden, versprach keine neuen
Zölle ohne Einwilligung der Kurfürsten einzuführen und keine Reichs=
stadt zu verpfänden. Aber schon einen Monat später verpfändete er die
Landvoigtei in Ober= und Niederschwaben und die Reichsstädte Augs=

burg und Giengen an den Herzog Leopold von Österreich. Die Städte erneuerten daher ihren Bund und nahmen noch andere darin auf, und im Jahre 1381 hatten sich so 41 der mächtigsten Städte zur Erhaltung ihrer Selbständigkeit und zur Sicherstellung ihres Handels verbunden.

Apitz. Und was that der Adel dabei?

Albrecht. Auch er trat in Gesellschaften zusammen, um die Fehden gemeinschaftlich zu führen, und diese Gesellschaften erhielten in den verschiedenen Gegenden verschiedene Namen, wie: die Martinsvögel oder Schlägeler, der Sternerbund, Hörnerbund, Benglerbund und Löwenbund, welche sich ein gemeinschaftliches Wappen oder Zeichen wählten, und unter welchen der letztgenannte der mächtigste war. Wenzel hielt es anfangs mit den Städten; im Jahre 1383 berief er jedoch sie und die Fürsten nach Nürnberg, suchte ihren Beschwerden abzuhelfen, verkündigte einen allgemeinen Landfrieden und traf deswegen Maßregeln, die jedoch ohne Wirkung blieben. Die Städte waren so mächtig, daß sogar der Löwenorden sich genötigt sah, zu ihnen überzutreten und mit ihnen gemeinschaftliche Sache zu machen. Ganz Süddeutschland durchraste ein wilder Mord- und Brandkrieg.

Im Jahre 1385 wurde der Städtebund noch mächtiger und allgemeiner; auch die helvetischen Städte waren hinzugetreten und man nahm sich vor, keinen Eingriff in die wirklichen oder vermeinten Rechte zu dulden. In Helvetien brach das Kriegswetter am furchtbarsten aus, wo Herzog Leopold von Österreich zu manchen Beschwerden Veranlassung gab. Man war dort zu einer Eidgenossenschaft zusammen getreten und im Jahre 1386 kam es bei Sempach zu einer entscheidenden Schlacht, in welcher Herzog Leopold blieb. Es gab noch manchen Kampf daselbst, bis im Jahre 1389 ein Friede geschlossen wurde, der bis jetzt noch fortdauert. Aber fast noch furchtbarer wütete der Fehdekrieg in Bayern. Die Städte waren durch die Schlacht bei Sempach mutig geworden; sie führten viele Kriege und kamen am Bartholomäustage 1388 bei dem schwäbischen Reichsstädtchen Weil einem Heere gegenüber zu stehen, welches aus württembergischen, pfälzischen, badenschen, würzburgischen und anderen fürstlichen Leuten zusammengesetzt war. Gleich im Anfang verlor der württembergische Prinz Ulrich das Leben und die dadurch verbreitete Bestürzung schien den Städtern günstig zu sein. Fast hätten sie die Schlacht gewonnen, wenn ihre Feinde nicht unvermutet Beistand erhalten hätten. Erlaubt mir dies zu erzählen, ich denke, es wird euch gefallen.

Apitz. Laß hören.

Albrecht. Wolf von Wunnenthal war ein Mitglied der Gesellschaft der Martinsvögel oder Schlägeler. In ihrer Gesellschaft war er einst nach dem Städtchen Wildbad gezogen, um daselbst den Grafen Eberhard zu fangen, welcher dort seiner Gesundheit pflegte und von ihm ein gutes Lösegeld zu erhalten. Dieser Anschlag mißlang, machte aber Wolf und den Grafen Eberhard zu erbitterten Feinden. Allein Wolf war auch ein ebenso abgesagter Feind der Städte.

Apitz. Das ist mein Mann.

Albrecht. Als er hörte, daß es mit den Reichsstädtern zu einer Schlacht kommen sollte, konnte er dem Reiz nicht widerstehen, dabei zu sein und gegen sie zu fechten. Ja, seine Begierde ging so weit, daß er seine alte Feindschaft vergaß und dem Grafen Eberhard, der das Heer gegen die Städter befehligte, seine Dienste anbieten ließ. Eberhard aber mochte sich keine Dienste von seinem Feinde leisten lassen und schlug sie aus. Wolf erschien dennoch und gerade in dem Zeitpunkte, wo sich der Sieg auf die Seite der Städter zu neigen schien. Seine persönliche Tapferkeit, wie die geübte starke Faust der Seinigen, welche er frischkräftig in den Kampf führte, entschied die Schlacht zu gunsten Eberhards, und dieser wurde durch den Beistand Wolfs so gerührt, daß er seine Feindschaft vergaß, ihn zu sich einlud und ihm seine Freundschaft anbot.

Apitz. Schön und großmütig.

Albrecht. Wolf ritt auch eine Strecke Weges mit; dann aber entfernte er sich plötzlich und rief Eberhard zu: Gute Nacht! Es steht in alten Rechten!

Apitz. Das ist mein Mann! Ein echter Ritter, dem ich im Geiste die Hand reiche und schüttle.

Albrecht. Die Städte erlitten noch mehr Verluste und waren endlich genötigt, den Frieden einzeln von den Fürsten zu erkaufen. Wenzel verließ ihre Partei und trat zu der der Fürsten über. Im Jahre 1389 schrieb er einen Landtag zu Eger aus, wo die Fürsten und Abgeordneten der Städte erscheinen mußten. Letztere sahen mit Erstaunen, wie sich Wenzel den Zumutungen der Fürsten willig hingab und die Städte völlig abhängig von dem Willen der Fürsten machte. Ungeachtet ihrer Gegenvorstellungen verkündigte er einen allgemeinen Frieden, an welchem die Städte nicht eher, als bis sie sich mit den Fürsten ausgesöhnt und die ihnen auferlegten großen Summen bezahlt haben würden, teilnehmen sollten. So lange dies nicht geschehen, würden sie als Störer des Friedens behandelt werden. Hierdurch sprengte er den Bund der Städte gänzlich auseinander.

In Böhmen verfuhr Wenzel nicht minder unklug. Er haßte die Geistlichen, und wo er einen fand, der sich eines Vergehens schuldig gemacht hatte, woran jetzt, wie ihr wißt, nirgend Mangel ist, so übte er an ihm persönliche Rache, ja er suchte sie wohl, von der Wache begleitet, des Nachts persönlich auf und ließ sie vor den Augen des Volks auf die beschimpfendste Art züchtigen, woraus er sich kein geringes Verdienst machte. Aber die Geistlichkeit hatte er dadurch gegen sich empört und in jedem Geistlichen einen Feind. Es gelang nur einem derselben, sich in sein Vertrauen einzuschmeicheln, einem gewissen Hanko, den er zum Bischof von Cammin ernannt hatte, gegen dessen Wahl sich aber Schwierigkeiten erhoben. Wenzel beschloß, ihm die reiche Abtei Kladrau nach dem Hintritte des schon bejahrten Abtes zu verleihen und die Abtei in ein Bistum zu verwandeln. Der alte Abt starb und der Erzbischof schritt, dem Herkommen gemäß, zu einer neuen Wahl. Wenzel ergrimmte darüber und befahl dem Erzbischof, der sich auf seinem Schloß Raudnitz befand und schon längst ein persönlicher Feind Wenzels war, nach Prag zu kommen. Er erschien mit seinen Domherren und Wenzel ließ sie sämtlich gefangen setzen. Allein der Erzbischof fand Gelegenheit, zu entkommen. Wenzel war deswegen so ergrimmt, daß er dem Domdechanten, der seine Frage: wer den Erzbischof zur Flucht verleitet habe, nicht sogleich beantwortete, den Kopf mit dem Degengefäß blutig stieß und ihn gebunden zum Schloßhauptmann zu bringen befahl, während die anderen Geistlichen nach dem Gefängnis auf dem Rathause geführt wurden. Unter diesen befand sich der bischöfliche Generalvikar Johann Nepomuk, ein Mann von großem Verstande und ungeheuchelter Frömmigkeit. Bei einbrechender Nacht begab sich Wenzel in das Gefängnis und verhörte die Geistlichen selber. Er wollte wissen, welchen Entschluß der Bischof gefaßt habe, als er sich flüchtete. Zwei dieser Geistlichen wurden entlassen, weil sie versprachen, es mit dem Erzbischofe nicht mehr zu halten. Aber der Generalvikar Johann nebst dem Offizial Puchnick wurden auf Wenzels Befehl auf die Folter gebracht. Vom Generalvikar, welcher der Beichtvater der Königin war, die Wenzel eben erst geheiratet hatte, verlangte er der Sage nach sogar die Geheimnisse der Beichte. Ja, er ergriff selber die Fackel und peinigte damit den unglücklichen Geistlichen. Der Official konnte vor Schmerzen nicht sprechen; aber Johann verlor nicht die Besinnung und redete ihm zu, standhaft zu bleiben, worüber Wenzel so in Wut geriet, daß er beide von der Folterbank herabzunehmen, den Generalvikar aber zu ersäufen befahl. Es geschah. Die Hände auf den Rücken gebunden und mit versperrtem Munde wurde Johann Nepomuk nach Mitternacht in möglichster Stille nach der Moldaubrücke geführt und hinabgestürzt. Es geschah dies vor einem Jahre, am 21. März 1393. Ganz Böhmen geriet darüber in die unbeschreiblichste Bestürzung, selbst Wenzel that als fühle er Reue. Er bat den Erzbischof nach Prag zu kommen und er wollte selbst eine Kirchenbuße thun. Allein der Erzbischof war klug genug, nicht zu kommen. Johann Nepomuk wird wahrscheinlich heilig gesprochen werden.

Ebenso unklug verfuhr Wenzel gegen den Adel in Böhmen. Er handelte durchgängig nach Willkür und achtete weder Recht noch Gerechtigkeit. Er zog die königlichen Kammergüter ein, deren größter Teil von seinen Vorfahren an böhmische Herren und Ritter verpfändet war. Allein er that dies auf eine eigene Weise. Alle diejenigen, welche solche Güter inne hatten, wurden von ihm nach Willemow eingeladen, unter Androhung seiner Ungnade für die Ausbleibenden. Dennoch fand sich nur ein Teil ein. Unter freiem Himmel waren drei Zelte errichtet, ein schwarzes, ein rotes und ein weißes. In dem schwarzen saß Wenzel, umgeben von einer zahlreichen Mannschaft. Einer nach dem andern mußte vor ihm erscheinen und strenge Fragen über den Besitz seiner Güter beantworten. Die sich weigerten, wurden nach dem roten Zelt geführt und geköpft. Die Nachgiebigeren kamen in das weiße Zelt und behielten die Güter auf ihre Lebenszeit. Ähnliches ereignete sich öfter, wenn auch in anderer Weise.

Apitz. Das konnte nimmer gut gehen.

Albrecht. Es ist es auch nicht. Denn während er vor drei Jahren auf dem Reichstage zu Nürnberg war, hielt der böhmische Adel bereits eine Zusammenkunft und besprach seine bedauerliche Lage; doch wurde nichts beschlossen. Bei seiner Zurückkunft ließ Wenzel zwei von denen, welche in jener Versammlung das Wort geführt hatten, gefangen setzen und enthaupten.

Genug, Wenzel verfuhr so tyrannisch, daß er zuletzt die Leute hindern wollte, mit einander zu sprechen. Es kam endlich so weit, daß sich einige böhmische Herren an seinen Bruder Siegismund, König von Ungarn, wandten und auf ihre gegründeten Beschwerden versprach er ihnen Unterstützung. Er schloß sofort mit Jobst von Mähren, Markgrafen von Brandenburg, sowie mit dem Herzog Albrecht von Österreich und Markgraf Wilhelm von Meißen ein Bündnis wider jedermann, welchen zu beschränken man sich veranlaßt sehen würde. Die Ermordung des Generalvikars zu Prag gab die Veranlassung, nicht länger zu zögern. Markgraf Jobst überfiel den Wenzel als er eben im Minoritenkloster zu Beraun das Mittagsmahl einnehmen wollte, am 8. Mai gegenwärtigen Jahres (1394) und führte ihn mit Hülfe einiger böhmischen Edelleute, zu welchen auch ich gehört habe, auf das Schloß zu Prag, wo er dem Burggrafen zur Verwahrung gegeben ist. Doch ist dies möglichst geheim geschehen, kann aber nicht verborgen bleiben.

Apitz. Nun, und was weiter?

Albrecht. Die Absicht der Böhmen war eigentlich, Wenzel zu bewegen, die Regierung guten Leuten zu überlassen, sich mit der Würde

eines Königs zu begnügen, übrigens aber zu jagen und zu trinken, so
viel er wollte. Wenzel konnte sich anfangs von seinem Erstaunen über
die Verwegenheit seiner Unterthanen nicht erholen. Endlich ließ er sich
gefallen, daß Jobst die Hauptmannschaft über das Königreich Böhmen
übernahm, er versprach, jeden bei seinen Rechten und Freiheiten zu lassen,
und fing schon an, sich in die neue Lage der Dinge zu schicken, als
Markgraf Johann von der Lausitz alles verdarb. Dieser glaubte, es
nicht zugeben zu dürfen, daß irgend ein anderer sich in Böhmen wich=
tigen Einfluß verschaffe, da er seines Bruders Wenzel nächster Erbe ist.
Er kam daher mit einem Heere nach Prag, wo man ihn auch einließ.
Aber Wenzel übergab man dem Burggrafen Heinrich von Rosenberg,
der ihn nach verschiedenen Schlössern und endlich nach Österreich auf
das Schloß Wiltberg bringen ließ, wo er sich jetzt noch aufhält. Mark=
graf Johann war über die Wegführung sehr entrüstet; er ließ sich von
den Pragern die Zusicherung geben, daß sie ihn auf alle Fälle als König
von Böhmen anerkennen wollten. Wahrscheinlich aber wird er den
Rosenbergs übel mitspielen, denn er tobt gar sehr gegen sie; ich bin
mitten in diesem Wirrwarr von da abgereist.

Man hatte Mittenwalde erreicht und setzte nach kurzer Rast die
Reise nach Berlin fort, wo man abends ankam. Die Vorbereitungen
der folgenden Tage beschreiben wir nicht und bemerken nur, daß nach
und nach die Quitzowschen Gäste eintrafen. Von seiten der Schenken
fanden sich ein: die Brüder des Herrn Apitz Heinrich und Hans, Ritter
Lippold von Bredow, Hauptmann der Mark, der Vogt der Lausitz Otto
von Kittlitz, Herr zu Baruth, welcher eben zum Marschall des Herzogs
Johann ernannt worden war, weshalb er die Vogtei Herrn Balthasar
von Ihlow abgetreten hatte, der gleichfalls mit eingeladen war*). Des=
gleichen kam Conrad, Abt von Zinna, und Hans von Bieberstein, Herr
zu Storkow und bis dahin auch von Beeskow, welches letztere er jedoch
vor kurzem den Herzögen Swantebor und Boguslaw von Pommern,
ersterer Schwager des Herzogs Johann von Görlitz, abgetreten hatte,
wobei Albrecht Zeuge gewesen war**). Es war eine ansehnliche Gesell=
schaft, durch welche das Ansehen der Quitzows nicht wenig gewann.
Alle diese Herren waren mit ihren Frauen und die Verwandten auch
mit deren Schwestern gekommen, und jeder hatte noch drei bis vier
Knappen und einige Knechte mitgebracht. Die Knappen mußten mit
zur Hochzeit geladen werden, die Knechte dabei zu essen und zu trinken
bekommen. Hierzu kam noch Herrn Ortwyns Verwandtschaft und einige
von den Bekannten des Herrn Apitz in Berlin, so daß mehr als hundert
Personen anwesend waren.

*) Neumann, Gesch. d. Niederl. Landvögte, Tl. II. S. 36. 38.
**) v. Ledebur, Archiv Tl. IV. S. 130, 132. Tl. XI. S. 356, 357.

Einundzwanzigstes Kapitel.

Kaum hatte Apitz in Berlin am andern Morgen sein Bett verlassen, so fanden sich die Umbitter ein, um angewiesen zu werden, wen sie einzuladen hätten. Apitz verhandelte darüber mit dem Meister und dieser wies alsdann seine Gesellen an, bezeichnete ihnen die Häuser und Herrschaften, bei denen sie ihren Sermon halten sollten, und diese verfügten sich nach Hause; der Meister aber blieb in der Herberge, um sofort bei der Hand zu sein, wenn etwa ein Gast vergessen und noch einzuladen wäre.

Am andern Morgen, Montag früh, wandelten seine Gesellen, festlich mit Bändern geschmückt und große Blumensträuße vor der Brust, durch alle Straßen von Berlin. Eine Schar barfüßiger Kinder zog jauchzend hinter ihnen her und machte vor jedem Hause, in welches der Umbitter hineinging, einen großen Lärm. Noch waren nicht alle Gäste anwesend. Allein die Schicklichkeit verlangte, daß die bereits Angekommenen in Zeiten eingeladen würden, und diese Einladung wurde noch zweimal wiederholt und von den Umbittern mit gleichen Worten angebracht. Man mußte wenigstens scheinbar voraussetzen, daß alle Gäste viel zu viel im Kopfe hatten, und eine solche Einladung für sie so wenig bedeutend sei, daß sie dieselbe ohne wiederholte Erinnerung notwendig vergessen müßten.

Mit diesen Einladungen und den Vorbereitungen zum Feste, den notwendigen Einkäufen und was sonst der Gebrauch verlangte, ging die Woche unter vielem Wirrwarr hin. In Apitz' uns schon bekannter Herberge war kein Gelaß, eine so große Gesellschaft zu bewirten. Herr Apitz mietete daher für die Tage der Hochzeit ein ziemlich ansehnliches Haus in der Spandauerstraße, nicht weit vom Heiligen Geist-Hospitale, das der Wirt räumte, indem er sich in ein Hintergebäude zurückzog. In diesem Hause sollten die Gäste bewirtet werden; der Tanz wurde nach alter Sitte auf dem Rathause gehalten. Auch lieferte das Rathaus die erforderlichen Tischgerätschaften gegen Miete, denn keine Her-

berge war damit für eine große Gesellschaft versehen. Einige Rats=
diener hatten dieselben unter Verschluß.

Es bestand in Berlin seit 1335 eine Verordnung des Rats, wie es
bei Hochzeiten zu halten sei, um dem überhand genommenen Gepränge
einen Damm zu setzen*). Allein sie hatte nur für die verschiedenen Klassen
der städtischen Einwohner verbindende Kraft; die höheren Stände waren
davon ebenso wie bei der späteren Festsetzung des Rates vom Jahre 1580
ausgenommen**). Herr Apitz hatte durchgängig mehr gethan, als jene
Verordnung selbst dem ersten Stande der städtischen Einwohner, den
Pröbsten, Bürgermeistern, Richtern, Ratspersonen und Patriziern ge=
stattete, da sein Stand ihn höher als diese stellte, woran ihn denn auch
niemand hinderte.

Ein großer Teil der Gäste hatte gewünscht, Braut und Bräutigam
festlich einzuholen. Zu dem Ende hätten beide erst zur Stadt hinaus=
reiten müssen. Nach längerem Überlegen hielt man für besser, es zu
unterlassen und es für geschehen anzunehmen. Am Sonntag Abend
waren die Brautjungfern bei Elisabeth und wurden von ihr bewirtet.

Am Montag, morgens um 7 Uhr, fand sich Dietrich mit seinem
Vater und Bruder bei Elisabeth ein und nach und nach die sämtlichen
Gäste, festlich geputzt und geschmückt und zwar in dem dazu gemieteten
Hause in der Spandauerstraße. Die Frauen versammelten sich bei der
Braut, die Männer auf der anderen Seite des Hauses bei Dietrich.
Der Platzmeister mit seinen Gesellen stellte sich ein, um alles gehörig
anzuordnen, und als alle Gäste versammelt waren, wurden die Thüren
geöffnet und die Männer begaben sich in die Gemächer der Frauen.

Nach gegenseitiger Begrüßung überreichte Dietrich seiner Braut ein
Paar Schuhe und ein Paar Pantoffeln zum Geschenk, wie es der Ge=
brauch verlangte, desgleichen den Frauen und Töchtern der Brüder des
Herrn Apitz und den Frauen seiner Vettern, der Quitzows, jeder ein
Paar Schuhe und Pantoffeln***).

Elisabeth überreichte ihm dagegen ein Hemde, ebenso erhielten ein
solches sein Vater, sein Bruder, seine Vettern und ihre Oheime und
die übrigen männlichen Verwandten, zusammen sechsunddreißig. Diese
Hemden waren ihrer ursprünglichen Bestimmung nach Badehemden,
denn sie wurden anfänglich nur dazu gebraucht. Man fing indessen
damals bereits an, Hemden zu tragen; aber man schlief noch nicht darin,
sondern zog sie vor dem Schlafengehen aus und durch ein paar Jahr=
hunderte hielt sich dieser Gebrauch; denn selbst zu den Zeiten der Re=

---

*) Wilken, histor. Kalender für 1820. S. 48.
**) Küster, Altes und Neues Berlin Tl. IV. S. 353.
***) Grimm, deutsche Rechtsaltertümer S. 409.

formation ging man völlig nackt zu Bette, ungeachtet meist drei bis vier Personen in einem Bette lagen, und ein Gast sich hochgeehrt fühlte, wenn sein Wirt ihn mit in sein Bette nahm, weil es ein Beweis von großem Vertrauen war. Nicht selten lagen neben den Personen auch ein paar Hunde im Bette.

Man schickte sich nun an, zum Brautbade zu gehen. Das Baden war in jener Zeit in der Mark, und besonders in Berlin, sehr beliebt, und eine anständige Hochzeit konnte nicht gefeiert werden, ohne daß das Brautpaar und sämtliche Gäste zuvor gebadet hatten. Natürlich mußte der Brautvater die Kosten bestreiten. Der Stadtpfeifer mit seinen Ge= sellen war dazu eingeladen. Es wurde ein Zug veranstaltet, aus sämt= lichen Hochzeitsgästen zusammengesetzt. Voran die sechs Stadtpfeifer mit Zinken, Schalmeie, Posaune, Geige und Zimbel, darauf die Hochzeits= gäste, von welchen die Beschenkten ihre Hemden über die Schulter ge= schlagen trugen, die Frauen aber die neuen Schuhe angezogen hatten. Die Pfeifer musizierten und langsam bewegte sich der Zug die Spandauer= straße abwärts vom Spandauerthore nach dem alten Markt hin. Es war 8 Uhr morgens, als man sich in Bewegung setzte. Vor ihnen her tanzte die muntere Straßenjugend, welche die schöne Musik nicht un= genutzt verklingen lassen wollte, durch den Staub der ungepflasterten Gassen dahin. Aber außerdem hatte Herr Apitz noch ein paar Pickelheringe oder Lustigmacher angenommen, welche in seltsamer Ausstaffierung neben dem Zuge herliefen, Gesichter schnitten, Kobold schossen, Rad schlugen, jedes alte Mütterchen, das ihnen begegnete, umarmten, vor kleinen Jungen tiefe Bücklinge machten und von jedem Gast geneckt wurden. Sie stol= perten über jedes kleinste Hindernis, lagen unversehens der Länge nach auf der Nase, rannten gegen einander, machten gewaltige Sprünge über Stroh= halme, welche im Wege lagen und schnitten tausend Grimassen, über welche die in diesem Punkte sehr kindlichen Zuschauer sich vor Lachen ausschütten wollten.

Der Zug der Hochzeitsgäste kam vor der Herberge des Herrn Apitz vorbei, ging über den alten (Molken=) Markt und nach dem Kriegel (jetzt Krögel), in welcher sehr engen Straße das Badehaus stand*). In diesem Hause waren zwei große gewölbte Stuben, wo beide Geschlechter, von einander abgesondert, mit aller Bequemlichkeit baden konnten. Oben waren mehrere Zimmer, in welchen ein reich besetztes Frühstück für die Gäste angerichtet war. Als man eingetreten, wurden zuerst Braut und Bräutigam zum Brautbade geführt. Mit ihnen gingen ihre nächsten Freunde und Verwandte, so viel deren in den Badezimmern zugleich baden konnten. Die übrigen blieben zurück und thaten sich beim Schmause

---

*) Möhsen, Gesch. d Wissensch. i. d. M. Brandenb. S. 313.

gütlich). Nachdem die erste Abteilung zurückgekehrt war, begab sich eine zweite nach den Badezimmern und so fort, bis alle Gäste an die Reihe gekommen waren; das Frühstück war dabei verzehrt und ein Teil der Gäste hatte sich bereits lustig getrunken.

In derselben Ordnung, wie er gekommen war, begab sich der Zug zurück nach dem Gasthause. Es war 11 Uhr vorbei; hier hatte man unterdessen den Mittagstisch bereitet, der jedoch noch nicht allen Glanz der Tafel und der Kochkunst entwickelte, da er nur als ein vorbereitender galt. Ungeachtet des eben genossenen Frühstücks ließ man es sich trefflich schmecken. Musik hatte man bei dieser Tafel nicht, sie war für die folgenden aufgespart. Übrigens aßen Männer und Frauen in abgesonderten Zimmern.

Um 1 Uhr stand man von der Tafel auf; die Vorbereitungen zur Hochzeit waren nun beendigt, der Grundstein war gelegt und die eigentlichen Feierlichkeiten konnten beginnen.

Sie fingen damit an, daß Braut und Bräutigam die Hemden wechselten und miteinander austauschten. Die Braut entkleidete sich in dem Frauenzimmer, der Bräutigam in dem Männerzimmer, so weit es erforderlich war; dann wurde sein Hemde durch die knapp geöffnete Thür hindurch gereicht, wo es eine ältere Frau empfing und Elisabeth damit bekleidete, wie umgekehrt ihr Hemde auf demselben Wege an Dietrich gelangte, der es anzog*). Beide wurden nun festlich zur Trauung geschmückt und nachdem dies beendigt war, vereinigte sich die Gesellschaft wieder. Dietrich überreichte seiner Braut den Brautkranz, aus Goldschnur bestehend, welche künstlich um Rosmarin geflochten und gewunden war, dazwischen mit Goldblättern ausgeziert. Man bekränzte sie und befestigte dann am Gürtel ein Bund Schlüssel als Zeichen ihrer nun zu übernehmenden hausmütterlichen Würde**). Hierauf wurden vier Wachskerzen angezündet und von vier Gästen gehalten. Einen Becher füllte man mit Wein, Dietrich kredenzte ihn der Braut, die ihn zur Hälfte leerte und an Dietrich zurückgab, der ihn bis auf den letzten Tropfen austrank***). Nachdem diese Ceremonie beendigt war, schenkte die Braut allen anwesenden Gästen sowie ihrem Bräutigam Hochzeitskronen, das heißt Kränze von Blumen mit einer Goldschnur umwickelt und durchzogen, die bei ihren Verwandten jede eine halbe Unze Gold enthielt, bei den übrigen Gästen eine viertel Unze. Die Platzmeister erhielten Blumenkränze mit leichteren Goldschnüren, aber mit Federn bestęckt, die Marschälle, Köche, Spielleute und Umbitter Kränze mit

---

*) Grimm, deutsche Rechtsaltertümer S. 441.
**) Ebendas. S. 176. 443.
***) Ebendas. S. 441.

Silberschnüren*). Jeder holte sich seinen Kranz aus den Händen der
Braut, und die ganze Gesellschaft schmückte sich damit. Da die Kränze
meist aus Würzkräutern, das heißt stark duftenden Gewächsen bestanden,
so verbreiteten sie einen kräftigen Geruch in den Zimmern.

Jetzt schickte man sich zum Kirchgange an. Es war 3 Uhr ge=
worden. Die Platzmeister ordneten in ihrem festlichen Ornate den Zug
an. Zuerst kamen acht Ritter mit brennenden Fackeln von weißem Wachs.
Darauf folgte die Braut in einem ausgeschnittenen Rock aus weißer Seide
mit Silber durchwirkt, und geführt und begleitet von Dietrichs Mutter
und ihren Verwandten, welche in weiße Seide gekleidet waren. An
sie schlossen sich die übrigen eingeladenen Frauen an, sämtlich festlich
geschmückt mit vielen goldenen Ketten und Armspangen und bekränzt.
Hierauf kamen die Spielleute und Pfeifer und machten mit ihren In=
strumenten einen großen Lärm. Auf diese folgten Herr Apitz und Cuno,
denn die Sitte verlangte, daß bei öffentlichen Prozessionen die Töchter
der Mutter vor=, aber die Söhne dem Vater nachtraten. Die Frauen
mußten den Männern vorausgehen**). Darauf folgte der Bräutigam in
einem schwarzen Mantel und weißseidenen Unterkleidern, geführt von
seinem Bruder Johann und seinem Schwager Albrecht. An diese schlossen
sich die übrigen Verwandten, so daß immer einer von Dietrichs Seite
und einer von Elisabeths Seite zusammengingen. Hinter ihnen kamen
der Bischof von Havelberg, Johann von Wepelitz, geführt von dem Abte
Conrad von Kloster Zinna und dem Propste Ortwin, an welche sich
sodann die übrigen Hochzeitsgäste nach ihrem Stande und Würden an=
schlossen. Nebenher gingen die Marschälle und Platzmeister nebst den
Umbittern, sämtlich wie die Gäste bekränzt. Die Pickelheringe liefen am
Zuge hin und her, um von jedermann mit ihren Spätzen gesehen werden
zu können.

Es war üblich, nicht auf dem kürzesten Wege zur Kirche zu gehen
sondern einen Umweg zu machen, um sich zu zeigen. Auch unser Zug
befolgte diese Regel. Man zog die Spandauerstraße hinunter bis zur
Priester= oder Papenstraße, in welche man einlenkte. An der Ecke wohnte
der Lampenschmied, vor dessen Hause eine ewige Lampe brannte***).
Hier sprang einer der Pickelheringe hinein, holte eine Kohle, umarmte
die Frauenzimmer unter den Zuschauern und malte ihnen unter vielem
Kreischen und Gelächter einen Schnurrbart. Eine große Menge Volks
stand überall vor den Thüren und auf den Bänken, von denen fast
vor jeder Hausthüre zwei einander gegenübergestellt waren. Man zog

*) Küster, Altes und neues Berlin Tl. IV. S. 356.
**) Grimm, Deutsche Rechtsaltertümer S. 409.
***) Küster, Altes und neues Berlin Tl. III. S. 66.

dann über den Neuen Markt durch die Bischofsstraße und das Geck=
holt (Teil der Klosterstraße) und ging hinunter bis zur Stralauerstraße,
in welche man einbog und sie bis zum Alten Markte der Länge nach)
durchschritt. Hier trat man über den Nikolaikirchhof in die Kirche. Es
war 4 Uhr geworden.

Der Gottesdienst begann. Die Trauung verrichtete Propst Ort=
win dem Ritus der katholischen Kirche gemäß mit allem Pomp. Nach
einigen Gebeten mußte das Brautpaar seinen Namen angeben und als
es die Frage: ob sie sich gegenseitig als Mann und Frau begehrten,
mit Ja beantwortet hatte, sprach er: ego conjungo vos in matri-
monium in nomine dei patris filiique et spiritus sancti. Amen.
(Ich vereinige euch durch die Ehe, im Namen Gottes des Vaters, des
Sohnes und des heiligen Geistes. Amen.) Er machte das Zeichen des
Kreuzes gegen sie und besprengte sie mit Weihwasser. Dann segnete
er den Trauring ein, besprengte ihn kreuzweise mit Weihwasser und
überreichte ihn Dietrich, welcher denselben an den Ringfinger der linken
Hand seiner Braut steckte. Darauf folgte ein Gebet und eine Anrede
an das Brautpaar und an die Versammlung und hierauf die Braut=
messe, welche von den Schulgesellen, das heißt den Lehrern der öffent=
lichen Schule gesungen wurde.

Man hatte eine Stunde in der Kirche zugebracht, die Feierlichkeit
war beendigt und der Rückzug wurde angetreten. Er erfolgte in der=
selben Ordnung wie der Hinzug, nur begnügte man sich, diesmal die
Spandauerstraße bis zum Gasthause hinunter zu ziehen.

Hier war unterdessen in einem Zimmer das Brautbett aufgeschlagen
und eingesegnet worden. Als man in das Haus eingetreten war, gingen
Dietrich und Elisabeth, angesichts ihrer Verwandten in das Zimmer und
mußten sich angekleidet wie sie waren in das Bette neben einander
legen. Dann breitete man eine Decke über sie und deckte sie bis an
den Hals zu. Diese Zeremonie hieß: die Decke beschlagen, der Bett=
sprung oder die Beschreitung des Bettes. Erst dadurch galt die Ehe
als vollzogen, nicht durch die Trauung, und wenn der Bräutigam zwischen
der Trauung und der Beschreitung des Bettes starb, galt die Braut
nicht als Witwe und konnte auf kein Recht einer nachgelassenen Frau
Anspruch machen*). Die Wichtigkeit dieser Handlung forderte, daß alle
Gäste darüber ein Zeugnis abgeben konnten. Während das Brautpaar
im Bette lag, wurden die Gäste in Prozession durch das Zimmer ge=
führt, wobei denn die Witzbolde darunter nicht unterließen, sich einige
Mühe in Redensarten zu geben. Nachdem dies beendigt war, erhob

*) Grimm, Teutsche Rechtsaltertümer S. 440. Die Feier der Liebe Bd. I.
S. 121. 125.

sich das Brautpaar, Dietrich gab seiner Braut einen Kuß und man begab sich sofort zur Abendmahlzeit. Es war 5 Uhr.

In den verschiedenen Zimmern waren achtzehn Tische eingerichtet, jeder zu zehn Personen. Darunter waren: ein Trompeter- und Pfeifertisch, zwei Kindertische, zwei Mägdetische und zwei Jungferntische. Die übrigen waren für die andern Gäste bestimmt. An dem Trompetertische saßen die Musiker. Bei den Hochzeits-Mittagsmahlen durfte nur der Stadtpfeifer oder wie er damals hieß, des Rats Turm- und Hausmann, die Musik machen oder nach dem Kunstausdrucke aufwarten. Er hieß des Rats Hausmann, weil er auf dem Rathause wohnte und bei demselben die Dienste des Hausmanns verrichtete; des Rats Turmmann, weil er das tägliche Blasen vom Rathausturme abends um 9 Uhr anordnen und durch seine Leute verrichten lassen mußte, sowie er die Nachtwache auf dem Turme zu besorgen hatte*). Wollte man bei Hochzeiten andere, vielleicht besonders geschickte Pfeifer haben, so konnte dies an den Abendmahlzeiten und auch bei den Kirchgängen geschehen; bei der Mittagsmahlzeit mußte man sich aber mit dem Turmmanne erst darüber einigen. Der gegenwärtige hatte geschickte Leute und Herr Apitz hatte deshalb für unnötig gehalten, sich nach anderen umzusehen.

Die Kinder von einem Teile der Gäste, namentlich den näher und in Berlin selbst wohnenden, waren ebenfalls eingeladen worden. Man setzte sie zusammen, um weniger durch sie belästigt zu sein.

Ein Teil der eingeladenen Frauen hatte Zofen mitgebracht, namentlich die Fremden. Für diese waren die Mägdetische bestimmt.

Die Jungfern, das heißt, die unverheirateten Damen wurden ebenfalls an besonderen Tischen zusammengebracht, da es sich nicht geziemte, sie mit den übrigen Gästen zusammen zu setzen.

Die gemeinen Knechte erhielten, wie sich von selbst versteht, ihre besonderen Tafeln.

An allen übrigen saßen die Männer, verheiratet oder unverheiratet, abwechselnd mit den verheirateten Frauen aber nach Stand und Würden geordnet. In der Mitte der Haupttafel das Brautpaar mit ihren nächsten Verwandten zur Seite.

Die Schulgesellen, welche die Brautmesse gesungen hatten, waren an den Tafeln verteilt mit einigen ihrer ältesten Schüler und hatten das Geschäft, vorzuschneiden und zu zerlegen. Damit sie ihre Schuldigkeit um so besser thäten, hatte man den Schulmeister Nikolaus Halvepape, einen Clericus des Kamminschen Sprengels, ebenfalls eingeladen.

Für jeden Tisch waren zwei Aufwärter angenommen; außerdem gingen noch die Umbitter dabei zur Hand, welche zusammen den Namen der Drosten führten.

---

*) Küster, Altes und neues Berlin II. IV. S. 357.

Im Kellergeschoß des Hauses waren drei Tafeln für das Küchen- und Kellerpersonal eingerichtet. Die Possenreißer waren neben den Spielleuten placiert und wie diese auf erhöhten Sitzen im Hauptzimmer, um von allen Anwesenden gesehen werden zu können. Durch Gesichterschneiden, Grimassieren, wunderliche Verrenkungen, gelenken Gebrauch ihrer Füße statt der Hände, Taschenspieler-Kunststücke, lächerliches Geschrei und Witzreden füllten sie die Pausen aus, wenn die Musik schwieg; eine Hauptlust war, in einen lächerlichen Streit zu geraten und sich gegenseitig unter tollen Kapriolen zu prügeln, wobei jedesmal ein ohrenzerreißendes Geschrei ertönte. Wer in der Gesellschaft Lust hatte, seiner Neigung zum Necken zu folgen, dem mußten sie als Stichblatt dienen, wobei sie nicht selten so replizierten, daß sich auf Kosten des Neckenden ein allgemeines Gelächter erhob.

Obgleich erst der folgende Tag als eigentlicher Hochzeitstag galt — denn alle Feste fing die Kirche und das Mittelalter mit dem Abend an — und es üblich war, des Abends weniger aufzutischen als am Mittage, so hatte Herr Apitz doch sehr reichlich für seine Gäste gesorgt und diese waren verwundert über den Reichtum und die geschmackvolle Zubereitung der Speisen. Zwei Gäste aßen jedesmal zusammen aus einer Schüssel. Die Schenken reichten Wein von mehreren Sorten umher, und die Umbitter nötigten jeden, der eine Pause machte, herzhaft zuzulangen. Doch verlangte die gute Sitte, sich nötigen zu lassen. Es wurden Gesundheiten ausgebracht, und von Trompeten-Geschmetter und Paukenwirbel begleitet. Man trank einander fleißig zu, und nach und nach wurden die Gäste immer lauter und lebendiger.

Zu dieser Zeit, wo die Herzen fröhlich gestimmt waren und nicht eben ängstlich rechneten, meldeten sich die, welche nach dem Kunstausdrucke aufsetzten. Zuerst wurde eine Schüssel herumgereicht mit einem Schauessen, aus Brotteig bereitet, bemalt und vergoldet. Jeder Gast legte ein beliebiges Geschenk hinein. Es waren dies die Köche, welche die Freigebigkeit der Gäste in Anspruch nahmen. Darauf folgte der Bratenmeister mit einer Schüssel, in welcher ein von Leder künstlich gemachter Braten lag und brandschatzte auf gleiche Weise die Gäste. Ihm folgte der Kellermeister mit einem großen Humpen in derselben Absicht. Dann kam der Bratenwender, der Schenk, die Schüsselwäscherinnen und endlich eine große Büchse für Arme. Herr Apitz hatte den dazu Berechtigten ihre Bettelei abkaufen wollen, wozu sie jedoch nicht zu bewegen gewesen waren.

Nach Beendigung dieser langweiligen Unterbrechung kamen einige Gäste und überreichten dem Brautpaare die Brauthähne, nämlich gebratene Hühner auf silbernen Tellern*). Man hielt damals den jungen

---

*) Grimm, deutsche Rechtsaltertümer S. 376. 441.

Eheleuten nichts dienlicher als das Essen von Hühnern, und wenngleich die meisten Brauthähne erst am eigentlichen Hochzeitstage gegeben wurden, so gab es doch immer einige, deren Vorsorge sich früher bemerklich machte, besonders wenn die Schüsseln Wert hatten, die zugleich mit geschenkt wurden. Acht solcher Brauthähne, zierlich geschmückt, wurden vor dem Brautpaare aufgepflanzt.

Unterdessen hatten sich die Zuschauer nicht bloß die Treppe hinauf, sondern selbst bis in die Zimmer gedrängt. Wenngleich bei jeder Hochzeit ein Thürhüter angenommen werden sollte, um bettelnde Arme, Faulenzer und müßige Gaffer zurückzuweisen, so durfte er doch bei Ausübung seines Amtes nicht zu streng verfahren, weil einesteils das Zusehen erlaubt war, anderenteils Härte gegen Arme bei solchen Gelegenheiten als etwas sehr Gehässiges betrachtet wurde. Vor der Thüre und in den Hausfluren war das Gedränge daher sehr groß, oft so sehr, daß die Hochzeitsgäste nicht zum Hause hinaus konnten.

Um 7 Uhr hatte man abgegessen und erhob sich von den Tafeln. Es wurde Wasser in silbernen Becken herumgereicht, um sich die Hände zu waschen; eine Magd reichte dann ein Handtuch zum Trocknen. Die Sitte forderte, sich dabei lange zu sperren, wenn man der erste war, dem das Becken vorgehalten wurde, weil nun alle Folgenden unreines Wasser erhielten. Zureden half indessen und endlich war auch dies Geschäft beendigt; man schickte sich an, nach dem Rathause zu gehen. Die Gaffer wurden hinunter getrieben, und der Zug ordnete sich wie früher. Unter Musik und Fackelbeleuchtung zog er die Spandauerstraße hinauf bis zum Rathause an der neuen Brücke, dem jetzigen Mühlenhof am Molkenmarkte.

Hier war der große Saal festlich beleuchtet; die Pfeifer nahmen ihren Platz ein und ein Trompeten-Tusch kündigte an, daß der Tanz beginne. Die Hälfte der Platzmeister und ihrer Gesellen hatte bereits vorher im Erdgeschoß des Gasthauses gegessen und war deshalb hier beschäftigt, für Raum und Ordnung zu sorgen sowie die Tanztouren anzugeben. Außerdem waren noch besondere Aufseher angenommen, welche dafür zu sorgen hatten, daß Zucht und Ehrbarkeit nicht verletzt wurde, was bei dem Tanze um so nötiger schien, als viele Köpfe bereits durch den genossenen Wein sehr erhitzt waren. Wir lassen unsere Hochzeiter indessen tanzen und versetzen uns wieder nach dem Gasthause, um zu sehen, was dort geschah.

Sowie der Zug sich in Bewegung setzte, wurden für die anwesenden Platzmeister, Umbitter und ihre Gesellen die Trostentafeln bestellt, wozu einige der bereits vorher gebrauchten Tafeln benutzt wurden. Die Possenreißer nahmen daran ebenfalls teil, denn sie waren bis dahin nicht viel zum Essen gekommen, und wenngleich die Trosten sie zu neuen Späßen aufmunterten, lag ihnen doch zunächst weit mehr daran, den Magen zu füllen als jene zu vergnügen. Auch das Küchenpersonal setzte sich nun an die für dasselbe bereiteten Tische.

Zugleich aber meldeten sich noch ein Dutzend Fremde, teils Pilger, teils arme Reisende, denn diese konnten sich dem Gebrauche gemäß bei einer Hochzeit ungeladen einfinden und mußten dann mit der unteren Dienerschaft beköstigt werden. Es wurden ihnen Plätze eingeräumt und man ließ sich's wohl sein. Indessen konnte das Küchenpersonal nicht lange bei Tische bleiben, weil es noch viel zu thun gab. Zunächst mußten die Brautsuppen verschickt und ausgeteilt werden. Herr Apitz hatte zu dem Ende einen halben Ochsen anschaffen und bloß für diesen Zweck verkochen lassen. Man hatte Erkundigungen eingezogen und sich alle diejenigen gemerkt, welchen die Brautsuppe zugeschickt werden müsse. Berechtigt, sie zu empfangen, waren: die Kantoren der Kirche, in welcher die Braut getraut war, der Küster, der Kalkant, die Rats= diener, insonderheit die, welche das Küchengerät zu den Hochzeiten hergeben und das Rathaus auf= und zuschließen mußten, durchreisende Fremde, Schwangere und Kranke. Obgleich so eine ziemliche Anzahl Portionen Suppe fortgeschickt wurden, so fanden sich doch noch eine Menge Per= sonen ein, welche für Kranke und Schwangere Suppe forderten. Außer= dem aber drängten sich viele ein und bettelten um die Abfälle von Fleisch und Speisen, um Neigen vom Getränk u. dgl. m., daß die Leute sich kaum zu bergen wußten und mit aller Aufmerksamkeit nicht verhüten konnten, daß manches davongetragen wurde, was niemandem gegeben war. Man war endlich um 10 Uhr genötigt, das Haus zu verschließen, da für den morgenden Tag noch viel zu besorgen stand.

Auf dem Rathause hatte die Hauptmusik um 9 Uhr ein Ende, weil der Turmmann einen Teil seiner Gesellen für die Nachtwache auf dem Turme gebrauchte. Allein nach einem bekannten alten Sprichwort ist dem leicht gepfiffen, der Lust zu tanzen hat, und man hielt die wenigen Pfeifer für hinreichend. Zuletzt wurde der Braut das Strumpf= band abgetanzt und zerschnitten unter die Gäste verteilt. Um 11 Uhr nachts begleitete man das Brautpaar in Prozession nach dem Gasthause; dann jeden einzelnen Gast bis zu seiner Herberge, bis endlich auch der letzte sein Haus erreichte. Dietrich und Elisabeth waren außer der Dienerschaft die einzigen, welche im Gasthause schliefen. Von allen diesen Feierlichkeiten ist unserer Zeit nichts geblieben als der sogenannte Polterabend.

Zweinndzwanzigstes Kapitel.

Am andern Morgen war das junge Paar schon nach Sonnenaufgang munter, denn man konnte frühen Besuchen entgegen sehen und mußte sich ankleiden. Das erste Geschäft Dietrichs nach dem Aufstehen war, seiner jungen Frau ein Geschenk zu machen, das unter dem Namen der Morgengabe üblich war. In der Regel war es ein sehr bedeutendes Geschenk, größer, als es die Frau je wieder erwarten durfte. Es galt so ziemlich als ein Maßstab der Liebe des Mannes*). Dietrich hatte einen kostbaren Frauenanzug mit Pelz verbrämt und allen dazu gehörigen Schmuck angeschafft und überraschte damit seine Elisabeth auf das angenehmste.

Um 7 Uhr wurde der erste Besuch angemeldet. Dietrich und Elisabeth mußten, dem Gebrauche zufolge wieder ins Bette steigen und die Decke über sich ziehen. Man kam, sich nach dem Befinden der Neuverehelichten zu erkundigen und legte zugleich das Brautgeschenk aufs Bett. Allmählich erschien einer nach dem andern. Die Brauthähne und Geschenke häuften sich auf dem Bette**), auf dem übrigens Platz genug vorhanden war, denn es konnten recht bequem vier Personen darin liegen und war auf Zuwachs berechnet. Es gab dabei sehr viel witzige Redensarten, und obgleich die Frauen der damaligen Zeit ganz unbefangen von Dingen reden hörten und selbst darüber redeten, die man jetzt in ihrer Gegenwart nicht einmal andeuten darf, so flüsterte Elisabeth doch nach Beendigung dieser Besuche ihrem Dietrich ins Ohr: Gott sei Dank, daß es vorbei ist.

Beide erhoben sich nun aus dem Bette, nachdem die Brautgeschenke auf eine Tafel gestellt worden, und Elisabeth wurde als Frau zum Kirchgange geschmückt. Ihr bis dahin lose und in freien Locken getragenes Haar wurde aufgebunden und in Knoten geschürzt. Das lose Haar war durchgängig Symbol des Freien, deshalb wurde es den Leib-

---

*) Grimm, Deutsche Rechtsaltertümer S. 441. 442.
**) A. a. O. S. 376. 441.

eigenen und Gefangenen abgeschnitten, selbst die Tonsur der Mönche deutete auf den geschworenen Gehorsam, und sowie die Frau ihre Freiheit geopfert hatte, wurde ihr Haar gebunden. Man setzte ihr eine Haube auf und bedeckte ihr Gesicht mit einem Schleier*). Davon ist noch der jetzige Ausdruck: Unter die Haube kommen, abzuleiten.

Nach 9 Uhr formierten die Gäste vor dem Hause denselben Zug, wie sie ihn gestern gemacht hatten, denn es ging abermals nach der Kirche. Wiederum war Musik da, Fackeln, kurz alles, was wir schon kennen. Elisabeth hatte sich mit ihrer Morgengabe geschmückt und die Gäste waren wieder bekränzt, wie uns der schöne Vers lehrt:

Kamele tragen schwere Last,
Das Kränzlein ziert den Hochzeitsgast.

Der Zug ging heute durch die Spandauerstraße, Bischofsstraße und Jüdenstraße nach der Stralauerstraße, dem alten Markte und der Nikolaikirche zum Opfer und Absegen. Ortwin verrichtete wieder die kirchlichen Funktionen, die Gesänge wurden von den Schulgesellen besorgt. Es wurde wieder eine Messe gehalten. Bei dem Offertorium näherte sich Dietrich dem Altare und brachte sein Opfer, nach ihm Elisabeth. Die Gabe richtete sich nach der Andacht der Geber. Darauf hielt der Geistliche eine Anrede an die Neuverehelichten über die gegenseitigen Pflichten, erteilte ihnen nochmals den Segen und besprengte sie mit Weihwasser. Um halb 11 Uhr war die kirchliche Feier vorüber und die neuen Eheleute hatten den Absegen erhalten. In Prozession begab sich die ganze Gesellschaft nach dem Gasthause, wo nun das eigentliche Hochzeitsmahl angerichtet war. Alle Einrichtungen waren dieselben wie gestern, nur eine Tafel war noch eingerichtet, die fürs erste unbesetzt blieb. Auch war noch ein zufällig anwesender fahrender Gaukler angenommen, der einen großen Ruf hatte. Die Speisen waren noch kunstreicher zugerichtet als gestern und die Zahl der Gerichte, die in Gängen aufgetragen wurden, war sehr groß. Auf jede Tafel der eigentlichen Gäste kamen jedesmal drei Gerichte, aber zehnmal hinter einander immer neue. Auf den übrigen Tafeln wurde nur fünfmal gewechselt. Als Schauessen sah man goldene Häuser, goldene Türme und goldene Berge auftragen, in denen lebende Vögel flogen. Es kamen Speisen in der Gestalt von gewappneten Männern und von Tieren mancherlei Art zum Vorschein. Pfauen, Schwäne, Hühner, Enten und Tauben saßen mit ihren Federn in ihrer natürlichen Gestalt in den Schüsseln und waren doch gekocht und zu essen**). Man sah

---

*) A. a. O. S. 443.
**) Siehe die Beschreibung eines gleichzeitigen Mahles in Buntings Braunschweigisch-Lüneburg. Chronik, Edit. Meybaum de 1620. S. 261.

ein Gebüsch, auf welchem sich gebackene Vögel schnäbelten und darunter ein kristallhelles Wasser, in welchem lebende Fische schwammen. Ein Pelikan, aus Kuchen geformt, öffnete mit seinem Schnabel die Brust und tränkte mit seinem Blute seine Jungen, welche gebraten und nichts anderes als Tauben waren. Auf seinen Flügeln trug er die Wappen der Verehelichten. Kurz, der Küchenmeister hatte sich als ein sinn= reicher Kopf ausgewiesen und erntete großes Lob und beim Aufsetzen recht ansehnlichen baren Dank der Gäste, um so mehr, als auch alle anderen Speisen schön und mit vieler Kunst zubereitet waren. Die wilden Schweinsköpfe mit ihren gelben Citronen im Rachen fanden ganz besonders viele Liebhaber und die Gutschmecker unter den Gästen aßen, daß ihnen die Thränen über die Backen liefen. An Weinen mancherlei Art war Überfluß vorhanden, man trank nicht schlecht und gab den Schenken redlich zu thun.

Beim Beginn der Mahlzeit stellten sich die Schüler ein, welche bei den Kantoren Unterricht erhielten, um den Gästen ihre Aufwartung zu machen. Sie wechselten mit den Pfeifern ab und sangen lustige Lieder und solche, die auf Minne und Hochzeit bezug hatten. Man wies ihnen die noch leerstehende Tafel an und setzte ihnen, wie es üblich war, zu essen und zu trinken vor. Doch mußten sie von Zeit zu Zeit auch nach den anderen Zimmern gehen, um dort zu singen. Gar bald wurden sie sehr lustig und trugen viel zur Fröhlichkeit der Gesellschaft bei.

Um 1 Uhr hatte man abgegessen. Man wusch sich und schickte sich zum Zuge nach dem Rathause an. Alles übrige war wie gestern, auch wurden wieder Brautsuppen ausgeteilt.

Der Zug setzte sich in gewohnter Ordnung in Bewegung. Die Schulgesellen, ihre Meister und die Schüler nahmen diesmal auch an demselben teil. Man zog heute am Heiligengeistkirchhof durch die Heiligegeiststraße und das Nikolaiviertel zum Rathause. Der Tanz be= gann und die Schüler nahmen, wenn auch in den Nebenzimmern und mit den Mägden ebenfalls teil. Es wurde bis nach 4 Uhr getanzt; dann ging es wieder in voller Ordnung nach dem Gasthause.

Die Schulgesellen und Schüler sollten der Vorschrift zufolge sich nun entfernen und in die Schule gehen. Allein es hatte keiner recht Lust dazu und nach längerem Überlegen meinten die Gesellen, es würde den Schülern wohl nicht viel daran liegen, wenn heute die Lektionen ausfielen, was diese denn auch freimütig versicherten. Sie wollten blei= ben und noch mehr singen.

Um 5 Uhr ging man zur Abendtafel, die der gestrigen sehr ähnlich war; nur der Gesang der Schüler kam noch hinzu; indessen dauerte er nicht gar lange, da nach einer Stunde alle nur noch lallen konnten.

Ein Teil lag bald nachher zum großen Ergötzen der Gesellschaft unter dem Tische.

Um 7 Uhr ging man wieder nach dem Rathause zum Tanz. Die bestellten Aufseher über Ehrbarkeit und Zucht hatten heute alle Hände voll zu thun, da der größte Teil der Männer mehr genossen hatte, als er vertragen konnte, und teils gegen die Frauen ungebührlich wurde, teils Händel mit den Männern suchte. Indessen ging doch alles ohne Störung vorüber und um 11 Uhr begleitete man einander in Procession nach Hause.

Unsere guten Alten konnten nicht leicht aufhören, wenn sie einmal angefangen hatten. Die Hochzeit dauerte auch den folgenden Tag in derselben Weise fort. Nur die Ceremonieen am Morgen und der Kirchgang so wie die Schüler fehlten. Statt dessen saß man etwas länger bei Tische, was freilich schwerere Köpfe gab, oder vertrieb sich die Zeit mit Würfelspiel, oder ließ sich von den Gauklern Possen vormachen. Aber man wanderte wieder zweimal nach und von dem Rathause.

Nach damaliger Rechnung hatte die Hochzeit zwei Tage gedauert, denn was am Brautabend geschehen, wurde ebenso wenig gerechnet, als man den Heiligabend mit zum Feste schlug. Weniger als drei Tage konnte Herr Apitz nicht für die Hochzeit bestimmen; der Donnerstag mußte notwendig noch ebenso verlebt werden, wie der Mittwoch, denn es gab damals Leute, welche sogar siebentägige Hochzeiten feierten.

Unsere Leser kennen bereits den Gang der Festlichkeit, und es würde ermüden, sie weiter zu beschreiben. Der Tag wurde verlebt wie die vorigen in Saus und Braus; man fing an etwas müde zu werden, und ein Teil der Gäste bat Herrn Apitz selber, für den vierten Tag es bloß bei der Schmauserei zu belassen, den Tanz auf dem Rathause aber abzubestellen, da die vom Wein erhitzten Gemüter dabei gar zu leicht Feuer fingen.

Der Freitag wurde daher bloß im Gasthause verlebt; auch die Gaukler hatte man entlassen, da man sich an ihren Späßen, die sich bereits gar zu oft wiederholten, satt gesehen hatte, desgleichen wurden nach dem Mittagsmahle die Pfeifer verabschiedet.

Um 5 Uhr wurde die Abendmahlzeit aufgetragen. Das Gespräch wandte sich auf mehrere der gesehenen Gaukeleien, die man sich nicht erklären konnte, und so auf Zauberei und Zauber. Jeder gab etwas aus seiner Erfahrung zum besten. Da nahm Albrecht das Wort und sagte: Es ist schade, daß wir unsern Meister Deodat nicht hier haben, der würde uns darüber am besten belehren können. Aber er liebt große Festlichkeiten nicht und weilt am liebsten in seiner Klause. Was mir indessen erzählt ist von einem Zauberer übertrifft doch alle von euch angeführten Stücke.

Apitz. Laß einmal hören. Ist es aber auch wahr?

Albrecht. Mit angesehen habe ich es nicht. Aber in Prag wird es allgemein erzählt und viele glaubwürdige Leute versichern es. Ich war damals nicht in Prag anwesend.

Apitz. Nun gut. Ihr Herren, spitzt die Ohren!

Albrecht. Ihr wißt, daß im vorigen Jahre König Wenzel seine Gemahlin Sophia, die Tochter des bayrischen Herzogs Johann von München, heiratete. Der Vater begleitete seine Tochter selber nach Prag, und da er wußte, wie sehr sein künftiger Schwiegersohn die Schwarzkünstler und Zauberer liebte, so ließ er die geschicktesten aus seinen Landen zusammen kommen, und führte einen ganzen Wagen voll von ihnen mit nach Prag. Der Vornehmste derselben ließ eines Tages seine Künste sehen und erntete großes Lob ein; da verdroß es den einen Schwarzkünstler des Königs Wenzel, namens Ziito, daß ein Fremder so großen Ruhm erlange; er sperrte sein großes Maul auf bis zu den Ohren und verschluckte den bayrischen Zauberer mit Haut und Haar samt allen seinen Zaubergerätschaften.

Ortwin. (Macht drei Kreuze.) Gott sei bei uns!

Albrecht. Nur die Schuhe des Zauberers spie er von sich, da sie beschmutzt waren. Den ganzen Kerl hatte er im Leibe. Weil man ihn indessen wieder verlangte, so gab er ihn wieder von sich, ließ ihn aber in einen Zuber voll Wasser fallen. Er langte ihn heraus und gab den ganz durchnäßten und bestürzten Tropf dem Gelächter der Zuschauer Preis, so daß die übrigen bayrischen Schwarzkünstler den Mut verloren, mit ihren Künsten hervorzurücken.

Ortwin. Ei, das will ich meinen. Wenn's einem so geht?

Albrecht. Dem Ziito aber wuchs der Mut gar sehr und er setzte alle Welt in Staunen. Vor Wenzel erschien er bald in seiner Gestalt, bald unmittelbar darauf in einer fremden, bald hatte er einen Rock von purpurner Seide an, und wenn man ihn befühlen wollte, trug er einen abgetragenen wollenen Rock. Er setzte einen Nachen auf die Erde, stieg hinein und ruderte sich fort, während der König neben her ging. Als Wenzel einmal in einem mit Pferden bespannten Wagen fuhr, folgte er in einem kleinen Wägelchen, vor welchen er zwei Hähne gespannt hatte, und blieb nicht zurück. Auch mit den Gästen des Königs trieb er manchen Spaß. Wenn sie bei Tische eifrig nach der Schüssel greifen wollten, verwandelte er ihnen die Hand bald in einen Ochsenfuß, bald in einen Pferdefuß und sie mußten sie unter großem Gelächter beschämt zurückziehen. Erhob sich ein Geräusch auf der Straße, sprangen die Gäste neugierig auf und steckten die Köpfe zum Fenster hinaus, so ließ er ihnen hohe und breite Hirschgeweihe auf den Köpfen wachsen, daß sie sie nicht wieder zurückziehen konnten, bis er genug gegessen und getrunken hatte.

Ortwin. Das ist ein Satanskerl!

Albrecht. Um zu zeigen, daß er mit leichter Mühe sich so viel Geld schaffen könne, als er wolle, zauberte er einstmals dreißig Heuhaufen in dreißig Schweine um und trieb sie auf das Feld, neben die Schweine eines reichen, aber sehr geizigen Bäckers. Die Schweine gefielen diesem, und als Ziito meinte, er wolle sie verkaufen, bekam er Lust darauf einzugehen. Sie wurden des Handels eins und Ziito nahm sein Geld in Empfang, warnte jedoch den Bäcker, die Schweine nicht ins Wasser oder in die Schwemme zu treiben. Der Bäcker schlug die Warnung in den Wind, aber so wie er die Schweine ins Wasser trieb, sanken sie unter und oben schwammen ebenso viele Heuhaufen dahin. Der Bäcker war sehr erbost darüber, wollte sein Geld wieder haben, und suchte den Ziito überall auf. Endlich fand er ihn in einem Wirtshause, wo er auf einer Bank ausgestreckt lag und schlief. Er packte ihn bei einem Beine und schüttelte es, um ihn zu wecken. Aber er behielt das Bein sogleich in der Hand, völlig vom Schenkel losgerissen. Ziito lärmte sehr und zwang den Bäcker, mit ihm vor den Richter zu gehen. Natürlich verurteilte dieser den Bäcker zum Schadenersatz, und er mußte dem Ziito eine ansehnliche Summe zahlen. Deswegen sagt man jetzt bei einem schlechten Kauf in Prag: Du wirst dabei gewinnen, wie der Michel — so hieß der Bäcker — bei seinen Schweinen*).

Ortwin. Außerordentlich. Aber solche Dinge sind nur durch Hilfe des Teufels zu verrichten. Das ist nicht mehr weiße Magic, das ist schwarze.

Die Gesellschaft stimmte dem bei und die meisten wünschten so etwas als Teufelswerk nicht einmal mit anzusehen. Da stürzte plötzlich ein Knappe herein und flüsterte Herrn Apitz etwas in's Ohr. Er erzählte ziemlich lange und die Gesellschaft wurde aufmerksam. Endlich sprach Herr Apitz: ich bitte euch, ehrenwerte Herren und Frauen, ihr wollt ruhig sitzen bleiben und weiter speisen. Nur meine Brüder, Herren Heinrich und Hans, so wie den ehrwürdigen Bischof Herrn Johann bitte ich, mit mir zu gehen, wir werden jedoch bald wieder hier sein.

Die Genannten erhoben sich und wurden von Herrn Apitz hinausgeführt. Gleich nachher kam Herr Hans zurück und forderte an den anderen Tischen noch einige Knappen und Knechte auf, mitzugehen. Ehe wir sehen, was sie thun, müssen wir die Veranlassung zur Störung erzählen.

Nicht weit von dem Gasthause, in welchem die Hochzeit gefeiert

---

*) Dubravii Hist. Bohem., Hannov. 1602. S. 192. Fuggerischer Ehrenspiegel I. IV. S. 388.

wurde, lag das Spandauerthor am Ende der eben so benannten Straße und zur rechten Seite desselben stand ein runder mit einem spitzen Dache versehener Turm, auf der Stelle des jetzigen Hauses Nr. 81 in der Spandauerstraße. Von ihm zog die Stadtmauer aus Feldsteinen fort in der Richtung, welche jetzt die Hinterseite der südlichen Häuser= reihe der jetzigen Neuen Friedrichsstraße zeigt und umschloß so die Scharf= richterei, welche ihr Vorderhaus in der jetzigen Heidereitergasse hatte, die damals die Büttel= oder Bödelgasse hieß. Die Stadtmauer begrenzte zugleich die jetzige Rosenstraße, ohne ihr einen Ausgang zu gestatten. Diese Straße war zu jener Zeit eine der schmutzigsten in Berlin und hieß die Hurengasse, weil hier die öffentlichen Mädchen, oder wie sie im Mittelalter zart genug genannt werden, die Frauen, welche an der Un= ehre sitzen, wohnten und ihr schamloses Handwerk trieben. Der Scharf= richter hatte in jener Zeit die Gerichtsbarkeit über diese Geschöpfe, welche vor keinem andern Gericht als dem seinigen belangt werden konnten. War er genötigt, eine Reise zu machen, so kehrte er in ihren Häusern ein, und sie waren verpflichtet, ihn zu beherbergen und zu beköstigen.

Ein paar Knappen des Herrn Hans hatten bei einem Ausgange einige dieser Geschöpfe sitzen sehen und waren von ihnen eingeladen worden, bei ihnen einzukehren. Ihre Entdeckung hatten sie einigen an= deren mitgeteilt und im halben Rausche war es ihnen bei der Abend= tafel wieder eingefallen. Sie überredeten noch zwei Knappen des Herrn Heinrich, sich von der Tafel wegzuschleichen und mit ihnen auszugehen. Um sich ein vornehmeres Ansehen zu geben, nahm jeder noch zwei ge= meine Knechte mit, und so stolzierten sie, von diesen gefolgt, durch die Büttelgasse. So wie sie aus derselben heraustraten, wurden sie ange= rufen und in ihrem Übermute folgten sie der Einladung und traten mit ihrer Begleitung ins Haus. Ein so zahlreicher Besuch ließ reichen Ge= winn hoffen, man empfing die Gimpel auf eine Weise, die ihrem Hoch= mute wie ihrer Sinnlichkeit gleich sehr schmeichelte. Es fanden sich immer mehr Mädchen ein und unsere Junker beschlossen, etwas daraufgehen zu lassen. Sie bestellten Wein für sich und ihre Schönen und sofort wurde Anstalt gemacht, ihn zu holen. Es währte nicht lange, so kam er, und man fing an, in wilder Lust zu zechen. Unglücklicherweise machte einer die Entdeckung, der Wein sei sehr schlecht, und jetzt fanden es alle, so daß sofort die noch vorhandenen Krüge zum Fenster hinaus= geworfen wurden, wobei man sich nicht erst die Mühe gab, das Fenster zu öffen, sondern vom Schemel aus sie durch die Scheiben schleuderte. Unglücklicherweise traf einer derselben einen vorübergehenden Bürgerssohn, der mit drei anderen wohl eben auch nicht auf dem besten Wege war. Sie glaubten diese Beleidigung nicht so hinnehmen zu dürfen, drangen in das Haus und verlangten mit Ungestüm Genugthuung. Freilich fiel ihnen der Mut, als sie sahen, mit wie vielen sie es zu thun hatten, und sie wollten sich eben wieder entfernen. Allein unsere Junker ließen eine Gelegenheit zu einer Schlägerei so ungenutzt nicht entschlüpfen; die Bürger wurden von ihnen in's Zimmer gezerrt und sofort beeilte man sich, wie man sagte, ihnen Genugthuung zu geben. Man prügelte auf sie los und versicherte sie, nicht eher aufhören zu wollen, bis sie sagten, daß sie genug hätten. Indessen ließen sich die viere nicht prügeln, ohne sich redlich zu wehren. Es war ein Glück, daß niemand bewaffnet war; man hatte sogleich den Schemeln die Beine ausgebogen und arbeitete damit auf einander los. Vielleicht wäre noch alles gut gegangen; allein die Frauenzimmer mischten sich darein, von denen mehrere in den Bürger= söhnen gute Kunden erkannten und ihre Partei nahmen. Jetzt ging es darunter und darüber; die Mädchen wurden ohne Unterschied zusammen gehauen, die Geräte im Zimmer wurden zerbrochen und fast schien es, als würde das Haus demoliert werden, was den zwölf Wütenden allen= falls zuzutrauen gewesen wäre. Da stürzte eins der Mädchen in die Büttelgasse und begehrte die Hilfe des Scharfrichters. Dieser kam mit einigen seiner Knechte, aber er goß nur Öl in's Feuer. Man drohte ihm und seine Knechte tot zu schlagen wie tolle Hunde, wenn sie sich einfallen ließen, einen von ihnen zu berühren, denn sie seien unehrlich und ihre Berührung schändete. Man drohte, das Haus auf dem Flecke an= zuzünden, wenn er nicht sogleich abginge. Es blieb ihm in der That nichts übrig als zu gehen, da er sich nicht getraute, Hand an sie zu legen, was ihm übel hätte bekommen können: aber er schickte zum Viertels= meister und ließ die Hilfe der Stadtknechte erbitten. Diese kamen end= lich durch die Büttelgasse daher; sofort machten sich die Unruhstifter aus dem Hause und da jene bewaffnet waren, sie aber nicht, auch einige Besinnung bei ihnen wieder Platz gegriffen hatte, so hielten sie es für das Geratenste, die Flucht zu ergreifen. Durch die Büttelgasse wären sie am liebsten gelaufen, weil sie ihr Haus am schnellsten erreicht hätten. Allein hier wären sie den Stadtknechten in die Hände geraten. Weiter unten schloß die Mauer die Gasse; es blieb also nichts übrig, als sich nach der Seite der Marienkirche zu wenden, deren Turm gerade auf die Gasse zu steht. Die Stadtknechte waren rasch hinter ihnen her und sie fühlten wohl, daß sie diesen, da sie ohnehin nicht recht sicher auf den Beinen standen, nicht würden entgehen können. Sowie sie den Neuen Markt erreicht hatten, sprangen sie daher in das erste Haus an der Ecke der Gasse hinein und schlugen die schwere Hausthür zu, welche sie verriegelten. Nur ein Knecht war draußen geblieben und wurde fest= gehalten.

Dies Haus, auf dessen Stelle nachmals die Hauptwache stand, besaß damals der Bischof von Havelberg, und es diente ihm zur Wohnung, so oft er nach Berlin kam*). Auch jetzt wohnte er daselbst, befand sich aber unter den Gästen im Brauthause. Die Stadtknechte standen unschlüssig davor und wußten nicht, was sie beginnen sollten. Es war das Haus eines Geistlichen, ein Freihaus, und außerdem das eines Fremden. Hätten sie die Thür gesprengt und die Schuldigen hervorgeholt, so hätte das der Stadt vielleicht viel Ungelegenheit gegeben. Jene standen jetzt gewißermaßen unter dem Schutze des Bischofs. Da man wußte, daß er im Gasthause sei, so schickte man den gefangenen Knecht unter Bedeckung dorthin, damit er die Sache dem Bischofe anzeige. Der Knecht wandte sich zunächst an einen Knappen, erzählte ihm den Vorgang, und durch letzteren wurde Herr Apitz benachrichtigt.

Der Bischof kam mit seinem Gefolge vor dem Hause an, allein auch er konnte nicht hinein. Klopfen half nicht, die Thür mußte gesprengt werden. Die Bursche hatten sich in guter Ordnung auf der Treppe aufgestellt und mit Feuerhaken und ähnlichen Dingen, welche sie unter den Feuerlöschgerätschaften auf dem Flure gefunden hatten, bewaffnet, um jedem das Hinaufsteigen zu verwehren. Allein ihr Mut fiel gar sehr, als sie den Bischof und ihre Herren erblickten. Sie legten sofort ihre Waffen nieder und kamen herab. Man las ihnen tüchtig die Leviten; indessen wurde doch nicht zu viel daraus gemacht, da ähnliche Prügeleien etwas zu gewöhnliches waren als daß sie besonders auffielen. Der Viertelsmeister wurde ersucht, den angerichteten Schaden abzuschätzen, den die Thäter vergütigen sollten, und da Herr Apitz die Bürgschaft dafür übernahm, so wurden sie ohne weiteres freigegeben. So fanden sich denn endlich alle wieder im Gasthause zusammen.

Noch zwei Tage bewirtete Herr Apitz seine Gäste, wenn auch mit minderer Pracht. Am Montag früh machte sich das junge Paar mit seinen Quitzowschen Verwandten auf nach der Priegnitz und wurde von einem Teil der Hochzeitsgäste bis Schöneberg begleitet. Hier nahm man Abschied von Herrn Apitz, seinem Sohne und seinen Brüdern und zog dann über Brandenburg der Heimat zu, wo man den dritten Tag anlangte. Auf Burg Quitzhövel war ein Teil der Gemächer für das junge Paar eingerichtet, dessen Haushalt gemeinschaftlich mit dem der Eltern geführt wurde. Einen besonderen Haushalt fand man um so weniger nötig, als Herr Cuno die Absicht hegte, Quitzhövel seinen beiden ältesten Söhnen zu übergeben und sich nach Rühstädt zurück zu ziehen. Wir überlassen die Neuverehelichten ihren Flitterwochen und richten unsern Blick auf einige andere Dinge, die sich um diese Zeit ereigneten.

In der Altmark war der Friede mit den Lüneburgern längst zu Ende gegangen. Ritter und Landschaft schlossen deshalb am 14. Sep-

---

*) Küster, Altes und neues Berlin, Tl. III. S. 70.

tember einen neuen Frieden auf fünf Jahre und mit Jobstens Bewilligung ein Schutz- und Trutzbündnis zwischen der Altmark und der lüneburgischen Ritterschaft und Städten. Beide Teile wollten sich ungekränkt bei dem ihrigen lassen und sich gegenseitigen Beistand gegen die Landfriedensstörer leisten. Würden die Märker den Lüneburgern zu Hülfe kommen, so sollte denselben von den Lüneburgern sechs Tage lang freie Speise, Kost und Futter, nachmals aber nur gegen Bezahlung gereicht werden. Die Gefangenen sollten unter den Bundesgenossen nach der Menge der gestellten Hülfsvölker, die Beute aber gleich geteilt werden. In die eroberten Schlösser, Städte und Weichbilde sollten von beiden Teilen Befehlshaber gelegt werden, bis sie wieder eingelöst würden. Wenn das aber nicht geschähe, wollte man sich vergleichen, wer das Eroberte behalten sollte. Käme ein solcher Vergleich nicht zu stande, so sollte dem Markgrafen von dem andern Teile in Jahr und Tag Kost und Schaden ersetzt und dadurch aller Anspruch aufgehoben werden. Ebenso sollte es gehalten werden, wenn die Lüneburger den Märkern zu Hülfe kämen. Die Lüneburger versprachen auch in dem Falle diese Vereinigung zu halten, wenn sie gleich mit Jobst in Unruhe geraten sollten. Der Hauptmann Hüner von Königsmark nebst den Städten der Altmark hatten diese Übereinkunft abgeschlossen[*]).

Südlich grenzte mit der Mark das Kurfürstentum Sachsen, dessen Grenzen hoch hinauf gingen und von der Havel hier und da nur einige Meilen entfernt blieben. Der Regent desselben, Herzog Rudolph II., hielt sich teils zu Wittenberg, teils zu Belzig, teils auf benachbarten Jagdschlössern auf. Der südliche Teil des jetzigen Sachsen mit Meißen, Dresden ꝛc. gehörte nicht zu seinen Ländern. Im September dieses Jahres geriet er mit dem Erzbischof von Magdeburg in Krieg. Die Magdeburger fielen ins Land und nahmen in der Nacht S. Leodogarii (2. Oktober) die Stadt Aken an der Elbe fort, welche sie besetzten aber nicht lange behielten, weil sie der Kurfürst ihnen wieder abnahm. Die Stadt war im Jahre 1389 erst von Sachsen an Magdeburg abgetreten und verkauft worden, scheint aber noch im Besitze der Herzöge von Sachsen geblieben zu sein[**]). Der Krieg zog sich jedoch noch lange fort und an den südlichen Grenzen der Mark tobte er in aller seiner Furchtbarkeit[***]). Allein er sollte nicht bloß außerhalb derselben bleiben. Erzbischof Albrecht von Magdeburg hatte zu so vielen Beschwerden Veranlassung gegeben, daß der Mark nichts übrig blieb als ihm abzusagen. Der Erzbischof verband sich mit Siegismund, Fürst von Anhalt, und

*) Lenz, Brandenb. Urkunden S. 471. 465.

**) Gercken, Cod. diplom. T. IV. S. 534.

***) Chronicon Magdeb. ap. Meybom script. rer. germ. S. 350. Brunonis Beschr. von Aken. S. 107.

verſtärkte ſich dadurch ſo ſehr, daß man bedeutenden Unternehmungen von ſeiner Seite entgegenſehen konnte*)

Die Stadt Rathenow gehörte zu dem erſt im vorigen Jahre er= richteten Bunde der Städte. Deſſen ungeachtet hatte ſie es für an= gemeſſen gefunden, in dieſem Jahre, am Abend von Mariä Himmelfahrt, mit den Städten Brandenburg, Nauen, Spandau, Berlin und Kölln ein neues Schutzbündnis gegen einheimiſche Landbeſchädiger wie gegen den Feind von außen zu errichten. Beide Städte Brandenburg wollten zur Ausführung ſtellen fünfzehn Gewappnete, Rathenow fünf, Spandau ſechs und Berlin und Kölln fünfzehn und damit alle Räuber, Mörder, Mord= brenner, Ächter, Woldenberger und Crucesignaten verfolgen**).

Wodurch ſie eigentlich den Zorn des Erzbiſchofs beſonders auf ſich gezogen, iſt nicht bekannt, aber er beſchloß das Unwetter des Krieges ſich über ſie in ſeiner ganzen Furchtbarkeit entladen zu laſſen, und es gelang ihm nur zu gut.

Siegismund, Fürſt von Anhalt und Schweſterſohn des Erzbiſchof Albrecht von Magdeburg, ließ ſeine Kriegsſchar zu der ſeines Oheims ſtoßen. Mit ihm verband ſich Johann, Graf zu Querfurt, mit ſeinen Leuten, um gegen Rathenow aufzubrechen. Der Erzbiſchof war nicht bei dem Heere, ſondern für jetzt noch in Magdeburg; Siegismund von Anhalt befehligte dasſelbe, unter ihm Graf Johann. In Rathenow erfuhr man bald, daß es diesmal der Stadt gelten ſollte. Ihre Mauern waren verfallen und in der Eile nicht herzuſtellen. Johann von Treskow hatte zu jener Zeit das Schloß von Rathenow inne. Man traute ihm nicht recht, da er früher in Dienſten des Erzbiſchofs von Magdeburg geſtanden, und wie es ſcheint, noch jetzt in Milow ange= ſeſſen war. Der Argwohn gegen ihn verſtärkte ſich, als er gar nichts für die Ausbeſſerung der Mauern that und alle Anſtalten zur Gegen= wehr nur ſehr lau betrieb, während den Bürgern der größte Eifer, und nicht mit Unrecht, nötig ſchien. Noch ſchlimmer aber war es, daß ein Teil der Einwohner ſelbſt gut magdeburgiſch geſinnt war. Das alte Sprichwort: unter dem Krummſtabe iſt gut wohnen, mochte wohl ſeinen Einfluß geübt haben; das benachbarte Sandau, früher zur Mark dann zu Magdeburg gehörig, gab ein gefährliches Beiſpiel, und es läßt ſich wohl glauben, daß in dieſem ein geordneterer Zuſtand der Dinge herrſchte, als in der Mark, die ſo gut wie keinen Landesherrn und Landeshaupt= mann hatte. So war es denn wohl zu erklären, wenn ein Teil der Ein= wohner die Stadt gern in magdeburgiſchen Händen geſehen hätte; und man braucht dabei kaum an eine Beſtechung durch Geld zu denken, ob= gleich ſie die Zeitgenoſſen allerdings behaupten.

---

*) Sächſ. Chronik von Dreſſer S. 381.
**) Wagner, Denkwürdigkeiten in Rathenow S. S. 197.

Dreiundzwanzigstes Kapitel.

Es war Donnerstag den 3. Dezember 1394, als der Feind noch mehrere Meilen entfernt südlich von Rathenow in den Dörfern lagerte. Eine bittere Kälte war eingetreten; die Erde lag mit tiefem Schnee bedeckt, der, jetzt fest zusammengefroren, bei jedem Schritte knirschte und pfiff. Mit dem Dunkelwerden fing die Vigilia der heiligen Barbara an, deren Fest morgen gefeiert wurde. Teils dieser Umstand, teils die heftige Kälte ließ die Rathenower vermuten, daß der Feind auch morgen Rasttag halten würde. Aber Fürst Siegismund hatte es anders beschlossen. Kaum war es dunkel geworden, als die Trompeten zum Aufbruch bliesen; es wurde der Befehl gegeben, vorwärts zu gehen, weil man noch in dieser Nacht vor Rathenow sein wolle.

Beim hellen Sternen- und Schneelichte — denn der Mond leuchtete jetzt nicht — trat das Heer seinen Weg an. Pfeifend zogen die Heerwagen, denen man noch eine Anzahl Schlitten aus den Dörfern zugesellt hatte, über den Schnee dahin, knirschend glitt der Fuß der Landsknechte darüber weg. Es dauerte nicht lange, so waren alle Schnauzbärte weiß befroren, und die Pferde schüttelten prustend den Reif von der Nase. Die Kälte nötigte rasch zuzuschreiten und schnürte dennoch die Brust zusammen, daß der Atem stockte. Man hatte sich vermummt, so viel man vermochte, aber die Kälte drang durch bis zur Haut, und gar mancher der behelmten Krieger fluchte ingrimmig, aber leise in sich hinein, daß er seinen warmen Platz auf der Ofenbank hatte aufgeben müssen. Die Wölfe waren bei dem harten Frost so hungrig geworden, daß niemand zurückbleiben und sich von dem Heere entfernen durfte, wenn er von ihnen nicht angefallen werden wollte. Dicht geschlossen, um sich gegenseitig gegen den kalten Ostwind zu decken, schritt man vorwärts ohne Rast oder Halt, und um 10 Uhr stand man an den Havelarmen, hinter welchen Rathenow liegt.

Das tiefste Schweigen wurde anbefohlen, weil man die Stadt überrumpeln wollte. Still und öde lag sie vor ihnen da, nur aus wenigen Fenstern strahlte Licht, die meisten Einwohner waren um diese Zeit schon zu Bett. In diesem Augenblick erhielt die Stadt Nachricht von dem Anzuge der Feinde durch einige Landleute, welche auf einem Umwege sich so eilig als möglich durchgeschlichen hatten; die Sturmglocke wurde laut, die Wächter stießen ins Horn, aber es war zu spät; die Feinde hatten rasch die Brücken überschritten, sich der Stadt genähert und auch den zweiten Havelarm passiert. Die Mauern waren schwach besetzt und in keckem Anlauf waren sie erstiegen. Das Siegesgeschrei ertönte bereits, als noch viele Einwohner sich den ersten Schlaf aus den Augen rieben; die Thore wurden geöffnet und hinein stürzte die wilde Rotte und ergoß sich wie ein brausender Waldstrom durch die unglückliche Stadt.

Überall krachten die Hausthüren zusammen unter den wütenden Stößen der eindringenden raublustigen Scharen. Kaum vermochten die geängstigten Bewohner einige ihrer wertvollsten Sachen in verborgene Schlupfwinkel zu verstecken, so standen jene schon in ihrer Rohheit in den Zimmern und setzten den Bewohnern ihre Messer an die Kehle, sie mit augenblicklichem Tode bedrohend, wenn sie nicht ihr Geld und Silberzeug und was sonst Wert haben mochte, zur Stelle schafften. Hier und da erscholl das Todesgeschrei derer, welche nicht schnell der Forderung willfahrten. Die Spinde und Laden wurden erbrochen und zerhauen, Wein und Bier, wo man es fand, ausgetrunken und ausgegossen, die Bewohner bei den Haaren nach Küche und Keller geschleift, mit Füßen getreten und lahm geschlagen, Weiber und Mädchen im Angesicht ihrer Männer und Väter geschändet, welche zum teil verwundet dastanden und sich in ohnmächtiger Wut das Haar zerrauften, während das Kriegsvolk sie mit wildem Grimm verhöhnte. Alle Schändlichkeiten, welche der Mensch nur auszuüben vermag, wenn er zur Bestialität herabsinkt und höllische Dämonen über ihn gebieten, wenn der Genius der Humanität trauernd entflieht und Recht und Gerechtigkeit verzweifelnd verstummen, wurden ausgeübt. Es war, als ob die Hölle ihre Scharen ausgespieen hätte, um Gottes schöne Welt zu verderben; da war kein Erbarmen, kein Mitleiden, nichts, was dem Menschenherzen zum Troste gereichen konnte. Das Wimmern der Kranken und Schwachen, das Winseln der Sterbenden, der Jammer der Unschuld, das Weinen des Kindes, nichts wurde einer Beachtung gewürdigt; Mord, Grausamkeit, viehische Wollust und Plünderung herrschten überall auf die schonungsloseste Weise, und nirgend war jemand, der dem Wüten der rohen Scharen Einhalt gethan hätte, deren Wildheit durch die genossenen starken Getränke immer mehr gesteigert wurde.

Allein wir wollen uns nicht dem betrübenden Geschäfte widmen, die Greuelscenen dieser grauenhaften Nacht weiter auszumalen. Wer wendet nicht gern seinen Blick hinweg von der tiefsten Entwürdigung des Menschen, wo das Scheusal den Jammer gebiert und über seine Furchtbarkeit das Hohngelächter der Hölle aufschlägt! — Die Morgensonne beleuchtete überall in der sonst blühenden Stadt nur Elende, moralische und physische. Es sah schrecklich aus, denn eine solche Nacht reißt nieder, was Jahre angestrengten Fleißes nicht schaffen können. Aber mit dem Tageslicht hörten wenigstens die Plünderungen und die damit verbundenen Schandthaten auf, und es schien die Ordnung wiederzukehren.

Fürst Siegismund ließ in der Stadt unter Trommelschlag bekannt machen, daß die Bürger zusammenkommen und dem Erzbischof von Magdeburg huldigen und Treue schwören sollten. Es blieb den armen Bürgern nichts übrig als sich dazu einzufinden, denn wer nicht gekommen wäre, würde ohne Zweifel als Feind noch ferner behandelt worden sein. Sie beschworen demnach, was man von ihnen verlangte, und gingen mit der Hoffnung nach Hause, daß nun die Ruhe wieder hergestellt sein würde. Die versteckten Sachen wurden aus ihren Schlupfwinkeln hervorgeholt und der Tag verging ruhig. Am folgenden Tage, als man schon anfing die gewöhnlichen Geschäfte vorzunehmen, ließ Fürst Siegismund im Einverständnisse mit dem Erzbischofe ausrufen, daß alle Bürger bei ihrem geschworenen Eide sich mit ihren Waffen und Wehren auf dem Markte stellen sollten. Hier wurde ihnen angezeigt, daß ihr neuer Herr, der Erzbischof, unterwegs sei und mit einem Trupp Reiter komme, daß er jedoch fürchte, von den Märkischen aufgehoben zu werden; sie sollten ihm deshalb zu seinem Schutz und Schirm entgegenziehen. Man trieb alles, was Mann war, auf dem Markte zusammen, öffnete die Thore und führte sie hinaus. Sowie sie indessen draußen waren, schloß man die Thore, und Fürst Siegismund gab ihnen auf Befehl des Erzbischofs Erlaubnis, zu gehen, wohin sie wollten. Da erhob sich ein großes Wehklagen; allein es half kein Bitten. Ein paar Stunden später öffneten sich die Thore wieder; man trieb die Weiber und Kinder der draußen befindlichen Männer nebst den Kranken, Alten und Schwachen hinaus, denen man erlaubt hatte, soviel mitzunehmen, als sie unter dem Arme tragen konnten. Selbst die Kindbetterinnen hatte man nicht zurückbehalten; jeder mochte sehen, wo er bliebe. Das Elend und der Jammer war unbeschreiblich. Mitten in der Kälte hinausgestoßen ins Freie, zum teil nicht einmal vollständig bekleidet, ausgeplündert, krank und verwundet, mußten die meisten nicht, was sie in ihrer Verzweiflung beginnen sollten. Viele Kranke waren genötigt, sich niederzulegen; mehrere Schwangere kamen vor Angst und Not auf freiem Felde vorzeitig nieder, viele starben an den Verletzungen der Schreckensnacht, noch andere an den Wunden, welche sie bei der gewaltsamen Vertreibung von Haus und Hof empfangen hatten, bei welcher man eben nicht säuberlich mit ihnen verfuhr, andere verschmachteten vor Hunger und Kälte auf ihrem Wege zu fern wohnenden Verwandten, und nur einem Teile gelang es, ein

Unterkommen in anderen Ortschaften zu finden, was schwer genug war, da niemand gern jemanden aufnimmt, der nackt und bloß kommt.

Als der Bischof angelangt war, vernahm er, daß man seinen Befehl vollzogen hatte. Diejenigen, welche magdeburgisch gesinnt waren, hatte man geglaubt schonend behandeln zu müssen und sie befanden sich noch in der Stadt. Da ließ der Erzbischof bekannt machen, wer ihm nun treu sein wolle, der solle sich am Gatter einfinden und die Feinde vertreiben helfen. Nun kamen diejenigen, welche ihm die Stadt verraten hatten, hielten sich für die treuesten und liebsten und warfen sich in die Brust. Da sprach der Erzbischof: Habt ihr die Stadt zuvor verraten, daß sie in meine Hand gefallen ist, so könnt ihr sie auch wieder verraten, daß sie mir aus der Hand gespielt wird. Und er gab den Befehl, sie aus der Stadt zu treiben, was auch sofort geschah. Darauf ließ er ihre Weiber und Kinder zusammentreiben, welche mitnehmen durften, soviel sie tragen konnten. Es war eine wohlfeile Großmut, denn er sparte dabei den Verräterlohn. Allein diesen Vertriebenen ging es traurig; sie hatten sich nach Stendal gewandt und begehrten Aufnahme, man wies sie jedoch als Verräter ab, und ähnlich ging es ihnen überall. Der größere Teil von ihnen wurde notgedrungen zu Strauchdieben und Räubern*).

Kaum war dies geschehen und ruchbar geworden, so strömten eine Menge Reiter und Fußvolk des Erzbischofs nach Rathenow. Zu ihnen gesellte sich viel losen Gesindels, an welchem es zu allen Zeiten nicht gefehlt hat, um dort zu rauben und zu stehlen und sich das herrenlose Gut anzueignen. Da ein großer Teil der Sachen dem Kriegsvolk nichts nützen konnte, so hatte man nichts dagegen, wenn es fortgetragen wurde, wiewohl bei dem eigennützigen Charakter des Erzbischofs zu vermuten ist, daß er die Sachen nicht umsonst weggegeben hat. Man rührte sich fleißig, denn wahrscheinlich war eine so gute Gelegenheit zu gewinnen nicht so bald wieder zu hoffen. Nach den Berichten der Zeitgenossen sollen über hundert Wagen mit Gütern und Hausgerät nach Magdeburg geschleppt sein. Wie viel in der Umgegend geblieben sein mag, läßt sich hiernach einigermaßen schätzen.

Als die Güter weg waren, quartierten sich die Reiter und Kriegsleute in den leer stehenden Häusern nach Belieben ein, wo es ihnen am besten behagte; was sie vorfanden, eigneten sie sich zu und gebrauchten es nach Belieben. Der Nachmittag wurde mit Trinken hingebracht, denn in den Kellern hatte man ansehnliche Vorräte von Getränken gefunden und that sich daran um so mehr gütlich, als die anhaltende Kälte einen guten Trunk zu fordern schien. Die ausgeleerten

*) Detmars Chronik von Grotuff Tl. I. S. 365.

Tonnen sollten zu einem Freudenfeuer dienen. Man schleppte sie zur Stadt hinaus, auf die Wiese an der Stremme gegen das ehemalige Schloß hin, stellte sie auf einander und zündete sie am Abend an. Da das Feuer aber den berauschten Gemütern nicht hell genug brannte und genug wärmte, so schleppten sie Blöcke, Bretter, Bänke, Tische und was sich sonst an hölzernen Gerätschaften vorfand herbei, und warfen die Sachen unter brüllendem Gelächter ins Feuer. In der Stadt trieb der Übermut nicht geringere Tollheiten; alle Bilder, In= signien und Wappen des Markgrafen von Brandenburg wurden auf die ekelhafteste Weise besudelt und beschmutzt; sie dienten als Zielscheiben für die Schützen, man kratzte sie unter allerlei Frevel ab oder veränderte sie auf schimpfliche Weise, wie eine rohe ungezügelte Masse im Gefühl ihrer Herrschaft gewöhnlich den Übermut nicht zu bändigen weiß. — Übrigens wurde Friedrich von Alvensleben zum Hauptmann von Rathe= now ernannt*).

Was hatte die unglückliche Stadt, was hatten ihre harmlosen Be= wohner verschuldet, daß ein so furchtbares Schicksal sie heimsuchen durfte? O wahrlich, alle Schrecknisse einer Eroberung und Plünderung erdulden müssen und dann von Haus, Herd und Eigentum hinweg ge= wiesen zu werden in den erbarmungslosen Winter unter fremde Men= schen, ist mehr, als ein Mensch ertragen kann und darum nicht zu ver= wundern, daß viele in ihrem Elende auf freiem Felde umkamen und mit hart gefrorenen Thränen tot gefunden wurden. Die Geschichte er= zählt Schreckensscenen von größerem Umfange, aber wenige von so innerlicher Grausamkeit und Herzlosigkeit. Und das that ein hoher Priester der Kirche Jesu Christi, nicht gegen Ketzer, sondern gegen fromme Christen und Nachbaren! —

Der Klageruf der so schmählich behandelten Stadt erscholl weit hin und man erzählte überall davon, aber niemand war da, der helfen konnte. Im Gegenteil ergossen sich durch die eroberte Stadt die magdeburgischen Scharen in das fruchtbare Havelland und trugen den Greuel der Zerstörung und Verwüstung in Städte und Dörfer. „Sie scheuten", sagt ein Zeitgenosse, „weder das Urteil Gottes noch der Welt in ihrem Brennen, Rauben, Beschatzung und Verheerung der Äcker; die Menschen und Einwohner wurden feindlich getötet, selbst die Blinden, Tauben, Lahmen und dergleichen arme Personen und Leute, welche allein in ungewisser Bettelei haben ihre Nahrung suchen müssen, wurden be= raubt, weder Alter noch Geschlecht der Menschen verschont und lästerliche Bosheit auf barbarische Weise getrieben. Fürwahr, wunderbarlich und erschrecklich sind die Dinge; wer hätte gedacht, daß solch Elend, solche

---

*) Haftiz, ap. h. ann. Angelus, Annales marchic. S. 171 f.

Not und Armut über die Mark Brandenburg kommen würde, die doch zur Zeit Karls IV. in großem Frieden ist geschützet worden"*). — Das schöne Weihnachtsfest wurde so für viele ein Fest der Trauer und Angst und viele wurden in die gefrorene Erde gelegt, denen ohne diesen verderblichen Krieg noch mancher Frühling erschienen wäre.

Es versteht sich von selbst, daß man diese Greuel in der Mark nicht ruhig mit ansah. Man hatte ein Heer auf die Beine gebracht und ging mit großem Mute auf die Feinde los; aber nicht auf die, welche ins Land gefallen waren und in demselben so barbarisch hausten, sondern man ließ diese ihr Wesen treiben und fiel ins Magdeburgische zwischen Havel und Elbe ein, wo man die armen ruhig sitzenden Bewohner die ganze Schwere des Kriegführens fühlen ließ und alle Greuel wiederholte, welche die Magdeburger ausgeübt hatten**). Man that dem feindlichen Lande allen nur erdenklichen Schaden, wie die andre Partei, und konnte dies auf die bequemste Weise thun, weil man gegen wehrlose Unterthanen focht, denn die kriegführenden Parteien gingen einander aus dem Wege. Diese wunderliche Art zu fechten, wo die, welche sich schlagen wollen, nicht auf einander, sondern auf des andern Leute losschlagen und endlich mit heiler Haut abziehen, wiederholt sich in dieser Zeit öfter, und namentlich dauerte dieser Krieg in ähnlicher Weise über zwei Jahre.

Wir kehren indessen nach Rathenow zurück und zwar an dem Tage, welcher auf die schreckliche Nacht der Eroberung und Plünderung folgte, nämlich am St. Barbara=Tage, den 4. Dezember. Es war etwa neun Uhr vormittags, da ritten aus dem Städtchen Hohennauen, damals Hagenowe genannt, nördlich von Rathenow gelegen, eine Anzahl Reiter heraus und schlugen den Weg nach Rathenow ein. Sie schienen aus der Burg hinter dem Städtchen gekommen zu sein, denn der Hauptmann derselben, Johann von Zieker, winkte ihnen aus der Ferne noch freundlich nach.

Der vorderste dieser Reiter, ein großer stattlicher Mann, war dicht in eine Wildschur von schönem Pelzwerk gehüllt und hatte eine dicke Pelzkappe über seinen Helm gezogen. Er ritt ein sehr schönes Pferd, welches durch eine dicke Decke gegen die Kälte geschützt wurde. Nahe bei ihm ritten zwei Ritter, welche über den Panzer ebenfalls einen Pelz gezogen hatten. Gesicht und Hände waren, ersteres durch einen Pelzkragen, letztere durch Pelzhandschuhe gedeckt. Ihnen folgten zehn Knechte, gleichfalls vermummt, so weit es möglich war. Sie trugen die mecklenburgischen Farben.

---

*) Wusterwitz beim Haftiz a. h. a.
**) Haftiz ap. h. a. Angelus, Ann. march. S. 172.

Was thun wir nun, sprach der vornehmste von ihnen zu seinen Begleitern; folgen wir der Warnung des Zieker, so müssen wir auf den Seitenweg einlenken, der unangenehm genug zu reiten sein wird, weil uns die Fichtenzweige ins Gesicht streifen. Oder reiten wir grade-aus nach Rathenow?

Herr Herzog, antwortete der eine Ritter, wenn es wahr ist, daß die Magdeburger in der Nacht die Stadt genommen und geplündert haben, dann ist nicht gut weilen in derselben, und leicht können wir Aufenthalt haben. Unter einer plündernden Rotte ist es immer schwer, die Bande des Gehorsams wieder herzustellen und wir wissen nicht, ob sie nicht noch jetzt in toller Wut die Stadt durchrast. Auf eine solche zu treffen ist unangenehm und kann uns leicht in zeitraubende Händel verwickeln.

Herzog. Wer weiß aber, ob die Nachricht wahr ist. Der Zieker gab sie ja nur als ein Gerücht.

Ritter. Aber doch als ein wahrscheinliches und mein Rat ist daher, wir gehen neben der Stadt vorbei.

Der zweite Ritter. Es ist schade, daß wir bei unserm Auf-bruche aus Rhinow nicht schon etwas davon erfahren haben, dann hätten wir einen anderen Weg einschlagen können.

Der erste Ritter. Bis dahin war die Nachricht noch nicht ge-kommen. Jetzt hilft uns das Wünschen nichts. Was beschließt ihr, Herzog?

Herzog. Gut, wir wollen den Seitenweg einschlagen. Der Um-weg soll ja nicht groß sein.

Sie lenkten ein, doch hatte man nötig, genau auf den Weg zu achten, weil der Schnee ihn fast unkenntlich gemacht hatte und nur wenige Fußtapfen ihn bezeichneten.

Es war Herzog Ulrich von Mecklenburg-Stargard, welcher auf einer Reise nach Brandenburg begriffen war und in Rhinow übernachtet hatte. Bei dem Durchritte durch Hohennauen hatte ihm Johann von Zieker das Gerücht von der Eroberung Rathenows mitgeteilt.

Die Sonne schien hell am wolkenlosen Himmel; die Luft war voll Schneeflittern, und funkelnd flimmerte das Sonnenlicht von der Schnee-decke der Erde zurück. Doch war die Kälte rein und trocken und die Luft still. Ein ödes Schweigen herrschte ringsum in der Gegend. Ein Zug Krähen und einige kleinere Vögel waren die einzigen lebenden Bewohner derselben, welche sichtbar wurden.

Der Weg zog sich bald nachher in einen Kiefernwald und führte in ihm so fort, daß Rathenow eine halbe Meile rechts liegen blieb. Doch konnte man die Stadt des Waldes wegen nicht sehen. Es war der Weg nach Bamme, auf welchem man fortzog.

Man gelangte an eine Stelle, wo der Weg von einem andern gekreuzt wurde, welcher von Rathenow herzukommen schien. Indem man sich näherte, hörte man das Schreien eines Kindes und entdeckte bald die Veranlassung. Seitwärts vom Wege lag ein bejahrter Mann auf dem Schnee in der Kleidung eines Knechtes. Auf seinem Leibe saß ein etwa dreijähriger Knabe, zum teil in den Mantel des Knechtes gewickelt, streichelte ihm die Backen und weinte bitterlich. Seine kindischen Bitten klangen unverständlich und „nur nicht sterben" war das einzige, was man zu verstehen glaubte.

Der Knecht hatte eine tiefe Wunde in der Brust und sein Blut hatte den Schnee rund umher rot gefärbt. Er lag offenbar im Sterben; als die Reiter sich ihm genaht hatten, versuchte er zu sprechen, allein es wurde nur ein unverständliches Röcheln. Er deutete auf den Weg nach Rathenow, und die Blutspur zeigte, daß er von dort gekommen sei, faltete dann bittend die Hände und blickte auf den Knaben, der in seinen Schmerz verloren die Ankunft der Reiter nicht beachtete und fortfuhr, ihm die Wangen bittend zu streicheln. Der Knecht bog sein Haupt zurück und stieß seinen letzten Seufzer aus.

Dem ist nicht mehr zu helfen, sprach Herzog Ulrich, Gott sei seiner Seele gnädig. Seinen Leib werden die Wölfe wohl zu Grabe bestatten. Aber der hübsche blonde Knabe dauert mich. Er ist nett gekleidet und scheint das Kind guter Eltern zu sein. Seht einmal, wie jämmerlich er sich gebärdet. Er will den Knecht wieder erwecken. Was ist mit ihm zu machen?

Indem kam ein junger Mensch heulend und schreiend desselben Weges daher gelaufen, den der Knecht vermutlich gekommen war. Er erzählte von den Greueln dieser Nacht, die er, fremd und mit seinem Vater auf einer Reise begriffen, in Rathenow erlebt hatte. Bei der Plünderung der Herberge war sein Vater ermordet worden; außerdem hatte man ihm all das Seinige genommen und nur mit Mühe hatte er sich aus der Stadt geschlichen, um sich nun nach seiner Heimat zu betteln.

Herzog Ulrich sprach ihm Mut zu und reichte ihm eine Gabe. Dankend setzte er seinen Weg fort. Wenn es so steht, sagte der Herzog, dürfen wir nicht daran denken, den Knaben nach Rathenow zu bringen. Wer weiß, wo seine Eltern sind und andere nehmen das Kind nicht auf in so bedrängter Zeit. Kurt, sprach er zu einem Knechte, du hast einen weiten Pelz an. Nimm den Knaben mit aufs Pferd und wickle ihn warm ein; ich will denken, Gott hat ihn mir beschert, will ihn mit nach Brandenburg nehmen und ihn dem Meister Freisack übergeben.

Der Knabe ließ sich schwer von dem toten Knecht trennen und verlangte dann nach Herzmutter. Man versprach, ihn dahin zu bringen, der Knecht wickelte ihn ein und bald nachher fing er an, einzuschlafen. Ulrich sah sein liebliches Gesicht oft und mit innigem Vergnügen an.

In Bamme erfuhr man mehreres über die Schrecken der vergangenen Nacht. Aber noch waren die unglücklichen Einwohner nicht ausgetrieben, noch nicht die ganze Schale des Zorns über ihre Häupter geleert.

Nachmittags kam man in Brandenburg an und stieg bei dem Meister Freisack ab. Arnold Freisack wohnte in der Neustadt Brandenburg, war Bäckermeister, hielt eine Bierstube und nebenher eine Herberge für einige angesehene Leute. Herzog Ulrich hatte bei öfterer Anwesenheit in Brandenburg stets bei ihm sein Absteigequartier genommen.

Ihr sollt wohl nicht raten, Meister, sprach er nach der Begrüßung, was ich euch mitgebracht habe?

Meister Freisack zerbrach sich den Kopf, konnte aber nichts finden.

Na, laßt's nur gut sein, ihr ratet's doch nicht, sagte Ulrich. Aber laßt mal eure Hausfrau kommen, denn die muß dabei sein.

Als sie gekommen war, ließ er Kurt eintreten und den Knaben bringen. Da, seht einmal, sprach er, das habe ich unterwegs gefunden und dabei gleich an euch gedacht, es euch zu übergeben. Was meint ihr dazu?

Er teilte ihnen mit, wie er zu dem Kinde gekommen sei. In Brandenburg wußte man noch nichts von Rathenows Schicksal. Es erregte allgemeines Mitleid, und Frau Freisack liebkoste den armen Knaben auf die herzlichste Weise.

Nun würdet ihr Leute mir einen Gefallen thun, wenn ihr das Kind hier behieltet und ihm eine christliche gottesfürchtige Erziehung angedeihen ließet. Ich werde zwar in Rathenow nachfragen lassen, ob seine Eltern nicht auszuforschen sind, und wenn diese gefunden werden, erhalten sie es natürlich wieder. Aber es ist doch auch möglich, daß die Eltern umgekommen sind, denn sonst würde der alte redliche Knecht schwerlich die Stadt mit dem Knaben verlassen haben, oder daß man die Eltern nicht auffinden kann. Dann will ich den Knaben als ein Gotteskind betrachten und euch ein Jährliches zu seiner Unterhaltung, Beköstigung und Erziehung aussetzen. Am liebsten wäre mir dann, er bestimmte sich für die Kirche und widmete sich dem geistlichen Stande.

Frau Freisack. Sollte der Knabe vielleicht nicht Auskunft geben können über seine Eltern? Wie heißt du denn, du Kleiner?

Der Knabe sprach unverständlich und selbst nach wiederholter Antwort blieb es ungewiß, ob er Henrich oder Henning gesagt hatte.

Frau Freisack. Heißt du Henrich?

Der Knabe. Ja!

Herzog Ulrich. Oder heißt du Henning?

Der Knabe. Ja!

Ulrich. Da ist nichts heraus zu bringen. Nennt ihn Heinrich; ist er nicht so getauft, so sind wir wenigstens nicht weit von der Wahrheit und beide Namen sind ja eigentlich dieselben.

Frau Freisack. Aber wie heißt denn dein Vater?

Der Knabe. Henning.

Freisack. Weißt du keinen andern Namen?

Der Knabe. Nein.

Es war dies um so wahrscheinlicher, als in jener Zeit die Familiennamen weit seltener als die Taufnamen gebraucht wurden und der Sohn oft denselben Taufnamen erhielt als der Vater.

Frau Freisack. Wir wollen den Knaben einmal untersuchen und sehen, ob er nicht irgend ein Zeichen oder sonst etwas am Leibe oder an den Kleidern hat, woraus man seine Eltern erraten könnte.

Man zog den Kleinen aus. Seine Kleider waren nett und sauber und bestätigten Herzog Ulrichs Vermutung, daß er guter Leute Kind, das heißt von Adel, sein müsse. Allein es fand sich nichts, als ein Amulet, das er an einer seidenen Schnur um den Hals auf der bloßen Brust trug. Es war eine in Gold gefaßte Reliquie, einen Zahn enthaltend. Auf der Rückseite stand: Sta. Barbara, und darunter die Buchstaben H. St.

Ach, sprach Frau Freisack, das Heiligtum hat die Mutter dem armen Würmchen umgebunden, daß es ihn vor Gefahr und Unglück behüten sollte; aber diesmal hat Sankta Barbara ihren Schutz nicht bewiesen, denn gerade an ihrem Feste hat er das Unglück gehabt. Wenn die Mutter noch lebt, o Gott, wie mag sie sich ängstigen!

Gesetzt aber, sprach Meister Freisack, die Eltern werden nicht ausgekundschaftet, welchen Namen soll Heinrich dann führen?

Herzog Ulrich. Dann soll er Heinrich Winter heißen; denn mitten im Winter habe ich ihn gefunden und aus der Pein des Winters errettet, in welcher er ohne meine Hilfe umgekommen wäre. Sorgt jetzt für den armen Kleinen, daß er zu essen bekommt und schafft an, was ihr sonst nötig habt. Mich aber führt auf mein Zimmer.

Meister Freisack war ein Mann in seinen besten Jahren, und seine Frau eine tüchtige Hauswirtin, welche früh und spät auf dem Platze war und bald in der Backstube, bald in der Bierstube, bald in der Gaststube nach dem Rechten sah. Sein Haus war eins der ansehnlichsten in der Neustadt und er selber einer der wohlhabendsten Bürger, allgemein bekannt und geschätzt wegen seiner Biederkeit und Redlichkeit. Er hatte zwei Söhne, Siegmund und Johann genannt*), nebst zwei Töchtern.

---

*) Haftiz, ap. ann. 1409.

Die beiden Knaben, als die jüngsten seiner Kinder, waren sechs und vier Jahre alt und daher gute Spielgefährten für den kleinen Heinrich.

In den nächsten Tagen wurde das Unglück Rathenows erst vollständig bekannt, da viele der vertriebenen Einwohner sich nach Brandenburg gewandt hatten. Dadurch verschwand jede Hoffnung, die Eltern Heinrich Winters auszukundschaften, weil sie entweder tot oder vertrieben waren. Öffentliche Aufforderungen konnte man nicht erlassen, da das jetzige Mittel der öffentlichen Blätter gänzlich fehlte. Herzog Ulrich gab es daher auf, weitere Erkundigungen einzuziehen und traf alle Veranstaltungen, die Zukunft seines junges Pfleglings zu sichern, für den er sich mit väterlicher Zärtlichkeit interessierte.

Vierzehn Tage mochten verflossen sein, da kam ein Bote aus Mecklenburg und brachte dem Herzog Briefe, deren Inhalt ihn hoch erfreute. Er ließ sich den Meister Freisack rufen und sprach zu ihm: Hört einmal Alter, ich weiß, ihr hört gern Nachrichten aus der Fremde, besonders wenn von braven Männern die Rede ist.

Meister Freisack drehte seine Mütze in den Händen und versetzte schmunzelnd: Fürstliche Gnaden sind sehr gnädig. Das ist allerdings meine Lust.

Der Herzog. Nun, da kann ich euch gute Zeitung mitteilen und ihr könnt euren Stammgästen in der Bierstube damit die Zeit verkürzen. Ihr wißt, daß mein Bruder, Herzog Johann von Mecklenburg-Stargard, in Schweden ist, um König Albrecht zu helfen und daß die Stadt Stockholm wider die Königin Margarethe ist. Vor sechs Wochen erhielten wir die Nachricht, daß die Dänen Stockholm belagert hätten, und daß die Bürger daselbst großen Hunger erlitten und sich würden ergeben müssen, wenn nicht bald Entsatz käme. Um dem zuvor zu kommen, wurden in dem Wismarschen Tiefe acht große Schiffe ausgerüstet, mit Korn, Malz und andern Lebensmitteln beladen und mit kühnen Helden besetzt, um die Dänen vor Stockholm zu vertreiben. Als Hauptmann wurde ihnen ein tapferer Degen, Namens Meister Hugo, zugleich ein tüchtiger Schiffer, gegeben.

Freisack. Ja, davon habe ich erzählen gehört. Die Jahreszeit war aber schon sehr vorgerückt; sind sie denn ausgelaufen?

Der Herzog. Ja. Der Winter war bereits gekommen, und es war ein Wagestück, die Reise zu unternehmen. Indessen hatten die Dänen auch noch viele Schiffe in See, teils der Vitalienbrüder wegen, teils wegen anderer, welche mit ihren Schiffen ihren Reichen Schaden thun wollten. Man mußte sich darauf gefaßt machen, von diesen Schiffen angegriffen zu werden. Nun aber begab es sich, daß unsere Schiffe nahe gegen die dänische Küste getrieben wurden und nicht weit von derselben hinfuhren. Da trat unvermutet der heftige Frost ein, dessen ihr euch noch erinnert, in welchem Rathenow fiel. Als nun der Wismarische Hauptmann, Meister Hugo, sah, daß der Frost so sehr überhand nahm, das Wasser zufror und an ein Entkommen und Weitersegeln nicht zu denken war, sprach er zu den andern Schiffern und Kriegsleuten also: Lieben Gesellen, ihr seht, daß wir hier eingefroren liegen, und wir dürfen nicht vermuten, daß es sobald ander Wetter werden wird. Auch wißt ihr, daß der Dänen Schiffe noch in der See sind. Wenn nun dieser Frost bleibt, so werden sie uns gewiß anfallen und sich mit uns versuchen. Dann aber haben sie einen großen Vorteil, weil sie ihrem Lande nahe sind und sich daraus verstärken können, so sehr sie wollen.

Freisack. Sapperment, das ist eine häßliche Lage. Da muß er ja drauf gehen.

Der Herzog. Derohalben, sprach er weiter, ist es besser, wir sehen uns in Zeiten vor. Wollt ihr nun meinem Rate folgen, so wollen wir unsere Schiffe so verwahren, daß uns die Dänen sie wohl lassen sollen, wiewohl es Arbeit kosten wird; aber weil es kalt ist, so ist es besser, etwas zu thun zu haben, als müßig zu Tode zu frieren. Seht da, auf dem Lande steht viel Holz, da wollen wir Leute hinsenden, die sollen lange und große Bäume und Balken hauen und auf dem Eise mit geringer Mühe an die Schiffe schaffen; die wollen wir zu beiden Seiten der Schiffe hinlegen und mit Wasser begießen, das bald gefrieren wird; so geben wir unsern Schiffen einen Wall und Bollwerk. Laßt dann die Dänen nur kommen, wir wollen ihrer warten.

Freisack. Der Meister Hugo ist klug.

Der Herzog. Auch den Schiffern und Kriegsleuten gefiel dieser Rat wohl. Sie holten die Bäume, legten sie um die Schiffe auf einander, begossen sie mit Wasser, und so entstand ein gläserner Wall. Kaum war diese Arbeit vollbracht, so kamen die Dänen in Haufen über das Eis und vermeinten die Schiffe zu erobern. Aber wiewohl der Dänen viermal so viel waren, als der Wismarischen, so mußten sie doch mit großem Schaden davon ziehen und die Schiffe liegen lassen.

Freisack. Ei, das ist prächtig. Der Meister Hugo ist zum küssen. Was werden sich die Dänen geboßt haben!

Der Herzog. Es verdroß sie über die Maßen, darum dachten sie auf neue Wege, wie sie den Schiffen Schaden zufügen möchten. Da sie nun gesehen hatten, daß sie vor den Baumwällen die Schiffe nicht beschießen konnten, so kamen sie auf den Einfall, ein Kriegsgerät anzuwenden, welches man eine Katz nennt.

Freisack. Was ist das für ein Ding?

Der Herzog. Von Faschinen und Schanzkörben errichtet man ein hohes Bollwerk, oder auch nur ein Stück eines hohen Walles, der den gegenüberstehenden überragt, da klettert man hinauf und schießt von da hinunter. — Die Dänen liefen in das Holz, wo die Wismarischen ihre Bäume gehauen hatten. Der Wismarische Hauptmann, Meister Hugo, aber erkannte bald ihre Anschläge und ließ in der Nacht um die Schiffe große Löcher in das Eis hauen, die Eisstücke aber unter das Eis drücken. Nicht lange danach kamen die Dänen mit ihrem Volke und versahen sich nicht, daß die Wismarischen geeist hatten, denn die Löcher waren oben wieder dünn zugefroren. Sie näherten sich mit großem Ungestüm und eilfertiger Hast und meinten nun, die Schiffe gewiß zu gewinnen und die gestrige Scharte wieder auszuwetzen. Aber es ist ein altes Sprüchwort: große Hast bringt oftmals guten Spott. So ging es den Dänen diesmal auch; sie fielen haufenweise in das Wasser, und der eine drängte den andern nach, so daß viele Hundert der Dänen den Tag ersoffen. Zu diesem Schaden mußten die armen Dänen obenein noch großen Spott erdulden; denn wenn sie so in dem Wasser ver= sanken, so riefen die, welche auf den Wismarischen Schiffen waren: Kätz, Kätz, Kätz, Kätz! wie man zu rufen pflegt, wenn man die Katzen jagt*).

Die Schiffe wurden so durch List und Gewalt erhalten, bis Gott ein ander Wetter gab. Bei dem letzten Thauwetter vor acht Tagen brach das Eis und die Schiffe sind nach Stockholm in See gegangen. Sie haben einem zurückkehrenden Schiffe, dem sie begegneten, Briefe mit= gegeben, worin Meister Hugo seine Streiche erzählt und diese habe ich heute erhalten.

Herzog Ulrich reiste bald darauf zurück, weil er das Weihnachtsfest in Stargard verleben wollte. Seinen Schützling band er den Freisack= schen Eheleuten auf die Seele, die es denn auch an nichts fehlen ließen; das Kind war in gute Hände gefallen und Mutter Freisack hütete es wie ihren Augapfel.

---

*) Chronik des Reimar Kock bei Grotuff, Th. I. S. 495—497.

Vierundzwanzigstes Kapitel.

So verging das Jahr 1394 und das folgende begann. Ritter Cuno von Quitzow hatte im Herbst angefangen zu kränkeln und während des Winters hatte sein Leiden zugenommen; worin es bestand, wußte man nicht, denn es gab damals auf dem Lande keine Ärzte, ja selbst in den größeren Städten waren sie sehr selten. Man hoffte von der Zeit Besserung und Cuno selber rechnete darauf, daß der Frühling alle Übel beseitigen würde. Allein sein Übel mehrte sich; im Februar wurde er sehr ernstlich krank und seine feste Natur brach sichtlich zusammen. Ihm selber blieb das nicht verborgen; er traf die nötigen Veranstaltungen, um die Rechte seiner Witwe und Kinder auf seine Hinterlassenschaft festzustellen und zu sichern, nahm dann die Sterbesakramente und entschlief als ein frommer Christ mit dem Ruhme eines tapfern Ritters. Wie herzlich er von den Seinigen betrauert wurde, brauchen wir nicht darzustellen, da wir schon früher gezeigt und angedeutet haben, wie sehr er geliebt und verehrt wurde. Ein tapferer Streiter auf dem Kampfplatze dieser Welt war dahin gegangen, ein starkes Herz gebrochen. — Seine Leiche ward nach Rühstädt gebracht und hier zu seinen Vätern versammelt.

Dietrich war hierdurch selbständig geworden und trat als der älteste der Söhne in seine Rechte. Er wurde mit den Gütern seines Vaters belehnt und war nunmehr das Haupt der Familie.

Wir müssen jetzt aber zunächst einen Blick nach Böhmen thun, wo sich Dinge vorbereitet hatten, welche auf das Schicksal der Mark von bedeutendem Einfluß waren.

Aus Albrechts Erzählung ist bekannt, daß Kaiser Wenzel gefangen genommen und dem Burggrafen Heinrich von Rosenberg übergeben worden war, der ihn nach Schloß Wiltberg in Oesterreich gebracht hatte, weil sein Bruder Johann von Görlitz für ihn Partei ergriff, während sein älterer Bruder, König Siegismund von Ungarn, gegen ihn war. Das ganze Lützelburgische Haus war darüber unter sich zerfallen. An Johann, also für den Kaiser, schloß sich an sein Vetter, Markgraf

Prokop von Mähren; an Siegismund, und darum gegen den Kaiser, sein Vetter, Markgraf Jobst von Mähren, der damalige Markgraf von Brandenburg. Die Stände Böhmens hielten es größtenteils mit den letztern. Siegismund hatte zu ihrer Unterstützung sogar ein Heer aus Ungarn kommen lassen.

Als Markgraf Johann von den Pragern die Zusicherung erhalten hatte, daß sie ihn im Falle einer Erledigung der Krone auf alle Fälle zum Könige wählen würden, hielt er sich sofort an die Güter der Rosenberge, welche Wenzel in Verwahrung hatte. Er verheerte die= selben so furchtbar und so lange, daß man sich endlich entschloß, Wenzel wieder los zu geben, besonders da auch die deutschen Fürsten die Sache nicht gleichgültig ansahen. So erhielt er am 14. August 1394 seine Freiheit, nachdem er den Rosenbergs und Stahrembergs Urfehde ge= schworen hatte. Aber kaum war dies geschehen, als er auch sofort sein tolles Leben wieder begann. Einer Menge Bürger, von denen er glaubte, daß sie seine Gefangenschaft gewünscht hätten, ließ er die Köpfe ab= schlagen, andere wurden in die Gefängnisse geschleppt und auf das Här= teste behandelt, sodaß durch seine tyrannischen Maßregeln selbst viele von denen, welche es bis dahin noch mit ihm gehalten hatten, zurück= gestoßen wurden. Er galt in den Augen der meisten als ein Scheusal und nicht mit Unrecht. Die Natur hatte nichts für ihn gethan; sein Leib war ungestalt, knorrig und von ungeschickten Gliedern, seine Ge= mütsart weibisch, faul und träge, so daß er einen sehr großen Teil der Zeit im Bett zubrachte, dabei überaus wollüstig. Besonders mit der Frau eines Müllers, namens Sophia, trieb er seine Wirtschaft bis ins Unsinnige, ungeachtet seine Gemahlin eine sehr schöne Frau war. Seine Grausam= keit machte ihm den Scharfrichter, der sein lieber Gevatter wurde, zum unentbehrlichen Gesellschafter. Alle diese Eigenschaften machten ihn so verhaßt, daß man ihn für eine Strafrute Gottes hielt, dessen bösartige Gemütsart schon durch Erscheinungen bei seiner Geburt vorausgesagt sei. Seine Mutter war bei seiner Geburt gestorben, und dies hielt man für ein schlimmes Zeichen; aber er hatte bei der Taufe auch das Taufwasser ver= unreinigt und dies war, ungeachtet man es einem neugeborenen Kinde nicht anrechnen konnte, daß es das Sakrament besudelte, noch viel schlimmer und deutete auf viel Böses. Im ganzen Lande fing man an, sich gegen seine Grausamkeiten zu erheben, die einheimischen Kriege begannen von neuem, die Unzufriedenen schlossen unter dem Schutze der Herzöge von Österreich am 17. Dezember 1394 zu gegenseitigem Beistand ein Bünd= nis, an dessen Spitze Jobst stand. Dies erregte Wenzels Furcht und nun schloß er am 13. Mai 1395 mit Jobst ein Bündnis ab zu dessen Gun= sten, welches die Böhmen jedoch verwarfen. Da trat Johann von Görlitz mit Vergleichsvorschlägen hervor und Wenzel ging endlich darauf ein; er ließ sich alles gefallen, allein er that was er wollte. Ohne Nachdenken überließ er sich seinem niedrigen Instinkte. So erinnerte er sich, daß einige von Adel unter seiner Leibwache gedient hatten, und daß diese sich seiner Gefangennehmung hätten widersetzen sollen. Er ließ ihnen darum in Carlstein die Köpfe abschlagen. Aus derselben Ursache belegte er die Bürger von Prag mit den empfindlichsten Geld= strafen, wodurch denn Verachtung und Haß gegen ihn das höchste Maß erreichten. Daß er sich um die Reichsgeschäfte nicht bekümmerte, versteht sich bei solchem Sinne und Leben von selbst. Das Mißvergnügen über ihn war in Deutschland allgemein. Während der Kriege der Städte mit den Fürsten schickten ihm diese Gesandte nach Prag, um ihn zu er= suchen, nach Deutschland zu kommen und zu vermitteln und zu ent= scheiden. Er schämte sich nicht, ihnen zu sagen: Er wisse nicht, was er daselbst thun solle. Wer ihn beschauen wolle, könne nach Prag kom= men. — Dem Reichsstatthalter in Italien, Johann Galeaz Visconti, verlieh er eigenmächtig, ohne die Kurfürsten zu befragen, gegen eine Summe von 100,000 Goldgulden den Titel eines Herzogs von Mailand und erregte dadurch große Unzufriedenheit. Das Diplom ist vom 1. Mai 1395.

In der Mark war der Zustand der Dinge noch derselbe geblieben. Die Städte weigerten sich, dem Markgrafen Wilhelm die Huldigung zu leisten und bezogen sich darauf, daß sie nur an Prokop gewiesen werden könnten, dem sie für den Fall einer Erledigung der Mark bereits die Huldigung geleistet hätten. Jobst schien Prokops Rechte absichtlich gekränkt zu haben, da er mit ihm in bitterer Feindschaft lebte, und dies mochte zum teil der Grund sein, warum er überhaupt die Verpfändung der Mark bewirkt und die märkischen Stände zu einem Eid= und Treubruche aufgefordert hatte. Wenigstens war es dem wortbrüchigen, ränkevollen und hinterlistigen Charakter Jobsts wohl zuzutrauen. Markgraf Prokop schrieb von Prag aus am Donnerstag nach Lätare (den 25. März) an die Stadt Berlin und beklagte sich bitter, daß Markgraf Jobst sie und die Mark an jemand anders weisen wolle, da sie doch ihm, als dem nächsten Erben gehuldigt hätten und ermahnte sie, sich an keinen andern als ihn allein weisen zu lassen. Es ergiebt sich daraus, daß er gegen den von Jobst gethanen Schritt protestiert hat, und natürlich mußte dies den Widerwillen der märkischen Stände gegen denselben sehr ver= stärken.

Besonders scheint sich die Stadt Berlin sehr dagegen gesträubt zu haben, wie sich daraus ergiebt, daß der Markgraf von Meißen am Frei= tag nach Ostern, den 16. April, ein Schreiben an sie erließ, worin er sie ermahnte, sich Markgraf Jobsts Verfügung gefallen zu lassen und sich nicht an eine andere Herrschaft zu ergeben, damit sie seine Ungnade nicht noch mehr verdienten; denn er sei ihres Ungehorsams wegen ohnedies mehr über sie, als über alle anderen Städte, die sich ihm zuwider zeigten, erzürnt und Lippold von Bredow habe sie als beständig widerspenstig angegeben. Markgraf Jobst aber erließ aus Teschen am Dienstag nach Pfingsten, den 1. Juni, ein Schreiben an alle Stände der Alt- und Neumark (Mittelmark), in welchem er sie von dem Huldigungseide losspricht, den sie seinem Bruder Prokop gethan und sie im Falle seines erblosen Todes an König Siegismund verweist[*]. Hierauf kam Markgraf Wilhelm selber ins Land und ging nach Brandenburg, welche Stadt ihm huldigte, worauf er am Freitag nach Johannis (25. Junius) ihre Privilegien bestätigte[**]. Nur nach und nach fanden sich die übrigen Städte in ihr Schicksal; Markgraf Jobst war, wie es scheint, genötigt, die Städte noch besonders ihrer, seinem Bruder Prokop geleisteten Eventualhuldigung zu entbinden, denn von Frankfurt an der Oder findet sich ein solches Schreiben vom 30. November vor, zu welcher Zeit also diese Stadt noch nicht gehuldigt hatte[***]. Ohne Zweifel war dies noch von vielen nicht geschehen und deswegen nennt Wilhelm sich in diesem Jahre noch nicht anders als Wilhelm, Markgraf von Meißen und Landgraf von Thüringen[†]. Am 25. November bestätigte er die Gerechtsame von Prenzlau[††] und am 4. Dezember die der Städte Stendal, Salzwedel und Tangermünde[†††].

In der Priegnitz waren im Anfange dieses Jahres viele Unruhen. Mehrere Edelleute hatten den Herzögen von Wenden abgesagt und zogen um die Fastenzeit vor die Stadt Parchim. Den Oberbefehl führten die von der Kapellen. Man ängstigte die Stadt auf möglichste Weise und verursachte ihr so viel Schaden, als man nur konnte. Die Bürger aber thaten einen Ausfall und jagten viele ihrer Feinde in die Elde, welche bei der Stadt vorbeifließt, daß sie ertranken, auch fingen sie viele Pferde. Wahrscheinlich hatten sie die Belagerer in der Nacht überfallen. Sechs Gefangene, welche sie dabei machten, wurden nach Parchim geführt und enthauptet. Sie wehrten sich übrigens so gut gegen ihre Feinde, daß diese unverrichteter Sache abziehen mußten[*†].

Am dritten Sonntage nach Ostern, den 2. Mai, zog ein großes Heer aus Mecklenburg und der Priegnitz gegen den Herzog von Pommern; wie es scheint, ebenfalls wegen Privatstreitigkeiten. Die Anführer

---

[*] Buchholz, Geschichte. Tl. II. S. 546.
[**] Ebendas. Tl. V. Urk. S. 301.
[***] Wohlbrück, Lebus Tl. II. S. 93.
[†] Gercken Fragmenta marchica. T. III. p. 162.
[††] Sect, Geschichte von Prenzlau, I. S. 136.
[†††] Lenz, diplom. Sammlung S. 480 f.
[*†] Detmar's Chronik bei Grotuff, S. 363.

desselben waren Claus Mallin und ein von Moltke. Sie überschritten die Peene und kamen nach der pommerschen Stadt Gützkow, welche die von Greifswalde inne hatten und durch ein festes Schloß verteidigten. Sie umlegten dasselbe und gaben sich Mühe, es zu erobern. Unterdessen hatten sich die Greifswalder durch Hülfe der Stralsunder und anderer pommerscher Städte verstärkt und überfielen ihre Feinde. Es gab ein mörderisches Gesecht, in welchem die Feinde geschlagen wurden und sich flüchten mußten. Claus Mallin verteidigte die Brücke, welche man über die Peene geschlagen hatte, wurde aber dabei getötet. Er war ein schlimmer Feind der Lübecker, denen er soeben wieder abgesagt hatte, als der Tod seinen Unternehmungen ein Ende machte.

Die Flüchtlinge sammelten sich in Mecklenburg wieder und Moltke warb zugleich neue Truppen, um die Unternehmung fortzuführen. Gützkow schien nicht der Ort zu sein, wo sein Glück blühte. Zugleich verdroß es ihn sehr, daß die Stadt Stralsund sich in die Sache gemischt hatte, und er beschloß, sich dafür zu rächen, um so mehr, als die Stadt erst in diesem Jahre wieder eine große Zahl von Vitalienbrüdern aufgefangen und teils geköpft, teils gefangen gesetzt hatte. Er zählte darunter viele Freunde und konnte für diese die Rache übernehmen. Zwar war gegen die Stadt selber nichts zu wagen; aber schaden konnte man ihr doch und war es nichts weiter, so konnte man das Vieh von der Weide nehmen. Allein die Stralsunder erhielten Nachricht von der Annäherung der Feinde, zogen ihnen entgegen, schlugen sie und nahmen den Moltke nebst vielen andern Hauptleuten gefangen, womit denn die Fehde ein Ende hatte*).

Zwischen Jobst und Prokop war indeß in Mähren ein höchst erbitterter Krieg ausgebrochen. Letzterer hatte die Stadt Znaym belagert und verheerte des Bruders Land auf das Furchtbarste; ersterer that dasselbe in Prokops Landen, so daß sich hier die Vorfälle aus der Mark und von Magdeburg wiederholten**).

Während dieser Belagerung der Stadt Znaym wurde Siegismund und seinem Freunde Albrecht IV. von Österreich, der ihn dabei kräftigt unterstützte und die Belagerung angefangen hatte, Gift beigebracht. Siegismund wurde dadurch so geschwächt, daß er seine Heimat, wohin ihn seine Leute bringen wollten, nicht mehr erreichen konnte, sondern in einem drei Meilen von Turnau belegenen Hause bleiben mußte***). Herzog Wilhelm von Österreich schickte ihm sogleich einen Arzt aus Wien, welcher an dem Kranken das in solchen Fällen seit Jahrhunderten

---

*) Detmar's Chronik bei Grotuff, Tl. I. S. 366.
**) A. a. O. S. 367.
***) Cuspinian's Chronika der Kaiser. Tl. II. S. 73.

gewöhnliche Mittel versuchte, er hängte ihn bei den Füßen auf, und ließ ihn vierundzwanzig Stunden in dieser Stellung, während welcher Zeit sehr viel Unrat durch den Mund von ihm ging. Er wurde dadurch so entkräftet, daß man an seiner Genesung verzweifelte und den Arzt mit Vorwürfen überhäufte, welche dieser mit den Worten erwiderte: Sollte die Gift unten ausgegangen sein, die Natur kann es nit erlieden haben*). Albrecht wurde von einem heftigen Durchfall so abgemattet, daß er die Belagerung aufgeben mußte und im Kloster Neuburg starb. Sein Körper wurde nach Wien geführt**).

Unterdessen hatte der Krieg zwischen Herzog Rudolf von Sachsen und dem Erzbistum Magdeburg fortgedauert. Im vorigen Jahre noch war Aken an der Elbe von den Magdeburgern gebrandschatzt worden***). Während Albrechts Abwesenheit befehligte Dompropst Heinrich von Warberg das Kriegsvolk. Er sammelte das Heer in Jüterbok, welches damals zu Magdeburg gehörte. Der Stiftshauptmann, die Lehnsleute des Stifts nebst den Bürgern der Städte Magdeburg und Halle bildeten das Heer und fielen in das Land des Kurfürsten ein. Sie verwüsteten die Gegend von Wittenberg, plünderten und verbrannten die Dörfer, so wie auch die Stadt Niemegk und zogen dann vor das auf einem Berge liegende Schloß Rabenstein, das sie belagerten, eroberten und zerstörten. Die Ruine dieses Schlosses ist noch jetzt vorhanden und schaut ernst herab in das tiefe Thal. Darauf zogen die Magdeburger vor die befestigte Stadt Belzig, welche durch das feste und mächtige Schloß Eisenhart verteidigt wurde. Hier kam es um den 28. Oktober zu einer Schlacht. Herzog Rudolf hatte ein Heer von 150 Glevenern gesammelt. Ein Gleve hieß eigentlich eine Lanze oder ein Spieß; ein Glevener war ein Mann von ritterlichem Adel, der zwei bis drei mit Lanzen bewaffnete Knechte bei sich führte, wozu dann noch fünf Lanzenknechte gehörten. Ein Glevener bekam damals monatlich 18 Gulden Sold†). Außerdem hatte Rudolf noch eine große Anzahl Fußvolk und Wagen. Diesem ansehnlichen Heere war die magdeburgische Kriegsmacht nicht gewachsen. So tapfer sie sich auch schlug, so mußten sie doch das Feld räumen. Der Dompropst, der Stiftshauptmann, viele Lehnsleute und Bürger aus Magdeburg und Halle wurden gefangen und nur einem Teile gelang es, mit Ludolf von Wenden nach Jüterbok zu fliehen und dort Sicherheit zu finden. Erst viel später als der Erzbischof von Böhmen heimgekehrt war, kam zu Ziesar ein Friede zu Stande. Es wurde lange deswegen unterhandelt. Der Erzbischof handelte den Dompropst und

---

*) Windeck, Hist. Sigm. ap. Menken. T. I. S. 20.!
**) Cuspinian a. a. O.
***) Brunonis Beschreibung von Aken S. 107.
†) Gercken, Cod. diplom. brandenb T. I. S. 89. II. 237.

den Stiftshauptmann sowie seine Lehnsleute los. Um die Magdeburgischen und Halleschen Bürger kümmerte er sich jedoch nicht und überging sie in dem Friedensvertrage ganz. Es blieb daher nichts übrig, als daß die Städte selber mit dem Herzoge wegen ihrer Gefangenen unterhandelten. Magdeburg mußte für seine Gefangenen allein 2200 Schock böhmische Groschen bezahlen; mehr noch hatte Halle zu entrichten, weil viele von Adel gefangen waren*). Und doch würde man wahrscheinlich alle Gefangenen nur unter härteren Bedingungen losgegeben haben, wenn der Erzbischof nicht dem Herzog Rudolf die Aussicht eröffnet hätte, daß sein Sohn Wenzel nach seinem Tode Erzbischof von Magdeburg werden sollte. Derselbe starb indessen ein Jahr darauf in Prag.

Die von Johann von Görlitz dem Kaiser Wenzel vorgeschlagenen Artikel, zu deren Annahme er sich bereit erkärt hatte, waren ihm so vorgelegt worden, als sei dieser von den Ständen dazu bevollmächtigt gewesen, und in dieser Meinung hatte Wenzel den Herzog Johann zum Hauptmann des ganzen Königreichs ernannt. Jetzt ergab sich, daß Johann eigenmächtig gehandelt habe und nicht instande sei, die mißtrauischen Großen zur Niederlegung der Waffen zu bewegen. Heftig erzürnt darüber, entsetzte ihn Wenzel seiner Hauptmannschaft und ließ ihn als einen Gefangenen in Prag festhalten. Allein Johann war bei dem Adel und den Bürgern so beliebt, daß neue Unruhen ausbrachen. Der König ließ die Stadt sperren, den Rat absetzen und erneuern. Da dies nichts half, ritt er in Begleitung seines Scharfrichters in der Stadt herum und ließ einige der Aufrührer auf der Schwelle ihrer Häuser enthaupten. Doch wußte er wohl, daß hiermit die Sache nicht beendigt sein konnte. Er schickte deshalb an seinen Bruder Siegismund von Ungarn die Botschaft, er möge zu seinem Beistande nach Böhmen kommen. Siegismund kam in der Mitte des Februars 1396 an. Am 1. März aber starb Johann von Görlitz an beigebrachtem Gift und seine Länder fielen an Siegismund. Dies gab zu neuen Unruhen Veranlassung. Besonders war dies in der Niederlausitz der Fall, wo diejenigen, welche in die böhmischen Händel verwickelt waren — und das war bei dem größten Teile des Adels der Fall — teils zu Jobsts, teils zu Prokops Partei übertraten und so gegen oder für Wenzel handelten**).

In der Mark wurde dadurch nichts verändert; nach und nach fanden sich die Städte in die ihnen zugemutete Pfandhuldigung gegen Wilhelm von Meißen, und um St. Matthäus (den 24. Februar) hatten sie sämt-

---

*) Eilers, Chronicon Belticense S. 218, 219. Chronik der Sachsen bei Abel S. 203, 204. Dresser, Sächsische Chronik, S. 383. Chronicon Magdeburg. ap. Meybom. Script. rer. germ. S. 351. Pauli, Preuß. Staatsgeschichte Th. V. S. 452.

**) Neumann, Gesch. der niederlauf. Landvögte. II. S. 29.

lich gehuldigt*). Schon am 2. Januar 1396 nennt er sich in einer Urkunde, durch welche er der Stadt Brandenburg die Berechtigung erteilt, eine Landwehre zu bauen, mächtiger (das heißt bevollmächtigter) Vorsteher der alten und neuen Mark zu Brandenburg**). Er befand sich zu Brandenburg und als Zeugen sind genannt: Bischof Johann von Havelberg, Ortwin, Propst zu Berlin, Otto von Schlieben, sein Hofmeister, und Ritter Heinrich von Köckeritz, sein Rat, welche demnach bei ihm anwesend waren. Acht Tage später, am 9. Januar, stellte er unter demselben Titel der Altstadt Brandenburg eine Schuldverschreibung aus über 100 Schock breiter Groschen, die sie ihm geliehen hatte, für deren Wiederbezahlung sich verbürgen: Graf Heinrich von Schwarzburg, Herr zu Sondershausen, Ortwin, Propst zu Berlin, Lippold von Bredow, Peter Schenken und Albrecht von Buttelstädt, welche sich sogleich anheischig machen, daß, wenn ihr gnädiger Herr säumig würde und das Geld nicht zur bestimmten Zeit zurückzahle, oder daß auch sie als Bürgen nicht zahlten, so wollen sie einreiten, zu welcher Zeit es gefordert würde in Brandenburg, in eine öffentliche Herberge und darin Einlager halten, wie es recht ist, der Herr mit vier Pferden, der Ritter mit drei Pferden und der Knecht mit zwei Pferden***). Die Genannten waren demnach zur angegebenen Zeit ebenfalls in Brandenburg bei der Ausstellung des Schuldbriefes anwesend. Hieraus lernt man einigermaßen seine Umgebung kennen, und zugleich einige derer, welche unter ihm wichtige Posten bekleideten.

Wenzel hatte den Erzbischof Albrecht von Magdeburg, seinen Kanzler, nach Prag kommen lassen, um sich seiner zu bedienen die Verwirrungen auszugleichen, welche seine Familie zerrütteten. Am 1. März schloß Wenzel mit Siegismund einen Erbvertrag ab, worin er im Fall seines kinderlosen Todes ihn zum Erben der Krone Böhmen einsetzte. Einige Wochen später ernannte er ihn zu seinem Verweser und Generalstatthalter im ganzen römischen Reiche, womit jedoch die Reichsfürsten nicht zufrieden waren und Widerspruch einlegten. Siegismunds Thätigkeit blieb daher auf Böhmen beschränkt und er bemühte sich nun zuvörderst, zwischen Wenzel und seinem geheimen Verbündeten, dem Markgrafen Jobst, den Frieden zu vermitteln, den er auch zu Stande brachte. Siegismund und Jobst setzten darauf am 2. April 1396 ein Statut fest, durch welches die bisherige Gewalt Wenzels fast auf nichts beschränkt wurde. Ohne Zweifel hatte der Erzbischof Albrecht an demselben großen Teil. Dem zufolge sollte dem Könige ein, aus den vornehmsten geist-

---

*) Detmar's Chronik bei Grotuff II. I. S. 368.
**) Gercken, Fragmenta march. T. III. S. 191.
***) A. a. O. S. 193, 194.

lichen und weltlichen Herren, mit dem Erzbischofe an der Spitze, zusammengesetzter Rat zur Seite stehen, den er nicht absetzen und ohne deſſen Zuſtimmung er nichts vornehmen dürfe. Alle eingezogenen Güter ſollten zurückgegeben und alle von beiden Seiten verübte Ungebühr verziehen werden. Man wird ſich vielleicht wundern, ſo plötzlich die Einigkeit, und noch dazu mit ſo großen Opfern von Wenzels Seite erkauft, wieder hergeſtellt zu ſehen. Allein die Not von außen hatte wohl dazu gezwungen. Die Türken, den mächtigen Bajazeth an der Spitze, hatten den Krieg erklärt; man mußte ſich rüſten, und Siegismund, welcher das chriſtliche Heer befehligen ſollte, bekam mit dieſem von der ganzen Chriſtenheit gefürchteten Feinde alle Hände voll zu thun. Er reiſte nach Ungarn, und Markgraf Jobſt bekam den Auftrag, darauf zu ſehen, daß die Artikel der neuen Verfaſſung aufrecht erhalten würden. Hierzu war dieſer freilich nicht der Mann. Wenzel betrachtete ihn als den Urheber all ſeines Unglücks und haßte ihn bitter. Jobſt wußte dies recht gut, und ſeine angefangenen Händel in der Niederlauſitz bewieſen, daß er weit entfernt war, des Königs Freund zu ſein. Nichtsdeſtoweniger war er dreiſt genug, Wenzel auf dem Karlſtein zu beſuchen. Dieſer ließ ihn und ſeine ſechs Begleiter ins Gefängnis werfen. Du haſt mich, deinen rechtmäßigen Herrn, ſprach Wenzel, gefangen und in den Kerker geworfen; es iſt billig, daß dir dasſelbe geſchieht. Jobſt hatte es jedoch dahin zu bringen gewußt, daß ihn Wenzel ſchon nach wenigen Tagen wieder los ließ, und mit ihm auf gutem Fuß lebte. Er verſuchte es, Wenzel zu bereden, ihm die durch Johanns Tod erledigte Lauſitz zu geben, allein dieſer ging darauf nicht ein, und Jobſt beſchloß deshalb, in ſeinen Operationen fortzufahren und ſie ſich mit gewaffneter Hand zu verſchaffen.

Außer dieſen Verhandlungen ſehen wir Jobſt in dieſer Zeit auch thätig, einige Verhältniſſe in der Mark zu entwirren. Die Anweſenheit des Erzbiſchofs Albrecht von Magdeburg gab dazu die günſtigſte Gelegenheit, und dieſer ſcheint hier etwas fügſamer als in Magdeburg geweſen zu ſein. Die Gegenſtände der Verhandlung waren: die Herausgabe von Rathenow, der Beſitz des Schloſſes Plaue und die Freilaſſung Lippolds, der zu dieſem Zweck nach Prag berufen wurde. Nach dem alten Chroniſten Angelus hätte Wenzel den Erzbiſchof Albrecht ſo lange gefangen geſetzt, bis er ſich dazu verſtanden, nachzugeben*). Dies war gewiß nicht der Fall, denn Wenzel kümmerte ſich nicht viel um das, was in der Mark geſchah. Jobſt hatte endlich den Erzbiſchof ſo weit gebracht, daß folgendes urkundlich feſtgeſetzt werden konnte: Alle Zwietracht ſoll gänzlich beſeitigt und eine vollkommene und ewige Ver-

---

*) Angelus, Annales march. S. 173.

föhnung aufgerichtet sein in gütlicher Satzung und Einigung. Der Erz=
bischof soll die Stadt Rathenow von Stund an zurückgeben und dafür
sorgen, daß sie Herrn Lippold von Bredow sofort übergeben werde, oder
auf das allerlängste zwischen hier und dem nächsten Quatember. Auch
soll er Jobsten Herrn Lippold von Bredow los schaffen seines Gefäng=
nisses von Stund an, ohne alles Hindern. Was aber das Schloß Plaue
und andere Schelung (Streitigkeiten) betrifft, so soll darüber der hochge=
borene Fürst Herr Wilhelm, Markgraf zu Meißen, entscheiden. Jobst
aber will dem Erzbischofe sechshundert Schock böhmische Groschen ent=
richten von Stund an oder längstens bis zum nächsten Quatember, ohne
alles Hindern und Widerrede. So gegeben zu Prag, den 1. Mai 1396[*]).

Durch diese Festsetzung wurde Lippold nunmehr wieder vollkommen
frei und konnte sich in alter Kraft bewegen. Markgraf Wilhelm scheint
sich hinsichtlich des Schlosses Plaue zu seinen Gunsten entschieden zu
haben, wenigstens wird ihm der Besitz von da an nicht mehr streitig
gemacht.

Jobst besaß wieder, wie die erwähnte Urkunde zeigt, Geld, und
wahrscheinlich war er bei der eingetretenen Veränderung der Dinge zu
noch mehrerem gekommen, so daß er seinem Schwager, wenn auch nur
einen Teil des von ihm auf die Mark aufgenommenen Geldes zurück=
zahlen konnte, denn von jetzt an stellt dieser nicht als oberster Verweser
der Mark Urkunden aus, sondern Jobst selber. Dennoch ist er in der
Mark noch anwesend, nimmt sich ihrer an und wird zu mancherlei Ver=
handlungen gebraucht, so daß seine Ansprüche wohl noch nicht ganz er=
loschen waren. Aber schon am 28. Oktober ernannte Jobst den Propst
Ortwin zu Berlin zu seinem Landrentmeister und lieferte damit den
Beweis, daß er die Regierung wieder in Händen habe[**]).

König Albrecht von Schweden, Herzog von Mecklenburg, und sein
Sohn waren endlich im vorigen Jahre von der Königin Margarethe
gegen Bürgschaft eines bedeutenden Lösegeldes freigegeben worden. Kaum
war er in seinem Lande angekommen, als er bemüht war, die Ordnung,
welche in seiner langen Abwesenheit sehr gelitten hatte, wieder herzu=
stellen und insonderheit den ewigen Fehden zu steuern, in welche die
Mecklenburger und Priegnitzer verflochten waren. Auch in anderen
Gegenden war der Wunsch nach einem ruhigeren Zustande der Dinge
laut geworden. So wurde denn ein Fürstentag zu Perleberg festgesetzt,
auf welchem Albrecht König von Schweden nebst den mecklenburgischen
Herren von Wenden und Markgraf Wilhelm von Meißen nebst anderen
Landesherren erschienen[***]); auch hatten sich Bürgermeister und Rats=

---

[*]) Gercken, Cod. diplom. brandenb. T. IV. S. 538.
[**]) Buchholz, Brandenb. Geschichte Tl. II. S. 549.
[***]) Detmar's Chronik bei Grotuff, Tl. I. S. 372.

herren sowie andere Sendboten von den Seestädten und der Mark
eingefunden; denn ein Hauptgegenstand der Beratung waren Maßregeln
gegen die Vitalienbrüder, welche sich jetzt, da der Krieg aufgehört hatte
und ihnen befohlen worden war, sich aufzulösen, vollständig in See=
räuber verwandelt hatten. Es gab jetzt keinen Hafen, in welchem sie
Schutz finden konnten, während bis dahin Wismar und Rostock ihn bei
sich gewährt hatten. Gleich nach eingetretenem Frieden waren sie nach
Bergen in Norwegen gefahren und hatten die Stadt geplündert; ihren
Raub verkauften sie noch in Rostock und Wismar, doch hatten sie hier
erfahren, daß sie künftig in diesen Städten keine Zuflucht finden würden.
Sie teilten sich demnach; ein Teil zog nach den spanischen Gewässern
auf Seeräuberei, ein anderer nach der Nordsee, der dritte blieb in der
Ostsee*). Die Hauptleute dieser Seeräuber führten die Namen: Godefe
Michaelis, Wichmann Wychold und Claus Stortebecker. Die Kaufleute
litten durch sie ungemein, von ihren Thaten wurden die abenteuerlichsten
Dinge erzählt und sie sollen gewaltige Fahrten gemacht haben. Eine
dieser Erzählungen war folgende: Vierhundert Schiffe der Vitalienbrüder
thaten sich zusammen und segelten nach den russischen Küsten, wo sie
einen großen Raub machten. Sie wollten einen andern Weg zurück=
fahren als den sie gekommen waren, verirrten sich aber und kamen zu
undeutschen Leuten, die sie nicht verstanden. Hier schlugen sie deren
viele tot, nahmen ihnen die Lebensmittel und ihr Vieh, das sie zum
Gebrauch fütterten. Darauf segelten sie fort und kamen unter das
heilige Land zu den Bergen von Kaspien, wo sie unmäßig viel Volk
sahen, das waren die roten Juden. Auch von ihnen schlugen sie viele
tot auf den Schiffen, aber sie durften nicht zu ihnen an's Land springen
denn es waren ihrer zu viele. Nicht fern von derselben Gegend fanden
sie wilde Leute, überall mit Haaren bewachsen. So lange segelten sie
immer weiter um die Welt, bis sie einen deutschen Mann fanden, der
war entführt und zeigte ihnen die Wege nach der Königin der Sonnen.
Endlich kam die Hälfte wieder nach Zeit eines Jahres; die andere Hälfte
war im Streite und vor Hunger gestorben. — Es ist dies die Erzählung
eines Geistlichen in einer Seestadt, der keinen Zweifel an ihrer Richtig=
keit hat**).

Auf jenem Fürstentage zu Perleberg wurde ein Landfriede festge=
setzt auf sechs Jahre, worüber man sich sehr freute, besonders die Kauf=
leute***), welche nun ihre Güter sicher durch das Land führen konnten.

Gegen Ende des Monats October hatte endlich Lippold von Bredow

---

*) Detmar's Chronik bei Grotuff, Tl. I. S. 370, 371.
**) A. a. O. S. 370, 371.
***) Detmar's Chronik bei Grotuff, S. 372.

vom Erzbischof Albrecht aus Prag ein Schreiben an Friedrich von Alvensleben erhalten*), in welchem diesem befohlen wurde, die Stadt Rathenow an den Landeshauptmann zurückzugeben und mit seinen Leuten abzuziehen. Lippold begab sich sofort dahin, und händigte dem von Alvensleben sein Schreiben aus, worauf dieser dem Willen des Erzbischofs gemäß verfuhr, und die Stadt an Lippold in den ersten Tagen des November übergab. Es fand sich darauf wieder ein kleiner Teil der vertriebenen Einwohner ein und nahm sein Eigentum in Besitz, doch waren sie bereits sehr zusammen geschmolzen und natürlich fanden sie nichts weiter als Grund und Boden nebst den leeren Wänden wieder.

Kaum aber war Friedrich von Alvensleben mit der von ihm befehligten Rathenowschen Schar in Magdeburg angekommen, als sich in der Stadt das Gerücht ausbreitete, die Zurückgabe der Stadt sei nicht mit rechten Dingen zugegangen; der von Alvensleben habe sich von brandenburgischer Seite bestechen lassen, habe treulos gegen den Erzbischof und das Erzstift gehandelt und sei ein Verräter. Es erklärt sich dies genügend aus den unvollkommenen Mitteln, durch welche man damals öffentliche Nachrichten verbreiten konnte. Magdeburg konnte von den Verhandlungen in Prag nichts wissen, wenn der Erzbischof nicht selber eine Anzeige gemacht hatte. Friedrich von Alvensleben war diese Kränkung seiner Ehre nicht gleichgültig. Um sich von dem ehrenrührigen Verdachte zu reinigen, ließ er den erhaltenen erzbischöflichen Befehl zu Magdeburg auf öffentlichen Plätzen und an anderen Orten vorzeigen und öffentlich ablesen und wurde hierdurch wieder als ein rittermäßiger Mann anerkannt**).

Der ungemeine Zulauf, den die Wallfahrten nach Wilsnack gefunden hatten, war längst eine Quelle des Einkommens für die Geistlichkeit geworden, aber auch zugleich vieler Unordnungen, an deren Abstellung man denken mußte. Unter dem Vorwande, nach Wilsnack zu wallfahrten, trieben sich Taugenichtse oft lange in anderen Gegenden umher und kamen in ihre Heimat zurück, ohne Wilsnack gesehen zu haben. Verlangte ein Knecht oder eine Magd zu wallfahrten, so konnte der Herr es ihnen nicht füglich abschlagen, denn die Seele zu retten galt mehr als den Leib erhalten. Ja sie liefen wohl, wie sie gingen und standen von der Arbeit weg, wenn ihnen der Einfall gekommen war. Eine Menge Gesindel trieb sich überall umher und wies sich damit aus, daß sie nach Wilsnack gewallfahrtet und auf der Rückreise begriffen seien. Es hatte sich daher längst notwendig gemacht, den Wall-

---

*) Angelus, Annales march. S. 173.
**) Angelus a. a. O. Haftiz up. h. ann. Wohlbrück, von dem Geschlechte der Alvensleben, Tl. I. S. 352.

fahrern eine Bescheinigung darüber auszustellen, daß sie in Wilsnack gewesen wären. Eine schriftliche Bescheinigung wäre für alle, die nicht lesen konnten, ganz unnütz gewesen. Man hatte es daher eingeführt, daß Wallfahrer sich in Wilsnack oder Havelberg ein bleiernes Zeichen lösten und dies an ihrer Mütze oder Kopfbedeckung sichtbar befestigten. Diese Zeichen wurden im Dome zu Havelberg auf der Mönchsstube gegossen und die Pilger mußten dafür bezahlen, wodurch eine neue nicht unbedeutende Quelle von Einkünften eröffnet worden war. Bischof Johann von Wepelitz erließ am zweiten Weihnachtsfeiertage, den 26. Dezember 1396, eine Verordnung, wie es künftig mit der Verwendung dieses Geldes zu halten sei*). Er setzte fest, daß das eine Drittel dieser Einkünfte zur Erhaltung seiner Gebäude dienen solle; das zweite Drittel überwies er dem Domkapitel; das dritte sollte der Domkirche und dem Klostergebäude gehören und zum Ankauf von geistlichem Schmuck, nötiger Bücher und Kirchengeräte verwendet werden. Was in Wilsnack selber von den Pilgern als Almosen gezahlt wurde, gehörte der dortigen Kirche und ihrem Geistlichen; dagegen aber wurde das Geld für den Ablaß nach Havelberg geliefert. Es wäre interessant zu wissen, welche Bücher man für dieses Geld angeschafft hat. In der That ist es ein bemerkenswerter Umstand, daß der Aberglaube selber die Mittel gewähren mußte, die am meisten geeignet waren, ihn zu untergraben und zu zerstören.

Allein in diesem Jahre war noch eine andere Wallfahrt entstanden. Der Papst Bonifacius ließ für das nördliche Deutschland ein Jubeljahr verkündigen, gewöhnlich damals ein Gnadenjahr genannt, und die güldene Fahrt eröffnen. Ein solches sollte alle hundert Jahr gefeiert werden; doch hatte man besser gefunden, es alle funfzig Jahr zu feiern, und seit kurzem war der Zwischenraum sogar auf dreiunddreißig Jahre festgesetzt, um so die bedrängten Gewissen leichter ihrer Schuld entledigen zu können. Auf Bitten des Erzbischofs Albrecht hatte der Papst sich dazu verstanden, diesmal der Stadt Magdeburg dieselbe Kraft zu erteilen, welche Rom besaß. Auf funfzig Meilen Weges rings um Magdeburg konnte man sich während dieses Gnadenjahres Ablaß von allen Sünden holen, wenn man die güldene Fahrt machte, das heißt, wenn man nach Magdeburg reiste und hier die vier vom Papst dazu auserschenen Kirchen, den Dom, St. Johann zu Berge, St. Peter und Paul in der Neustadt und St. Augustin beging, daselbst betete und angemessen opferte. Das Jahr wurde mit St. Aegidius, am 1. September 1396, eröffnet und hatte mit demselben Tage künftigen Jahres ein

---

*) Angelus, Annal. march. S. 174. Ludecus, Historie vom heil. Blute zu Wilsnack. Docum. XIII.

(Ende*). Es brachte sehr viel Geld, wovon der Papst die Hälfte erhielt, die andere Hälfte wurde zum Bau des Domes in Magdeburg verwendet. Die zu Ende des Jahres 1396 Europa durcheilende Nachricht von der gegen die Türken verlorenen großen Schlacht bei Nikopolis und den Fortschritten der türkischen Heere, welche die Christenheit mit völliger Unterjochung zu bedrohen schienen, trieb gar viele Bußfertige nach Magdeburg und ließ sie in der Bedrängnis ihres Herzens um so reichlicher opfern.

Ungeachtet des festgesetzten Landfriedens war es dennoch im Lande nicht völlig ruhig. Besonders aber war die Niederlausitz im Jahre 1397 sehr beunruhigt. Jobst war zu Anfang dieses Jahres noch zu Prag, wo er am 9. Februar das neu gestiftete Karthäuser Kloster vor Frankfurt an der Oder bestätigte. Er gebrauchte hier zum erstenmal die Formel, daß er dies als ein Herr und Markgraf zu Brandenburg thue**). Hiernach muß er sich nicht allein mit Markgraf Wilhelm von Meißen völlig abgefunden haben, sondern es muß auch die Zeit vorüber gewesen sein, binnen welcher Siegismund die Mark von ihm wieder einzulösen gedachte, so daß er nun in dessen volle Rechte zu treten glaubte. In der Niederlausitz hatte er die Unruhen bis dahin sehr sorgfältig unterhalten und mehrere ihrer bedeutendsten Edlen auf seine Seite zu ziehen gewußt wie den Hans von Cottbus, Hinko Birken von der Duba und den vormaligen Landvogt Anshelm von Rhonow, welche alle Anhänger Wenzels befehdeten, weshalb es schon im Jahre 1396 zu einem bedeutenden Kampfe mit den Herren von Hockeborn auf Priebus gekommen war. Hinko Birken hatte in der Oberlausitz das Schloß Rhonow erworben und sich darauf festgesetzt. Wenzel fürchtete ihn, den er schon längst gehaßt hatte, hier mehr als irgendwo, und in der Oberlausitz wie in Böhmen selbst konnte er von hier aus Schaden thun. Er befahl daher schon 1396 dem oberlausitzer Landvogt Pflug von Rabenstein sich des Schlosses Rhonow zu bemächtigen · und es demnächst zu zerstören, was indessen so leicht nicht geschehen war. Jetzt, im Jahre 1397, besetzte Jobst selbst die Niederlausitz mit einem Heere, betrachtete sie als ein ihm gehöriges Land, bestätigte die Privilegien der Städte und richtete die Verwaltung in seinem Namen ein, obgleich die Kriege deßhalb noch fortdauerten. Siegismund willigte in einer besonderen Urkunde, datiert Tyrnau am St. Peterstage 1397, ausdrücklich in Jobsts Besitzergreifung und kündigte dies den Städten an. Wenzel aber war für jetzt nicht dazu zu bewegen***).

---

*) Detmar's Chronik bei Grotuff. Tl. I. S. 374. Dresser, sächs. Cronik. S. 382.
**) Buchholz, Brandenb. Gesch. Tl. V. Urk. S. 165.
***) Neumann, Gesch. der Landvögte der Niederl., Tl. I. S. 89, Tl. II. S. 39, 42.

Wir haben schon oben erzählt, wie die Priegnitzer im Jahre 1393 nach Parchim gezogen sind, die Stadt belagert haben, aber mit Schaden wieder abziehen mußten. Indessen hatten die Parchimer doch ihre Kühe dabei verloren und gedachten sich zu rächen. Sie zogen jetzt um Michaelis 1397 mit 400 Schützen und 1000 Wehrhaftigen vor Lenzen, verbrannten die Mühlen und thaten großen Schaden. Hiernach zogen sie wieder nach Hause*).

*) Detmar's Chronik bei Grotuff, Tl. I. S. 379.

Fünfundzwanzigstes Kapitel.

Allein wir müssen uns wohl einmal wieder nach unseren Quitzows umsehen, um welche wir bisher unbekümmert waren. Auch konnten wir es, denn sie lebten beide ruhig in Quitzhövel, obgleich sie mit dieser Ruhe wenig zufrieden waren. Im vorigen Jahre hatte Elisabeth einen Sohn geboren, der nach dem Vater den Namen Dietrich erhielt. Dadurch war dessen Gedanken ein bestimmteres Ziel gegeben, doch war für seine Beschäftigung damit wenig gewonnen, weil die Erziehung der Kinder und auch die der Knaben in den ersten sechs Jahren gänzlich den Frauen anheim fiel; dann aber wurden die Knaben meistens aus dem Hause gebracht und auf das Schloß irgend eines Ritters oder eines Fürsten gegeben, wo sie zuerst noch durch Frauen, dann durch Dienste bei dem Ritter ihre Erziehung erhielten. Die Lebensweise eines Edelmanns der damaligen Zeit konnte daher durch die Geburt eines Kindes keine Veränderung erleiden.

Die Quitzows hatten, wie schon früher angegeben wurde, auch in der Herrschaft Ruppin Besitzungen, nicht eben ganze Dörfer, sondern Anteile an denselben und mancherlei Hebungen, die sie nicht selten in Streitigkeiten verwickelten, weil diese immer gemeinschaftlich mit anderen erhoben wurden. Eben jetzt, im Frühjahr des Jahres 1397, war wieder ein solcher Fall vorgekommen, durch welchen sie ihre Rechte gekränkt glaubten, und der ihre persönliche Anwesenheit zu fordern schien. Daher beschlossen beide, dahin zu reisen und bei dieser Gelegenheit ihren weitläuftigen Verwandten, den Grafen Ulrich und Günther von Lindow, welchen die Herrschaft Ruppin gehörte, einen Besuch zu machen.

Sie reisten Dienstag, den 29. Mai von Quitzhövel mit einem Gefolge von Knechten ab und gingen über Damelack, Breddin, Stüdenitz und Zernitz nach Wusterhausen an der Dosse. Es war die Betfahrtswoche, in welcher sie die Reise unternommen hatten, das heißt, die Woche nach dem Sonntage Rogate, in welche das Fest der Himmelfahrt Christi fällt. Seit alten Zeiten hatte die Kirche verordnet, daß an den drei Tagen, zwischen dem Sonntage Rogate und dem Auf-

19*

fahrtsfeste oder Montag, große Prozessionen abgehalten werden sollten, von welchen eben die Woche den Namen der Betfahrtswoche erhalten hatte, ein Gebrauch, der überall streng beobachtet wurde, wenn man auch weiter nicht wußte, weshalb es geschah. So fanden denn auch unsere Reisenden überall die Gemeinden mit dieser Andachtsübung beschäftigt. Man umzog mit Kreuzen und Kirchenfahnen unter Vortragung der Heiligenbilder und unter Anführung der Geistlichen die ganze Feldmark des Ortes auf gebahnten und ungebahnten Wegen, indem man mit dem Umgehen der Kirchhofsmauer und dann des Dorfes anfing. Die Gemeinde sang dabei Litaneien und Kirchengebete und hielt durch diese Umgänge die Flur für gesegnet, weshalb auch so viele Kreuze als möglich der Prozession vorgetragen wurden. Hiervon hieß die Woche auch die Kreuzwoche. Das Läuten der Kirchenglocken begleitete die Gesänge der Gemeinde, so lange sie auf ihrem Segensgange dahinwandelte*).

Der schöne heitere Frühlingstag erhielt eine eigentümliche festliche Färbung durch dieses vielfache Glockengetön, welches auch unsere Reiter auf ihrem ganzen Wege umsummte. Denn ehe sie, besonders auf der letzten Hälfte des Weges, die Feldmark eines Dorfes verlassen hatten, ehe das Geläute seiner Glocken in der Entfernung erstarb, empfing sie bereits der Glockenton des vor ihnen liegenden Dorfes, schallten die Klänge der seitwärts liegenden Dörfer herüber. Es war, als ob die Lerchen mit ihrem jubelnden Gesange über der grünen Saat sich auf diesen Glockentönen schaukelten und ihr fröhliches, fast wie der Flug eines Schmetterlings dahin gaukelndes Lustgeschwirr bildete einen reizenden Kontrast zu den ernsten Litaneien der unter ihnen dahin wandelnden Prozessionen, deren Gesang dennoch höher hinaufstieg als der ihrige, weil er nicht bloß das Gefühl der Brust ausströmte, sondern auch ein höheres Ziel suchte. In Zerniz kehrte die Prozession eben heim, als die Quitzows in das Dorf einreiten wollten. Sie stiegen, wie es die Sitte wollte, vom Pferde, entblößten ihre Häupter und schlossen sich mit den meisten ihrer Knechte der Prozession nach der Kirche an, indem zwei Knechte ihre Pferde nachführten. Vor der Kirche machte ihnen der Geistliche aus Dankbarkeit das Zeichen des Kreuzes und besprengte sie mit Weihbrunn, worauf sie ihre Reise fortsetzten und Wusterhausen früh vor Abend erreichten.

Die Stadt gehörte bereits zur Herrschaft Ruppin und war sehr fest, mit Wall und Mauer wohl bewahrt. Die Gegend rings umher war sehr fruchtbar und gut angebaut. Ehe sie das Kampeler Thor erreichten, traten unsere Reiter in die vor demselben belegene St. Stefanskapelle ein**) und verrichteten daselbst ihre Andacht, welche durch die

---

*) Wafer, hist. diplom. Zeitbuch sub Betfahrtswoche.
**) Bratring, die Grafschaft Ruppin S. 350.

Eindrücke des Tages besonders angeregt war. Im Norden der Stadt lag ein festes Schloß, welches früher den Herren von Plotho gehört hatte. Eine Menge Wassermühlen vor der Stadt zwischen den Gärten gaben hübsche Ansichten. Die Quitzows blieben heut hier liegen und brachten die Nacht in einer Herberge zu.

Am andern Morgen, Mittwochs, zogen sie weiter zum Wildberger Thore hinaus, vor welchem sie vor dem St. Spiritus = Hospital und dessen Kapelle vorbeikamen und dann durch das jetzt nicht mehr vorhandene Dorf Doven=Garz ritten[*]). Auch heute wurden, wie gestern, Betfahrten gehalten, auch heute ertönte überall Glockengeläut und das Wetter war eben so schön.

Sie kamen durch Metzeltin und Ganzer nach Wildberg. Letzteres — jetzt ein Dorf — war damals ein Städtchen oder ein Burgflecken und auf drei Seiten mit Wall und Mauer umgeben. Auf der vierten Seite schützte es ein Morast und die Burg auf der Ostseite der Temnitz, welche vermittels einer Zugbrücke und eines Dammes mit dem Städtchen zusammenhing. Der Burgwall war überall 56 Schritt breit, und das Schloß beherrschte die umliegende Gegend nach allen Seiten auf anderthalb Meilen[**]). Aus seinen Fenstern übersah man mit einem Blick achtzehn Dörfer, und die Städte Neu=Ruppin, Wusterhausen und Fehrbellin schlossen den Horizont. Die Quitzows freuten sich der schönen Lage desselben in höchst fruchtbarer Gegend und zogen dann weiter durch Ketzlin, Dabergotz und Bechlin nach Neu=Ruppin, wo sie mittags ankamen.

Es war dies die Hauptstadt der gleichnamigen Herrschaft, auf einer hohen sandigen Ebene am Rhiensee gelegen. Sie war sehr fest. Hohe Mauern mit Türmen und Wachthäusern, dreifache Wälle und Gräben umgaben sie auf drei Seiten. Auf der vierten bespülte der See die Stadtmauern.

Sie hatte drei Thore in den Wällen, jedes doppelt, sehr eng und mit Türmen versehen. Ihre Straßen waren schmal und keine über 40 Fuß breit. In der Stadt standen drei Kirchen, unter welchen die Marien= oder Pfarrkirche als eine der größten in diesen Gegenden galt. Es war ein edles gothisches Gebäude, dessen Gewölbe von vier Pfeilerreihen getragen wurde, die mit den Bildnissen berühmter Ruppiner verziert waren. Sie hatte 27 Altäre und war überaus prächtig geschmückt. Am nordwestlichen Ende stand ein hoher steinerner Turm mit einem kupferbeschlagenen Dache. In der Stadt befand sich ein Dominikanerkloster, dessen Kirche zwei Türme hatte. Vor den Thoren lagen noch

---

[*]) Bratring, die Graffch. Ruppin S. 361.
[**]) A. a. O. S. 443. 444.

das heilige Geisthospital, das St. Georgenhospital und das St. Ger=
traudshospital mit den dazu gehörigen Kapellen. Neben dem Kloster
standen eine Menge Häuser, in welchen Beguinen beisammen lebten.
Die Grafen wohnten in der Regel in Alt=Ruppin und hatten in Neu=
Ruppin nur ein Absteigequartier, den sogenannten Grafenhof in der
Scharrnstraße, der Kirche gegenüber. Seit sechs Jahren besaß Ruppin
auch eine Kalandsgesellschaft und einen Kalandshof in der großen Be=
guinenstraße. Die daselbst vorhanden gewesene Elendengilde war fast
ganz eingegangen. Außerdem bestand noch eine Gesellschaft der Privat=
herren, der Terminarier und die der Achenfahrt, mit milden Zwecken*).
Unsere Quitzows hielten sich in Neu=Ruppin nicht auf, sondern ritten
hindurch, nicht ohne eine Art von Neid bei der Betrachtung der festen
Lage der Stadt zu fühlen. Eine Viertelmeile davon entfernt gelangten
sie nach dem viel kleineren Alt=Ruppin, das nur aus einer Straße be=
stand, welche vom Rhien und Rhiensee umflossen wurde. Westlich lag
der Kietz, aus schlechten Fischerhäusern bestehend, die winklich in einander
gebaut waren und keine Straße bildeten, obwohl er übrigens ein nicht
kleines Dorf mit eigenem Schulzen und Kruge ausmachte**).
Am südlichsten Ende der Stadtstraße, ganz nahe am Rhiensee,
prangte das gräfliche Schloß, die Planenburg genannt, in vorzüglich edler
Bauart, deren hohe Mauern, Türme und Gräben sie zu einer der an=
sehnlichsten Burgen der damaligen Zeit machten. Der tiefe und breite
Graben, der sie umgab, stand mit dem See in Verbindung und erhielt
von ihm immer frisches Wasser. Eine aus Werkstücken und gehauenen
Steinen überaus fest aufgeführte 36 bis 40 Fuß hohe Mauer erhob sich
hinter dem Graben und umgab in weitem Umkreise das Schloß; auf
der Mauer ragten einige zwanzig runde Türme empor. Nur an der
Nordseite führte eine Zugbrücke und ein einziges Thor hindurch und auf
den Burghof. Er war rund und auf allen Seiten mit Gebäuden be=
setzt, welche sich an die Mauer lehnten. Dem Eingange gegenüber stand
das gräfliche Schloß, schon seit mehr als zweihundert Jahren die Re=
sidenz der gräflichen Familie, welches mit der Schloßkirche und dem
rechten Flügel einen viereckigen Hofraum umschloß. Das Gebäude hatte
nur zwei Geschosse, aber es war massiv und von dauerhafter Bauart, mit
sehr vielen Zimmern und Sälen, deren Decken mit meisterhafter Stuccatur=
arbeit verziert waren. Eine vorzüglich schöne Treppe führte zum zweiten
Geschoß, in welchem sich über dem Portale eine kleine Kapelle befand,
mit einem Altar, einer gewölbten Decke und verschiedenen in Stein
gehauenen Bildsäulen der Grafen ausgeziert***). Sie war der heiligen

---

*) Bratring. Graffch. Ruppin S. 311 f. 388.
**) A. a. O. S. 388.
***) A. a. O. S. 390.

Anna gewidmet und diente der gräflichen Familie zu den täglichen
Messen. Am südlichen Ende des linken Flügels stand die ansehnliche
Schloßkirche. Das Ganze machte auf den Beschauer einen mächtigen
und großartigen Eindruck, der selbst unseren Quitzows imponierte und
ihnen das Geständnis abzwang, kaum ein schöneres Schloß gesehen
zu haben.

Sie wurden von der gräflichen Familie freundlich empfangen und
eingeladen, auf der Burg zu wohnen, was sie gern annahmen. Noch
heute machten sie ihre nicht allzu verwickelten Geschäfte mit den Grafen
ab, und blieben am nächsten Tage, dem Himmelfahrtsfeste, im Schlosse,
wo sie mit der gräflichen Familie dem Gottesdienste beiwohnten.
Heute wurde die große Osterkerze ausgelöscht als ein Zeichen, daß der
Herr nun nicht mehr auf Erden wandle. Da ihre Geschäfte unsere
Quitzows indessen noch weiter führten, so beurlaubten sie sich bei den
Grafen, verließen am nächsten Morgen das Schloß und zogen nach der
Stadt Lindow, welche anderthalb Meilen östlich von Ruppin zwischen
drei Seen gelegen.

Wedego von Quitzow auf Rühstädt hatte an die Äbtissin des Prä=
monstratenser Nonnenklosters in Lindow, Frau Agnes, die Urbede von
Lindow für 100 Schock verpfändet*), wobei unsere Quitzows nicht
ganz unbeteiligt waren, und um ihre Rechte zu wahren, hatten sie per=
sönliche Verhandlungen dem schriftlichen Verfahren vorgezogen. Das
Kloster war eines der reichsten in hiesiger Gegend und besaß außer der
Stadt Lindow achtzehn Dörfer und zwanzig wüste Feldmarken, wovon
sechsunddreißig Nonnen und ein Propst sehr bequem und gemächlich
lebten**). Es hatte eine sehr schöne Lage auf einer Landzunge, die sich
ganz in den Wetzsee hineinzog. Die Gebäude waren groß und von edler
Bauart. Der zusammenhängende Klosterhof mit allen seinen Kreuz=
gängen imponierte durch einen ansehnlichen Umfang. Die Klosterkirche,
welche zugleich die Stadtkirche war, hatte 44 Schritt Länge und zwölf
Schritt Breite. Zwischen den eigentlichen Klostergebäuden und der Stadt
lag der Wirtschaftshof, und auf der nördlichen Seite neben dem Kirchhofe
eine Kapelle und mehrere Häuser für Dienstleute***).

Dietrich und Johann ließen sich bei der hochwürdigen Frau Agnes
melden und wurden vorgelassen. In Gemeinschaft mit dem Propste
wurden die Geschäfte verhandelt und endlich zu beiderseitiger Zufrieden=
heit abgemacht. Da sie weiter in Lindow nichts zu suchen hatten, so
ritten sie noch heute nach Alt=Ruppin zurück. Doch mochten sie die

*) Preuß. Brandenb. Miscellen. Bd. II. S. 63. 70.
**) A. a. O. S. 58.
***) A. a. O. S. 67.

Grafen nicht abermals mit einem Besuch belästigen, gingen deshalb nach Neu-Ruppin und kehrten in einer Herberge ein.

Es war noch früh; sie machten darum einen Besuch bei dem Bürgermeister Jobst Witte, mit dem noch einiges zu verhandeln war. Als sie abends nach Hause kamen, fanden sie ihre Stuben erbrochen und mehrere ihrer wertvollsten Sachen waren verschwunden. Die Knechte hatten nichts davon bemerkt, auch der Herbergswirt und seine Leute wußten darüber keine Rechenschaft zu geben. Aber der Wirt war in großer Bestürzung, denn es war ihm seit einiger Zeit schon mehrmals begegnet, daß seinen Gästen Sachen entwendet worden waren, und er fürchtete nicht mit Unrecht für den Ruf seiner Herberge.

Es ist ein wahres Unglück, sprach er, seit längerer Zeit schon wird hier in Neu-Ruppin gar viel gestohlen, aus Häusern und selbst aus Kirchen, aber niemand weiß, wo es bleibt. Die Obrigkeit hat sich schon viele Mühe gegeben, um die Diebe auszumitteln, die gar sehr verschlagen sein müssen; die ganze Stadt ist empört darüber, und selbst die einzelnen Bürger haben gethan, was möglich ist, um die Diebe heraus zu kriegen. Schickt nur sofort einen eurer Leute zum Viertelsmeister und laßt eine Anzeige von dem Diebstahle und von dem gestohlenen Gute machen.

Es geschah. Johann schrieb dem Knechte auf, was sie vermißten, und dieser begab sich fort.

Man hat, fuhr der Herbergswirt fort, schon bei vielen Haussuchung gethan, welche man in Verdacht hatte, daß sie vielleicht nicht ganz unschuldig bei allen diesen Diebstählen gewesen wären. Man hat sie überrascht, aber dennoch nichts gefunden. Gnade Gott dem, der entdeckt wird. Ich selber gäbe ein Ansehnliches drum und wollte mir's was kosten lassen. Erst ganz vor Kurzem war einer hier, der verstand die Kunst, das Sieb laufen zu lassen. Er hat seine Kunst gemacht, und ich habe ihm dafür bezahlt, aber er hat nichts herausgebracht.

Dietrich Schwalbe. J, hat er es auch recht gemacht? Das versteht nicht ein jeder.

Der Wirt. Er nahm eine Zange, faßte sie nur mit zwei Fingern an und legte ein Sieb darauf. Dann sprach er gewisse Gebete und nannte die Namen derer, auf welche wir Verdacht hatten. Nun hätte es bei dem Namen des Schuldigen wackeln oder zittern oder auch wohl gar sich drehen sollen, aber es blieb still liegen*).

Dietrich Schwalbe. Das glaub' ich wohl. Da wird es sich auch nie drehen, denn das ist ganz falsch gemacht. Seht, ihr müßt eine Zange nehmen, so groß, daß man ein Sieb, welches aber ererbt sein

---

*) Schauplatz ungereimter Erzähl. II. II. S. 183.

muß, damit zu beiden Seiten des Randes anfassen kann. Mit ihr wird es so in die Höhe gehoben, daß das Netz des Siebes eine gerade Wand bildet, und zwei Personen müssen die Zange fassen und zusammen drücken, doch bloß mit dem Mittelfinger der Hand. Darauf macht der Meister die Beschwörung und sagt: Dies, mies, jeschet, benedoeset, dowima, enitemaus. Dann nennt er die Namen der verdächtigen Personen, und sobald der Name des Diebes genannt wird, dreht sich das Sieb um*).

Der Wirt. Nun, da kannst du gleich den Versuch machen, ob die Sache geht und du den Dieb heraus bringst.

Dietrich Schwalbe. Ja, wenn ich nur gewiß wäre, daß mein Spruch der rechte ist und keine falschen Wörter darunter sind, denn alsdann geht es nicht. Ich habe es bei einer andern Gelegenheit schon einmal probiert und nichts heraus gebracht. Aber so viel ist gewiß, euer Meister hat die Sache ganz falsch angefangen, da wird es nun und niemals etwas.

Der Wirt. Wir haben uns auch schon Mühe gegeben, den berühmten Stein zu bekommen, durch welchen man sich unsichtbar machen kann. Denn seht einmal, wenn man solchen Stein hat, so müßte es doch mit dem Deirerl zugehen, wenn man den Dieb nicht ertappen sollte. Man sähe unsichtbar mit aller Bequemlichkeit zu.

Johann. Nun, und ihr habt den Stein bisher noch nicht erhalten?

Der Wirt. Nein, vor drei Monden war ein Mensch hier, der wollte mir ihn gewiß schaffen, und ich habe ihm auf zwei Wochen Herberge gegeben und gefüttert, aber er konnte ihn nicht kriegen.

Dietrich Schwalbe. Wie fing er es denn an?

Der Wirt. Seht einmal, der Stein ist nirgends anders als in einem Zeisigneste zu finden, aber versteht wohl, nicht in jedem. Auch kann ihn kein Mensch darin antreffen, sondern nur ein Vogel und es hält schwer, ihn von diesem zu kriegen, denn sowie er ihn in den Schnabel nimmt, ist er ja unsichtbar, das begreift ein Kind. Wie soll man denn einen unsichtbaren Vogel fangen? Nun fing mein Meister das ganz pfiffig an. Er stieg hinauf zu einem Rabenneste und langte sich einen jungen Raben heraus. Ihr hättet die Alten sehen sollen, die wollten ihm die Augen aushacken. Aber er wehrte sich tüchtig und erwürgte den jungen Raben, den hing er dann tot neben dem Neste auf. Denn ihr müßt wissen, der Rabe kann das nicht mit ansehen, daß eines seiner Jungen ihm da immer tot vor dem Neste und vor seinen Augen baumelt. Er versucht anfangs, ihn los zu machen und den

---

*) Tract. de Spec. Magiae in Cornel. Agrippae Op. Schauplatz ungereimter Erzählungen. Tl. II. S. 182.

Faden zu zerbeißen und zu zerreißen, der darum recht stark sein muß. Wenn er nun findet, daß das nicht geht, dann fliegt er umher und durchsucht die Zeisignester, ob er nicht den Stein der Unsichtbarkeit finde. Hat er ihn endlich, so steckt er ihn dem toten Jungen in den Schnabel, und nun braucht man nur hinauf zu steigen und ihn herunter zu holen*).

Johann. Man sieht ja aber den toten Vogel nicht.

Der Wirt. Ei der tausend, ich habe vergessen zu sagen, daß man dem toten Vogel einen roten Faden ums Bein bindet, der bis zur Erde reichen muß. Der Faden wird dann nicht unsichtbar und wenn man den in der Luft hängen sieht ohne den Vogel, dann weiß man, was es an der Zeit ist.

Dietrich. Nun, was wurde denn aus eurem Versuch?

Der Wirt. Der tote Vogel blieb neben dem Neste hängen und wurde nicht unsichtbar, denn der alte Rabe konnte damals in hiesiger Gegend den Stein in keinem Zeisigneste finden.

Dietrich Schwalbe. Wer die Kunst recht versteht, kann den Stein auch mit einem Spiegel im Zeisigneste entdecken und erhalten. Es giebt noch einen anderen Stein, den Stein Quirim, der könnte euch auch sehr nützlich sein. Man findet ihn im Neste der Wiedehopfen, aber er ist schwer zu finden**). Wenn man ihn einem Menschen unter den Kopf legt, wenn er schläft, so muß er im Schlafe alles ausplaudern, was er auf dem Herzen hat. Denkt einmal, wenn ihr ihn da anwenden könntet, wo ihr Verdacht habt!

Der Wirt. Was hilft es, wenn man ihn nicht hat. Schafft ihn herbei, ihr könntet reich werden. Ich habe auch schon einmal einen Franziskaner angenommen, der hat mir den 109. Psalm zehnmal hinter einander herbeten müssen, dann soll sich der Dieb auch selbst melden, aber es hat alles nichts geholfen***). Wüßte ich nur, wer es wäre, ich ließe ihn totbeten, obgleich es viel Geld kostet. Denn seht einmal, wenn ein Franziskaner diesen Psalm alle Morgen und Abend ein ganzes Jahr lang betet, dann muß der, gegen den er betet, sterben; aber läßt er es auch nur einmal ausfallen, dann stirbt er selber. Die Sache ist daher kostbar†).

Dietrich. Muß es denn gerade ein Franziskaner sein?

Der Wirt. Ja, wer kann denn sonst den Psalm beten oder lesen als ein Mönch oder ein Geistlicher und wer kann die Sache sonst so

---

*) Schauplatz ungereimter Erzähl. Tl. II. S. 754.
**) A. a. O. Tl. III. S. 255.
***) A. a. O. S. 237. Buddaeus de atheismo et superstitione. cap. 9. § 2 in notis.
†) Epist. viror. obscuror.

regelmäßig abwarten? Die anderen Mönchsorden sind zu vornehm und ein Franziskaner thut's am wohlfeilsten. Aber was hilft's. Wir wissen ja nicht, wer es ist?

Dietrich Schwalbe. Ei, wenn wir das wüßten, wollten wir ihn wohl geschwinder klein kriegen als erst in Jahresfrist, und auch wohlfeiler.

Der Knecht kam von dem Viertelsmeister zurück und brachte die Nachricht, die Herren möchten sich einstweilen beruhigen, man hoffe den Dieben auf der Spur zu sein und vielleicht schon morgen den Thäter zu entdecken.

Der andere Tag brach an und die Quitzows beschlossen, ihn noch in Ruppin zu verleben. Vormittags geriet die ganze Stadt fast in Aufruhr. Man hatte ziemlich sichere Spuren erhalten, nach welchen die bei den seitherigen Kirchendiebstählen und Hausdiebereien entwendeten Sachen noch in Ruppin sein mußten. Es war daher eine neue Haussuchung angeordnet worden, die eben jetzt im Gange war. Bei dieser kam man auch in ein Haus, in welchem ein Geistlicher Namens Jakob Schildecke gewisse Zimmer inne hatte, wahrscheinlich mietsweise. Da die Häuser der Geistlichen bei solchen Durchsuchungen frei waren, so läßt sich vermuten, daß er hier nicht wohnte und daß man vielleicht zufällig, vielleicht auch durch eine Spur geleitet, hinein gedrungen war. Man fand darin eine Anzahl großer Kisten und als man sie öffnete, sehr viele goldene und silberne Sachen nebst vielen anderen Dingen, welche sämtlich als gestohlenes Gut erkannt wurden. Dies machte ein ungeheures Aufsehen und die schon lange genährte Erbitterung hatte nun unverhofft ein ebenso wenig vermutetes Ziel gefunden. Man ergriff den Geistlichen in seinem geistlichen Habit und ohne sich an dieses und seine Tonsur zu kehren, warf man ihn ins Gefängnis. Dies war ein großer Gewaltstreich und gegen alle damals bestehenden Gesetze, nach welchen man ihn der bischöflichen Gerichtsbarkeit überliefern mußte. Wann aber hat eine aufgereizte Menge ein anderes Gesetz als das ihres Willens anerkannt? In der allgemeinen Erbitterung kam man nicht einmal auf diesen Gedanken. Für unsere Quitzows war die Sache wichtig genug, ihre Abreise zu verschieben, um so mehr, als sie mit Recht hoffen durften, ihr gestohlenes Gut wieder zu erlangen. Man sprach den ganzen Tag von nichts anderem. Gewiß hatte der Geistliche die Diebstähle nicht allein vollbracht, allein man hatte nun doch einen Thäter, durch welchen allenfalls mehr zu erfahren war. Am ersten Tage leugnete Jakob Schildecke jede Mitwissenschaft. Über Nacht war ihm aber besserer Rat gekommen. Graf Ulrich hatte sich eingefunden, um über den Gefangenen Gericht zu halten; auch seine Räte stellten sich ein und das Gericht wurde nach der Sitte der Zeit öffentlich unter freiem Himmel vor dem Rathause gehalten. Der Verbrecher gestand ein, daß er seit längerer Zeit nicht bloß gemeine Diebstähle, sondern auch Kirchenraub begangen habe. Hierauf wurde das ganze Volk durch Glockengeläut zusammen berufen und mit den Geständnissen des Verbrechers bekannt gemacht. Nachdem er sich nochmals als schuldig des Verbrechens bekannt hatte und die Räte, Richter und Schöppen des Gerichts in üblicher Form das Urteil gesucht hatten, erklärten sie ihn des Nachtdiebstahls und Kirchenraubes schuldig und erkannten, daß er damit den schimpflichsten Tod, nämlich den des Hängens, verwirkt habe. Das ganze Volk war mit diesem Urteile sehr zufrieden. Der Verbrecher wurde, wie vorher, mit auf dem Rücken gebundenen Händen vorgeführt, das Urteil wurde ihm vorgelegt und der Graf nebst dem Bürgermeister befahlen, es auszuführen. Darauf mußten die Bürger das Los mittels der Würfel werfen; es traf zwei derselben, Koppelin Königsberger und Henning Kelber, durch welche er, nachdem man ihn zum Galgen gebracht hatte, sofort aufgehängt wurde. Eine Handlung dieser Art hatte damals, wo sogar Fürsten sie nicht scheuten, nichts Entehrendes[*]).

Nachdem er tot war, kam man endlich zur Besinnung. Die übrigen Geistlichen der Stadt fingen mächtig an zu toben und verkündigten sofort, daß die Stadt mit dem Banne belegt werden würde. Man überzeugte sich leicht, daß dies nur zu wahrscheinlich sei und ließ den Kopf gar sehr hängen, denn notwendig gingen daraus eine Menge von Übeln für die Stadt hervor. Allein man konnte den Toten nicht wieder lebendig machen und hätte es aus Erbitterung gegen ihn wohl nicht einmal gethan, selbst wenn es möglich gewesen wäre. Es blieb nichts übrig als über sich ergehen zu lassen, was da kommen wollte.

Die Quitzows erhielten noch an dem nämlichen verhängnisvollen Tage ihr gestohlenes Gut zurück und brachen am anderen Morgen früh von Ruppin auf. Sie nahmen denselben Weg, den sie gekommen waren; allein von Metzelthin aus verließen sie ihn und gingen über Bückwitz nach Neustadt an der Dosse. Es war dies ein sehr unbedeutendes Städtchen, welches Lippold von Bredow gehörte, woran aber die von Rohr den vierten Teil hatten. Auf dem Burgwalle bei der Stadt besaß Lippold ein Schloß, doch hatten die von Rohr auch eine Wallstelle und den vierten Teil von der dabei befindlichen Mühle[**]). Lippold stand mit den Grafen von Ruppin in Unterhandlungen wegen des Verkaufs dieser Besitzung, welche schon seit einiger Zeit Lust bezeigt hatten, sie zu erwerben, und war mit seiner Familie eben hier anwesend.

---

[*]) Dietrich, hist. Nachricht von den Grafen zu Lindow S. 83. 84. Bratring, die Grafschaft Ruppin S. 184. (In letzterem nicht ganz richtig.)
[**]) Bratring, die Grafschaft Ruppin S. 471.

Dietrich hatte in Bezug auf seinen Schwiegervater einiges mit ihm zu verhandeln, dessen Güter früher zur Niederlausitz gehört hatten, dann von Kaiser Karl IV. zur Mark gelegt worden waren und jetzt von Jobst bei dessen Besetzung der Niederlausitz wieder zu dieser gerechnet wurden. Da die Quitzows ihn von Dietrichs Hochzeit her kannten, so durften sie hoffen, gut aufgenommen zu werden.

So war es denn auch, und beide fühlten sich bald bei ihm recht heimisch. Er hatte sich auf einige Wochen hierher geflüchtet, um einmal entfernt von dem wirren Treiben seines hohen Amtes seiner Familie leben zu können, und diese war hier fast vollständig versammelt. Seine alte Mutter, die Witwe des Ritters Copekins von Bredow, namens Elisabeth, deren Witwensitz das Dorf Vehlefanz war, und welche sonst in Cremmen lebte*), hatte die Reise nicht gescheut und war, ungeachtet sie hoch in den siebziger Jahren war, noch rüstig und kräftig genug. Sein Bruder, Peter von Bredow, bis vor kurzem auf Schloß Friesack wohnhaft, war ebenfalls anwesend, nicht aber sein zweiter Bruder, Matthias auf Heiligensee. Dagegen waren seine drei Kinder hier, Matthias der älteste, jetzt 17 Jahre alt und seit kurzem in Diensten der Grafen von Lindow und Herren zu Ruppin, Agnes, jetzt 15 Jahre, und Achim, noch nicht 7 Jahre alt. Ritter Lippold, obgleich erst 53 Jahre, war doch bedeutend gealtert; sein Gesicht verriet die Spuren der Sorgen und Anstrengungen, welchen er in seiner Stellung nicht entgehen konnte, und so sehr er sich bemühte, heiter und freundlich zu sein und zu scheinen, so wenig konnte er doch verbergen, daß ihn Kummer drücke.

Unseren beiden Freunden fiel dies auf und Lippold entging es nicht, daß sie es merkten. Er trat ihnen deswegen offen entgegen und sprach: Lieben Freunde, wundert euch nicht, mich mitunter finster zu sehen und weniger freundlich, als ich es selber wünschte; aber seid überzeugt, daß mir nichts mehr leid thun würde, als wenn dies eure eigene Heiterkeit verstimmen sollte, oder wenn ihr gar glauben solltet, euer Besuch mache mir nicht Freude. Seht, ich habe so gar vieles, das nicht ist, wie es sein sollte, — wenn auch, Gott sei Dank, nicht in meiner Familie, — daß ihr es wohl natürlich finden werdet, wenn zuweilen eine Wolke des Unmuts durch meinen Sinn dahinfliegt. Ich soll gar zu vielen viel sein und überall sind mir die Hände gebunden. Mehr kann ich euch für jetzt nicht sagen; aber vielleicht findet sich weiterhin noch Gelegenheit und Veranlassung, mit euch über dies und jenes zu plaudern, was sich wohl um so leichter thun wird, als ihr ja nicht meines Herrn Mannen seid.

Dietrich. Aber es wohl gern werden möchten.

---

*) Gercken, Cod. diplom. T. VI. S. 522.

Lippold. Wie, habt ihr Herrn Jobsten so lieb?

Dietrich (lachend). Nein, wahrhaftig nicht, und wenn es geschieht, so geschieht es gewiß nicht seinetwegen.

Lippold. Seit langer Zeit höre ich wieder zum erstenmal von tüchtigen Leuten den Wunsch aussprechen, sich bei uns überzusiedeln. Ei, das thut mir ordentlich wohl. Nun, wer weiß, dazu würde sich ja Rat finden und wir sprechen wohl noch darüber. Für jetzt laßt's euch wohl sein in meinem Hause und seid überzeugt, daß ihr euch unter redlichen und wohlmeinenden Freunden befindet.

Man folgte seinem Rate und da niemand viele Umschweife machte; so befand man sich bald mit allen Familiengliedern auf einem behaglichen Fuß. Wunderbar still aber war Johannes geworden und ganz in sich vertieft. So oft es nur die Schicklichkeit erlaubte, hatte er seine Augen auf Agnes gerichtet, welche im Zimmer anwesend, wohl bemerkte, wie emsig sie beobachtet wurde. Er hatte sie schon auf der Hochzeit seines Bruders gesehen; obgleich sie damals noch ein Kind war, hatte das überaus liebliche Gesicht, auf welchem sich die reinste Unschuld und weibliche Milde abspiegelte, einen unverlöschbaren Eindruck auf ihn gemacht. Es giebt Kindergesichter, über welche ein unendlicher Zauber von Anmut ausgegossen ist; unwillkürlich ist man genötigt, sich in ihrem Anschauen zu verlieren und wendet nur ungern das Auge hinweg, um es bei der ersten Gelegenheit wieder darauf zu richten. Es liegt ein solcher Himmel von Güte, Sanftmut, Unschuld und Naivetät darin, daß man mit der Betrachtung nimmer fertig zu werden glaubt. So war es Johannes mit Agnes von Bredow gegangen. Er hatte sich noch lange des Zaubers erinnert, den damals dies reizende Gesicht auf ihn ausgeübt hatte, in welchem ihn, er wußte nicht was, so tief angezogen hatte. Jetzt stand sie wieder vor ihm, aber in holder, errötender Jungfräulichkeit, weiter ausgebildet, als ihre Jahre dies hätten vermuten lassen, und das Gesicht verschönt durch den namenlosen Reiz hold erblühender Weiblichkeit und feinen, gefühlreichen Ausdrucks. Dabei besaß sie eine edle Gestalt, die, zwar noch in der Ausbildung begriffen, schon jetzt die Gewähr leistete, daß ihr jene reizende Fülle, welche das Ebenmaß und die plastische Schönheit der Form verlangt, in kurzer Zeit nicht fehlen werde. Über das ganze Wesen war eine solche Weichheit und Geschmeidigkeit in Umrissen, Haltung und Bewegung ausgegossen, daß das Auge mit Vergnügen die innigste Harmonie zwischen dem Ausdruck des Gesichts und der Gestalt gewahr wurde und von neuem Zauber gefesselt, in der Vergleichung nicht ermüdete.

Ritter Lippold bat, daß man sich eine Viertelstunde ohne ihn behelfen möge, da einige Geschäfte ihn abriefen. Die Zurückbleibenden nahmen Platz und Agnes griff zur Spindel, die sie überaus graziös behandelte.

Es freut mich recht, fing endlich Johannes zu ihr gewendet an, euch holde Jungfrau wiederzusehen und die Bekanntschaft mit euch erneuern zu können, wenn ihr euch anders meiner noch von Berlin her erinnert.

Agnes. O, wohl erinnere ich mich dessen, es ist ja noch nicht so gar lange her.

Johann. Das wohl nicht; aber es waren der Männer so viele, daß es wohl zu entschuldigen wäre, wenn ihr mich gar nicht bemerkt hättet.

Agnes. Den Bruder des Bräutigams wird doch wohl niemand unbemerkt lassen. Mich wundert nur, daß ihr mich wieder erkennt, denn ich war noch gar jung und ein bloßes Kind.

Johann. Ei, holdseliges Fräulein, wer euch einmal sah im Leben, der vergißt euch nicht.

Agnes wurde wie mit Purpur übergossen, sie wollte aufblicken, schlug aber sogleich die Augen wieder nieder und sprach: Ich weiß nicht, wie ihr dazu kommt, mir das zu sagen.

Johann. Verzeiht, wenn ich etwas sprach, das ihr nicht gern hört, obschon ich auch nicht mehr gesagt habe, als was wahr ist.

Die alte Elisabeth. Ja, ja, ihr habt recht; seht, sie ist von jeher mein Goldpüppchen gewesen, und wenn sie so schmuck ist, habe ich auch mein Teil daran, denn ich habe sie gehütet wie meinen Augapfel und ich habe immer gesagt: laßt die nur einmal groß werden, nach der werden die Mannsbilder einmal gucken!

Agnes. O, liebe Großmutter, was sprecht ihr da!

Elisabeth. Na, willst du das leugnen? Was? Habe ich das etwa nicht gesagt? Sprich, ist das nicht wahr?

Johann. Ihr habt gewiß immer große Liebe zur Jungfrau getragen?

Elisabeth. Ach, ich sage euch, vielmehr noch als ihre Mutter. Ja, ich habe sie gepflegt, als sie noch so klein war, daß sie da in eurem Schuh hätte liegen können und habe Tag und Nacht neben ihrer Wiege gesessen, daß sie nicht ausgetauscht und verwechselt wurde. Ja, ja, seht sie nur an, sie ist es noch selbst und keine andere. Ach, die Mutter hat so nicht darauf acht gegeben; nun freilich, sie wußte ja, daß ich da war. Und als sie krank wurde an den Zähnen, da habe ich sie gepflegt und habe ihr Kräuter um den Hals gebunden und sie hat alle Zähne gut bekommen. Darauf wurde sie wieder krank an den Augen, daß wir dachten, sie würde erblinden. Da hab' ich Tag und Nacht auf meinen Knieen gelegen und zur heiligen Ottilia gebetet, denn die ist gar mächtig bei Augenkrankheiten, und es hat wieder geholfen; nun seht einmal, was sie für schöne klare Augen hat, — na Agnes, so mache sie doch auf, daß sie der junge Herr ansehen kann. I, wer wird denn rot werden, die Augen kann man einem jeden Christenmenschen zeigen, wenn er keinen bösen Blick hat, ohne sich zu schämen. Aber sie ist auch immer ein gutes Kind gewesen und folgsam; bloß beim Spazierengehen, da —

Agnes. Aber liebe Großmutter, unsere Gäste langweilen sich dabei.

Dietrich. O, ganz und gar nicht. Fahrt nur fort, werte Frau.

Agnes wollte sich entfernen; aber Elisabeth kam dem zuvor. Siehst du wohl, sprach sie, sie hören gern zu, nun lauf du mir nicht weg, sondern setz dich dahin und höre, wie du mir manchmal Angst gemacht. Ja, beim Spazierengehen, da lief sie gar zu gern in das Korn und versteckte sich darin. Na, wer konnte denn so einen kleinen Kniehoch darin sehen? Seht, da hab' ich oft große Angst ausgestanden, daß die Roggenmuhme*) sie mir einmal wegfischen würde, und dann hätte ich sie nimmer wieder gekriegt. Da schrie ich denn: Agnes, Agnes! — aber sie antwortete erst nicht, bis sie endlich rief: hier, und wenn ich kam, dann that sie, als ob ich die Roggenmuhme wäre, entfloh mir und versteckte sich abermals. Einstmals, da war —

Agnes. Liebste Großmutter, ich bitt' euch, laßt es gut sein. Ihr beschämt mich.

Elisabeth. Ei was, du hast niemals etwas gethan, worüber du dich zu schämen hättest, und das ist Ziererei, die ich einmal nicht leiden kann. Laßt euch dadurch nicht abhalten, ihr Herren, zuzuhören, denn es macht mir immer Freude, zu erzählen, und am liebsten erzähle ich jungen Männern, die das Alter gebührend ehren und auch von einer alten Frau noch was lernen zu können glauben. Fünfundsiebzig Jahr ist ein schönes Alter, — und darin kann man schon was erfahren. Aber, was wollt' ich doch gleich erzählen, — ja, was war es denn? — Ist es mir doch ganz entfallen.

Johannes. War es vielleicht von eurem seligen Ehegemahl?

Agnes warf ihm einen dankbaren Blick zu und sprach: Ihr könntet ja einmal erzählen, wie Markgraf Ludwig euren seligen Herrn in seine Familie aufnahm und in seinen Schutz mit dem Schlosse Plote.

Elisabeth. Das ein andermal, das war's aber nicht. Hm, daß mir auch das entfallen mußte und nun will mich keiner darauf bringen. Wovon sprachen wir denn? Ach, ihr meint's alle nicht ehrlich; da sitzen sie nun und lassen eine alte Frau sich mit ihrem Gedächtnis ab= quälen, daß es eine Schande ist. Wäre nur Lippold dabei gewesen, der würde es schon wissen. Ihr junges Volk habt gar kein Gedächtnis

---

*) Ein in der Mark bekanntes Gespenst. Schauplatz ungereimter Erzähl. Tl. I. b. S. 433. 434.

und vergeßt alles, sowie man es euch gesagt hat. Und auch du Agnes, du vergißt auch, was deine Großmutter —

Agnes. (Küßt ihr die Hand.) Für mich gethan hat und wie sie mich liebt? O niemals, mein Großmütterchen, niemals.

Elisabeth. Kleine Schmeichlerin. Ja, so ist sie, man kann ihr gar nicht böse werden, wenn man auch einmal möchte. Ich will's euch nur voraus sagen, ihr werdet sie alle beide sehr lieb gewinnen, denn ich habe schon oft gedacht, wenn ich ein Mannsbild wäre, die müßte —

Indem trat Lippold herein und unterbrach das Gespräch, offenbar zu Agnes' großer Beruhigung. So unbegrenzt auch ihre Verehrung für die alte wackere Frau war, so gern sie auch wahrscheinlich unter vier Augen mit ihr sprach, so war doch ihre Redseligkeit auf eine Bahn geraten, welche Agnes ihren Gästen gern verschloß.

Das Gespräch nahm eine andere Wendung und drehte sich insonderheit um die politischen Ereignisse der Zeit. Wir folgen ihm jedoch darin nicht, sondern fassen kurz zusammen, was wir von dem ferneren Aufenthalt der Quitzows in Neustadt zu berichten haben.

Sie blieben drei Tage daselbst und befreundeten sich mit der wackern Familie auf die innigste Weise. Johann ließ keine Gelegenheit vorbeigehen, sich Agnes immer mehr zu nähern und offenbar sah sie das nicht ungern. Dietrich vertraute Herrn Lippold seinen Plan, sich nach der Mark überzusiedeln und fragte ihn um seinen Rat. Lippold antwortete: Das Einfachste wäre, ihr ließet euch von Markgraf Jobst gegen Zahlung einer Pfandsumme mit irgend einem Schlosse belehnen, sobald ein solches erledigt wird. Allein so viel ich aus euren Reden bemerkt habe, liegt euch eben nicht viel daran, ruhig euren Kohl zu bauen?

Dietrich. Bewahre mich der Himmel. Ich denke in ritterlicher Weise zu leben und zu sterben, und für meine und des Landes Ehre wünsche ich zu wirken.

Lippold. Dann darf es nicht eben ein kleines Gut sein, das ihr ins Auge faßt, und Jobst giebt es gewiß um keine kleine Pfandsumme fort.

Dietrich. Darauf sollte mir es nicht ankommen, denn ich bin wohlhabend. Dagegen wünschte ich mir Wege geöffnet zu sehen, nicht zu einem Hofamte, denn das begehre ich nicht, wohl aber zu Verbindungen mit den Edlen des Landes. Denn allein darin glaube ich gegen die Verderbnisse der jetzigen Zeit Heil zu finden.

Lippold. Ihr könntet wohl recht haben. Euer Name ist nicht unberühmt, aber wollt ihr meinem Rate folgen, so thut zuvor noch einiges, euern Ruhm zu vergrößern, daß Jobst aufmerksam auf euch werde. Dann, wenn dies geschehen, ist das sicherste Mittel, daß ihr gegen ihn handelt. Seid ihr ihm furchbar geworden, so wird er euch zu gewinnen suchen und dann habt ihr leichtes Spiel. Aber übereilt euch nicht und macht ihm die Sache nicht zu leicht. Sie wird euch dann nicht mißlingen.

Dietrich. Habt Dank für diesen Rat: Ich denke, er soll gute Früchte bringen.

Nachdem die drei Tage verflossen waren, ritten unsere Quitzows von dannen und schlugen den Weg nach Havelberg ein. Mein Plan ist gemacht, sprach Johann zu seinem Bruder, ich heirate Agnes Bredow, oder keine.

Dietrich teilte ihm demnächst mit, was wir zum teil schon wissen. Unter Gesprächen darüber kamen sie in Havelberg an. Sie fanden den Bischof Johannes höchlich entrüstet über den vorgefallenen Frevel in Neu-Ruppin. Die Grafen und die Stadt hatten sich entschuldigt, daß sie den Geistlichen nicht aus Verachtung der Kirchenfreiheit und der Rechte der Kirche, sondern wegen schwerer und greulicher Verbrechen, die er begangen, hätten aufhängen lassen, und daß die Vergreifung an einer geistlichen geweihten Person ihnen herzlich leid sei*). Allein es hatte dies nichts geholfen. Johann hatte den Bannfluch über sie ausgesprochen, und es war bereits wegen der päpstlichen Bestätigung an den Papst Bonifaz IX. berichtet worden. Die Quitzows mußten ihm ausführlich erzählen, wie es dabei zugegangen sei, doch legte sich sein Zorn dadurch nicht, so strafbar er auch den Priester fand. Für die Stadt war dies ein großes Unglück. Die feindlichen Nachbarn brauchten jetzt gar keinen Grund, sie zu befehden, denn es war schon hinreichend, daß sie gebannt waren. Kein Ruppiner war, sowie er aus den Thoren ging, seines Lebens sicher; man lauerte ihnen auf und fing sie weg; in der Stadt waren alle Kirchen geschlossen, keine Glocke tönte und selbst den Sterbenden wurden die Sakramente verweigert. Man konnte weder Hochzeit machen, noch ein Kind taufen lassen, und wer da starb, durfte kaum auf eine Erlösung aus dem Fegefeuer hoffen, wenn er nicht gar in Ewigkeit der Hölle übergeben wurde. Alles, was unsere beiden Quitzows durch ihre Entschuldigung des Verfahrens bei dem Bischofe bewirken konnten, bestand darin, daß er versprach, dem Papste das reumütige Bekenntnis der Ruppiner bald möglichst zugehen zu lassen und zugleich die Bitte hinzufügen zu wollen, den Bann, sobald es der heilige Vater thun könne, zu lösen und darin hielt er Wort.

---

*) Dietrich, Nachrichten von den Grafen zu Lindow. S. 84.

Sechsundzwanzigstes Kapitel.

So langten denn unsere Quitzows auf Quitzhövel an, ohne dort etwas verändert zu finden und das Jahr verging ohne bemerkenswerte Ereignisse, außer daß in der Nacht des S. Cäcilientages, den 22. November, ein unmäßiger Sturm wütete, der Dächer abdeckte und selbst Kirchtürme umwarf. (Er that in dieser Gegend großen Schaden*).

Es war am Weihnachtsheiligabend, als Johann früh morgens nach Kleetzke in Begleitung zweier Knechte ritt und versprach, gegen Abend wieder da zu sein. Auch erwartete man, einem früheren Versprechen zufolge, den jungen Matthias von Bredow zum Besuch.

Der Tag verging in allerlei Anstalten zum Feste. Dietrich hatte eine schöne Krippe bauen lassen, in welcher das Jesuskindlein schön geputzt lag, neben ihm stand Ochs und Esel, vor ihm Maria und Joseph und darüber erglänzte der Stern. Ein Wilsnacker Drechsler hatte das Kunstwerk gefertigt, denn in Wilsnack wurden Rosenkränze und allerlei frommes Spielzeug angefertigt und an Wallfahrer abgesetzt. Man malte auch Heiligenbilder auf Pergament und einer dieser Künstler hatte dem Ganzen erst die rechte Farbe gegeben. Gold und Silber war dabei nicht gespart.

Auch den Christbaum, eine ziemlich hohe junge Kiefer auf einem Brette befestigt, mußten sie verzieren und mit vergoldeten Äpfeln und Nüssen wie mit geschnittenen bunten Netzen und Bändern behängen, zwischen welchen auf vorspringenden Holzarmen Leuchtertüllen angebracht waren, die mit Wachslichten besteckt wurden. Um den Stamm wand sich eine bunte Schlange von Pergament. Ein langer Tisch wurde vor der Krippe aufgestellt, auf welchem der Weihnachtsbaum gar mächtig prangte.

Kaum war es dunkel geworden, als eine Rotte Jungen gegen das Schloß stürzte, und mit Hämmern wie unsinnig gegen die Fensterladen schlug, wobei sie aus vollem Halse Guthyl, Guthyl schrieen. Es waren

---

*) Detmar's Chronik bei Grotuff. Tl. I. S. 282.

dies die sogenannten Anklöpferlein, Jungen aus dem Dorfe, welche, nachdem man ihnen Äpfel hinausgelangt hatte, abzogen und dieselbe Szene vor jedem Hause im Dorfe wiederholten. Eigentlich waren nur die drei nächsten Donnerstage vor Weihnachten Anklöpferleinstage*). Da aber diesmal der Weihnachtsheiligabend auf den Montag fiel und der Donnerstag schon lange vorbei war, so wurde der Heiligabend mit dazu benutzt. Ihr Geschrei hieß soviel als Gut Heil und man bezog es auf das bevorstehende Fest. Ursprünglich aber war es ein heidnischer Gebrauch; als das Christentum noch nicht eingeführt war, schnitten die Priester um die Zeit der längsten Nacht oder Mödrenecht (die Nacht= mutter) die geheimnisvolle Mistel von den Bäumen, welche gar große Kräfte hatte, weshalb sie in den Augen des Volkes auch noch späterhin dem Weihwasser vorzuziehen war. Die Mistel aber hieß Guthyl oder Gutheil, und das Volk holte sich diese in der Nacht von den Priestern. Der Gebrauch erhielt sich und bekam, wie wir gesehen haben, in christ= lichen Zeiten eine andere Deutung**). Statt der Mistel reichte man Lebensmittel. — Kaum war dies vorbei, so fingen die Glocken an zu beiern und man begab sich zur Weihnachtsvesper in die hell erleuchtete Kirche. Auch die meisten Knechte und Mägde nahmen daran teil, jeder mit einem Stümpfchen Licht versehen. Die Kirche war sehr voll, doch nicht voll Andächtiger, denn man ließ den Priester seine Gebete her= sagen, ohne viel Notiz von ihm zu nehmen. So wie die Kirche aus war, begann das Beiern mit den Glocken von neuem und wurde rings= um von allen Kirchtürmen beantwortet, die ganze Nacht hindurch mit geringen Unterbrechungen.

Als Dietrich mit seiner Mutter und Elisabeth im Schlosse ange= kommen waren, stellten sich die Hirten des Dorfes ein, mit ihren Hörnern versehen, der Pferdehirt, Kuhhirt, Schweinehirt und Schafhirt. Jeder hatte ein anders gestaltetes Horn, auf welchem verschiedene Töne her= vorgebracht wurden, durch die man sie eben an ihrem Blasen unter= scheiden konnte. Sie wurden vor die Krippe geführt und bliesen hier alle vier zusammen, wie sie es gewohnt waren, wenn sie das Vieh zu= sammen riefen, kunstlos und wenig harmonisch, aber dennoch nicht ohne eigentümliche, selbst ergreifende Wirkung. Sie wurden beschenkt und machten dann in den Häusern der Dienstleute und hierauf im Dorfe ihren Besuch. Noch lange hörte man ihre Töne aus der Ferne herüber= schallen.

Die Lichter auf dem Weihnachtsbaum wurden angesteckt und Frau Elisabeth legte auf der langen Tafel ihre Geschenke zurecht, denn alle

---

*) Waser, hist. diplom. Zeitbuch sub Anklöpferleinstag.
**) Walther, Singul. Magdeb. P. XII. S. 754.

Dienstleute erhielten Weihnachten, der meistens fest bedungen war und aus Leinwand, Tuch, Schuhwerk und dergleichen bestand. Aber auch für Dietrich wie für seine Mutter, Konrad, Henning und ihren Kleinen hatte sie etwas bereitet und wußte dies gar schmuck und zierlich aufzustellen. Desgleichen wurde auch ein Raum für den noch abwesenden Johannes bestimmt, den man in jedem Augenblick erwartete. Da hörte man auf dem Flur ein wunderliches Grunzen und Brummen, schwerfällige Tritte nahten sich der Thür, und gleich darauf wurde heftig dagegen gedonnert. Man öffnete sie, Elisabeth nahm den Kleinen aus dem Arm der Wärterin und herein trat der Rumpfknecht, eine fürchterliche Figur, ganz mit Pelz bedeckt, das Gesicht mit Ruß geschwärzt und mit Ziegelrot aufgehöht, eine große abenteuerlich verzierte Pudelmütze auf dem Kopfe und eine mächtige, hier und da vergoldete Rute in der Hand. Auf seiner Schulter lag ein Stab, an welchem Äpfel, Nüsse und allerlei Bilder aus Pfefferkuchen hingen. Zwei weniger abenteuerlich ausstaffierte Figuren, welche seine Diener vorstellten, begleiteten ihn. Es waren Quitzowsche Knechte, welche diese Rollen übernommen hatten und auch im Dorf den Bauern diesen Dienst leisteten. Schon zogen ihrer ein ganz Teil als Rumpknechte verkleidet im Dorfe umher.

Der hier zu Dietrich eingetretene brummte erst sehr grimmig eine Weile im Zimmer herum; dann trat er vor Elisabeth und grunzte den kleinen Dietrich wie ein Bär an. Der verstand den Spaß nicht, fing jämmerlich an zu weinen und versteckte sich am Halse der Mutter. Hierauf reichte ihm der Rumpfknecht einige Pfefferkuchen und Äpfel, dann stellte er sich mit schrecklichen Geberden vor den zwölfjährigen Konrad und den fünfjährigen Henning Quitzow: sie mußten ein Gebet hersagen, sonst setzte es Hiebe mit der Rute, und versprechen, daß sie artig sein wollten. Nachdem ihm ein Geschenk in seine Pelzkapuze geworfen und er versichert hatte, daß er alle die auf dem Tische liegenden Sachen gebracht habe, zog er weiter. Die guten Voreltern empfanden die Weihnachtsfreude lebhafter, wenn erst etwas Angst und Schreck vorausgegangen war und eine Ermahnung zur Artigkeit und Sittsamkeit, mitten zwischen Furcht und Freude, wurde für sehr wirksam gehalten. Die Kinder versprachen alles, was man nur von ihnen verlangte und selbst der störrigste Trotzkopf wurde nachgiebig; aber sie hielten nachher, wie immer, soviel als ihnen beliebte.

Nach dieser Szene beschenkte Dietrich seine Elisabeth und empfing von ihr das Gegengeschenk. Dem Kleinen, obgleich er erst anderthalb Jahr alt war, wurden seine Herrlichkeiten unter den Weihnachtsbaum gelegt und er schien über die vielen blanken Sachen eine gar mächtige Freude zu empfinden. Auch die Mutter Quitzow brachte ihre Geschenke dar und hatte für den Kleinen reichlich gesorgt. Nicht minder erhielten

Konrad und Henning ansehnliche Geschenke von der Mutter, dem Bruder und der Schwägerin. Dietrichs Schwester war nicht mehr im Hause, sondern schon vor neun Jahren an einen von Veltheim auf Schloß Harbke verheiratet. Johann fehlte noch. Darauf wurden die Dienstleute, Knechte und Mägde hereingerufen und erhielten einzeln ihren heiligen Christ, wobei sie sich andächtig, d. h. mit frommem Gesicht, die Krippe und den Weihnachtsbaum beschauten. Äpfel, Nüsse und Pfefferkuchen waren in reichlicher Menge gespendet worden.

Sowie die Dienstleute wieder Küche, Ställe und Kammern erreicht hatten, wurden sofort die an diesem Abende und in dieser Nacht mehr als zu anderer Zeit üblichen Zauberstückchen und Wahrsagerexperimente vorgenommen. Dietrich Schwalbe war ein lebendiges Lexikon aller solcher Künste und war höchst glücklich, wenn er irgend ein neues erfahren konnte. Er hatte deswegen schon den ganzen Nachmittag Anweisungen gegeben und Vorschriften erteilt; dann sah er überall danach, ob auch recht verfahren würde, damit Schaden und Nachteil von der Herrschaft und seinen Gesellen abgewendet werden möchte. Es fingen mit heute die geheimnisvollen zwölf Nächte an, gewöhnlich nur kurz die Zwölften genannt, die wohl in acht zu nehmen waren. Während derselben fliegt Frau Hare herum, in der Mark Frau Harke genannt*). Dies ist das Diminutio von Hare, eigentlich Hareke, soviel als Harechen, ein Glaube, der selbst noch jetzt nicht ganz erloschen ist, obgleich schon zu Quitzows Zeiten niemand wußte, wer Frau Hare war, die in andern Gegenden auch Here, Holda und Holle genannt wird. Der Name Hulda, die Huldvolle, bezeichnet wohl eben dies Wesen.

Auch dieser Glaube stammte aus den vorchristlichen Zeiten. Frau Harke, Hare oder Haro war dieselbe Göttin, welche in andern Gegenden Erda genannt wurde. Sie war die große Mutter alles Überflusses, und das vier Wochen dauernde Julfest wurde damit begonnen, daß ihr Schweine geopfert wurden. Während der ersten zwölf Nächte flog sie umher und hieß deswegen auch die „vlughende Frowe“ oder die fliegende Frau, und man rief in den Zwölfen einander fleißig zu: „Frow Hera de vlughet“**). Man lud sie fleißig ein, in das Haus zu kommen und durch Rauchfang, Luken und Fenster zu fliegen, um das Haus zu segnen; doch bestrafte sie auch Nachlässigkeiten und Versäumnisse, wo sie solche vorfand, und ihr Besuch war daher ebenso erwünscht als gefürchtet***). Das Christentum hatte den Glauben an ihre Erscheinung in den zwölf Nächten von Weihnachten bis Groß-Neujahr oder dem

---

*) Walther, Singularia Magdeb. P. XII. S. 768.
**) Gobellinus, Persona Cosmodrom. aet. VI. apud Meibom. rer. germ T. I. S. 255.
***) Walther, Sing. Magdeb. P. XII. S. 763.

heiligen Dreikönigsfeste, auch des heiligen Obersten Tag genannt, nicht unterdrücken können. Nur war Frau Hare mehr eine Art von Gespenst geworden*).

Die Frauenzimmer versäumten in den zwölf Nächten niemals, ihren Flachs auf dem Spinnrocken in einen Knoten zu schlingen und dafür zu sorgen, daß er noch vor Neujahr rein abgesponnen sei, weil Frau Harke sie sonst kratzt, bespeit oder besudelt. Viele Hausmütter bedauer= ten damals, daß Frau Harke nicht das ganze Jahr flog, denn während der zwölf Nächte behandelten die Mägde den Flachs sehr ordentlich. Die Knechte aber hackten der Frau Harke einen Keil zu ihrem Wagen und legten ihn zu ihrem beliebigen Gebrauch auf die Schwelle. Wenn sie ihn nicht benutzte, wurde er späterhin bei gewöhnlichen Wagen ver= braucht. Um diese Zeit hatten nicht nur alle wilden Tiere, Bären, Wölfe, Füchse, Luchse ꝛc. große Kraft, sondern auch die Wehrwölfe waren sehr zu fürchten, und man mußte sich vor ihnen hüten. Es war daher ge= fährlich, in den Zwölfen einen Wolf zu nennen, denn der Wolf wird überaus böse, wenn man ihn bei seinem rechten Namen nennt, was übrigens auch noch jetzt bei vielen Menschen der Fall ist, die man viel= leicht deshalb in alten Zeiten für Wehrwölfe gehalten haben würde. Besonders aber war kein Schäfer dahin zu bringen, in diesen Tagen das Wort Wolf in den Mund zu nehmen, weil seine Heerde dabei sehr schlecht weggekommen wäre. Der Knecht Michel Wolf auf Quitzhövel wurde daher in dieser Zeit von ihnen ganz ernsthaft nicht anders als Michel Untier genannt.

Frau Harke machte in diesen zwölf Nächten die Witterung des ganzen Jahres**), und jeder einzelne Tag mit seiner Nacht zeigte der Reihe nach die Witterung eines jeden Monats an, weshalb es galt genau darauf zu achten und sie ins Gedächtnis zu fassen. Besonders wichtig war es auch, während dieser Zeit ja keine Hülsenfrüchte zu essen. Linsen, Bohnen, Erbsen, durften bis zum Obersten Tage nicht auf den Tisch kommen***).

Nachdem Dietrich Schwalbe alle diese Dinge den Knechten und Mägden ins Gedächtnis gerufen hatte, ging er hin, Kohl zu stehlen für das Rindvieh und die Pferde. Sie gediehen vortrefflich, wenn man sie in der Christnacht mit gestohlenem Kohl fütterte, denn das Vieh fraß in der Nacht, und nach dem allgemeinen Glauben legte es sich in dieser Nacht nicht nieder†). Dietrich Schwalbe war seinen Herren viel zu

*) Walther Sing. Magdeb. P. XII. S. 763.
**) Colerus Hausbuch. Abtl. I. S. 111.
***) Walther Singul. Magdeb. P. XII. S. 769.
†) Colerus a. a. O. S. 113. Nr. 5.

sehr ergeben, als daß er einen Buckel Prügel hätte scheuen sollen. Es war zwar Kohl genug im Schloßgarten zu finden, aber dieser wäre nicht gestohlen gewesen. Er kletterte daher behutsam bei einem Bauer über einen Zaun und schnitt sich den Kohl ab. Es war übrigens gewiß, daß die Bauern wiederum im Schloßgarten Kohl stahlen; gar zu genau paßte man daher nicht auf.

Dietrich Schwalbe hatte sich eine Viehmagd mitgenommen, um den Kohl tragen zu helfen; als sie zurückgingen und am Hühnerhause vorbei kamen, mußte sie stark daran klopfen; es war der Hahn, der am ersten schrie und Schwalbe verkündigte der Magd daraus zu ihrer großen Freude, daß sie noch in diesem Jahre heiraten werde, was nicht geschehen wäre, wenn zuerst eine Henne geschrieen hätte.

Wir können aber gleich noch eine zweite Probe machen, sprach Dietrich, da wir jetzt am Schweinstalle stehen. Schlage da auch dagegen und paß auf, ob die alte Sau schreit, oder die Ferkel. Wenn's die alte Sau ist, dann ist's richtig.

Die alte Sau kreischte richtig auf und die Viehmagd meinte, so vergnügt sei sie noch nie gewesen, als in dieser Christnacht. Nun können wir auch noch sehen, ob dein künftiger Liebster lang und dünn, kurz und dick, krumm oder gerade ist. Mach einmal die Augen zu und nun zieh hier aus dem Holzhaufen eine Klobe heraus, lege aber erst dein Bündel ab. So, na nur dreist zugefaßt. Ha, das ist ein stämmiger Kerl und verwünscht knorrig; ein bischen bucklig scheint er auch zu sein, doch nein, das ist ein Ast. Nun, das war gut.

Sie gingen nach den Ställen, um dem Vieh den Kohl vorzu=schütten. Dann ging Dietrich hin, Ruten für das Vieh zu schneiden, denn wenn man es mit den in dieser Nacht geschnittenen Ruten statt der Peitsche schlug, so gedieh es besser.

Sehr lebendig ging es in den Stuben der Mägde und in der Küche zu. Man goß Blei, um aus den Figuren die Zukunft, besonders aber das Handwerk des künftigen Liebsten zu erfahren, setzte Häufchen von Asche und Salz, ließ Nußschalen, mit kleinen Wachslichtern besteckt, auf Wasser schwimmen, nahm ein Erbbecken und that Müll aus vier Winkeln des Hauses hinein, um aus dem Klappern die Lebensweise des künftigen Mannes zu erfahren. Man machte die Thür auf und warf rückwärts einen Schuh über den Kopf, man griff über die Schwelle, weil man glaubte, alsdann Haare zu ergreifen, aus deren Farbe man die Haare des Liebsten erriet, wo sich dann zuweilen wohl ein Knecht den Spaß machte, seinen Kopf hin zu halten. Andere liefen hinaus und schüttelten vor dem Schloß die Zäune, daß die Hunde anfingen zu bellen. Die Gegend, von woher das erste Hundegebell erscholl, war die, von

woher der Freier kommen würde*). Eine von ihnen, die hübscheste von
allen, hatte es besonders ernstlich gemeint; sie hatte sich heimlich auf
ihre Kammer geschlichen. Obgleich eine zweite darin schlief, so war diese
doch in der Küche bei den übrigen beschäftigt, und sie allein. Sie mochte
gar zu gern ihren künftigen Freier sehen, und wollte ihn persönlich erscheinen lassen, wozu ihr drei in dieser Nacht anzuwendende Mittel bekannt waren. Erst riegelte sie die Thür zu, setzte sich sehr ernsthaft
hin und betete das Vaterunser rückwärts. Darauf wartete sie sehr gespannt die Wirkung ab; da aber nichts erfolgte, so wiederholte sie es
noch zweimal, aber mit nicht besserem Erfolg. Für diesen Fall hatte
sie sich indessen vorgesehen und alles nötige besorgt, um weitere Versuche zu machen. Ein Tisch wurde in die Mitte der Kammer gesetzt
und gedeckt. Auf jede Ecke desselben stellte sie einen Teller, der den
heut überall beliebten Grünkohl mit Wurst enthielt und dessen Entwen-
dung aus der Küche ihr wohl gelungen war. Hierauf sprach sie einen
Vers, der, besonders zu dieser Ceremonie gemacht, die Bitte an den
künftigen Liebsten enthielt, zu erscheinen und ein Messer mitzubringen.
Allein auch dies Mittel blieb ohne Erfolg. Höchst ärgerlich darüber
räumte sie den Tisch ab und setzte den Teller auf ihre Lade, um nun zu
dem letzten Mittel zu greifen. Sie entkleidete sich völlig, selbst das
Band aus ihren Haaren wurde abgelegt, ergriff dann einen Besen und
fegte die Kammer aus. Hierauf ergriff sie einen Waschlappen und
wusch den Tisch sauber ab. Die Sage behauptete, daß, wenn ein Mädchen, entblößt von allem Putze, ihr Kämmerchen säuberlich halte, so
komme der Freier gewiß. Sie war aber noch mit dem Scheuern ihres
Tisches beschäftigt, als plötzlich die Thür durch ein paar starke Stöße
gesprengt wurde und drei Knechte lachend und tollen Mutes herein
stürzten. Einer hatte sie in die Kammer gehen sehen und zuriegeln
hören. Er vermutete bald, daß sie etwas besonderes vorhabe, rief seine
Mitknechte und man legte sich auf's Horchen. Eine Ritze verstattete,
einiges zu sehen, bis sie denn endlich der Sache, wie sie glaubten sehr witzig,
ein Ende machten. Das arme Mädchen hatte bei dem ersten Stoße
eilig einen Rock übergeworfen, ein Tuch übergeschlagen und sich neben
ihrer Lade in einen Winkel gekauert. Aber im nächsten Augenblick
hatte der erste Eingedrungene, Michel Untier, sie bereits in die Arme
geschlossen und küßte darauf los, wo und wie er konnte. Das brüllende
Gelächter der Knechte rief mehr Leute herbei, und alle hatten sie mit
ihrem erwarteten Bräutigam zum Besten, bis sich die Frauenzimmer ihrer
annahmen und Michel Untier zurückdrängten. Wunderbarer Weise aber

---

*) Walther, Singularia Magdeb. P. XII. S. 767, 768. Schauplatz unge-
reimter Erzählungen. Tl. 1. S. 83—86.

hatte das Mädchen auf ihn in diesem Zustande einen eigenen und sehr lebhaften Eindruck gemacht und im nächsten Herbst heiratete er sie, so daß sich das Mädchen den Glauben nicht nehmen ließ, ihre Zaubereien hätten ihr wirklich den künftigen Liebsten zugeführt, worin sie denn so ganz unrecht nicht hatte.

Es fiel allen auf, daß Dietrich Schwalbe nebst noch einigen Knechten bei dem Lärmen fehlten. Niemand wußte, wo sie hingegangen waren; allein ehe wir über sie berichten, müssen wir uns zuvor nach Johann von Quitzow umsehen, der noch immer vom Schlosse abwesend war und dessen Ausbleiben ängstliche Besorgnis zu erregen anfing. Matthias von Bredow war ausgeblieben.

Johannes hatte seinen Weg zurück von Kleetzke über die Platten=burg genommen. Es war dies ein Schloß des Bischofs von Havelberg, mit dessen Hauptmann er noch einige Geschäfte zu besprechen hatte. Dieser war nach Havelberg geritten und wurde erst in einigen Stunden zurückerwartet. Johann beschloß, so lange zu verweilen. Allein es wurde Abend, die beiden Stunden waren längst vergangen und noch immer kam er nicht. Endlich war es 7 Uhr geworden und Johannes wollte soeben zu Pferde steigen, als jener anlangte und diesen mit auf seine Stube nahm. So wurde es 9 Uhr, ehe Johann von der Platten=burg aufbrechen konnte. Da er mit dem Wege bekannt war und zwei Knechte ihn begleiteten, war dies weiter nicht bedenklich.

Es war gelindes Frostwetter, die Erde gefroren und leicht mit lockerem Frostschnee gepudert, den der Wind in den Furchen zu=sammen getrieben hatte, während alle Erhöhungen und Flächen sich ent=blößt zeigten. Der Himmel war zum teil umzogen, doch blickten die Sterne hindurch und verbreiteten mit dem schwachen Schneelichte so viel Helligkeit, daß das Auge, wenn es sich an die Dunkelheit gewöhnt hatte, die nächsten Gegenstände ziemlich erkennen konnte. Der Weg führte fast ganz durch Wald, der die Reiter gegen den leise dahin strömenden Ostwind schützte. Es gab wenig zu sprechen und unsere Reisigen zogen daher wie die Karthäuser; endlich erreichten sie das Dorf Roddahn und erfreuten sich an dem aus allen Fenstern erglän=zenden Schimmer der Lichter und des Kaminfeuers; denn ungeachtet es auf eilf ging, war doch noch niemand zu Bett. Nicht selten tönte fröhliches Kindergeschrei und Gejauchze aus den Häusern, begleitet von dem lustigen Beiern der Glocken vom Kirchturm. Erst jetzt fing es Johann an, festlich zu Mute zu werden und er sehnte sich nach Hause. Quitzhövel war nur noch eine halbe Meile entfernt. Mit Vergnügen dachte er an den ihm bevorstehenden Besuch des jungen Matthias, von dem er Nachrichten von Agnes zu erhalten hoffen durfte, und trieb sein Pferd zu rascherem Schritt. Zwischen Roddahn und Quitzhövel war der Wald sehr unterbrochen, ganze Strecken des Weges führten über waldlose Stellen, doch selbst am Tage beschränkten seitwärts liegende Waldstellen die Aussicht, jetzt in der Dunkelheit war ohnehin nichts zu sehen. Johann verlor sich in Träumereien und Gedanken an Agnes und seine Zukunft: sein Pferd machte sich das zu nutze und schlenderte behaglich dahin. An der Stelle, wo der Weg nach Lennewitz im Walde den nach Cuitzhövel kreuzte, nicht weit von letzterem Orte, bäumte sich Johanns Pferd plötzlich und scheute. Johann setzte sich fest, begütigte das Thier und wollte es vorwärts treiben, allein es machte Sätze, schnaubte und blieb auf dem Fleck. Als er genauer vor sich sah, bemerkte er, daß sich etwas mitten auf dem Kreuzwege bewegte und leise murmelte; er rief: wer da! erhielt aber keine Antwort. Ein wiederholter Ruf fruchtete ebenso wenig und Johannes befahl einem der Knechte, abzusteigen und nachzusehen, ob da vielleicht ein Mensch verwundet oder krank im Wege liege. Dieser ging behutsam näher, getraute sich aber nicht, ganz dicht heranzutreten. So viel sah er, daß ein Mensch tief gebückt dort stand, sich langsam im Kreise drehte, murmelte und mit der Hand abwehrend winkte. Plötzlich erschienen mehr Gestalten, welche die beschriebene umkreisten und umsprangen. Das Licht einer Blendlaterne wurde jählings in der Hand einer dieser Gestalten sichtbar, die Pferde schreckten und selbst Johann zoppte das seine rückwärts. Die Laterne, obgleich in steter Bewegung und nur ein wankendes, ungewisses Licht spendend, da sie mit der Figur, wie die übrigen tanzte, erlaubte doch nach und nach, einiges zu sehen. In der Mitte eines blitzenden Kreises stand eine tief gebückte Figur, das Gesicht über den Kreis gehalten und sich langsam darüber umher wendend. Mit beiden Händen winkte sie ängstlich die tanzenden Gestalten zurück und lauter als vorhin mit vor Angst bebender Stimme hörte man sie zählen: achtundvierzig, siebenundvierzig, sechsundvierzig, fünfundvierzig u. s. w., ohne sich weiter stören zu lassen. Noch befremdender aber waren die sie umgaukelnden Gestalten, welche die seltsamsten Töne hören ließen. Johann war zweifelhaft, ob es Bären seien, die sich auf ihre Hinterfüße gestellt hatten, woran es damals in diesen Gegenden nicht fehlte, oder Menschen. Nur die Laterne ließ ihn letzteres vermuten, außerdem waren die Gestalten rauh, mit dickem Fell bedeckt, höchst unförmlich, bei einigen aber schien das Haar nicht braun, sondern weiß zu sein. Sie brummten wie Bären, miauten und prusteten wie Katzen, heulten wie Hunde, wieherten wie Pferde und machten einen tollen Lärm. Daß sie dem in der Mitte nicht wohl wollten und daß dieser sie fürchtete, ließ sich nicht bezweifeln. Johann wurde höchst betreten über diese Szene und faßte sein Schwert. Einer seiner Knechte flüsterte ihm ins Ohr: Um Gott, Herr, laßt uns zurück reiten, hier hat der

Gottseibeuns sein Fest und martert eine arme Seele. Johann war un=
schlüssig, was er thun sollte; auch sein Gemüth war aufgeregt und er
konnte nicht begreifen, wie der in der Mitte rastlos fortzählen konnte,
der von vorn angefangen hatte, und jetzt zwölf, dreizehn, vierzehn, fünf=
zehn u. s. w. zählte. Neben dem tollen Lärmen hörte man jetzt ein
Getrampel, wie von einer Menge Pferde, das Licht der Laterne ver=
schwand abwechselnd ganz und dann beleuchtete es wieder grell das
Gesicht des Zählenden, der in seiner Herzensangst immer lauter schrie.
Mit einem gewaltigen Satze flog diejenige Spukgestalt über den Kreis
hinweg, welche die Laterne trug, warf den im Kreise Stehenden über
den Haufen, mit einem lauten Gejauchze, das jedoch von dem Schrei
des Fallenden noch übertönt wurde. Johann gab seinem Gaul die
Sporen und stürzte auf den Kreis los, aber in demselben Augenblick
drangen noch andere Pferde und Reiter von der entgegengesetzten Seite
in die Gruppe ein, welche rasch auseinander flog, und das Licht ver=
schwand. Ist hier die Hölle losgelassen in der heiligen Nacht? schrie
eine Stimme überlaut, wer ist es, der sich mir hier zu Rosse naht,
Freund oder Feind?

Johann. Ich denke Freund, wenn ihr nichts Böses im
Schilde führt.

Der Fremde. Habt ihr die Wacht bei diesem unheiligen Gaukel=
spiel, so seid ihr mein Feind, denn Gutes kann auf diese Weise in der
Nacht nicht zu Wege gebracht werden.

Johann. Das ist auch meine Meinung, drum wünschte ich zu
wissen, was hier vorgegangen.

Der Fremde. Wie, täuschen mich meine Ohren nicht, so dächte
ich eure Stimme zu kennen. Seid ihr ein Quitzow?

Johann. Johannes Quitzow, allerdings.

Der Fremde. Ei so seid mir schönstens gegrüßt. Es ist Matthias
Bredow, der mit euch spricht. Nichts für ungut, daß ich euch so an=
geschrieen. Aber wer hätte euch hier erwarten können, in dieser Nacht?

Johann. Herzlich willkommen und tausendmal gegrüßt. Eure
Stimme konnt' ich nicht erkennen, denn so stark habe ich euch noch nicht
sprechen hören. Aber ebenso wenig hätte ich euch vermuten können.
Wo wollt ihr denn hin?

Matthias. Nun, nach Quitzhövel.

Johann. Da seid ihr auf dem besten Wege, vorbei zu reiten.
Ihr habt einen falschen Weg eingeschlagen. Nun könnt ihr mit mir
nach Hause reiten; wir sind kaum tausend Schritte davon entfernt, denn
es liegt gleich am Ausgang der Waldstrecke. Aber ich vergesse über der
Freude euch hier zu haben ganz, was hier vorgegangen. He, Fritze,
Ulrich, habt ihr welche erwischt?

Die Knechte. Ja Herr, zwei, die in dem Kreise lagen. Hier sind sie.

Johann. Gut. Nehmt sie zwischen die Pferde und führt sie nach dem Schlosse.

Ach Herr, rief der eine, Dietrich Schwalbe läuft euch nicht davon.

Johann. Was, du bist mit dabei gewesen?

Schwalbe. Ja Herr, ich ganz allein. Denn von den andern weiß ich nichts.

Johann. Wer ist denn der andere?

Ulrich Kurz, euer Knecht, lautete die Antwort.

Johann. Soll mir Gott helfen, wenn ich das begreife. Was habt ihr denn vorgehabt?

Schwalbe. Ich will euch alles erzählen, Herr; aber zuvor er= laubt, daß ich erst mein Geld auflese.

Johann. Was für Geld?

Schwalbe. Das, was ich da auf den Kreuzweg hingelegt habe.

Ulrich Kurz. Warte, ich werde dir leuchten.

Er holte seine Blendlaterne vor und Dietrich kroch auf den Knieen und las die Groschen zusammen, welche den blinkenden Kreis gebildet hatten und die jetzt ziemlich auseinander gesprengt waren. Der andere in seiner tollen Verkleidung leuchtete und half mit suchen, was einen so komischen Anblick gewährte, daß die Zuschauer, wie verabredet in ein allgemeines Gelächter ausbrachen.

Johann. Nun sage mir aber, du Thor, was das alles be= deuten sollte?

Schwalbe. Seht Herr, es ist wohl nicht ganz recht gewesen und ich sehe, mit dem Bösen soll sich keiner einlassen, weil er ein Lügner und Lügenvater ist. Aber wenn man in der Christnacht auf einem Kreuzwege einen Kreis von Groschen macht und sie vorwärts und rück= wärts zählt, dann kommt der Teufel und legt einen Groschen dazu und das ist ein Heckegroschen, der macht mehr, jede Nacht einen. Aber man darf sich nicht verzählen, sonst dreht er einem das Genick um. Damit er einen nun irre macht, so schickt er allerlei Satanszeug, das um den Kreis hertanzt, das darf man aber gar nicht sehen und bei Leibe nicht aufhören zu zählen, sonst verzählt man sich und dann ists aus*). Was weiter geschehen ist, weiß ich nicht.

Johann. Unsinniger Mensch. Wie kannst du deine Tollheiten so weit treiben, daß du von dem Bösen Geld nehmen willst? Mit dem hast du Lust dich einzulassen? Schäme dich, bist du ein Christenmensch? In der Nacht, wo Gott herabgestiegen ist, ein Mensch zu werden und

---

*) Schauplatz ungereimter Erzählungen. Th. I. S. 58.

die Werke des Teufels zu zerstören, da treibst du ein Teufelswerk und willst dich mit ihm einlassen? Kirchenbuße sollst du thun, du arger Sünder, daß sich andere Christen ein Beispiel daran nehmen und nicht ähnliche Bosheiten begehen.

Ulrich Kurz. Ach Herr, glaubt doch nicht, daß der Böse auf diese Weise kommt. Der Dietrich Schwalbe will darin immer so klug sein und doch ist er diesmal ganz links. Er hat es ganz unrecht angefangen. Wenn man einen Heckegroschen haben will, so muß man sich in der Christnacht eine schwarze Katze fangen und in einen Sack stecken. Mit dem läuft man dreimal um eine Kirche; dann kommt der Teufel aus der Kirchthür und dem muß man die Katze anbieten. Die bezahlt er mit einem Groschen und das ist ein Heckegroschen, mit dem muß man rennen, so sehr man kann, daß man schnell unter ein Dach kommt, denn der Teufel ist grimmig und zerreißt die Katze in kleine Fetzen; ist er früher mit der Katze fertig, als der Mensch unter Dach ist, so holt er sich den und dann ist's mit ihm vorbei*). Der Dietrich hat daher eine bloße Fare gemacht, die nichts bedeutet, denn der Teufel wäre doch nicht gekommen. So läßt er sich nicht fangen.

Johann. Ob er gekommen wäre oder nicht, daran ist hier nichts gelegen. Er hat ihn doch kommen lassen wollen und den Willen zum Bösen gehabt und deshalb ist er strafbar. Aber was hast du Kurz denn dabei zu thun gehabt?

Ulrich Kurz. Ach wir anderen hatten schon lange weg, daß der Dietrich etwas Besonderes vorhabe; denn er hatte schon vor längerer Zeit uns die Sache mit dem Heckegroschen erzählt und sehr für seine Art gestritten, daß wir gleich sagten, der probiert's einmal. Heute hatten wir nun gesehen, daß er sich seine zusammengesparten Groschen heraussuchte und sehr nachdenkend war. Wir paßten ihm auf, und als wir ihn gegen halb elf wegschleichen sahen, wußten wir, was er wollte. Nun hatten wir noch unsere Rumpfknechtskleidung und beredeten uns, ihn zu necken und zu hänseln. Das thaten wir denn, ohne von euch zu wissen, denn wir glaubten euch längst im Schlosse. Auch haben wir, von der Laterne geblendet, euch nicht eher bemerkt, als bis uns die Pferde berührten.

Es war eben Mitternacht, als man im Dorfe anlangte. Nach der Überlieferung war dies die Stunde, in welcher Christus geboren wurde; deshalb wurde sie von der Kirche festlich durch eine feierliche Messe begangen. Man durfte hoffen, die Quitzowsche Familie in der Kirche zu finden; Johann und Matthias ließen deshalb ihre Pferde und Knechte

---

*) Schauplatz ungereimter Erzählungen. Th. I. S. 88, 89.

nach dem Schlosse gehen und traten ein. Sie hatten sich nicht getäuscht. Ihre Ankunft nahm den Anwesenden einen Stein vom Herzen.

Es ging überaus tumultuarisch in der Kirche zu. Die ganze Gemeinde war ziemlich benebelt. Von je an waren die nächtlichen Gottesdienste höchst gefährliche Gelegenheiten zu Unregelmäßigkeiten und Ausschweifungen, welche die Dunkelheit nur zu sehr begünstigte. Die Kirche hatte sich daher schon früh genötigt gesehen, dem weiblichen Geschlechte den Zutritt zu den nächtlichen Gottesdiensten zu versagen, weil es dabei zu den ärgsten und anstößigsten Auftritten gekommen war. Dies Verbot verlor aber immer bald seine Kraft und ungeachtet wiederholter Erneuerungen waren zuletzt immer wieder beide Geschlechter beisammen, wo es denn die neue Generation nicht anders trieb als die alte. Kein Wunder, wenn bei den meisten von keiner Andacht die Rede war. Höchstens in der Nähe der Herren hielt der Respekt die dort Versammelten in den Schranken äußerer Zucht, allein dieser Kreis reichte in dem dichten Gedränge der Gehenden und Kommenden nicht weit.

Nach beendigtem Gottesdienste ging man nach Hause, um auf einige Stunden der Ruhe zu pflegen. Erst jetzt konnten die Quitzows ihren Gast begrüßen und sich seiner Ankunft freuen. Die mitgebrachten Grüße Agnesens an Johannes verschafften diesem eine angenehme Nacht voll schöner Träume. Auch die Dienstleute begaben sich nun zur Ruhe; die Frauenzimmer aber vergaßen nicht, vor dem Zubettgehen ihr Haar künstlich zu binden und aufzuschmücken. Nur so durfte man beim Aufstehen in eine Schüssel mit Wasser — den damals üblichen Spiegel — sehen und daraus entnehmen, was in dem nächsten Jahre bevorstand. Zeigte nämlich das Bild im Wasser einen Kopf mit einer Haube oder mit einem Brautkranz, oder sah man ihn nur mit Haaren, so wußte man, wie man daran war.

Um fünf Uhr begann bereits die Frühmette in der Kirche. Hier und da hockte sowohl im Dorfe als auch auf dem Kirchhofe ein Mädchen und lauschte auf den ersten Vorübergehenden, denn dieser wurde sicher ihr Mann. Nach der Morgensuppe nahm Dietrich die Sünder vor, deren Streiche ihm Johannes erzählt hatte. Sie kamen diesmal mit einem scharfen Verweise und dem Gelübde, künftig ähnliches zu unterlassen, davon.

Siebenundzwanzigstes Kapitel.

Am ersten Weihnachtsfeiertage ging man, dem Gebrauch gemäß, zur Beichte und zum Abendmahl. Er verging meist in Andachtsübungen. Dietrich Schwalbe waren in der Ohrenbeichte noch besondere Pönitenzen auferlegt worden.

Der zweite Weihnachtstag war der St. Stephanstag, oder der große Pferdstag, für die Knechte ein Tag von großer Bedeutung. St. Stephan war der Schutzpatron der Pferde. Sein Fest, als das des ersten Märtyrers, war ohnehin schon sehr glänzend. Während des Gottesdienstes rief der Geistliche Christum und den heiligen Stephan an, den Hafer zu segnen und eine gute Haferernte zu bescheeren*). Nach dem Gottesdienste wurden die Pferde aus dem Schlosse und dem Dorfe auf dem Burghofe zusammengetrieben. Der Geistliche erteilte ihnen den Segen, desgleichen segnete er auch den vorhandenen Hafer und das Heu. Von diesem wurde den Pferden sogleich ein Teil zum Futter vorgelegt, was ihnen sehr gesund war.

Der dritte Feiertag war das Fest Johannis des Evangelisten und demnach der Namenstag des Herrn Johannes. Nach der Messe wurde heute in der Kirche von dem Priester am Altar Wein mit Gebeten und Kreuzzeichen gesegnet und in einem geweihten Kelch jedem aus der Gemeinde zum Trunk gereicht, zum Andenken daran, daß, als Johannes durch Wein vergiftet werden sollte und er über den Kelch das Zeichen des Kreuzes machte, das Gift in Gestalt einer Schlange heraus sprang und er den Wein ohne Gefahr trinken konnte. Man ließ ferner von dem Geistlichen Wein in der Kirche an diesem Tage weihen und gebrauchte ihn im Hause, wie wir weiter sehen werden**). Zur Feier des Tages waren Gäste eingeladen, namentlich Caspar Ganz von Putlitz, Wedego von

---

*) Waser, histor. diplom. Zeitbuch sub Haferweihe.
**) Waser, histor. diplom. Jahrzeitb. sub Johannes Evangelista. v. Ledebur, Archiv. Tl. II. S. 189.

Quitzow mit seinem Sohne Claus, Johann von Wepelitz, Bischof, und Lüdecke von Quitzow, Dompropst von Havelberg, nebst dem Pfarrer von Quitzhövel. Es ging hoch her bei der Mittagstafel, nicht minder bei der Abendtafel. Bei letzterer kam das Gespräch auf Jobst's gewaltsame Besetzung der Niederlausitz und Wenzels schwache Gegenanstalten und Dietrich sprach: Man mag über diesen Jobst sagen, was man will, klug ist er doch und in der Regel weiß er genau, welche Partei er zu ergreifen hat.

Die Diener brachten zum Johannissegen den geweihten Wein, schenkten den Pokal voll und überreichten ihn dem Bischofe. Dieser ergriff ihn und sprach: Ich bringe euch, ehrenwerte Gesellschaft, den Johannistrunk zu und mit ihm Johannis Minne und Segen, des großen Jüngers und Apostels, dessen Gebot da lautete: Kindlein, liebet euch unter einander. Und wie wir Teil haben an diesem Weine, so mögen wir alle Teil haben an dieser Minne und an seinem Segen*). Und der Pokal kreiste von Mund zu Mund in der tief ergriffenen Gesellschaft. Darauf sprach der Bischof das Gratias und man erhob sich von der Tafel.

Man betrachtete den Johannistrunk, der auch wohl zu anderen Zeiten, besonders als Abschiedstrunk, aber stets von dem am dritten Christtage geweihten Wein gereicht wurde, als ein inniges Vereinigungsmittel der Herzen. Am dritten Christtage fehlte er in keinem Hause, wo man Wein trank und wer diesen nicht besaß, trank ihn in der Kirche.

Am folgenden Morgen reiste der Bischof ab. Man hätte ihn gern noch länger da behalten, allein er sprach: Ihr erinnert euch vielleicht nicht, daß heute der unschuldigen Kindlein Tag ist, da muß ich in Havelberg sein und zusehen, daß mir der Apfelbischof nicht zu viel Unfug treibt.

Elisabeth. Wer ist das? Von ihm habe ich noch nichts gehört?

Bischof. Am heiligen Kindertag wählen die jungen Weltgeistlichen und Schulknaben unter sich einen Bischof, den sie vollständig bekleiden und im bischöflichen Ornat durch die Stadt führen, wobei die ganze Jugend in Prozession folgt. Man sammelt für ihn in den Häusern, und da er meistens Äpfel als Gabe erhält, so heißt er deshalb der Apfelbischof. Endlich führt man ihn ins Kloster auf dem Dom, und dort muß er und seine Begleitung gespeist werden**). Da sind denn nun zuweilen die Forderungen ziemlich unbegrenzt, und deshalb ist es gut, wenn ich wenigstens anwesend bin. Lebt wohl und habt herzlichen Dank.

Bald schieden auch die anderen Gäste und selbst Matthias Bredow, der nur einen kurzen Urlaub hatte, und nun war es auf Quitzhövel so einsam wie zuvor.

---

*) Wafer a. a. O. — v. Ledebur Tl. II. S. 189.
**) Wafer, hist. diplom. Zeitbuch sub der H. H. Kindertag.

So brach das Jahr 1398 an. Es brachte wenig neues. In den ersten Tagen des Februarmonats kam eine Bulle des Papstes Bonifacius XI. an, in welcher verboten wurde, daß Geächtete, Verbannte und um Missethaten verwiesene und verfolgte Personen in Wilsnack eine Zufluchtstätte fänden, wie es bisher geschehen war*). Bischof Johann hatte durch seine Vorstellungen diesen Befehl erwirkt, und allgemein wurde er mit Recht als eine Wohlthat für das Land betrachtet.

Im Mai machte Johannes einen Besuch bei Lippold von Bredow und dessen Familie in Brandenburg. Bei dieser Gelegenheit lernte er auch Herrn Henning von Bredow, Dompropst des Stifts Brandenburg und Neffe des Herrn Lippold, kennen, der sich seit kurzem des jungen Heinrich Winter besonders angenommen hatte. Er rühmte die Geistesgaben des erst sieben Jahr alten Kindes als sehr hervorstechend und freute sich, in ihm ein tüchtiges Werkzeug für die Kirche zu erziehen. Der Bruder des Dompropstes, Bertram von Bredow, war ein tüchtiger Knappe. Wir halten uns jedoch hierbei nicht länger auf und bemerken nur im allgemeinen, daß Johann die Überzeugung gewann, Agnes habe ihn gern und würde einer Bewerbung um sie kein Hindernis in den Weg stellen, wenngleich ihm ein ausdrückliches Geständnis fehlte. Er reiste verliebter zurück, als er gekommen war.

Im August gebar Frau Elisabeth den zweiten Knaben, welcher nach seinem verstorbenen Großvater den Namen Cuno erhielt, indem man ihn in Gedanken zum Erben seiner Tugenden machte.

Vom Bischof Johann in Havelberg erfuhren die Quitzows, daß die armen Ruppiner noch übel daran seien. Im ganzen Jahre hatten die Befehdungen und Beschädigungen von seiten der Nachbarn nicht aufgehört; denn wenn auch der Bann ohne die Reichsacht nur der Seele, nicht aber dem Körper und dem leiblichen Gute schaden sollte, so hatte die Geistlichkeit es doch bereits seit längerer Zeit dahin zu bringen gewußt, daß dies nicht mehr besonders unterschieden wurde und der Bann fast alle die Folgen nach sich zog, welche eigentlich erst die Reichsacht verhängen konnte. Den zahlreichen Unruhstiftern der damaligen Zeit war jede Gelegenheit willkommen, wo es zu plündern und zu rauben gab, um so mehr, wenn sich der Schein von Gerechtigkeit und Eifer für die Kirche damit verbinden ließ. Endlich langte im Oktober eine Bulle des Papstes bei dem Bischof an, in welcher ihm Bonifaz IX. unterm 1. September befahl, den Bann wieder aufzuheben. Er reiste nach Ruppin und verrichtete dies mit allen von der Kirche vorgeschriebenen Feierlichkeiten**). Doch hörte damit das Unwesen noch nicht auf. Wer

---

*) Angelus. Ann. marchic. S. 174.
**) Dietrich, von den Grafen zu Lindow S. 85. Bratring, Ruppin S. 185.

mag ein aufgeregtes Meer augenblicklich zur Ruhe bringen? Noch drei=
mal, 1399 im Mai, 1401 im Oktober und 1403 im August trafen
neue Absolutionsbullen aus Rom ein, die viel Geld kosteten. Die ersten
waren nur an den Rat zu Ruppin gerichtet, die dritte außerdem auch
an die Gemeinde von Neu=Ruppin, worin ihr gestattet wird, ungehin=
dert ein und aus zu fahren. Die letzte erging an die Pröpste von
Havelberg und Brandenburg und den Dechanten zu Stendal mit dem
Befehl, die Neu=Ruppiner überall sicher passieren zu lassen. Diese Ab=
solutionsbulle wurde in der ganzen Mark zur Kenntnis gebracht und
nun, nach sechs trüben Jahren, hatte die Stadt endlich wieder Ruhe.

In der Lausitz dauerte unterdessen der Krieg fort. Der Landvogt
Birken von der Duba eroberte in Verbindung mit Hans von Cottbus
und Anshelm von Rhonow die Stadt Priebus und brannte sie aus.
Im Schlosse und in der Stadt befehligte ein Herr von Hockeborn,
welcher dem König Wenzel treu geblieben war; die Görlitzer schickten
ihm eine ansehnliche Mannschaft nebst Pulver und ihren Büchsenmeister
zu Hülfe; allein diese wurden geschlagen, da sie zu spät gekommen
waren, und sämtliche Führer der Wagen nebst dem Büchsenmeister ge=
rieten in Gefangenschaft. Indessen hatte der von Hockeborn noch das
Schloß inne. Auf Befehl Wenzels zog der Landvogt der Oberlausitz
seine ganze Mannschaft zusammen, um das Schloß zu entsetzen. Die
Belagerer, welche ihnen an Kräften nicht gleich waren, zogen sich darauf
zurück. Unglücklicher Weise veruneinigten sich aber die Oberlausitzer mit
dem Herrn von Hockeborn, der ihnen nicht gestatten wollte, sein Schloß
zu besetzen, weshalb sie nach Hause zogen. Da kamen die Feinde
wieder und verwüsteten die ganze Herrschaft. Hierauf wurde durch Ver=
mittlung des Markgrafen Prokopius von Mähren, der deshalb an
Jobst schrieb, ein Stillstand bewirkt und es trat einige Ruhe ein. Aber
von dem Schlosse Rhonow in der Oberlausitz wurden die Befehdungen
fortgesetzt, so daß Markgraf Prokop anfing, Anstalten zu treffen, sich
des Schlosses zu bemächtigen. Doch wurde es erst im folgenden Jahre
erobert*).

Herzog Ulrich von Mecklenburg=Stargard war auf dem Fürstentage
der Vereinigung zum Landfrieden nicht beigetreten. Er war mit Mark=
graf Wilhelm von Meißen, der noch immer als oberster Verweser der
Mark im Lande war, in Zwist geraten; ohne Zweifel hatten die Über=
fälle und steten Neckereien zwischen Parchim und Lenzen die Veranlas=
sung gegeben. Mehrere andere priegnitzer Schlösser hatten mit Lenzen
gemeinschaftliche Sache gemacht und von mecklenburgischer Seite wurde
dies nach Kräften erwidert. Es scheint, daß Markgraf Wilhelm den

---

*) Neumann, Gesch. der niederl. Landvögte Tl. II. S. 43.

Priegnitzern nicht ernstlich genug den Frieden empfohlen hatte, denn gebieten konnte er ihn gegen ein Land nicht, welches dem Bunde nicht beigetreten war. Genug, Herzog Ulrich sagte der Mark ab, ging aber nicht den Priegnitzern zu Leibe, sondern fiel, wie es damals gewöhnlich war, in die Uckermark und bemächtigte sich des Schlosses Boitzenburg, welches zur Mark gehört hatte. Markgraf Wilhelm entbot darauf die märkischen Vasallen, sammelte ein Heer, um diesen Frevel zu rächen und fiel um Martini, gegen die Mitte des Novembers, mit demselben in das Land des Herzogs zu Stargard, wo man nach Feindes Weise hauste und was man konnte, verheerte. Darauf zog man vor Boitzenburg und belagerte das Schloß kräftigst, das nicht lange zu widerstehen vermochte und sich ergeben mußte*). Jobst war übrigens um die Mitte des Dezember wieder nach der Mark gekommen**). Gleich nach Weihnachten trat eine ungemein heftige Kälte ein und hielt in großer Strenge bis weit in das neue Jahr 1399 hinein an. Die ältesten Leute wollten sich einer solchen Kälte nicht erinnern können. Man ging zu Fuß über das Eis der Ostsee von Rostock nach Dänemark und von Lübeck bis Stralsund***). Diese Thatsachen ergeben mehr als jene unbestimmten Schätzungen nach dem Gefühl eine sehr hohe und lang dauernde Kälte.

Die fortdauernden Unruhen zwischen den Priegnitzern und Mecklenburgern hatten König Albrecht mit den benachbarten Herren bewogen, abermals einen Fürstentag zu Perleberg festzusetzen, um den Landfrieden zu vollziehen, der früher festgesetzt, aber noch nicht allgemein befolgt worden war. Man hatte den zweiten Sonntag in der Fasten, den 2. Februar 1399, dazu bestimmt und konnte eine ansehnliche Versammlung dort erwarten†). Auch Kaspar Gans von Putlitz beschloß, dahin zu gehen, und lud Dietrich und Johann von Quitzow ein, dort ebenfalls zu erscheinen.

Es war am Sonntag Septuagesimae, den 26. Januar, wo unsere Quitzows die Nachricht erhielten. Am Vormittage waren sie in der Kirche gewesen und hatten das Halleluja begraben sehen. Kraft einer alten päpstlichen Verordnung durfte das Halleluja, welches sonst alle Sonntage erschallte, in der Zeit vom Sonntag Septuagesimae bis zur Ostervigilie, — dem Vorabende des Festes, — nicht gesungen werden, demnach also während der Fastenzeit††). Diese Zeit hieß darum auch

---

*) Detmar's Chronik bei Grotuff Th. I. S. 387. 388.
**) Gercken, Fragm. march. T. III. S. 195 und Urk. Nr. VII.
***) Detmar, Chronik bei Grotuff Th. I. S. 388.
†) U. a. O. S. 389.
††) Wafer, histor. diplom. Jahrzeitbuch sub Alleluja und Sonntag da man das Alleluja niederleget.

Alleluja clausum. Um aber dies Ausfallen des Halleluja den Gläu=
bigen recht deutlich zu machen, wurde eine Puppe ausgeputzt und auf
den Altar gesetzt, welche das Halleluja vorstellen sollte. Der Geistliche
legte sie nieder, wenn der Gottesdienst so weit vorgerückt war, daß das
Halleluja hätte angestimmt werden müssen. Sie wurde dann in einen
Sarg gepackt und von Knaben unter allerlei lächerlichen Gebräuchen zu
Grabe getragen, d. h. unter einem Altar verwahrt, bis sie am Oster=
Heiligabend wieder auferstand. Von großer Andacht war dabei nicht
die Rede, denn es war zu jener Zeit nichts Seltenes, ja oft geradehin
Beabsichtigtes, die Gemeinde in der Kirche zum Lachen zu bringen,
worin man nichts Anstößiges fand. Die Ansichten über das in reli=
giösen Dingen Schickliche waren von den unsrigen gänzlich verschieden.

Dietrich gab sofort die nötigen Befehle, sich zu rüsten, um mit Jo=
hann und einer angemessenen Zahl von Knechten am nächsten Mittwoch
von Quitzhövel aufzubrechen. Man bedurfte diesmal nicht bloß Waffen
gegen unvorhergesehene Überfälle sondern auch gegen die grimmige Kälte,
die man in einem noch höheren Maße zu fürchten hatte. Glücklicher=
weise für sie hatten wenige der Geladenen es näher als unsere Quitzows.

Vermummt und gewaffnet bis an die Zähne wurde die Reise an=
getreten. Die Knechte hatten Schafpelze, bei welchen das Rauhe nach
innen gekehrt war, über ihre Harnische, und dicke Pelzkappen über die
Helme gezogen, so daß sie den jetzigen Baschkiren nicht unähnlich waren.
Die Reise ging über Wilsnack durch die Wilsnacker Heide, durch welche
damals dem einzelnen nicht zu raten gewesen wäre, den Weg zu neh=
men, weil die Wölfe überaus keck und dreist geworden waren. Der
heftige Frost hatte ihnen fast alle Nahrungsquellen verschlossen und der
Hunger trieb sie zu großen Wagstücken. Der Quitzowsche Zug war in=
dessen zu zahlreich, als daß ein Angriff zu fürchten gewesen wäre.

Als man aus dem Walde trat, bemerkte man rechts einen ansehn=
lichen Zug von Reitern, sämtlich nicht minder abenteuerlich vermummt
als die Quitzowschen. In der Mitte ritten mehrere offenbar sehr vor=
nehme Leute; ihnen folgte ein Schlitten, in welchem zwei sehr stark be=
pelzte Männer saßen. Hinten schloß ein Zug Lanzknechte zu Pferde.
Der Zug bewegte sich auf der Landstraße von Kleetzke nach Perleberg,
auf welche auch die Quitzows zuritten, die aber von der linken Seite
kamen. Ihr Hervortreten aus dem Walde schien einige Besorgnisse ein=
zuflößen, denn der Zug machte halt und sandte einen Ritter mit zwölf
Knechten gegen die Quitzows ab, um sich nach ihren Absichten zu er=
kundigen. Nachdem man sich verständigt hatte, ritt die abgeschickte Ab=
teilung zurück, der Zug setzte sich wieder in Bewegung und nahe vor
dem Dorfe Untze trafen die Quitzows mit ihm auf derselben Landstraße
zusammen.

Man begrüßte sich gegenseitig freundlich und die Quitzows fragten, ob es ihnen erlaubt sei, sich anzuschließen, da man doch nach einem Ziele wolle. Es wurde mit Vergnügen erlaubt. Erst jetzt konnten Dietrich und Johann ihre Betrachtungen machen. Allein es war niemand zu erkennen, denn nur die Augen waren entblößt und für den Mund eine Öffnung in der Pelzkappe vorhanden. Nur an den Farben und Wappen sahen sie, daß sie es zum teil mit Bekannten zu thun hatten, zum teil mit Unbekannten, wie sich aus der kurzen Antwort des abgeschickten Kundschafters bereits ergeben hatte. Es blieb daher nichts übrig als sich gegenseitig zu nennen.

Der eine von den beiden vor dem Schlitten herreitenden vornehmen Herren hieß die Quitzows sofort willkommen und war über das Zusammentreffen höchst erfreut. Es war Lippold von Bredow. Sein Gefährte war Markgraf Wilhelm von Meißen, ein stattlicher Mann, soweit seine Vermummung darüber urteilen ließ. Im Schlitten saß Markgraf Jobst von Mähren mit dem Bischof von Havelberg. Man hatte in der Plattenburg übernachtet und war heute zur selben Zeit aufgebrochen, als die Quitzows abritten. Übrigens waren die Pelzkappen vor den Gesichtern sämtlich dick bereift.

Die Kälte zog die Brust zusammen und erschwerte das Reden; ohnehin mußte man beinahe schreien, wenn man das Gekreisch des Schlittens und der Pferdehufe auf dem hart gefrornen Schnee überbieten wollte. Die Unterhaltung blieb darum sehr einsilbig, bis man nach beinahe anderthalb Stunden, mittags, die Stadt Perleberg erreicht hatte.

Perleberg, die Hauptstadt der Priegnitz oder Vormark, nahm sich recht stattlich aus. Sie war ganz mit einer betürmten Mauer und doppelten Gräben umgeben. Über ihre beschneiten Dächer ragte das Dach und der Turm der Jacobikirche empor, in einer ansehnlichen Spitze endigend, um welche vier kleinere Türme standen. Auch der Turm des Doberziner Thores, durch welches man eingeritten war, hatte eine ansehnliche Höhe. Jenseit der Stepenitz, den sieben Bergen gegenüber, lag ein der heiligen Anna gewidmetes Kloster mit schönen, doppelt übereinander gewölbten Kreuzgängen und dazu gehöriger Kirche, in welchem Karmeliter hausten. Auf dem Markt stand ein Roland. Die Stadt hatte Zollfreiheit durch das ganze Land und die Stapelgerechtigkeit, indem alle Waren, welche von Hamburg kamen, in Wittenberge ausgeladen werden mußten. Mittels besonderer Prahmen wurden sie dann die Stepenitz hinauf, nach Perleberg transportiert, wo mitten in der Stadt sich eine große Waren-Niederlage befand. Hier mußten die Waren einige Tage liegen und konnten dann von den Kaufleuten abgeholt werden. Auch mit vielen anderen Freiheiten war sie begnadigt, durch welche der Wohlstand ihrer Bürger gesichert wurde. — Die Versammlung so vieler hoher Personen mit einem zahlreichen Gefolge hatte eine große Regsamkeit in die Stadt gebracht. — Bald nach unseren Reisenden traf auch Herr Caspar Gans von Putlitz nebst dem König Albrecht von Schweden, Herzog von Mecklenburg, ein, und am folgenden Tage die Herren von Wenden. Die Stargarder Herzöge waren ausgeblieben.

Am Sonntag den 2. Februar wurde der Fürstentag auf dem Rathause eröffnet. Die früheren Verträge wurden erneuert und die Anwesenden machten sich verbindlich, sie zu halten. Es waren eine Menge Klagen über Landbeschädiger und Raub auf den Landstraßen eingelaufen, und man besprach sich über Maßregeln, dieser Ungebühr Maß und Ziel zu setzen und gegen die Schuldigen mit Strafen einzuschreiten. Besonders aber wurde über die Landbeschädiger auf Schloß Lenzen geklagt. Sie begnügten sich nicht mehr mit Einfällen in die Umgegend von Parchim, sondern sie waren zuweilen auch in Albrechts Länder eingefallen, was mit zufälligen Grenzüberschreitungen entschuldigt wurde. Albrecht hatte sich deswegen genötigt gesehen, mehrere Schlösser an der Grenze in wehrhaften Stand setzen zu lassen und Landwehren zu errichten. Auch die Kaufleute wurden von ihnen überfallen, geplündert und ins Gefängnis geworfen, bis sie sich durch schwere Geldsummen ausgelöst hatten. Kurz, es ergaben sich so viele Klagepunkte gegen sie, daß man die Überzeugung gewann, man müsse gegen sie einschreiten und die strafende Gerechtigkeit walten lassen.

Allein während man noch mit Beratungen darüber beschäftigt war, kam die Nachricht, daß die strafbaren Landbeschädiger ohne Absagebrief in das Land König Albrechts eingefallen seien, daß sie die gegen sie errichteten Landwehren zerstört und die von Albrecht gegen sie in Stand gesetzten Vesten niedergebrochen hätten. Dieser tolle, übermütige Frevel goß Oel ins Feuer. Die ganze Versammlung wurde dadurch in hohem Grade aufgereizt und man beschloß, die Verbrecher sofort zu bestrafen, wie sie es verdienten. Insgesamt wollte man mit allen anwesenden Leuten gegen Lenzen aufbrechen. Es waren jedoch kaum Menschen genug vorhanden, um gewünschten Erfolg hoffen zu lassen und manche Vorbereitung mußte getroffen werden, ehe man an den Aufbruch denken konnte.

Die Stadt Perleberg wurde ersucht, so viel Rüstwagen und Sturmgerät zu stellen, als sie vermöchte. Man überzeugte sich bald, daß dies nicht ausreichend sei, und mußte an andere Mittel denken.

Des andern Tages erhielten die Quitzows eine Einladung zu einer Unterredung mit Markgraf Wilhelm von Meißen. Sie trafen dort mit Herrn Caspar Gans zusammen, der in gleicher Absicht kam, und wurden gleich vorgelassen.

Markgraf Wilhelm stand, angethan mit einem grünen Pelz, dessen weißer Kragen, dicht anliegend zurückgeschlagen, fast bis auf die Brust reichte, mitten im Zimmer und rief ihnen zu: Willkommen ihr Herren; ihr werdet verwundert sein, von mir so früh am Tage eine Botschaft empfangen zu haben; habt Dank, daß ihr so schnell meinem Wunsche Folge geleistet habt. Nehmt Platz.

Caspar. Wir haben nichts gethan, wofür ihr danken dürftet gnädiger Herr. Aber ich vermute, ihr habt uns etwas Wichtiges zu sagen.

Wilhelm. Ihr habt recht mich daran zu erinnern; die Zeit ist edel. Ihr wißt, Lenzen gehört zur Mark, deren oberster Verweser ich bin. Es ist daher bei dem beschlossenen Zuge gegen die Räuber ganz besonders Brandenburgs Sache den Friedensbruch zu ahnden, wenn auch König Albrecht als der angegriffene Teil die nächste Veranlassung hat, gegen die Räuber loszubrechen. So müssen wir denn die Hauptmacht stellen, und dazu fehlt es uns an mancherlei, vor allem aber an Geld, denn auf einen Kriegszug haben wir uns bei der Herreise nicht vorgesehen. Das erste und nötigste ist daher, Geld zu schaffen, dann werden wir auch wegen der noch fehlenden Menschen, Rüstwagen und Sturmgerätschaften sprechen können. Nun seid ihr Herren hier die Nächsten und könnt am ersten Rat schaffen. Ihr seht, die Not ist da, denn das Heer muß unterhalten werden und Kriegführen kostet Geld. Darum bitte ich euch, Herr Caspar Gans, ihr wollet uns zweitausend Schock böhmischer Groschen borgen, so schnell als möglich, ihr aber, die Quitzows, wollet uns unterstützen mit allen Leuten, die ihr zu Hause verfügbar habt, mit Wagen und Kriegsgerät.

Caspar. Herr Markgraf, euer Ansuchen ist allerdings nicht anders, als vernünftig; aber es setzt mich doch in Verlegenheit, denn eine so große Summe habe ich nicht gleich vorrätig. Ich kann in diesem Augenblick nur über fünfzehnhundert verfügen. Wollt ihr mir aber erlauben, an Wichart von Rochow zu schreiben, so will ich mir von dem noch fünfhundert Schock borgen, worüber jedoch noch einige Tage vergehen können, ehe ich sie erhalte. Allein, Herr Markgraf, im Kriege handelt es sich um Leben und Sterben, und es ist wohl billig, daß wegen der Wiederbezahlung dieser Summe —

Wilhelm. Versteht sich. Ich stelle euch einen Schuldschein aus und setze euch Lenzen zum Pfande, worauf ich sie euch verschreibe. Seid ihr dessen zufrieden?

Caspar. Erlaubt mir noch die Bitte hinzuzufügen, daß auch Herr Jobst seine Zustimmung dabei gebe.

Wilhelm. Ich denke, das wird keine Schwierigkeit machen; denn Herr Jobst wird sich schwerlich auf andere Weise zu helfen wissen.

Unterdessen war die Thür leise geöffnet worden; ein kleiner, von Alter gebückter Mann, mit einem langen Stab in der Hand war herein geschlichen, hatte sich horchend hingestellt, ohne von Wilhelm bemerkt worden zu sein, weil er auf der Seite eingetreten war, auf welcher dieser nicht sehen konnte, da er nur ein Auge hatte. Das kleine zusammengekniffene Gesicht wurde von einem gewaltigen Barte, so groß, wie man ihn selten sah*), zur Hälfte völlig bedeckt, das Barett war tief in die Augen gedrückt, wodurch seine Miene ein Ansehen von Trotz gewann, die kleinen Augen funkelten mit Rücksicht auf das hohe Alter ungewöhnlich hell. Er griff die letzten Worte Wilhelms auf und fiel mit den Worten ein: Das ist doch noch die Frage!

Wilhelm wandte das Gesicht seitwärts und sprang auf. Ei, sieh' da, Herr Markgraf Jobst, Gott grüß euch.

Die drei Herren boten ihm ihren Gruß; man setzte sich und Jobst sprach mit einem schlauen Lächeln; es gäbe wohl noch ein Mittel diesen Krieg so zu führen, daß er uns gar nichts kostete. Soll mir Gott helfen, es wäre fein und geschickt ausgedacht, aber wo hat man die Leute zur Ausführung? Ja, ihr schaut mich verwundert an? — Mit diesem alten Kopfe habe ich einen Plan ausgeheckt (er kniff das Gesicht zusammen), — uh! ich sag' euch, ich breche euch Lenzen, und es kostet uns keinen Groschen.

Wilhelm. Das wäre ich begierig zu erfahren.

Jobst. Ihr könnt's haben. Denkt ihr nicht, daß die von der Kapellen in Lenzen nicht schon Nachricht hätten von dem, was gegen sie beschlossen ist? He?

Wilhelm. Wohl möglich.

Jobst. Nicht wahr? Sie werden Gegenanstalten treffen. He?

Wilhelm. Gewiß.

Jobst. Wenn wir nun an sie schrieben und ihnen sagten, daß wir sie von Lenzen vertreiben wollten?

Wilhelm. Das ist schon gestern geschehen. Man muß ihnen doch absagen, denn drei Tage nachher kann man ja erst anfangen.

Jobst. O, prächtig. Die werden schön in Angst geraten, je mehr je besser.

Wilhelm. Aber weiter.

Jobst. Nun, wir von der Mark, als ihre Landesherren, schreiben ihnen, daß sie unsern Schutz verwirkt haben, daß wir ihnen Lenzen abnehmen und sie aus dem Lande jagen müssen.

Wilhelm. Das ist schon im Absagebrief enthalten.

Jobst. Nun, dann ist die Arbeit nur noch sehr klein. He?

---

*) Cuspinians Kaiserchronika Tl. II. S. 72.

Wilhelm. Aber Herr Schwager, noch verstehe ich nicht —

Jobst. St, St! Das ist ja eben der Pfiff, der nun kommt. Wir wollen ihnen noch einen Brief schicken und ihnen sagen, sie möchten das Strafgericht abkaufen, dann wollten wir ihnen nichts thun. Versteht wohl, wir Landesherren der Mark schreiben an sie. Die werden gern zahlen, viel zahlen, sehr viel. Glaubt ihr nicht? He? Wieviel Geld wolltet ihr denn aufnehmen?

Wilhelm. Zweitausend Mark.

Jobst. Ich sage euch, die in Lenzen geben dreitausend, viertausend, denn sie rechnen darauf, daß sie nachher nur einige Kaufleute zu plün= dern brauchen, dann haben sie es wieder. Glaubt ihr nicht, daß sie es geben? Ich glaube es. Sie geben's gewiß.

Wilhelm. Wohl möglich. Allein dann sind wir auf dem alten Fleck.

Jobst. O, niemals, wenn man Geld hat. Seht ihr nicht, was weiter geschehen muß?

Wilhelm. Nein!

Jobst. Wir zahlen das Geld oder auch nur tausend Mark dem König Albrecht als Sühne für das Vergangene. Der ist dann nicht damit zufrieden; er nimmt das Geld, nimmt unsere Leute dafür in Sold, schafft an, was nötig ist, sagt denen in Lenzen ab, pocht Lenzen aus und jagt die Spitzbuben zum Henker. — He? Ist Lenzen nun nicht frei? — Hat es uns einen Pfennig gekostet? Im Gegenteil. Wir können dabei noch eine Summe gewinnen.

Markgraf Wilhelm stand auf und ging mit offenem Unwillen auf der Stirn im Zimmer umher. Auch Caspar und die Quitzows standen auf. Jobst blieb sitzen und folgte mit den Augen Wilhelms Bewegungen. Ein höhnisches Lächeln glänzte in seinem Gesichte. Nun, was sagt ihr denn, rief er, he?

Wilhelm zögerte mit der Antwort. Ich kann darauf nicht ein= gehen, sprach er. Das hieße treulos handeln und mit seinen Worten spielen.

Jobst. Treulos? Gegen wen denn? Gegen unsere Feinde, die selber treulose Verräter sind. Was ist denn dabei zu fürchten? Gar nichts! Sie gehen ja dabei darauf, kommen um Hab und Gut, viel= leicht ums Leben und müssen jedenfalls das Land meiden. Solche Bettler sind doch nicht zu fürchten? — Seinen Feinden Wort halten zu wollen, ist ein thörichter Aberglaube. Was können sie denn, wenn man es ihnen bricht, Schlimmeres werden, als was sie schon sind, unsere Feinde? He? Soll mir Gott helfen. Seinen Freunden muß man Wort und Treue halten, denn wenn man es nicht thäte, würden sie unsere Feinde werden und uns schaden. Begreift ihr das? He?

Wilhelm. O ja.

Jobst. Nun, dann müßt ihr auch begreifen, daß man es seinen Feinden nicht zu halten braucht. Soll mir Gott helfen, ihr glaubt nicht, wieviel kluge Streiche schon unterblieben sind, bloß dieses Aberglaubens wegen. — Ich habe nur ein einziges Bedenken dabei.

Wilhelm. Und welches?

Jobst. Die in Lenzen scheinen kluge Kerle zu sein, die Haare auf den Zähnen haben. Sie werden uns nicht glauben, wenn wir ihnen einen zweiten Brief schicken, nachdem wir ihnen Feindschaft angekündigt haben, denn es ist eine schreckliche Dummheit, seinem Feinde auch nur ein Wort zu glauben, und die in Lenzen sehen mir nicht darnach aus. Aber manchmal sind die Leute wirklich viel dummer, als man vermuten sollte. Man könnte es wenigstens versuchen. He?

Wilhelm. Ich dächte, wir unterließen es; denn die mecklenburgischen Herren gehen gewiß darauf nicht ein.

Jobst. Da wären sie rechte Narren. Doch freilich, ihr könnt recht haben. Sie gewinnen dabei nicht mehr als so. Soll mir Gott, man wird ihnen einen Gewinn versprechen müssen, denn was haben sie eigentlich gewonnen, wenn Lenzen fällt? Nichts, und das ist zu wenig. Da sind sie nicht dabei. Ist ihnen auch nicht zu verdenken. Man muß ihnen Lenzen verpfänden, oder wie früher zu Lehn geben, he?

Wilhelm. Da sind wir nicht weiter als jetzt. Ich habe es eben hier dem Edlen von Putlitz, einem mecklenburgischen Vasallen, gegen zweitausend Schock als Pfand angetragen.

Jobst. Habt ihr? Nun, das ist gut, ihr werdet da ein märkischer Lehnsmann. Sollt einen gnädigen Herrn an mir haben.

Wilhelm. Ihr gebt also eure Einwilligung, daß die Verpfändung stattfinde und der Pfandbrief aufgesetzt werde?

Jobst. Wartet einmal. Zweitausend Schock — ist denn das nicht zu wenig?

Caspar. Vielleicht zu viel. Wer weiß, in welchem Zustande mir Stadt und Schloß nach der Umlegung übergeben werden.

Jobst. Na, ihr wollt dabei etwas verdienen, auch gut. Ich bin ein großmütiger Mann, he? Ich will einwilligen. Aber soll mir Gott, es ist wenig Geld.

Wilhelm. Dietrich und Johann von Quitzow wollen Leute und Heergerät stellen. Für die Kosten, welche euch das verursacht, will ich euch einen Schuldbrief ausstellen und als Bürgen stell' ich euch hier den Markgrafen Herrn Jobst —

Jobst. Halt! Auf wieviel lautet der Schuldbrief?

Wilhelm. Das ist jetzt noch nicht zu bestimmen. Wir wissen

ja nicht, wie lange die Belagerung dauert. Das kann erst nach abge=
thaner Sache festgestellt werden.

Jobst. Das wird viel Geld kosten.

Wilhelm. Wollt ihr es nicht in dieser Weise halten, so laßt selbst
Leute und Heergeräte kommen und besoldet sie.

Jobst. Als ob ich dabei gebessert wäre, he?

Wilhelm. Wollt ihr die Bürgschaft übernehmen? Herr Lippold
von Bredow will mit bürgen. Herr Caspar, wie ist es mit euch, stellt
ihr euch als Bürgen?

Caspar. Wenn ihr es wünscht, glaube ich dabei nichts zu ge=
fährden.

Wilhelm. Was ich thue, thue ich zum Besten der Mark, und
wie sich auch die Verhältnisse gestalten mögen, jedenfalls muß euch der
Landesherr dafür aufkommen, selbst wenn meine Forderungen an das
Land befriedigt sind. Einige andere Bürgen werde ich noch zu stellen
wissen, damit die gesetzmäßige Zahl voll werde. Was jetzt besprochen
ist, dabei bleibt's. Jetzt, ihr Herren, macht Anstalten, das Gewünschte
schnell herbeizuschaffen.

Man empfahl sich. Unterwegs ging man zu Herrn Lippold von
Bredow heran, um mit ihm zu sprechen. Er erklärte seine Bereit=
willigkeit, Bürge zu werden und fragte über das Nähere ihrer Ver=
handlung.

Ihr habt Herrn Jobst heute zum erstenmal gesehen, sprach er, wie
gefällt er euch?

Dietrich. Ich finde ihn, wie er mir geschildert worden. Allein
es wundert mich, daß er sich so ohne allen Zwang äußert.

Lippold. Es ist seine Weise, die wichtigsten Dinge am unge=
hörigen Ort zu schwatzen und er würde sich damit oft gar sehr schaden,
wenn man nicht wüßte, daß man auf seine Rede gar nichts geben darf,
und ich will keinem raten, darauf etwas wieder zu erzählen. Man muß
sich mit ihm vorsehen. Dies, ihr Herren, zu eurer Warnung, da ihr
doch mit ihm zu thun bekommt. Gott befohlen, bis auf Wiedersehen.

Sie gingen, um die erforderlichen Veranstaltungen zu treffen. Es
wurden Boten ausgesandt und in Perleberg bot man alles auf, den Zug
mit gehöriger Kraft zu vollführen. Nach einigen Tagen war das Heer
beisammen und man brach gegen Lenzen auf.

Achtundzwanzigstes Kapitel.

Die Stadt Lenzen liegt nicht weit von der Elbe entfernt. Sie hatte starke Mauern mit viereckigen Türmen und im Norden doppelte Gräben. Im Süden stieß sie an einen sumpfigen Anger und an einen jetzt nicht mehr vorhandenen See. Aus diesem war ein Kanal rund um die Stadt geführt, ein zweiter durchschnitt die Stadt, so daß die Schuten oder Kähne bis unter die Stadtmauer kommen konnten, um Stabholz oder Getreide zu laden*). In der Stadt befand sich ein Kloster und neben der Kirche ein ganz gewölbtes Gebäude für die Kalandsbrüder. An der Südostseite der Stadt lag die Burg auf einer Anhöhe; sie war mit starken Mauern im Geviert umgeben, von der Stadt durch einen Graben gesondert und hing mit ihr vermittelst einer Zugbrücke zusammen. Im Süden der Mauer stand die Kapelle. Die Burg hatte vortreffliche Keller und einen sehr starken runden Turm von gebrannten Steinen, der zweimal über einander gewölbt war, und von dem aus sich eine weite Umsicht darbot. Über dem gewölbten Thorwege an der Brücke stand ein Haus von zwei Stockwerken und sehr fester Bauart. Vor dem Bergthore lag auf einer Anhöhe eine Kapelle der heiligen Jungfrau, vor dem Heidethore ein Hospital und eine Kapelle zu St. Gertraut.

Kaum bekam der eilfertig dahinschreitende Zug die Stadt Lenzen zu Gesichte, so bemerkte man schon auf dem Burgturme Zeichen, wahrscheinlich für die Stadt, und bei näherem Heranschreiten hörte man die Sturmglocke läuten. Ihre Klänge wurden über die steinhart gefrorene Erde weit hingetragen. Die heftige Kälte, so hinderlich in jeder anderen Beziehung, erleichterte doch diese Unternehmung nicht unbedeutend, denn nirgend hatte man Wasser zu fürchten, jeder Graben war zugefroren, jeden Sumpf konnte man ohne Schwierigkeit beschreiten. König Albrecht führte den Oberbefehl, unter ihm Markgraf Wilhelm. Die Quitzows und Perleberger erhielten den Befehl, sofort vor die Burg zu ziehen, wo Markgraf Wilhelm sie befehligen sollte. König Albrecht zog mit

---

*) Bekmann, Beschreib. d. Mark, Tl. V. Bd. II. Kap. VI. S. 215.

Jobst, Lippold und den Herren von Wenden, seinen und ihren Leuten, nach der Marienkapelle vor dem Bergthore der Stadt, um letztere im Zaum zu halten.

Man zog sich um die Burg herum, so weit es möglich war und schaffte auf Schlitten das Belagerungsgerät herbei. Kaum war dies geschehen, so wurde es dunkel, denn die Tage waren noch sehr kurz. Eine Anzahl Zelte war auf Schlitten mitgeführt, allein der Boden war steinhart und kein Pfahl oder Zeltpflock drang in die Erde. Selbst der Schnee, der sie bedeckte, war hart wie Eis. Man hätte die Erde aufhacken und sich hineingraben müssen, allein dazu war keine Zeit. Es blieb nichts übrig, als auf eine andere Art von Unterkommen zu denken. Außen nicht weit von der Ringmauer der Burg lag eine Anzahl schlechter Häuser, welche der Körbitz genannt wurden. Meist waren sie von Fischern bewohnt. Die Hälfte der gegen die Burg beorderten Mannschaft erhielt den Befehl, sich dieser Häuser zu bemächtigen und sich daselbst ein Unterkommen zu verschaffen, während die andere Hälfte draußen bei Feuern Wacht halten und um Mitternacht von den ersteren abgelöst werden sollte. Die Mannschaft ward abgezählt und die eine Hälfte zog unter Anführung ihrer Rottmeister mit Dietrich von Quitzow ab. Es dauerte nicht lange, so ertönte das Geschrei in den Wohnungen der armen Fischer. Man warf sie mit Weib und Kind aus ihren Häusern, und sie mochten sehen, wo sie blieben. Verzweiflungsvoll flüchteten sie sich über den gefrorenen Schloßgraben nach dem Bergthore der Stadt, welches sich öffnete, und durch das man sie hineinließ.

Die Wachthaltenden machten unterdessen Feuer an auf dem Felde und schleppten Holz herbei. Die Zäune in dieser Gegend mußten herhalten, denn man nahm das Holz, wo man es fand, je näher um so besser. Es wurden Schafpelze auf den Schnee gebreitet und alles rückte so nahe wie möglich ans Feuer, aber man vermochte nicht, sich zu erwärmen. Man fluchte und schimpfte, man tobte und lärmte; warm wurde man jedoch nicht. Hier schrie einer, daß er sich den Ärmel verbrannt habe, während ihm auf der andern Seite die Hand erfroren, dort rieb einer seine Nase mit Schnee und ritzte sie sich an seiner Härte wund, bis endlich niemand mehr liegend sich den Einwirkungen des Feuers und des Frostes aussetzen mochte, sondern alle aufgestanden waren, wie toll umher sprangen und sich die Arme um den Leib schlugen. Markgraf Wilhelm war mit Johann mitten unter den Knechten geblieben, um sie durch ihr Beispiel aufzumuntern. Endlich wurde es ihnen ungeachtet ihrer warmen Kleidung aber auch zu viel.

Wahrhaftig, fing endlich Markgraf Wilhelm leise zu Johann redend an, ich weiß nicht, ob es da oben auf dem Walle schlimmer sein möchte, als hier davor.

Johann. Gewiß nicht. Wäre man da oben, so hätte man zu thun und würde warm, während uns hier die Leute erfrieren. Es ist eine Heidennacht. Die Luft schneidet in die Haut ein, wie ein Messer und die Augen möchten einem naß werden, wenn die Thräne nicht sogleich zu Eis würde. Seht einmal, da geht der Mond eben auf, dort jenseit hinter unsern warmen Betten. Wie groß, wie rot; kaum durchdringt sein Licht den dichten Frostdampf, der den Erdrand umschleiert, und doch funkeln über uns die Sterne so hell und klar. Was hindert uns denn, auf den Wall zu steigen? Warum verbringen wir die Zeit hier in der Kälte mit Nichtsthun? Wäret ihr gesonnen wie ich, wir gingen gleich darauf los, und unsere Leute haben gewiß nichts dawider.

Wilhelm. Wer weiß aber, wie König Albrecht darüber denkt?

Johann. Es käme darauf an, es ihm vorzuschlagen. Gestattet mir, ihn darüber zu befragen.

Wilhelm. Gut. Reitet hinüber und kehrt bald wieder.

Johann stieg zu Pferde und ritt hin zur Marienkapelle. Die Schildwachen wiesen ihn nach einem von den Häusern, welche in ihrer Nähe standen. Er wurde vorgelassen und brachte seine Meldung an.

Albrecht. Ihr habt gut gesprochen und euer Vorschlag ist unter den obwaltenden Umständen zu beachten. Mondlicht haben wir und was wir erst morgen thun wollten, können wir auch heute thun. Ich bin dabei und werde zur selben Zeit, wo ihr die Burg bestürmt, die Stadt angreifen, damit euch diese nicht durch einen Ausfall in den Rücken nimmt. Gebt mir ein Zeichen, wenn es so weit ist.

Johann. Gut. Wir werden eine Scheune anzünden, welche seitwärts neben den Häusern steht, die ihr wohl in der Nähe der Burg gesehen haben werdet.

Albrecht. Recht so. Ich werde Herrn Lippold benachrichtigen lassen. Nun also, so bald als möglich.

Johann ritt fort und zunächst nach dem Körbitz, um Dietrich mit seinen Leuten aufbrechen zu lassen. Die Mitternacht war nahe und kam heran, ehe sie in Ordnung waren. Darauf ritt er zu Markgraf Wilhelm, der ihn sehnlichst erwartete. Unser Vorschlag hat Beifall gefunden, sprach Johann und erzählte ihm sein Gespräch mit Albrecht. Wilhelm war darüber sehr erfreut.

Johann gab nun die nötigen Befehle, verlangte aber, daß jede Freudenbezeugung unterdrückt würde, um den Feind nicht aufmerksam zu machen, was den Leuten schwer genug wurde. Ein neues Leben hatte sie ergriffen, es kam wieder Wärme in ihre Glieder, und mit großer Rüstigkeit wurde das Sturmzeug herbei geschleppt. Man rückte gegen den Graben vor und jetzt wurde die Scheune angezündet. Noch ehe das Feuer merklich wurde, hatte man den Graben auf dem Eise passiert

und die Sturmleitern angesetzt. Erst jetzt fing der Feind an, sich zu
regen. Mit Haken suchte er die Leitern umzuwerfen und ganze Massen
von Steinen wurden über die Mauern geschüttet. Die Schützen im
Rücken der Stürmenden jenseits des Grabens sandten ihren Bolzenhagel
nach dem Kranze der Mauer, allein ohne große Wirkung. Unten fing
man an, in die Höhe zu klettern, und schon waren die Leitern so stark
besetzt, daß sie nicht mehr fortgezogen werden konnten. Es wurden
Baumstämme über die Leitern herab gerollt, Fässer voll Steine, bren=
nende Theerbalken und ähnliche Dinge. Die Stürmenden wurden herab=
geschleudert und fingen an, scheu zu werden. Da stürzte Dietrich mit
dem ihm nächsten Haufen zur Leiter und stieg raschen Schrittes hinan,
nachdem eben ein Balken gefallen war. In demselben Augenblick öff=
nete sich ein Rotpförtchen in der Mauer und die Feinde drangen heraus,
um durch einen Ausfall denen auf der Mauer zu Hülfe zu kommen.
Johann warf sich ihnen mit den Seinigen entgegen, auch die Perleberger
zogen sich von der Seite heran und auf dem Graben entwickelte sich ein
lebhaftes Gefecht, vom Monde und der brennenden Scheune beleuchtet.
Johann drängte den Feind von der Pforte hinweg, der, zu wenig darauf
bedacht, seinen Rücken zu decken, sich von seiner ungestümen Hitze hin=
reißen ließ und die Pforte unbedachtsam Preis gab. Sie war nicht ge=
schlossen und Johann drängte sich rasch mit den Seinigen hinein, die
Feinde den Perlebergern überlassend. In dem Augenblick ertönte auch das
Siegesgeschrei auf der Mauer; Dietrich hatte sie erstiegen, und der Feind
floh bestürzt davon. Die Burg war genommen, das Thor wurde ge=
öffnet und die Sieger zogen ein. Auf der Zinne des Turmes wurde
ein Freudenfeuer angezündet, um König Albrecht davon zu benach=
richtigen.

Man begab sich in die Gemächer, um die gefürchteten Anführer der
Landesbeschädiger aufzusuchen, die Herren von der Kapellen. Sie wurden
nach langem Suchen gefunden, denn sie hatten wohl Ursach sich zu
fürchten; man brachte sie in Gewahrsam. Nicht lange nachher kam
König Albrecht nach der Burg mit den Herren von Wenden, Jobst
und Lippold. Sie hatten die Mauern der Stadt erstiegen und die Stadt
besetzt, und ihre Leute waren eben in der Plünderung begriffen; doch
war ihnen anbefohlen, Brand möglichst zu vermeiden. Auch die Perle=
berger und die Hälfte der Quitzowschen Leute zog nach der Stadt, um
nicht leer auszugehen; die Beute aber sollte unter alle gleich geteilt
werden. Wie man bei solchen Gelegenheiten verfuhr, ist unsern Lesern
schon bekannt, und wir verschonen sie mit der Schilderung der Greuel=
scenen.

Am anderen Tage wurde über die von der Kapellen seitens des
Markgrafen Jobst Gericht gehalten. Als offenbare Landfriedensbrecher

und Räuber, indem sie nicht einmal den Frieden abgesagt hatten, wurde ihnen Hab und Gut abgesprochen und sie Landes verwiesen. Man ließ sie bis zur Grenze geleiten und dann gehen wohin sie wollten. Die übrigen Gefangenen wurden geplündert und dann frei gegeben*).

Nachdem Herr Caspar Gans von Putliß Schloß und Veste Lenzen übernommen hatte, zogen alle wieder von dannen, ihrer Heimat zu. Nur die Quißows ließen sich zuvor ihre Kosten abschätzen und von Markgraf Wilhelm den versprochenen und verbürgten Schuldbrief ausstellen. So endigte die Fehde gegen die Landbeschädiger von Lenzen. Sie brachte König Albrechts und Markgraf Wilhelms strenger Gerechtigkeitsliebe großen Ruhm, aber sie erhöhte auch nicht wenig den Ruf der Quißowschen Tapferkeit, die sich darin auf eine glänzende Weise bethätigt hatte, um so mehr, als die Hauptmasse des Heeres aus Quißowschen Leuten zusammengesetzt war. Unstreitig wurde ihnen Jobst dafür sehr verpflichtet, doch begnügte er sich für jetzt mit einem bloßen Danke.

Allein die Ruhe war mit diesem Schlage noch nicht hergestellt. Unbedeutendere Fehden gab es noch in Menge, bei welchen die Städte oft übel wegkamen. Deswegen schlossen am Tage St. Primi und Feliciani, den 9. Juni 1399, die Städte Alt= und Neu=Brandenburg, Berlin, Kölln, Frankfurt, Drossen, Strausberg, Müncheberg, Landsberg, Mittenwalde, Eberswalde, Bernau, Spandau, Nauen, Brießen und Beliß ein abermaliges Bündnis zu gegenseitigem Schutz unter uns den schon bekannten Bedingungen, die wir darum nicht wiederholen**). Diese oftmaligen Erneuerungen beweisen nur zu sehr, wie wenig wirksam dieser Schutz war. Es lag in der Natur der Sache, daß er nicht viel bedeuten konnte. Wie war es denn möglich, daß alle Städte einer angegriffenen zu Hülfe kommen sollten, da sie zu weit von einander entlegen waren und die Hülfe wohl in den meisten Fällen zu spät kam. Ehe sich das Bundesheer sammelte, war der Schaden geschehen und um nachher Rache zu nehmen, war es gewöhnlich zu schwach. Wir sehen daher auch nicht, daß die Unruhstifter diese Bündnisse sonderlich geschent hätten.

König Albrecht hatte jetzt zwar vor den von der Kapellen Ruhe, die von Lenzen verjagt und verwiesen waren, nicht aber vor ihren Freunden, welche beschlossen hatten, den Fall jener zu rächen. Es waren vier Schlösser in der Nähe von Lenzen zwischen dieser Stadt und Wittenberge gelegen, deren Besitzer mit ihrer Mannschaft in Mecklenburg eingefallen waren und das Land verheerten. Sie bemächtigten sich aller Kaufmannsgüter, welche

---

*) Detmars Chronik bei Grotuff, Tl. I. S. 389; sie wurden nicht aufgehängt, wie der unzuverlässige Cranz behauptet, der seine Nachrichten nur aus Detmar hat. Cranz. Vandal. L. IX. c. 38. Garcaeus S. 151.

**) Angelus. Annales marchic. S. 174.

aus der Priegnitz nach Mecklenburg gingen, um ihren Feinden alle Provision abzuschneiden, so wie aller der Produkte, welche von Mecklenburg nach der Priegnitz ausgeführt wurden, weil dies Güter ihrer Feinde waren. Den festgesetzten Stipulationen des Fürstentages gemäß entbot König Albrecht seine Vasallen zu einem Zuge gegen diese Schlösser, um den Feinden das Handwerk zu legen. Auch die Quitzows stellten ihr Kontingent und stießen zu dem Banner des Kaspar Gans von Putlitz. Die Herren von Wenden waren mit ihren Vasallen gleichfalls im Anzuge und allen war die Burg Stavenow, Claus von Quitzow gehörig, als Sammelplatz bestimmt.

Das Schloß und Dorf Stavenow, zwei Meilen nordwestlich von Perleberg gelegen, gehörte zu den ansehnlichsten der Priegnitz. Im Westen, eine kleine Strecke davon entfernt, fließt die Löcknitz und längs derselben dehnten sich ansehnliche Sümpfe und dichte Elsbrüche aus, bis nach Mecklenburg hinein und wiederum gegen Süden bis zum unwegsamen wilden Silgebruch. Das Schloß ragte über die wilde Waldgegend hoch empor und war durch feste Mauern und Gräben geschützt. Noch bis in die neuesten Zeiten hat sich ein Graben um das Schloß und ein dicker runder Turm erhalten und dieser liefert ein Zeugnis von der großen Festigkeit des Mauerwerks. Nur nach Osten und Süden hin fand eine Verbindung mit anderen Ortschaften statt und nur von hier aus wäre dem Schlosse beizukommen gewesen; aber nach diesen Seiten hin waren die Verteidigungsmittel auch in reichem Maße gehäuft.

Auf den Feldern östlich von der Burg war der Sammelplatz des Heeres und die nach und nach Eintreffenden schlugen hier ihre Zelte auf, bis alle beisammen waren. König Albrecht und unter ihm die Herren von Wenden, übernahmen den Oberbefehl. Das Heer war ansehnlich, um den Feinden um so kräftiger zu Leibe zu gehen.

Von der Burg Stavenow aus konnte man zwei der feindlichen Schlösser in der Entfernung von kaum einer halben Meile liegen sehen. Angesichts derselben ließ sich daher von hier aus der Operationsplan verabreden. Es waren dies die Schlösser Mesekow und Mankmuß. Sie lagen von einander nur eine Viertelmeile weit entfernt und man fand es daher wahrscheinlich, daß sich beide unterstützen würden. Dies verhinderte jedoch nach Claus von Quitzows Aussage eine sehr sumpfige Wiesenfläche, welche beide von einander trennte, und da man Mesekow, welches auf der Ostseite der Löcknitz lag, nur von der Ostseite her angreifen konnte und die von Mankmuß erst die Löcknitz und jene Wiese hätten überschreiten müssen, so wurde beschlossen, das Heer nicht zu teilen, beide Schlösser nicht zugleich anzugreifen, sondern mit Mesekow den Anfang zu machen. Am St. Margareten Tage, den 13. Juli, brach man gegen das Schloß auf*).

---

*) Detmars Chronik bei Grotuff Tl. I. S. 390.

Es schaute drohend herab auf das zurückende Heer und die Kühnheit seiner Besitzer, welche sich offen so mächtigen Feinden entgegen gesetzt hatten, flößte den Angreifenden einige Besorgnisse ein. Vorsichtig näherte man sich und blieb in Pfeilschußweite stehen. Man zog den rechten und linken Flügel so weit vor, daß er neben dem Schlosse die freie Aussicht nach Mankmuß hatte, um dies Schloß und die etwa von da abgeschickte Hülfe beobachten zu können. So wurde das Lager aufgeschlagen.

König Albrecht ließ die Führer nach seinem Zelte kommen, um einen Rat zu halten. Einstimmig war man der Meinung, daß es am ratsamsten sei, einen Sturm sobald als möglich, allenfalls noch heute, zu wagen, denn die Truppen waren nicht müde und hatten nur eine Viertelmeile gemacht. Es war nach damaliger Zeit Mittag, das heißt 11 Uhr, daher der Tag noch lang genug, um die Sache beendigen zu können. Der Befehl wurde gegeben und alles faßte frisch an, um mit den nötigen Vorbereitungen fertig zu werden. Um 4 Uhr stand alles beisammen und zum Sturme gerüstet.

In der Burg herrschte ein tiefes Schweigen und diese Ruhe hatte für die Krieger etwas Schauerliches. Man betrachtete das Schloß mit Recht als ein dem Tode geweihtes Opfer, denn wurde es genommen, so mußte es niedergebrannt und gebrochen werden. In seiner vollen Stärke und Schönheit stand es jetzt noch da, im nächsten Augenblick sollte sein Todeskampf beginnen und morgen war es eine tote Ruine. Und mancher Krieger sprach: Schade um das schöne Schloß! — Man näherte sich vorsichtig dem Graben und erreichte seinen Rand, ohne von einem Bolzenhagel belästigt zu werden. Der Feind schien seiner Sache sehr gewiß zu sein, oder seine Kräfte für den entscheidenden Moment zu sparen. Die Zugbrücke war aufgezogen, daher mußte der Übergang durch künstliche Mittel bewirkt werden. Man hatte von Stavenow eine Anzahl Kähne die Löcknitz hinunter fahren und an einem schicklichen Punkte landen lassen. Von da waren sie eine Strecke Weges teils getragen, teils zu Wagen gefahren worden, und jetzt wurden sie in den Graben gesetzt, nahe neben einander und durch übergelegte Bretter von Zimmerleuten befestigt, so daß eine schwimmende Brücke entstand. Auch diese Arbeit hinderte der Feind nicht. Er schien Tücke im Sinn zu haben und ließ das Schlimmste fürchten. Es lag ein höhnender Trotz in dieser Nichtbeachtung aller Anstalten, ein stillschweigend ausgesprochenes: „Kommt nur her, ihr werdet schon sehen," das alle sehr besorgt machte und doppelt vorsichtig untersuchte man die Stellen, wo die Leitern angesetzt wurden. Da brauste ein Bolzenhagel über ihren Köpfen dahin, aber nicht von der Mauer, sondern von den am Graben aufgestellten Schützen. Das Vorwärts erschallte und eilfertig wurden die Leitern bestiegen. Man

22*

war oben, ehe man es dachte und mit offenem Munde starrten die Krieger hinüber, denn nirgend war ein Feind zu sehen.

Alle tausend Element, schrie Johann, der einer der obersten war, was ist das? Ist das Schloß ausgestorben? Spart euch die Mühe, hier herauf zu klettern, wir wollen euch das Thor aufmachen und die Zugbrücke herablassen, dann könnt ihr es bequemer haben.

Ein unauslöschliches Gelächter, das alle Reihen durchlief, war die Antwort. Die Zugbrücke fiel und das Heer zog unter lauten Spähen ein. Man durchsuchte alle Gebäude des Schlosses, alle Gemächer. Ein altes buckliches, überaus häßliches Weib, ganz in Lumpen gekleidet, war die einzige Bewohnerin desselben, welche verkündigte, daß ihre Herrschaft schon vorgestern das Schloß verlassen und mitgenommen habe, was sie fortbringen konnte. Wohin sie gegangen, sei ihr unbekannt.

Die Knechte machten sich gegenseitig die Alte zum Präsent, die, ungeachtet ihres Keifens tausend Spott und Spaß über sich ergehen lassen mußte. Man räumte alles, was als Beute Wert haben konnte, aus und zündete dann das Schloß an. Bald quollen dicke Rauchwolken zum Himmel auf, während die Knechte die unglücklichen Bewohner des Dorfes Mesekow ausplünderten, das unter dem Schutze der Burg stand.

Das Heer erhielt den Befehl, noch heute aufzubrechen. Man ließ nur so viel Leute zurück, als erforderlich waren, den Brand zu unterhalten und ein etwaiges Löschen der Zurückkehrenden zu verhindern. Das Lager wurde abgebrochen, man ging südlich vom Orte über die Löcknitz, umging das Bruch und hatte bald den Ort erreicht.

Das Schloß und Dorf Mankmuß lag westlich von der Löcknitz, am Fuße eines Hügels, der eine zum Dorfe gehörige Windmühle trug und am Rande der schon gedachten sumpfigen Wiese, die während eines großen Teils des Jahres unter Wasser stand und die Fläche in einen See verwandelte. Auf dem Hügel neben der Windmühle schlug man das Lager auf.

Es kam jetzt darauf an zu versuchen, ob auch diese Burg verlassen sei. Dies war um so wahrscheinlicher, da sie weniger fest war, als Mesekow. Man sandte deswegen Pfeile hinein, doch blieben sie unerwidert, auch hier herrschte die ödeste Stille. Einige Knechte waren tollkühn genug, über den Graben zu schwimmen, ohne daß sie durch Bolzen begrüßt wurden.

Wenngleich es hiernach sehr wahrscheinlich wurde, daß das Schloß verlassen sei, so mußte man dennoch mit Vorsicht verfahren, weil der Feind ebenso gut eine Kriegslist anwenden konnte.

Indessen wurde doch der Übergang über den Graben mit größerer Dreistigkeit bewerkstelligt und man stieg mit größerer Kühnheit die Leitern hinan. Es fand keine Gegenwehr statt, denn es war kein Feind vorhanden. König Albrecht kam, sah und siegte. Die Burg war genommen, man zog ein und fand in den Räumen des Schlosses nichts, als in dem Burgverließ ein paar Kaufleute aus Grabow, denen man die Freiheit gab. Nachdem man das Schloß geplündert und das Vieh hinausgetrieben hatte, wurde das Schloß angezündet und das Dorf geplündert, dessen Einwohner, wie in Mesekow, meist geflüchtet waren. Die Flammen leuchteten die ganze Nacht hindurch weit in die Ferne und verkündigten das ergangene Strafgericht.

Am andern Tage brach man das Lager ab und wandte sich südlich. Eine Meile östlich von Lenzen lag das Dorf und Schloß Wustrow, dessen Besitzer mit zu den Landfriedensbrechern gehörte und viel Unfug getrieben hatte. Es thronte auf einer mäßigen Höhe, etwas nördlich von der Löcknitz, wo es die ganze Bruchniederung bis Lenzen, die Kuhblank genannt, beherrschte. Man hatte nur anderthalb Meilen zu machen, um es zu erreichen und schlug das Lager nördlich von Wustrow, am Fuß der Berge auf.

Das Ansehn des Schlosses war ebenso ruhig, als das der vorigen. Offenbar handelte man einer Verabredung gemäß. Es schien daher nichts weiter nötig zu sein, als Anstalten zur Überschreitung des Grabens zu machen. Da öffnete sich über dem Burgthor ein Fenster und eine Frau rief den Belagerern zu, daß sie die Zugbrücke niederlassen wolle, wenn man ihr verspräche, mit dem Ihrigen ungehindert ohne Mißhandlung abziehen zu können. Bei näherer Nachfrage, was sie unter dem Ihrigen verstehe, ergab sich, daß sie eine zehnjährige Tochter habe und einen Kasten mit Wäsche. Es wurde ihr zugestanden, das Thor öffnete sich und man zog ein. Auch hier befreite man drei Männer aus dem Burgverließe, von welchen der eine bereits zwei Jahre saß, weil er sein Lösegeld nicht schaffen konnte. Man verfuhr mit Schloß und Dorf, wie vorher.

Um den Leuten einige Ruhe zu gönnen, zog man erst am folgenden Tage weiter über die Löcknitz nach Kumlosen, eine Meile östlich vom vorigen, nahe an der Elbe belegen. Dieser Ort war ein Städtchen, lag aber südlicher als das jetzige Dorf und mußte später aufgegeben werden, weil die Elbe ihm nach und nach zu nahe rückte*). Hier lag die Burg der Herren von Kumlosen, welche mit den Besitzern der vorigen Schlösser gemeinschaftliche Sache gemacht hatten. Das Städtchen lag tief, das Schloß aber auf einer niedrigen Anhöhe. Auch hier war der größte Teil der Einwohner geflüchtet, von den Zurückgebliebenen erfuhr man aber, daß der Besitzer des Schlosses

---

*) Bekmann, Beschreib. d. Mark Brandenburg. Tl. V. Bd. II. Kap. II. S. 85.

mit seiner transportablen Habe schon vor fünf Tagen abgezogen sei und das Schloß leer stehe. Ein alter Mann habe zwar die Zugbrücke auf-gezogen, werde aber keine Schwierigkeit machen, sie herabzulassen. So fand es sich auch. Man zog ohne Widerstand ein, plünderte und brannte alsdann das Schloß nieder. Sämmtliche vier Schlösser wurden bis auf den Grund zerstört. Das Heer aber wurde aufgelöst und jeder zog wieder nach Hause*).

Jobst war nach der Expedition gegen Lenzen wieder nach der Lausitz gezogen und stand bei Luckau. Es ist schon oben erzählt, daß von der Burg Rhonow in der Oberlausitz den Anhängern Wenzels und Prokops großer Schaden zugefügt wurde, und daß deshalb Prokop befahl, das Schloß zu nehmen. Die Oberlausitzer hatten auch zu Anfang des Jahres 1399 die Belagerung begonnen, besonders waren die Zittauer dabei sehr thätig, und ihren Bemühungen gelang es endlich, das Schloß zu erobern und zu zerstören. Unterdessen hatte Jobst mit Wenzel Unterhandlungen angeknüpft und fing an sich zu nähern. Kaum ver-nahm er in seinem Lager bei Luckau den Fall von Rhonow, so bedrohte er die Oberlausitz mit einem Einfall, und Wenzel war das Ereignis, obgleich zu seinen Gunsten geschehen, um so unlieber, als es Jobsts Annäherung leicht verhindern konnte. Man fürchtete in der Oberlausitz Jobst und wandte sich mit der Bitte um Schutz an Wenzel. Dieser aber war erzürnt über die Oberlausitzer, welche jetzt mit Bestürzung nicht bloß Jobst, sondern auch die Rache Wenzels zu fürchten hatten. Jobst wendete sich gegen Priebus und bedrohte es von neuem. Der von Hockeborn schloß sich nunmehr an die Oberlausitzer an; indessen blieb es bei bloßen Demonstrationen und kleinen Fehden, ohne daß es zu einem großen Heereszuge kam.**)

Endlich kam denn auch in diesem Jahre unter Vermittlung Mark-grafs Wilhelm von Meißen ein Friedensvertrag zwischen der Mark und dem Erzbischof Albrecht von Magdeburg zustande***). Er wurde auf dem Schlosse Ziesar, dem Bischof von Brandenburg gehörig, abgeschlossen. Mit Lippold von Bredow verglich sich der Erzbischof dahin, daß dieser ihm das Schloß Plauen für 1200 Schock böhmischer Groschen wieder abtreten sollte, doch ist der Vertrag nie zur Ausführung gekommen, wahrscheinlich weil Magdeburg nicht zahlte.†)

---

*) Detmars Chronik bei Grotuff, Tl. I. S. 390. Er giebt fünf Schlösser an, nennt aber nur vier. Cranz. Vandal. L. IX. c. 39. Garcaeus S. 151. Auch hier ist von keinem Aufhenken die Rede, wie selbst Gercken angiebt. Fragm. march. T. III. S. 164.

**) Neumann, Gesch. der niederlaus. Landvögte. Tl. II. S. 29. 43.

***) Haftiz, ap. h. a. Angelus, Annal. march. S. 175.

†) Pauli, Preuß. Staatsgesch. Tl. V. S. 453.

So war denn dieser die Mark ungemein belästigende magdeburgische Krieg beendigt, obgleich ein großer Teil der Magdeburger nicht damit zufrieden war. Drei Lehnsleute und Vasallen des Erzstiftes, Andreas von Neudorf auf Plothow oder Plote, Cuno von Wolffen auf Schloß Grabow und Werner Krafft auf Schloß Parchen, erklärten, daß sie persönlich Feinde der Mark, insonderheit der beiden Städte Brandenburg bleiben wollten.

Dieser Friedensschluß war das letzte Werk des Markgrafen Wilhelm von Meißen, dessen Bemühungen um die Mark nicht ohne wohlthätige Früchte geblieben waren. Vielleicht hätten ihn die Märker gern als Landesherrn behalten, und dies mochte wohl die Ursache sein, daß Jobst eilte, seine Schulden an ihn abzutragen. Auch Wilhelm scheint die Mark liebgewonnen zu haben; denn im vorigen Jahre (1398) hatte er sich die beiden Schlösser und Städte Saarmund und Coepenick von Jobst erkauft, auf welchen er sich gern aufhielt. Jetzt, wo seine Forderungen befriedigt waren, trat er von seinem Posten zurück und begab sich wieder nach Meißen und Dresden, behielt aber die gedachten Schlösser als Eigentum. Es scheint nicht, daß er wieder nach der Mark gekommen ist.

Die vorgenannten magdeburgischen Vasallen rüsteten sich unterdessen zu einem Einfall in die Mark Brandenburg, besonders gegen die Hauptstadt, und wußten einen Teil angesehener Magdeburger Bürger, den Thiele Wielhöfel, Hermann König, Heinrich Münnik und viele andere, sämtlich zu Patriziergeschlechtern gehörig, für ihren Plan zu gewinnen. In der Regel wurde der städtische Adel von dem Landadel schnöde behandelt und mit Verachtung angesehen, weil man ihm wenig kriegerische Eigenschaften zutraute. Dagegen ergriff dieser gern die Gelegenheit, mit dem Landadel zu Fehdezügen gemeinschaftliche Sache zu machen und hierdurch darzuthun, daß er daran nicht minderes Vergnügen finde als jener. Zudem vermochten sie in der Regel die erforderlichen Summen mit leichterer Mühe aufzubringen. Den Absagebrief hatte Brandenburg bereits erhalten und man durfte täglich einen Einfall gewärtigen. Endlich, am Montag vor Elisabethtag, den 17. November, zogen die Verbündeten von ihren Schlössern ab und überfielen die nördlich von Brandenburg belegenen Dörfer, plünderten sie und setzten sich darin fest. Das arme Landvolk flüchtete sich nach der Stadt und erfüllte diese mit seinem Klagegeschrei. Die aufflammenden Dörfer unterstützten nur zu beredsam die Schilderung ihres Jammers.

Der Rat von Brandenburg ließ sofort in beiden Städten die Bürger durch die Sturmglocke zusammen berufen und forderte sie auf, dem Feinde entgegen zu ziehen. Dies wurde mit großen Freuden vernommen und schnell rüstete man sich und setzte sich in wehrhaften

Stand. Unglücklicherweise hatte die Stadt lange keine Fehde gehabt und dem Städtebündnis wohl zu sehr vertraut. Die Übung in den Waffen war unterblieben, die gehörige Organisation fehlte und nur wenige kannten den Krieg. Um so mutiger war alles entbrannt, um so eifriger rüstete man sich, denn der Neuling weiß selten, was ihm fehlt und welche Schwierigkeiten zu überwinden sind. Schon am andern Morgen versammelten sich die Bürger auf ihren Lärmplätzen und zogen unter der Anführung ihrer Ratmänner und dem glückwünschenden Zujauchzen der Zurückbleibenden zum Rathenower Thor der Altstadt Brandenburg hinaus, am Fuße des Marienberges hin, dessen viertürmige Kirche, die älteste christliche Kirche in der Mark, seinen Gipfel krönte. Tausende von Menschen bedeckten ihn, welche dem Auszuge zusahen und heute ihn sicher besteigen konnten, um von hier aus die Verwüstungen der Feinde, vielleicht sogar das Gefecht sich zu beschauen. Die hohe Warte, welche sich auf dem Weinberge bei Kreutzwitz, nordöstlich von hier, am Horizonte erhob, gestattete eine ebenso weite Aussicht.

Voll hohen Mutes zog das Heer den Weg nach Brielow hin. Hier erfuhr man, daß der Feind kaum eine Meile nördlicher stehe, in der Nähe von Marzahn, welches er in der Nacht verwüstet hatte. Hinter Brielow wird das Terrain bergig; die vorliegenden bewaldeten Höhen ließen den Feind noch nicht zu Gesicht kommen. Man zog in dem Waldgehügel dahin und erblickte ihn endlich auf der Reihe von Bergen gelagert, welche östlich von dem Dorfe Marzahn liegt und deren einzelne Teile der Rabenberg, Sandberg und Fuchsberg heißen, unter welchen der erstgenannte der höchste ist. Längs des östlichen Fußes der Bergkette durchschnitt ein Graben eine sumpfige Fläche und von dieser Seite kamen die Brandenburger. Es war nicht zu leugnen, der Feind hatte eine sehr dominierende Position gewählt und schaute ruhig herab auf die Anrückenden.

Die Frage war nun, ob man den Übergang über die Wiese und ihren Graben erzwingen, oder ob man sich seitwärts gegen Ferchesar wenden und von hieraus den Feind angreifen sollte. Im letzteren Fall griff man das Lager in der Flanke an, was ohne Geschütz kein besonderer Vorteil war; aber man hatte zugleich den ziemlich hohen und steilen Rabenberg zu erklettern, kam atemlos hinauf und unmittelbar mit dem Feinde ins Handgemenge, dem es ohnehin leichter werden mußte, einen steilen als einen flachen Berg zu verteidigen. Mehr als alles dies entschied die Ungeduld der Brandenburger. Erst zurück und dann seitwärts zu marschieren, kostete Zeit und diese schien den Brandenburgern rein verloren. Sie beschlossen daher, gerade darauf los zu gehen und über Wiese und Graben zu setzen.

Man stellte sich auf der Wiese auf, auch die Magdeburger ent-

wickelten ihre Mannschaft und schon bemerkte man, daß sie den Bran=
denburgern an Reiterei überlegen waren. Die Kühnheit der Branden=
burger kannte aber keine Grenzen. Der Befehl zum Angriff ertönte,
und eilig stürzte sich die Masse auf die Wiese und setzte keck über den
ziemlich breiten Graben. Aber beim Überspringen sanken viele ziemlich
tief in das Moor ein und hatten Mühe, die Beine wieder heraus zu
bringen, viele nur mit Verlust der Stiefeln. Noch schlimmer erging es
der Reiterei, welche beim Übersetzen fast ganz stecken blieb. Dadurch
entstand Unordnung und Gedränge; des Feindes Reiterei machte sich dies
zu Nutze und stürzte im Fluge von den Bergen herab, in den ungeord=
neten Knäuel links und rechts einhauend. Die Brandenburger wehrten
sich tapfer, aber sie hatten dem Feinde ein zu großes Übergewicht ge=
geben, das durch keine Tapferkeit vermindert werden konnte. Nach einer
Stunde war das Gefecht entschieden und endigte mit vollständiger Nieder=
lage der Märker. Was nicht tot war, wurde gefangen und unter diesen
befanden sich viele angesehene brandenburger Bürger. Geblieben war
Peter Barit, der mit einem Spieß durchstochen wurde*). Gefangen
waren von den vornehmeren Bürgern: Aus der Altstadt der Schöppe
Johann Fürchtenicht und Peter Lange. Aus der Neustadt: der Schöppe
Nickel Rock, Eckhard von Lindow, Johann Borgsdorf, Johann Rock,
Peter Malchin, Simon Bogewitz, Gerhard Pausin, Jakob Bievelterne,
Johann Zabel, Nickel Becker, Johann Brügge, Simon Dröger und
mehrere andere**).

Man führte die Unglücksgefährten über die Berge nach dem Dorfe
Marzahn, dessen Kirche bei dem Brande nur wenig gelitten hatte. In
diese sperrte man sie ein und überließ sie ihren Betrachtungen, die
finster genug sein mochten. Vielleicht fiel es ihnen ein, daß einst auf
der Stelle, wo sie sich befanden, der Tempel der wendischen Todesgöttin
stand, welche Marzahna genannt wurde***). Am andern Tage wurden
sie sämtlich nach Schloß Plote oder Pothow transportiert und dort ge=
fänglich verwahrt. In Brandenburg erregte dieser Unglückstag eine
große Trauer, um so mehr als sich bald ergab, daß die Feinde ein un=
mäßiges Lösegeld verlangten, das niemand aufzubringen vermochte. Auch
Heinrich Winter hatte mehrere seiner Gönner zu betrauern und widmete
ihnen aufrichtige Thränen. In seiner kindischen Phantasie erwachte der
Wunsch, sie zu befreien, in seinen Träumen kämpfte er mit den Magde=
burgern. Das Lernen ward ihm zum Ekel, er wünschte sich nichts, als
ein Schwert und eine Rüstung und beneidete jeden, der beides hatte.

---

*) Haftiz a. h. a. Angelus, Annal. march. S. 176.
**) Haftiz ap. a. Angelus, Annal. march. S. 176.
***) Meerbach, Gesch. d. Kreisstadt Calau, S. 33. Ekhard. Script. rer. Ju=
trebocensium S. 80.

O wie süß dachte er sich's, hinzureiten gen Plote, die Gefangenen dem Schlosse abzuverlangen, und wenn sie ihm verweigert würden, drein zu schlagen und durch unerhörte, unwiderstehliche Thaten der Tapferkeit alles niederzuschmettern, in wildem Grimme jeden, der Widerstand leistete, mit einem Streiche hinzustrecken und endlich die Schlüssel des Burgverließes von der Wand zu nehmen und den Gefangenen als rettender Engel zu erscheinen. Seine Tage und seine Nächte füllten diese Bilder aus, immer schöner vollendeten sie sich, immer glänzender strahlte sein Ruhm und nur die von ihm mit großer Beschämung gemachte Entdeckung, daß er mit einem ordentlichem Schwerte noch kaum einen, geschweige denn mehr ordentliche Hiebe führen könne, füllte sein Auge mit Zähren des bittersten Kummers. Ach er hatte sich es so leicht gedacht, mit dem Schwerte herum zu hauen, und nun gehörten gar Kräfte dazu! Aber kein Beruf erschien ihm von jetzt an edler, keiner so unmittelbar aller Not abhelfend, als der des Kriegers, und ein Schwert dachte er sich als ein heiliges Werkzeug, dessen Griff nicht umsonst das Zeichen des Kreuzes nachahme.

Wir überlassen ihn für jetzt seinen Träumen und Empfindungen, die nicht ohne Bedeutsamkeit für sein künftiges Leben waren, und wenden uns wieder nach Mecklenburg. Hier war zwischen den beiden Herzögen von Mecklenburg-Stargard, Johann und Ulrich auf einer Seite, und den pommerschen Herzögen Swantibor und Bogislav von Stettin, Barnim und Wratislav von Stettin und Rügen, ein Krieg gegen Ende des Jahres ausgebrochen, der, weil die Uckermark zwischen den beiderseitigen Staaten lag, in dieser ausgefochten wurde. Im Anfange des Monats December eroberten die Pommern die Stadt Prenzlau, ließen sich huldigen und bestätigten am St. Nicolaustag, den 6. December die Privilegien der Stadt, zu welchen auch die völlige Zollfreiheit zu zu Wasser und zu Land durch ganz Pommern gehörte*). Kaum vernahmen die mecklenburgischen Herzöge, was geschehen war, so zogen sie mit einem Heere nach Prenzlau und kamen am St. Lucientag, den 13. December vor der Stadt an. Als dies die Bürger in der Stadt erfuhren und vernahmen, daß die Mecklenburger ihnen das Stadtvieh von der Weide trieben, bewaffneten sie sich eilig und zogen mit ganzer Macht hinaus, den Feinden das Vieh wieder abzunehmen und sie zu vertreiben**). Aber in ihrer Hitze eilten sie, ohne gehörige Kundschaft einzuziehen, gradeaus und wurden endlich mit Schrecken inne, daß sie den Feind zur Seite gelassen hatten und ihm vorgeeilt waren, der

---

*) Sect, Geschichte von Prenzlau, I. S. 135.
**) Detmars Chronik bei Grotuff, Tl. I. S. 392 giebt den Tag an. Hiernach ist die Erzählung bei Sect und Buchholz zu berichtigen.

ihnen nun den Rückzug abschnitt und sie nach kurzer Gegenwehr sämt=
lich zu Gefangenen machte*). Die Herzöge ließen sich von ihren Ge=
fangenen sogleich auf freiem Felde huldigen und zogen mit ihnen vor
die Stadt, welche nun nicht umhin konnte, ihre Thore zu öffnen und
Freund und Feind einzulassen. Hier trat man mit der Stadt in Unter=
handlung, wegen der Freilassung der Gefangenen**). Die Mecklenburger
beschatzten die Stadt mit 60 000 Schock Groschen (400 000 Thlr.),
eine so große Summe für damalige Zeiten, daß die Stadt nicht im=
stande war, sie aufzubringen. Die Herzöge nahmen daher die reichsten
Einwohner als Geiseln mit nach Mecklenburg und ernteten von diesem
Kriege Ruhm und Geld. Nach dem Abzuge der Mecklenburger stand
die Stadt wieder unter pommerscher Herrschaft. Hiermit schloß das
Jahr 1399.

---

*) Sect a. a. O. Buchholz, Brandenburg. Gesch. Tl. II. S. 554, 557.
**) Detmar a. a. O.

Neunundzwanzigstes Kapitel.

Die fröhliche Weihnachts- und Neujahrszeit war diesmal für die beiden Städte Brandenburg eine Zeit der Trauer. Viele Frauen beweinten ihre Gatten, Kinder ihre Väter, die Stadt hochachtbare Männer des Rats und des Gerichts, welche entweder geblieben waren oder im Kerker schmachteten und, wie man wußte, hart und rauh behandelt wurden, um das Lösegeld um so eher zu erpressen. Die Erbitterung der Gemüter war groß, allgemein war man überzeugt, man dürfe den Schimpf nicht ohne Rache hinnehmen, wollte man sich nicht noch ärgeren Unbilden aussetzen und jenen Pochern zum Spielball ihrer Willkür dienen. Nur dadurch, daß man die empfangene Scharte auswetzte, waren billigere Bedingungen zu erhalten, ohne welche es kaum möglich schien, die armen Gefangenen wieder zu befreien. Der Mut der Bürger war nicht gesunken; man wünschte nichts sehnlicher, als gegen die Raufbolde geführt zu werden; allein man war durch die empfangene Lehre so klug geworden, einzusehen, daß Mut und Kühnheit allein im Kriege nicht ausreichen. Ein erfahrener Anführer von Ruf und erprobter Tapferkeit war nötig, dessen Mannschaft zugleich die etwas geschwächte Zahl der städtischen Krieger verstärken konnte.

Niemand eignete sich dazu besser, als Wichard von Rochow, einer der angesehensten Schloßgesessenen der ganzen Mark, dessen große und zahlreiche Güter zum Teil nahe bei Brandenburg lagen, und der einem großen Teile der Brandenburger persönlich und von vorteilhafter Seite bekannt war. Er wohnte auf der Burg Golzow, neben welcher das Städtchen Golzow lag. Außer diesem Schloß und der Stadt besaß er noch die Dörfer Gräbs, Bruck, Pernitz, Groß-Creutz, Göhlsdorf, Mesdunk, Bliesendorf, Lühsdorf, Ferch, Glindow, Pleßow, Rekahn, Göttin, Krohne, Rockitz, Cammer, Golwitz, Wildenbruch, Chemnitz, sowie Teile von Hohen-Schönhausen, Schwanebeck, Berge, Groß- und Klein-Benz, Camerode und Potsdam. Letztere bestanden in Einkünften von der Burg. In mehreren der genannten Dörfer, z. B. in Rekahn, waren feste Schlösser vorhanden. Golzow ist jetzt ein Dorf.

Das Schloß Golzow, eine der stattlichsten Burgen dieser Gegend, war von der Stadt abgesondert und mit Graben, Mauern und Türmen umgeben*). Es lag in der Zauche, drittehalb Meilen südlich von Brandenburg, an der Plahne am sogenannten freien Havelbruche in einer angenehmen Gegend, nahe der sächsischen Grenze. Wichart von Rochow war ein Mann von vierzig Jahren im kräftigsten Mannesalter und bewohnte seine Burg mit seinem einzigen Sohne, gleich ihm Wichart von Rochow geheißen, einem feurigen achtjährigen Knaben. Seine Frau war ihm früh gestorben, und er hatte sich nicht wieder verheiratet. Er fand seine Entschädigung in der Liebe seines Sohnes, dem die Natur eine besonders schöne Gestalt und einen der ausdrucksvollsten Köpfe gegeben hatte; sein feuriges Mienenspiel und das schöne Ebenmaß aller seiner Bewegungen nahmen unwillkürlich für ihn ein. Aber auch der Vater war ein schöner Mann, in dessen Gestalt Kraft und Würde innig vereint waren.

An ihn wandten sich die Brandenburger und forderten ihn auf, sich mit ihnen zu Schutz und Trutz zu verbinden, in dem bevorstehenden Kriegszuge mit seinen Mannen und Knechten ihnen beizustehen und den Oberbefehl des verbundenen Heeres zu übernehmen. Wichart hatte nur zu oft bei den magdeburgischen Einfällen gelitten, und manches war noch sitzen geblieben, was der abgeschlossene Friede nicht ausgelöscht hatte. Der Antrag kam ihm deshalb nicht ungelegen; die Bedingungen wurden zu beiderseitiger Zufriedenheit festgestellt und der Aufbruch sobald als möglich beschlossen. Schon nach einigen Tagen konnte man den heiligen Dreikönigstag, oder den heiligen Obersten Tag als den festsetzen, wo man von Golzow aus ins Feld rücken wollte.

Am 6. Januar, früh morgens, brachen die Brandenburger, wohl gerüstet und begleitet von den Segenswünschen ihrer Freunde, nach Ziesar auf, einem Städtchen des Bischofs von Brandenburg, bei welchem er ein festes Schloß besaß. Hier trafen sie mit Wichart von Rochow und seiner ansehnlichen Schar zusammen, um nun gemeinschaftlich den Zug fortzusetzen, was jedoch wegen der kurzen Tage erst am andern Morgen geschah. Da man es nur mit den drei magdeburgischen Vasallen zu thun hatte, so enthielt man sich alles Plünderns, Sengens und Brennens und versparte dies, bis man ihre Güter erreicht haben würde. Dennoch hatten sich die Landleute im Magdeburgischen nicht viel Gutes von dem Zuge versehen und sowohl in Paplitz als in Groß-Tuchen, über welche Orte der Zug führte, waren sie geflüchtet.

Zwischen den zwei Meilen von einander entfernten Schlössern Parchen und Grabau, wovon ersteres an der großen Straße von Burg

---

*) Büsching, Topographie der Mark Brandenburg. S. 44.

nach Magdeburg liegt, befindet sich auf der Höhe einer Hügelkette ein großes Dorf, Hohen-Seeden genannt, welches Werner Krafft auf Parchen gehörte. Da es durch keine Burg geschützt war, so eignete es sich am ersten dazu, angegriffen zu werden. So schnell es nur das nasse Thauwetter erlaubte, eilte man dahin und fand in der That keine Gegenanstalten, da der Feind nicht erfahren hatte, wohin der Zug gerichtet sei. Kaum hatten die überraschten unglücklichen Bewohner Zeit, sich wie sie gingen und standen zu flüchten, da brachen die Brandenburger schon in ihre Häuser ein und bemächtigten sich ihrer Habe und Güter. Man hatte eine Anzahl Schlitten mitgebracht, diese wurden mit den besten Sachen beladen, jeder nahm außerdem zu sich, was ihm am wertvollsten schien; hier und da wurden einzelne Zurückgebliebene gemißhandelt, um zu gestehen, wo das Geld verborgen sei, und mitten unter diesen Greuelscenen steckte man das Dorf in Brand. Schnell wanderte die Flamme von einem Strohdach zum andern; das Vieh hatten die Brandenburger aus den Ställen zusammengetrieben und als man sich überzeugt hatte, daß das Dorf an allen vier Ecken brenne, machte man Anstalten zum Rückzug. Vornan ritten die Brandenburger, dann kamen die Viehheerden, hierauf die Schlitten mit der Beute und den Schluß machten die Golzower.

Es fing an dunkel zu werden, und die Flammen des brennenden Dorfes traten nach und nach heller aus den Rauchwirbeln hervor. In Parchen und Grabow war das Thun der Feinde nicht unbemerkt geblieben, und teils die fliehenden Bewohner von Hohen-Seeden, teils die daraus emporsteigenden Rauchsäulen verkündeten laut genug, was geschehen. Werner Krafft in Parchen sowie Cuno von Wolffen auf Grabow nahmen ihre Leute zusammen und zogen mit ihnen gegen das brennende Dorf, um die Brandenburger zu züchtigen. Ohne Verabredung trafen beide bei dem Dorfe zusammen, nachdem die Feinde schon abgezogen waren. Sofort setzte man ihnen nach und erreichte sie kaum ein Viertelwegs von dem Dorfe entfernt auf freiem Felde. Es kam darauf an, ihnen wenigstens ihre Beute wieder abzujagen. Da erschien noch ein Haufe Kriegsvolk, von der Seite von Parchen herkommend. In der Dämmerung vermochte man nicht zu unterscheiden, ob es Freund oder Feind sei; doch bald ergab sich, daß es Andreas von Neudorf auf Plate mit seinen Leuten sei. Jetzt durfte man um so eher hoffen, den Feinden ihre Beute zu entreißen und rasch begann man den Angriff. Indessen hatten die Brandenburger sich schlagfertig aufgestellt und ihre Beute gut gedeckt, sodaß diese sogar ihres Weges zog, während die Magdeburger genötigt waren, Stand zu halten. Das Gefecht entwickelte sich und diesmal waren die Brandenburger nicht so leicht zu besiegen. Man schlug tapfer aufeinander los, ohne daß eine Entscheidung erfolgt wäre, und drängte sich hin und her, aber keine Partei floh; schon wurde es so finster, daß es schwer hielt, den Feind von dem Freunde zu unterscheiden; da gelang es Wichart von Rochow, sich mit einer Anzahl Reiter hinter einem kleinen Gebüsche fortzuschleichen und dem Feinde in den Rücken zu kommen. Jetzt riß große Verwirrung ein; die Magdeburger flohen und schnell wurde die Flucht allgemein; man setzte den Flüchtigen herzhaft nach und es gelang, sechsunddreißig derselben abzuschneiden und zu Gefangenen zu machen. Gebunden nahm man sie zwischen die Pferde und zog nun der Beute nach bis Ziesar, wo übernachtet wurde. Am anderen Tage schaffte man die Beute wie die Gefangenen nach Schloß Golzow, wo man letztere ins Gefängniß warf.

Die zurückkehrenden Brandenburger verbreiteten große Freude in der Stadt, und Wichart von Rochow war der Mann des Volkes geworden. Indessen waren die Resultate des Sieges doch geringer, als man gehofft hatte. Die gefangenen Magdeburger waren keine Männer von Bedeutung, und nur ein kleiner Teil durfte hoffen, ausgewechselt zu werden. Der Bischof von Brandenburg, Heinrich von Bodendick, und der Propst zu Brandenburg, Hinze von Hersdorf, traten mit den drei Magdeburgischen Vasallen in Unterhandlung und suchten einen Vergleich abzuschließen, der endlich in der Weise zu stande kam, daß die Brandenburger zur Befreiung ihrer auf Plote befindlichen Gefangenen elf von den Magdeburgischen Gefangenen, die ihnen namentlich bezeichnet waren, zurückgeben, aber außerdem noch 1600 Schock böhmische Groschen zulegen sollten. Von den übrigen Gefangenen auf Schloß Golzow war nichts gesagt. So schwer dies auch der Stadt Brandenburg wurde, so blieb ihr doch nichts übrig, als auf die Bedingungen einzugehen, und so erhielten denn die Gefangenen um Mariä Verkündigung, den 25. März, ihre Freiheit wieder und wurden ihren Familien zurückgegeben.[*]

In der Altmark hatte unterdessen Herzog Erich von Sachsen-Lauenburg feindlich gehaust, ohne daß die Ursachen bekannt sind. Es war besonders die Vogtei Salzwedel, welche dabei litt, da sie die feindlichen Anfälle nicht kräftig genug zurückweisen konnte. Um endlich dem ein Ziel zu setzen, blieb ihr nichts übrig, als den Frieden zu erkaufen. Am achten Tage nach den Zwölfen, den 14. Januar 1400, kam zwischen dem Herzog Erich von Sachsen-Lauenburg und Erich seinem Sohne auf der einen Seite, Hans von dem Knesebecke, Vogt zu Salzwedel, namens der gedachten Vogtei, allen von der Schulenburg zu Betzendorf und den Ratmännern und Bürgern zu Salzwedel auf der andern Seite folgender Vergleich zu stande. Herzog Erich will mit allen Genannten Frieden halten, einen rechten, alten, unvorhergesagten Handfrieden, von

---

*) Haftiz, ap. h. a. Angelus, Anm. march. S. 176.

jetzt an bis Ostern über's Jahr, wenn ihm die Gedachten als Ent=
schädigung für seine Kosten auf nächste Mitfasten nach Lüchow liefern
sechs Lait guten salzwedelschen Bieres und zu Pfingsten daselbst hundert
Mark Lübische Pfennige. Sollte Markgraf Jobst mit diesem Frieden
nicht einverstanden sein, so werden diese Forderungen doch erfüllt, aber
der Friede wird vierzehn Nächte zuvor in Lauenburg abgesagt. Dies
alles bleibt auch gültig, wenn Hans von dem Knesebecke von der Vogtei
Salzwedel abberufen werden sollte*).

Allein die Stadt Salzwedel wurde kurz nachher durch einen Lehns=
mann Pardam von Knesebeck auf Knesebeck befehdet; es gelang ihr
jedoch, ihn zum Gefangenen zu machen, und nach seiner Loskaufung
mußte er eine Urfehde beschwören, am 6. Mai ausgestellt, in welcher er
gelobt, der Mark und ihren Einsassen nicht wieder Feind zu werden, so
wenig als denen von Salzwedel, außer wenn der Markgraf oder die
Stadt Salzwedel Feinde würden seiner Herren, der von dem Knesebeck
zu Knesebeck wohnhaft, dann sollte er den Krieg seiner Herren wegen
mitmachen, aber vier Tage zuvor sich gegen den Rat zu Salzwedel und
den Markgrafen seine Ehre verwahren, nach beendigtem Kriege aber,
wie oben versprochen, sich verhalten. Als Bürgen stellt er den Ritter
Herrn Fritze von der Schulenburg, Pardam von dem Knesebeck, Borchardt
von Bartensleben und Pardam von Plote.

Der uns schon von Rathenow her bekannte Friedrich von Alvens=
leben war zu dieser Zeit Landeshauptmann der Altmark**).

Lippold von Bredow war gleich nach Weihnachten zu Markgraf
Jobst nach der Lausitz in Landesangelegenheiten gereist und kam in der
Mitte des Januar sehr verdrießlich wieder zurück, denn Jobst hatte für
seine Klagen kein Ohr gehabt. Es betraf insonderheit Beschwerden,
welche die Grafen von Lindow und Herren zu Ruppin gegen die Mark
und gegen Jobst persönlich führten und deren Abhülfe notwendig war,
wenn man sich mit ihnen nicht in einen Krieg verwickeln wollte. Jobst
hatte die Sache auf die leichte Achsel genommen und Lippold geraten,
die Grafen hinzuhalten. Lange konnte das nicht dauern, das wußte
Lippold sehr wohl, aber es blieb kein anderes Mittel übrig, als vorläufig
noch mit den Grafen zu unterhandeln, und dies geschah.

Kaum war er zurückgekehrt, so trat der Dompropst von Bredow,
sein Vetter, als Freiwerber für Johann von Quitzow auf, um welchen
Dienst ihn dieser ersucht hatte.

Endlich, sprach Herr Lippold, doch wieder eine angenehme Nachricht.
Der Freier ist mir schon recht, aber ob Agnes damit zufrieden sein wird,

*) Lenz, brandenb. Urk. Th. I. S. 492.
**) Ebendas. S. 488.

ist doch noch die Frage. Auch hat die Mutter dabei wohl eine Stimme. Wir wollen sie rufen lassen.

Als beide eingetreten waren, erneuerte der Dompropst seinen Antrag. Agnes stand verschämt da und schlug die Augen nieder. — Wie ist es, sprach Herr Lippold, hat Johannes Quitzow schon dein Jawort?

Agnes. Nein. Er hat mit mir noch nicht davon gesprochen.

Lippold. Nun, und was sagst du auf seinen Antrag?

Agnes. Wenn ihr liebe Eltern nichts dagegen habt — Ja! —

Die Mutter. Mir hat der junge Mann wohlgefallen, und ich traue ihm Gutes zu.

Lippold. Sagt daher eurem Bevollmächtiger, Herr Vetter, daß wir seinen Antrag gern annehmen und er kommen möge, um das Übrige in Richtigkeit zu bringen.

Johann erhielt die Nachricht mit großen Freuden und setzte sich in stand, vor seiner Braut zu erscheinen. Dietrich hatte nichts zu thun und nahm sich vor, seinen Bruder zu begleiten. Ende Januar reisten sie von Quitzhövel ab und langten wohlbehalten in Brandenburg an, wo sich Herr Lippold mit seiner Familie befand. Sie traten in der Herberge bei Arnold Freisack ab und fanden hier ein gutes Unterkommen.

Sobald sie sich umgekleidet hatten, machten sie Lippold ihren Besuch und wurden freudig bewillkommnet. Mit welcher Herzlichkeit Agnes ihren Johann empfing, brauchen wir nicht zu beschreiben, aber Johannes ahnte in der Fülle der innigsten Liebe die höchste Seligkeit des Erdenlebens. Wißt ihr wohl, Herr Johann, sprach Lippold, daß euer Antrag recht zu gelegener Zeit gekommen ist? Zwei Tage nach demselben erhielt Agnes in aller Form einen zweiten Antrag von Hans von Walditz.

Johann. Ich kenne ihn nicht.

Lippold. Ihr habt ihn wohl nie gesehen. Er ist in der Lausitz angesessen und hat sich seit dem Herbst hier in Brandenburg aufgehalten, wo er Agnes kennen lernte und ihr auf eine sehr merkbare Weise den Hof machte, der er jedoch zuwider war. Ich gestehe euch, auch mir wollte er nicht zusagen, um so weniger, als mancherlei nicht besonders Gutes über ihn verlautete. Schon seit längerer Zeit habe ich daher einen Antrag von seiner Seite erwartet, und zwar mit einer Art von Angst, da sich nichts Genügendes für eine Zurückweisung hätte anführen lassen. Jetzt hattet ihr bereits unser Wort, und wir konnten dies seinem Antrage entgegensetzen.

Johann. Seinen Geschmack muß ich loben, wenn ich auch sonst von ihm nichts weiß. Er ist da mit mir auf eigene Art zusammengetroffen, wiewohl es mich nicht wundert, daß noch mehrere an meiner holden Agnes Gefallen gefunden haben. Aber, sagt mir, wie nahm er die abschlägige Antwort auf?

Lippold. Ganz so, wie es von seinem Charakter zu erwarten war. Er brauste heftig auf, schimpfte und tobte erst, dann wollte er euch absagen und nicht eher ruhen, bis ihr von seinem Schwert erschlagen wäret. Aufrichtig gesagt, ich traue ihm wohl zu, daß er gegen euch Böses brüten würde, wenn er hier wäre.

Johann. Zuletzt würde ihm mein gutes Schwert den Lohn dafür nicht schuldig bleiben. Was kann er thun? Liebt mich doch meine teure Agnes, habe ich doch ihr und euer Wort. Um indessen möglichen Praktiken zuvorzukommen, setzt das Verlöbnis so bald als möglich an.

Lippold. Ich bin damit zufrieden. Ist's euch recht, so wollen wir es am nächsten Sonntag feiern.

Die Quitzows waren einverstanden und blieben bei Lippold zu Tische, wie sie denn überhaupt den größten Teil ihrer Zeit in seiner Behausung zubrachten.

Die übrigen Tage des Aufenthalts verflossen bald genug. Die Hochzeit wurde vorläufig auf den Anfang des September verabredet. Wohlbehalten langte Johann in Quitzhövel bei seinem Bruder Dietrich an.

Ende des ersten Bandes.

Anhang.

Angaben des Verfassers über den Wert der im Buche erwähnten Münzen.

Die gewöhnlichste Münze der hier in Rede stehenden Zeit und Länder waren die böhmischen Groschen, welche zuerst Wenzel II. im Jahre 1300 zu Kuttenberg in Böhmen schlagen ließ. Ursprünglich hatten sie eine solche Feine, Dicke und Größe, daß genau 60 derselben oder ein Schock eine feine Mark, d. h. 16 Loth feines Silber enthielten. Es war daher einerlei, ob man ein Schock böhmischer Groschen oder eine Mark fein Silber gab, welche nach jetzigem Gelde 14 Thaler wert ist. Der Wert eines solchen böhmischen Groschens ist daher genau 7 Silbergroschen unseres jetzigen Geldes.

Die Groschen wurden späterhin durch Zusatz schlechter und nach dem Jahre 1375 enthielten erst 68 Groschen eine Mark fein Silber, wodurch der Wert eines Schocks herabsank. Um die hier erwähnte Zeit war ein böhmischer Groschen nach unserem Gelde 6 Silbergroschen und $2^{20}/_{100}$ Pfennige wert. Nach und nach, besonders unter König Wenzel, sanken sie noch mehr. 17 solcher Groschen wogen 4 Loth.

Eine Mark Berliner Pfennige oder brandenburgischen Silbers galt 56 böhmische Groschen. Ein Pfund brandenburgischer Pfennige 40 böhmische Groschen.

Ein Pfund Pfennige hatte 20 Schillinge und ein Schilling 12 Pfennige. Daher enthielt das Pfund 240 Pfennige. Ein Schilling war daher nach unserem Gelde 12 Silbergroschen $4^{1}/_{4}$ Pfennig, ein Pfennig aber 1 Silbergroschen und $^{1}/_{3}$ Pfennig.

Ein ungarischer Goldgulden galt 15, 16, auch 17 böhmische Groschen. Ein rheinischer Goldgulden war sehr nahe eben so viel, nämlich $^{32}/_{33}$ desselben. Aus letzteren sind später die Dukaten entstanden.

Da der Wert des Geldes in Bezug auf die Ware ein relativer und ganz besonders von der vorhandenen Menge der edlen Metalle abhängig ist, so kann jene Vergleichung mit unserem jetzigen Gelde ohne Rücksicht auf dies Verhältnis keinen Maßstab für den Wert der Dinge gewähren. Es ist einleuchtend, daß das Geld einen viermal so hohen Wert als jetzt haben, d. h. daß man viermal so viel Ware für einen Thaler bekommen würde, wenn plötzlich drei Viertel alles vorhandenen Metalles verschwände. Nun ist bekanntlich die Quantität edlen Metalles jetzt ungefähr wirklich vier- bis fünfmal so groß, als sie vor der Entdeckung von Amerika war. Daraus ergibt sich, daß eine Mark damals etwa

23*

vier- bis fünfmal so viel Wert hatte als jetzt, und wenn wir den Wert damaligen Geldes in Bezug auf die Ware suchen, so haben wir die obigen Zahlen mindestens mit 4 zu multiplizieren. Hiernach werden wir in jetzigem Werte rechnen können:

Ein Schock böhmischer Groschen vor 1375 zu 56 Thlr.

Nach dem Jahre 1375 . . . . . zu etwa 50 „

Eine Mark Berliner Pfennige oder branden-
    burgischen Silbers . . . . zu 46 „ 4 Sgr.

Ein Pfund Brandenburger Pfennige . . zu 32 „ 28 „ 8 Pf.

Einen Schilling . . . . zu 1 „ 19 „ 5 „

Einen böhmischen Groschen vor 1375 . zu 28 „

Einen böhmischen Groschen nach 1375 . zu 24 „ 8½ „

Einen Pfennig. . . . . zu 5 „

Einen ungarischen Goldgulden . . zu 12 Thlr. 10 Sgr. bis 14 Thlr.

Einen rheinischen Goldgulden . . zu 12 Thlr. bis 13 Thlr. 20 Sgr.

    Im ganzen wird man noch etwas mehr rechnen können, und nun ver-
schwindet die große Wohlfeilheit, an welche man geneigt ist zu denken, wenn man hört, daß ein Scheffel Roggen oder Gerste 10 Pfennige, Weizen 16 Pfennige, Erbsen 20 Pfennige und ein Huhn 2 Pfennige kostete, wie das Landbuch angiebt.

(Klöden.)

Anmerkungen des Herausgebers

zum ersten Band.

Anmerkung 1 zu Seite 3:

Die Klosterkirche zu Jerichow in der Altmark gilt noch jetzt als eins der hervorragendsten Baudenkmale romanischen Stils. Vgl. Adler, Mittelalterliche Backstein-Bauwerke des Preußischen Staates. Berlin 1860.

Anmerkung 2 zu Seite 13:

gallus = der Gallier und der Hahn.

Anmerkung 3 zu Seite 28:

Das Landbuch der Mark Brandenburg, angefertigt im Jahre 1375 auf Veranlassung des Kaisers Karl IV. Nach den Quellen bearbeitet von E. Fidicin. Berlin 1856.

Anmerkung 4 zu Seite 56:

Auf Veranlassung des Kultusministers Dr. v. Goßler sind durch den um die brandenburgische Altertumskunde hochverdienten Apotheker Hartwich Nachgrabungen im Jahre 1888 veranstaltet worden, worüber derselbe dem Herausgeber wie folgt berichtet. Auf dem inneren Burghof, vor dem jetzigen Gerichtsgebäude, wurde ein fast quadratisches Gebäude bloßgelegt, dessen Seiten 8,25 und 9,80 m lang waren. Auf der Nordseite hatte dies Gebäude einen kleineren, späteren Anbau, auf der Ostseite den Eingang. In diesem Gebäude wurden zwei Altarplatten gefunden, eine in Bruchstücken, mit einem Weihekreuz, die zweite wohlerhalten mit in der Mitte der Oberseite befindlichem Sepulcrum; die erste Platte lag in dem erwähnten späteren Anbau, die zweite im Hauptgebäude. Ferner wurden 6 Stück in Platten geschnittene, geschliffene Amethyste und Karneole gefunden, bis 6 cm groß, die jedenfalls von der Wandbekleidung der Kapelle herrühren, dann in großer Menge aus Sandstein gearbeitete gothische Zierstücke und Bauteile, teilweise Vergoldung erkennen lassend. Unter der Kapelle hat sich ein Gewölbe befunden, das eingestürzt und mit Schutt gefüllt war. Sonst fanden sich Sprengstücke von Hohlkugeln, Armbrustbolzen, einige kleine Thongefäße, Münzen (nicht selten Bracteaten des 15. Jahrhunderts) und viele Form-Ziegelsteine. — 1377 errichtete Karl IV. auf der Burg ein Kollegiatstift St. Johannis Baptistae und St. Johannis Evangelistae an der von ihm erbauten Kapelle; er sagt in der Urkunde: capellam de novo erigi et magnifici operis preciosorum et aliorum lapidum ornamento fulcitam procuravimus. Zugleich ward dem Stift die St. Stephanskirche überwiesen, wie auch die Kurien der Domherren bei dieser Kirche lagen. 1389 macht König Sieglsmund an den altare Sanctorum

Pancratii, Ipoliti et sociorum eius ac Mauri Abbatis in der Kapelle eine Schenkung. Zwischen 1440—47 wurde der Sohn Friedrich II., Erasmus, in der Kapelle beigesetzt, ebenso 1534 die erste Gemahlin Joachims, des damaligen Kurprinzen, Magdalena, gestorben in partu. Dieser Sarg ist 1536 nach Berlin gekommen. Vom 30jährigen Krieg ab ist die merkwürdige Kapelle verfallen.

Anmerkung 5 zu Seite 65:

Die Brandschicht von 1380 ist vom Herausgeber gelegentlich der Kanalisierungs- und anderer Tiefbau-Arbeiten von 1875 ab bis jetzt vielfach nachgewiesen worden. Darin gefundenes Hausgerät u. dgl. wird im Märkischen Museum aufbewahrt.

Anmerkung 6 zu Seite 81:

Die turmlose Wunderblutskirche überragt noch jetzt das Städtchen, allen sichtlich, welche auf der Fahrt von Berlin nach Hamburg den Bahnhof Wilsnack passieren.

Anmerkung 7 zu Seite 105.

In Litthauen hat sich heidnische Bevölkerung bis ins 15. Jahrhundert erhalten.

Anmerkung 8 zu Seite 108:

Der Erzbischof von Gran an der Donau ist Primas von Ungarn.

Anmerkung 9 zu Seite 132:

Vgl. W. Wattenbachs interessante Abhandlungen: Über Ketzergerichte in Pommern und der Mark Brandenburg. (Sitzungsberichte der Akademie der Wissenschaften zu Berlin 1886). — Über die Sekte der Brüder vom freien Geiste (a. a. O. 1887). — Über die Inquisition gegen die Waldenser in Pommern und der Mark Brandenburg. (Abhandlungen der Akademie der Wissenschaften zu Berlin 1886.)

Anmerkung 10 zu Seite 162:

Jetzt Parochialgasse.

Anmerkung 11 zu Seite 166:

Die mit den Wappen der Familien Blankenfelde und Stroband geschmückten Bäurefte sind im Frühjahr 1889 beim Neubau des Hauptgebäudes der Elektrizitätswerke beseitigt, die schönsten, bunt gemalten, teils aus gebranntem Ziegel, teils aus rotem Haustein hergestellten Zierstücke aber dem Märkischen Museum einverleibt worden.